Claudia Sessa-Jahn

Automatisiertes Fahren – Haftung und Regress

Studien zum Unternehmens- und Wirtschaftsrecht Band 41
herausgegeben von Arthur Weilinger

Automatisiertes Fahren – Haftung und Regress

von

Dr.in Claudia Sessa-Jahn

Wien 2022

facultas

Bibliografische Information Der Deutschen Nationalbibliothek

Die Deutsche Nationalbibliothek verzeichnet diese Publikation in der Deutschen Nationalbibliografie; detaillierte bibliografische Daten sind im Internet über http://dnb.d-nb.de abrufbar.

facultas Universitätsverlag, A-1050 Wien

Satz und Druck: Facultas AG
Printed in Austria
ISBN 978-3-7089-2301-7

Vorwort des Herausgebers

Automatisiertes Befördern von Personen und Gütern ist Dank der stetigen Weiterentwicklung der „künstlichen Intelligenz“ in vielen Bereichen – wenn auch in unterschiedlichen Automatisierungsgraden – bereits Standard; ob in der Luft, zur See oder am Lande. Hierbei handelt es sich um die logische Vorstufe zum autonomen – fahrerlosen – Fahren der Zukunft.

Von besonderer praktischer und auch rechtlicher Bedeutung ist das automatisierte Fahren im Straßenverkehr. Von automatisiertem Fahren spricht man, wenn das System wichtige Bereiche der Quer- und Längssteuerung des Fahrzeuges übernimmt. Je nachdem, welche Aufgaben vom System übernommen werden, unterscheidet man Teil-, Hoch- und Vollautomatisierung eines Fahrzeuges. Mit den technischen Möglichkeiten treten auch Fragen der Haftung im Zusammenhang mit dem automatisierten Fahren auf.

Das vorliegende Buch von Frau Dr.in *Claudia Sessa-Jahn,* welches auf ihrer im Wintersemester 2021/22 an der Universität Wien approbierten Dissertation beruht, beschäftigt sich mit solchen außervertraglichen Haftungsfragen und damit auch mit grundlegenden Fragen der Risikoverteilung.

Ich freue mich, diese Arbeit in der Reihe „Studien zum Unternehmens- und Wirtschaftsrecht“ präsentieren zu können.

Wien, im Juni 2022 *Arthur Weilinger*

Vorwort der Autorin

Der technische Entwicklungsprozess der Digitalisierung hat erst vor relativ kurzer Zeit seinen Anfang genommen und wird seither in rasantem Tempo immer weiter vorangetrieben. Die im Kontext der Digitalisierung entwickelten Technologien auf dem Gebiet der Automatisierung und der Künstlichen Intelligenz bieten erhebliche Chancen, bergen jedoch auch große rechtliche, ethische und soziale Herausforderungen in sich. Zum jetzigen Zeitpunkt ist kaum absehbar, welche technischen Entwicklungen die Digitalisierung noch hervorbringen wird. Klar ist aber bereits jetzt, dass in Verbindung damit ethische, rechtliche und soziale Problemstellungen rasch zunehmen werden. Mit dieser Arbeit hoffe ich einen wesentlichen Beitrag zur rechtswissenschaftlichen und rechtspolitischen Diskussion rund um die Automatisierung, und zwar im Besonderen die Fahrzeugautomatisierung, zu leisten.

An dieser Stelle möchte ich allen Menschen meinen Dank aussprechen, die mich beim Verfassen meiner Dissertation unterstützt und ermutigt haben. Zuerst möchte ich mich vielmals bei meinem Betreuer und ehemaligem Vorgesetzten, Herrn Univ.-Prof. Dr. *Helmut Ofner* LL.M., bedanken, der die Erstellung meiner Dissertation begleitet und mich bei meiner wissenschaftlichen Fortentwicklung unterstützt hat. Ein großer Dank gebührt auch meinen beiden Gutachtern, Univ.-Prof. Dr. *Andreas Spickhoff* und Univ.-Prof. Dr. Dr. *Arthur Weilinger*. Prof. *Weilinger* gilt ein besonderer Dank für die Aufnahme meiner Dissertation in die Reihe „Studien zum Unternehmens- und Wirtschaftsrecht“. Zu danken ist auch *Peter Wittmann* und *Carina Glitzner* M.A. vom facultas Verlag für die fachkundige Begleitung des Publikationsprozesses.

Danken möchte ich außerdem meinen Eltern, *Veronika Jahn* und Mag. *Walter Jahn*, für ihre wertvolle Unterstützung bei der Finalisierung meiner Dissertation. Besonders dankbar bin ich außerdem meiner Schwester, Dr. *Elisabeth Jahn* B.A., die immer ein offenes Ohr für mich hatte, neue Perspektiven einbrachte und mir half, meine Gedanken zu strukturieren. Schließlich möchte ich mich auch vielmals bei meinem Ehegatten, *Vincenzo Sessa* B.Sc., bedanken, der als Experte im Bereich der Softwareentwicklung zahllose äußerst gewinnbringende Diskussionen mit mir führte und mir immer wieder themenbezogene Artikel weiterleitete.

Widmen möchte ich dieses Werk meinem lieben Sohn *Christian*, der im Herbst 2021 auf die Welt kam und mich die letzten Meter bis zum Abschluss des Doktoratsstudiums und zur Veröffentlichung meiner Dissertation begleitete.

Wien, im Juni 2022 *Claudia Sessa-Jahn*

Inhaltsverzeichnis

Vorwort des Herausgebers 5

Vorwort der Autorin 7

Abkürzungsverzeichnis 15

I. EINFÜHRUNG 19

A. Technische Grundlagen und Begrifflichkeit 19

B. Rechtlicher Rahmen 23

1. Völker- und unionsrechtlicher Rahmen 23
   a) Zulassungsrecht 23
   b) Verhaltensrecht 25
2. Rechtsgrundlagen für automatisiertes Fahren in Österreich 26
   a) § 102 Abs 3a und 3b KFG 27
   b) Die Automatisiertes Fahren Verordnung 27
   c) 39. KFG-Novelle 29
3. Rechtsgrundlagen für automatisiertes Fahren in Deutschland 29
   a) §§ 1a und 1b dStVG (hoch- oder vollautomatisierte Fahrfunktion) 30
   b) §§ 1d bis 1f dStVG (autonome Fahrfunktion) 34
   c) Haftungshöchstbeträge bei der Halterhaftung (§ 12 dStVG) 34
   d) Datenverarbeitung (§§ 1g, 63a und 63b dStVG) 35

C. Praxis des automatisierten Fahrens in Österreich 36

II. GEGENSTAND UND GANG DER UNTERSUCHUNG 38

A. Allgemeines 38

B. Automatisierungsrisiken 40

C. Zwecke des Haftungsrechts 41

D. Außervertragliches Haftungs- und Regressrecht 42

III. METHODIK 45

A. Richtlinienkonforme Interpretation 45

1. Unionsrechtliche Pflicht zur richtlinienkonformen Interpretation 45
2. Grenzen richtlinienkonformer Rechtsfindung 47
3. Richtlinienkonforme Rechtsfortbildung 49

B. Auslegung von Richtlinien 50

1. Allgemeines ... 50
2. Methoden der Rechtsfindung ... 51
3. Rechtsvergleichung als Auslegungsmethode? ... 54

IV. VERSCHULDENSHAFTUNG DES LENKERS BZW ZULASSUNGSBESITZERS ... 56

A. Allgemeines ... 56
B. Verhaltensrecht ... 57
C. Fazit ... 61

V. HAFTUNG DES HALTERS NACH EKHG ... 62

A. Allgemeines ... 62
B. Unfall beim Betrieb eines Kfz ... 62
C. Haftpflichtschuldner ... 63
D. Haftungsausschluss gem § 9 EKHG ... 64
E. Fazit ... 68

VI. HAFTUNG DES HERSTELLERS NACH PHG ... 70

A. Grundlagen der Produkthaftung ... 70
1. Überblick ... 70
2. Entstehung ... 73
3. Ziel und Zweck ... 73
a) Binnenmarkt und Vollharmonisierung ... 74
b) Verbraucherschutz ... 77
c) Schutz der körperlichen Unversehrtheit ... 78
d) Einbeziehung außenstehender Dritter ... 78
e) Schadensausgleich und Prävention ... 78
f) Interessenausgleich ... 81
4. Herausforderungen durch neue digitale Technologien ... 81
B. Automatisierungssoftware als Produkt? ... 82
1. Einführung in die Problematik ... 82
2. Software als bewegliche körperliche Sache? ... 85
a) Zur Auslegung von §§ 285 und 292 ABGB ... 86
b) Software als Sache iSd ABGB? ... 87
c) Software als körperliche Sache iSd ABGB? ... 87
i. Software als geistige Leistung? ... 88
ii. Software als räumlich abgrenzbare Sache? ... 89
iii. Beachtlichkeit der Übertragungsart? ... 90

iv Unterscheidung zwischen Standard- und Individualsoftware? 94
v. Unterscheidung zwischen integrierter und isolierter Software? 95
3. Diskussionsstand in Deutschland: Software als Sache? 96
4. Exkurs: Software in Analogie zur Energie? 99
5. Auslegung von Art 2 PH-RL 100
6. Exkurs: Software in anderen Bereichen des europäischen Privatrechts 102
7. Exkurs: Software als Ware iSd UN-Kaufrechts? 105
8. Teleologische Erwägungen 106
a) Dienstleistungen 107
b) Geistige Leistungen 109
c) Fehlerhafte Information 110
d) Integrierte vs isolierte Steuerungssoftware 115
e) Standard- vs Individualsoftware 115
f) Datenträger vs Datenfernübertragung 116
9. Fazit 122

C. Fehlerbegriff 126
1. Allgemeines 126
2. Berechtigte Sicherheitserwartungen 126
3. Berücksichtigung aller Umstände 132
a) Darbietung des Produkts 132
i. Allgemeines 132
ii. Anforderungen an die Instruktion 135
iii. Steuerung berechtigter Sicherheitserwartungen durch Darbietung 136
b) Gebrauch des Produkts, mit dem billigerweise gerechnet werden kann 138
i. Allgemeines 138
ii. Relevante Kriterien 139
iii. Anwendungsfall: Teilautomatisiertes Fahren 140
c) Zeitpunkt des Inverkehrbringens 143
d) Sonstige Umstände 144
i. Mindestsicherheit, gesetzliche Sicherheitsvorschriften und Industriestandards 144
ii. Produktpreis und Entscheidungsfreiheit des Benützers 146
iii. Kosten-/Nutzenabwägung des Herstellers und Zumutbarkeit 147
iv. Unvermeidbare Risiken 148
v. Allgemein bekannte Risiken 152

4. Fehlerkategorien 152
5. Fehlerbegriff und automatisierte Fahrzeuge 153

D. Inverkehrbringen 156
1. PHG 156
2. PH-RL 157
3. Richtlinienkonforme Interpretation 158
4. Anwendungsfälle beim automatisierten Fahren 160
   a) Probefahrten zu Verkaufs- und Werbezwecken 160
   b) Testfahrten im Rahmen des technischen Entwicklungs- und Produktionsvorgangs 161
   c) Ausstellung bei Messen und in Geschäftsräumen 161
   d) Verwendung im eigenen Betrieb 162

E. Haftungsausschluss für Entwicklungsrisiken 162
1. Begrifflichkeit 162
2. Hintergrund 164
3. Bedeutung und Zielsetzung 165
4. Systematik 166
5. Erfasste Fehlerkategorien 167
6. Zeitpunkt 168
7. Maßstab 168

F. Anwendungsfall: Sicherheitslücken 172
1. Allgemeines 172
2. Mangelnde Wirksamkeit von Sicherheitssoftware (Security Software) 172
3. Rechtliche Analyse von Fallvarianten 173
   a) Fallvariante 1: Sicherheitslücke gegenüber bekannter Malware bzw bekanntem Angriffsweg 173
   b) Fallvariante 2: Sicherheitslücke gegenüber unbekannter Malware bzw unbekanntem Angriffsweg 175
   c) Fallvariante 3: Entwicklung neuartiger Malware bzw Angriffswege nach Inverkehrbringen 175
4. Lebensdauer von Software und die Bedeutung von Sicherheits-Updates 176
5. Fehlererkennungs- und Fehlerkompensationsfähigkeit 182

G. Unfallbedingte Beschädigung des fehlerhaften automatisierten Fahrzeuges selbst – Die Problematik der „Weiterfresserschäden“ 183
1. Allgemeines 183
2. Schäden am Produkt selbst durch fehlerbedingten Unfall 184
3. Exkurs: Vergleich zu gewährleistungsrechtlichen „Weiterfressermängeln“ und Begrifflichkeiten 185

4. Keine Ersatzfähigkeit von Weiterfresserschäden nach PHG 187
5. Abgrenzung zwischen Teil- und Endprodukt nach der Verkehrsauffassung 190
6. Anwendungsfall: Automatisiertes Fahren 190
7. Notwendigkeit eines Vorabentscheidungsverfahrens 194

H. Beweislast 195
1. Allgemeines 195
2. Die Beweislastumkehr nach § 7 Abs 1 PHG 196
3. Die Beweislastumkehr nach § 7 Abs 2 PHG 197
4. Beweisprobleme beim automatisierten Fahren 198

I. Verjährung und Erlöschen 204
1. Schadenersatzansprüche nach PHG 204
2. Regressansprüche 206

J. Verhältnis zu anderen Haftungsgrundlagen 208

K. Exkurs: Produktbeobachtung 210

VII. GEFÄHRDUNGSHAFTUNG FÜR AUTOMATISIERUNGSSOFTWARE KRAFT ANALOGIE? 216

VIII. HAFTUNG FÜR TECHNISCHE HILFSMITTEL? 220

IX. REGRESS ZWISCHEN DEN HAFTPFLICHTIGEN NACH EKHG UND PHG 224

A. Allgemeines 224

B. Haftung (Außenverhältnis) 224
1. Inanspruchnahme des Halters nach EKHG 224
2. Inanspruchnahme des Herstellers nach PHG 225

C. Regress (Innenverhältnis) 226
1. Anwendbare Norm 226
2. Ausgleichskriterien des § 896 ABGB 227
3. Meinungsstand zum Regress zwischen Halter und Hersteller 229
4. Stellungnahme 231
a) Wertungen des § 9 EKHG 232
b) Vergleich zur Mitverschuldensregelung 233

X. ÜBERLEGUNGEN DE LEGE FERENDA 238

A. Änderungen im Verhaltensrecht 238
1. Schrittweise Freistellung des Lenkers von der Fahraufgabe 238

2. Einführung neuer Sorgfaltspflichten für Lenker und Zulassungsbesitzer ... 241
3. Verpflichtung des Herstellers zur Zurverfügungstellung von Sicherheits-Updates ... 242
B. Anpassungen im Ausbildungsrecht ... 243
C. Zurechnungsfragen – Notwendigkeit der Schaffung einer „ePerson“? ... 244
D. Neuer Gefährdungshaftungstatbestand für automatisierte Systeme? ... 246
E. Fazit ... 249

XI. SCHLUSSWORTE UND AUSBLICK ... 251

XII. QUELLENVERZEICHNIS ... 255
A. Literaturverzeichnis ... 255
1. Selbständige Werke ... 255
2. Kommentare ... 256
3. Aufsätze und Beiträge in Sammelwerken ... 257
4. Entscheidungsanmerkungen ... 265
B. Judikaturverzeichnis ... 266
1. Deutschland ... 266
2. Europäische Union ... 266
3. Österreich ... 267
4. Sonstiges ... 274
C. Sonstige Quellen ... 274

Stichwortverzeichnis ... 277

Abkürzungsverzeichnis

aA	andere, -r Ansicht
ABGB	Allgemeines Bürgerliches Gesetzbuch
abl	ablehnend
ABl	Amtsblatt der Europäischen Union
Abs	Absatz
AEUV	Vertrag über die Arbeitsweise der Europäischen Union
AGB	Allgemeine Geschäftsbedingungen
Anm	Anmerkung, -en
Art	Artikel
ASP	Application Service Providing
AtomHG 1999	Atomhaftungsgesetz 1999
AutomatFahrV	Automatisiertes Fahren Verordnung
BGBl	Bundesgesetzblatt
BG	Bezirksgericht
BGH	Bundesgerichtshof (in Deutschland)
BlgNR	Beilage, -n zu den Stenographischen Protokollen des Nationalrates
BMVI	Bundesministerium für Digitales und Verkehr (in Deutschland)
BMVIT	Bundesministerium für Verkehr, Innovation und Technologie
Bsp	Beispiel, -e
BT-Drs	Bundestagsdrucksache (deutsch)
bzw	beziehungsweise
ca	circa
CISG	Convention on the International Sale of Goods (= UN-Kaufrecht)
d	deutsch (vor einer Abkürzung)
dBGB	(deutsches) Bürgerliches Gesetzbuch
dBGBl	(deutsches) Bundesgesetzblatt
DFÜ	Datenfernübertragung
dh	das heißt
DI-RL	Digitale Inhalte-Richtlinie
dOWiG	(deutsches) Gesetz über Ordnungswidrigkeiten
dProdHaftG	(deutsches) Produkthaftungsgesetz
dRGBl	(deutsches) Reichsgesetzblatt
DSG	Datenschutzgesetz
dStPO	(deutsche) Strafprozessordnung
dStVG	(deutsches) Straßenverkehrsgesetz
EG	Europäische Gemeinschaft, -en
EGV	Vertrag zur Gründung der Europäischen Gemeinschaften
Einl	Einleitung
EKHG	Eisenbahn- und Kraftfahrzeughaftpflichtgesetz
ePerson	elektronische Person
Erläut	Erläuterung, -en
EräutRV	Erläuterungen zur Regierungsvorlage
ErwGr	Erwägungsgrund bzw Erwägungsgründe

etc	et cetera
EU	Europäische Union
EuGH	Europäischer Gerichtshof
EUV	Vertrag über die Europäische Union
EWGV	Vertrag zur Gründung der Europäischen Wirtschaftsgemeinschaft
EWR	Europäischer Wirtschaftsraum
f	und der, die folgende
ff	und der, die folgenden
FAS	Fahrerassistenzsysteme
FN	Fußnote
ForstG	Forstgesetz 1975
FS	Festschrift
gem	gemäß
GOG	Gerichtsorganisationsgesetz
GP	Gesetzgebungsperiode
GRCh	Charta der Grundrechte der Europäischen Union
GRUG	Gewährleistungsrichtlinien-Umsetzungsgesetz
GTG	Gentechnikgesetz
hA	herrschende Ansicht
hL	herrschende Lehre
Hrsg	Herausgeber, -in
ieS	im engeren Sinn
insb	insbesondere
iS	im Sinn
iSd	im Sinn des, - der
iVm	in Verbindung mit
iZm	im Zusammenhang mit
Kap	Kapitel
KFG	Kraftfahrgesetz 1967
Kfz	Kraftfahrzeug
KI	Künstliche Intelligenz
krit	kritisch
KSchG	Konsumentenschutzgesetz
leg cit	legis citatae (*der zitierten Vorschrift*)
lit	litera (*Buchstabe*)
LFG	Luftfahrtgesetz
LG	Landesgericht
LKW	Lastkraftwagen
Mat	Materialien
mE	meines Erachtens
MinroG	Mineralrohstoffgesetz
mN	mit Nachweisen
mwN	mit weiteren Nachweisen
OGH	Oberster Gerichtshof
OLG	Oberlandesgericht
PHG	Produkthaftungsgesetz
PH-RL	Produkthaftungsrichtlinie

PKW	Personenkraftwagen
PSG 2004	Produktsicherheitsgesetz 2004
RHPflG	Reichshaftpflichtgesetz
RL	Richtlinie
Rspr	Rechtsprechung
Rz	Randziffer
SaaS	Software as a Service
sic	wirklich so
sog	sogenannt, -e, -er, -es
stRspr	ständige Rechtsprechung
StVO 1960	Straßenverkehrsordnung 1960
ua	und andere, -s bzw unter anderem
usw	und so weiter
uU	unter Umständen
VGG	Verbrauchergewährleistungsgesetz
vgl	vergleiche
VO	Verordnung
Vorbem	Vorbemerkung, -en
VwGH	Verwaltungsgerichtshof
WK-RL	Warenkauf-Richtlinie
WÜ	Wiener Übereinkommen über den Straßenverkehr 1968
Z	Ziffer
zB	zum Beispiel
ZPO	Zivilprozessordnung
zust	zustimmend

I. Einführung

A. Technische Grundlagen und Begrifflichkeit

Der Begriff „Automobil“ leitet sich von dem griechischen Wort „autós“ und dem lateinischen Wort „mobilis“[1] ab und bedeutet „selbst beweglich“. Vor diesem etymologischen Hintergrund erscheint der Ausdruck „selbstfahrendes Automobil“ als Pleonasmus. Jedoch sollen durch die beiden Begriffe zwei verschiedene Aspekte bezeichnet werden. Der Begriff „Automobil“ wurde in Abgrenzung zu Kutschen und anderen Fahrzeugen gewählt, die von Tieren gezogen werden mussten.[2] „Selbstfahrend“ in der Diskussion um das automatisierte Fahren will hingegen zum Ausdruck bringen, dass das Fahrzeug selbst lenkt und steuert.[3] Von der Technologie des automatisierten Fahrens erwartet man sich vor allem einen höheren Fahrkomfort, eine Steigerung der Effizienz und nicht zuletzt eine Erhöhung der Verkehrssicherheit.[4]

Laut dem aktuellen von der Europäischen Kommission herausgegeben Bericht zur **Straßenverkehrssicherheit in der Europäischen Union**[5] sind im Jahr 2019 in der EU insgesamt 22.700 Menschen durch Straßenverkehrsunfälle ums Leben gekommen. Im Vergleich zum Jahr 2010 konnte in der EU ein Rückgang von 20% verzeichnet werden. Gegenüber 2015 nahm die Zahl der Verkehrstoten jedoch nur um 2% ab. Aufgrund der stagnierenden Entwicklung der letzten Jahre wird die EU ihr ambitioniertes strategisches Ziel der Halbierung der Verkehrstoten im Zeitraum von 2010 bis 2020[6] wohl nicht erreichen. Nichtsdestotrotz wurde mit der Valletta Declaration von März 2017[7] das neue Ziel gesetzt, im Zeitraum von 2020 bis 2030 die Zahl der durch Verkehrsunfälle Schwerverletzten zu halbieren. Dazu sollen auch Technologien

---

1 Der Duden in zwölf Bänden VII – Das Herkunftswörterbuch[6] (2020) 118.

2 *Jourdan/Matschi*, Automatisiertes Fahren, NZV 2015, 26 (29).

3 *Hilgendorf* versteht darunter die „Unabhängigkeit von menschlichen Eingaben im Einzelfall“, *Hilgendorf*, Automatisiertes Fahren und das Recht, ZVR 2015/240 (469).

4 Vgl dazu insb *Hars*, Wie revolutionär sind selbstfahrende Fahrzeuge? – Eine Wirkungskettenanalyse, in *Proff* (Hrsg). Radikale Innovationen in der Mobilität (2014) 266. Zur erwarteten Erhöhung der Verkehrssicherheit vgl auch *Hilgendorf*, Automatisiertes Fahren und das Recht, ZVR 2015/240 (469). Zum Potential der Effizienzsteigerung (Nachhaltigkeit) und der Erhöhung der Verkehrssicherheit vgl auch BMVIT, Aktionspaket Automatisierte Mobilität 2019–2022 (2018) 5.

5 European Road Safety Observatory, Annual statistical report on road safety in the EU 2020 (2021) 8.

6 *Europäische Kommission*, Mitteilung an den Rat, das Europäische Parlament, den Europäischen Wirtschafts- und Sozialausschuss und den Ausschuss der Regionen – Ein europäischer Raum der Straßenverkehrssicherheit: Leitlinien für die Politik im Bereich der Straßenverkehrssicherheit 2011–2020, SEK(2010) 903.

7 *Rat der Europäischen Union*, Council conclusions on road safety – endorsing the Valletta Declaration of March 2017, 9994/17 TRANS 252.

des automatisierten und vernetzten Fahrens beitragen. Aus der Statistik der Straßenverkehrsunfälle in Österreich im Jahr 2020 geht hervor, dass 88,1% der Unfälle mit Personenschaden auf einem Fehlverhalten des Fahrers beruhten.[8] Laut Verkehrsunfallstatistik des deutschen Statistischen Bundesamtes (Destatis) stellte die häufigste Ursache für Unfälle mit Personenschäden in Deutschland im Jahr 2020 mit 88,5% das **Fehlverhalten von Fahrzeugführern** dar.[9]

Elektronische Fahrerassistenzsysteme (FAS)[10] bieten vielfache Möglichkeiten, durch Unterstützung des Fahrers bei der Fahrzeugführung Unfälle zu vermeiden bzw die Schwere von Unfallfolgen zu mindern. Nach ihrer Wirkungsweise können auf der Bahnführungsebene[11] informierende und warnende FAS (zB Verkehrszeichenassistenz, Müdigkeitswarner, Spurverlassenswarner[12]) von kontinuierlich automatisierenden FAS (zB Abstandsregeltempomat, Spurhaltesystem, Notbrems-Assistenzsystem[13]) unterschieden werden. Während erstere nur mittelbar über den Fahrer auf die Fahrzeugführung einwirken, übernehmen letztere unmittelbar die Fahrzeuglängs- *oder* Quersteuerung in einem begrenzten Systembereich.[14] Derartige Fahrerassistenzfunktionen sind bereits zahlreich auf dem Markt verfügbar und haben in den letzten Jahren zu einer Erhöhung der Straßenverkehrssicherheit geführt.[15]

Übernimmt das System Quer- *und* Längssteuerung, so wird von „**automatisiertem Fahren**" gesprochen.[16] Aus technischer Sicht kann hier eine Unterteilung nach **Automatisierungsgraden** getroffen werden, je nachdem welche Funktionen das System beherrscht. In Hinblick auf die Rechtsfolgen hat sich die von der Deutschen Bundesanstalt für Straßenwesen (BASt) entwickelte

---

8 *Statistik Austria*, Straßenverkehrsunfälle mit Personenschäden 2020 (2021) 80.

9 *Statistisches Bundesamt (Destatis)*, Verkehrsunfälle 2020 (2021) 49; ebenso im Allgemeinen *Hilgendorf*, Automatisiertes Fahren und das Recht, ZVR 2015/240 (469). Aus diesem Grund kommt der Workshop zum Thema des autonomen Fahrens im Rahmen der 17. Europäischen Verkehrsrechtstage 2016 zu dem Schluss, dass nur mit einem autonomen Fahrsystem das EU-Ziel der Reduzierung der Zahl der Verkehrstoten gegen null erreicht werden kann, vgl *Reisinger*, 17. Europäische Verkehrsrechtstage 2016, ZVR 2017/6 (22).

10 Im englischen Sprachgebrauch: Advanced Driver Assistance Systems (ADAS).

11 Zu den Wirkungsebenen von FAS zählen neben der Bahnführungsebene auch die Navigation, die Stabilisierung sowie sekundäre und tertiäre Fahraufgaben, vgl dazu *Bubb*, Fahrerassistenz, in *Bubb ua* (Hrsg), Automobilergonomie (2015) 525 (527).

12 Vgl FN 13.

13 Notbrems-Assistenzsysteme können Gefahrensituation selbständig erkennen und das Abbremsen des Fahrzeugs veranlassen, um einen Zusammenstoß zu verhindern oder abzumildern. Seit 1.11.2015 sind Notbrems-Assistenzsysteme und „Spurhaltewarnsysteme" für alle neu zugelassenen LKW verpflichtend. Vgl VO (EG) Nr 661/2009 ABl L 2009/200, 1; *Unger*, Straßenverkehrsrechtlicher Jahresrückblick 2015, ZVR 2016/6 (9).

14 *Gasser*, Die Veränderung der Fahraufgabe durch Fahrerassistenzsysteme und kontinuierlich wirkende Fahrzeugautomatisierung, DAR 2015, 6 (7).

15 *Jourdan/Matschi*, Automatisiertes Fahren, NZV 2015, 26 (26); zum Unfallverhütungspotential vgl auch ErwGr 24 VO (EG) Nr 661/2009 ABl L 2009/200, 1.

16 *Jourdan/Matschi*, Automatisiertes Fahren, NZV 2015, 26 (26).

Abgrenzung als zweckmäßig erwiesen: Von **Teilautomatisierung** wird gesprochen, wenn das System Quer- und Längsführung in gewissen Situationen übernehmen kann, aber Systemgrenzen nicht zur Gänze erkennt. Dies hat zur Folge, dass der Lenker das System ständig überwachen und das Verkehrsgeschehen beobachten muss. Als **hochautomatisiert** werden Systeme bezeichnet, die in der Lage sind, alle Systemgrenzen rechtzeitig wahrzunehmen. Der Lenker wird mit Zeitreserve zum Übernehmen aufgefordert, was ihm die vorübergehende Beschäftigung mit anderen Dingen ermöglicht. Systeme, die darüber hinaus jede Situation alleine bewältigen können, indem sie das Fahrzeug in einen risikominimalen Zustand versetzen, fallen unter die Kategorie „**vollautomatisiert**".[17] Andere Kategorisierungssysteme [18] sehen einen weiteren Automatisierungsgrad vor: das **autonome** Fahren, bei dem das System das Fahrzeug unter allen Umständen steuern kann und es daher keinen menschlichen Lenker mehr braucht bzw gibt (sondern nur noch Passagiere).

FAS und automatisierte Fahrzeuge unterstützen bzw ersetzen die menschliche Wahrnehmung durch **Sensoren** wie Kamera, Lidar, Radar und Ultraschall.[19] Die durch die Sensorik aus der Umwelt **erhobenen Daten** werden gesammelt und **verarbeitet**. Der Erfassung von Umweltdaten durch Sensoren sind jedoch physikalische Grenzen gesetzt. Die Ausnutzung des Potentials von automatisiertem Fahren kann erheblich erhöht werden, wenn dem Pool der fahrzeugeigenen Daten externe Daten hinzugefügt werden: zB Daten anderer automatisierter Fahrzeuge oder Daten über die Topographie, das Wetter oder Unfallorte.[20] Auch Datenflüsse zwischen Verkehrsinfrastruktur und automatisiertem Fahrzeug können zu einer Optimierung des automatisierten Fahrens beitragen (Verkehrstelematik bzw IST Intelligent Transport Systems).[21] Die **Vernetzung** wird oft als grundlegende Voraussetzung des automatisierten Fahrens angesehen[22] bzw als wesentliche Optimierungsmöglichkeit.[23]

---

17 Vgl zu Vorstehendem *Gasser ua*, Rechtsfolgen zunehmender Fahrzeugautomatisierung – Gemeinsamer Schlussbericht der Projektgruppe, Berichte der BASt 2012/F 83, 9.

18 ZB Kategorisierungssystem der SAE, https://www.sae.org/news/2019/01/sae-updates-j3016-automated-driving-graphic (abgefragt am 30.3.2021); *Juschten/Hössinger*, Verkehrsplanerische Aspekte des autonomen Fahrens, in *I. Eisenberger ua* (Hrsg), Autonomes Fahren und Recht (2017) 21 (22 ff) mwN.

19 Vgl dazu *P. Reinisch*, Autonomes Fahren aus regulatorischer Sicht, Jahrbuch Regulierungsrecht 2019, 197 (199 f).

20 Vgl zu Vorstehendem *Jourdan/Matschi*, Automatisiertes Fahren, NZV 2015, 26 (28 f); *Klar*, Das vernetzte Fahrzeug als erster Schritt der Automatisierung, ZVR 2017/240 (437).

21 Vgl hierzu *Treitler*, Verkehrstelematik im österreichischen Autobahnnetz, ZVR 2013/237.

22 ZB *Kühschelm*, Zeit (nehmen) für neue Entwicklungen, in *I. Eisenberger ua* (Hrsg), Autonomes Fahren und Recht (2017) 11 (12); *Bruckmüller/Schumann*, Automatisiertes und Autonomes Fahren: Strafrechtliche Rahmenbedingungen in Österreich, in *I. Eisenberger ua* (Hrsg), Autonomes Fahren und Recht (2017) 123 (127); *Hartmann*, Big Data und Produkthaftung – Produkthaftungsrechtliche Chancen und Risiken des Einsatzes von Big Data-Technologien im Automobil, DAR 2015, 122 (122); *Jänich/Schrader/Reck*, Rechtsprobleme des autonomen Fahrens, NZV 2015, 313 (314) mwN.

Auf der Grundlage der Input-Daten (Sensordaten, externe Daten) erfolgt über **Programmcodes (Algorithmen)** die Fahrwegplanung sowie die Steuerung (Output-Daten)[24] des automatisierten Fahrzeuges. Die klassische Methode der Programmierung der Steuerungsalgorithmen erfolgt durch die manuelle Definierung von Regeln und Bedingungen, die sich zu komplexen Entscheidungsbäumen zusammenfügen.[25] Aus technischer Sicht werden alternative Methoden wie insb Deep Machine Learning als essentiell zur Realisierung des automatisierten Fahrens angesehen.[26] Bei Deep Machine Learning werden die Algorithmen nicht durch Software-Entwickler manuell erzeugt, sondern durch die Maschine „erlernt". Auf der Grundlage von Trainingsfahrten werden künstliche neuronale Netze geschaffen,[27] deren Verzweigungen im Laufe des Lernprozesses angepasst werden.[28] Deep Machine Learning bringt großes Potential für die technologische Entwicklung des automatisierten Fahrens mit sich, ist jedoch auch mit neuen technischen und rechtlichen Problemstellungen verbunden.

Um auf den **Forschungsbedarf** zu reagieren, wurde im September 2015 durch die Bundesregierung der Republik **Deutschland** und Vertreter des Freistaats Bayern sowie der Automobilindustrie und der IT-Wirtschaft das „Digitale Testfeld Autobahn" auf der Bundesautobahn A9 ins Leben gerufen, auf der das automatisierte und vernetzte Fahren erprobt und weiterentwickelt werden kann. Auch in **Österreich** wurde im Herbst 2015 eine Initiative für automatisiertes Fahren gestartet. Zur Stärkung des Wirtschaftsstandorts Österreich und zur Ermöglichung der positiven Nutzung der technologischen Entwicklung hat das Bundesministerium für Verkehr, Innovation und Technologie (BMVIT) in Zusammenarbeit mit Stakeholdern aus Industrie, Forschung und öffentlicher Hand den **Aktionsplan Automatisiertes Fahren 2016–2018**[29] ausgear-

---

23 *Winner*, Quo vadis, FAS? in *Winner ua*, Handbuch Fahrerassistenzsysteme[3] (2015) 1167 (1184); vgl auch *Klar*, Das vernetzte Fahrzeug als erster Schritt der Automatisierung, ZVR 2017/240 (434 ff).

24 *C. J. Gruber/I. Eisenberger*, Wenn Fahrzeuge selbst lernen: Verkehrstechnische und rechtliche Herausforderungen durch Deep Learning, in *I. Eisenberger* ua (Hrsg), Autonomes Fahren und Recht (2017) 52 (54).

25 *C. J. Gruber/I. Eisenberger*, Wenn Fahrzeuge selbst lernen: Verkehrstechnische und rechtliche Herausforderungen durch Deep Learning, in *I. Eisenberger* ua (Hrsg), Autonomes Fahren und Recht (2017) 52 (54 f).

26 *Frickenstein*, „Das automatisierte Fahren wird die Automobilindustrie revolutionieren", ATZ elektronik 3/2016, 22 (23).

27 Ausführlich zur Methode des Deep Machine Learning bei automatisierten Fahrzeugen *C. J. Gruber/I. Eisenberger*, Wenn Fahrzeuge selbst lernen: Verkehrstechnische und rechtliche Herausforderungen durch Deep Learning, in *I. Eisenberger ua* (Hrsg), Autonomes Fahren und Recht (2017) 52 (57 ff); *Mainzer*, Künstliche Intelligenz– Vom Turingtest zum Machine Learning, WiPol 2018, 585.

28 Vgl *Hochrangige Expertengruppe für künstliche Intelligenz*, Eine Definition der KI: Wichtigste Fähigkeiten und Wissenschaftsgebiete (2019) 4.

29 BMVIT (Hrsg), Aktionsplan Automatisiertes Fahren 2016–2018 (2016).

beitet. Teil dieses Aktionsplans bildete die 2016 beschlossene 33. Novelle[30] des Kraftfahrgesetzes 1967 (KFG)[31], die gemeinsam mit der Automatisiertes Fahren Verordnung (AutomatFahrV)[32] erste rechtliche Rahmenbedingungen für automatisiertes Fahren schuf. Der Steuerungs- und Koordinierungsprozess zur Nutzung der Chancen und Vorteile automatisierter Systeme in der Mobilität wurde durch das **Aktionspaket Automatisierte Mobilität (2019–2022)**[33] fortgesetzt.

B. Rechtlicher Rahmen

Im Folgenden wird ein Überblick über den rechtlichen Rahmen für automatisiertes Fahren auf Ebene des Völker- und Unionsrechts sowie auf nationaler Ebene gegeben. Neben österreichischem Recht wird auch auf die deutsche Rechtslage eingegangen, da diese im Zuge rechtsvergleichender Untersuchungen Berücksichtigung finden soll.

1. Völker- und unionsrechtlicher Rahmen

a) Zulassungsrecht

Die allgemeinen technischen Anforderungen für die Genehmigung von Neufahrzeugen und der zur Verwendung in diesen Fahrzeugen bestimmten Systeme, Bauteile und selbständigen technischen Einheiten werden im Wesentlichen durch die europäische VO 2018/858/EU[34] vorgegeben, die auf bestimmte UNECE-Regelungen[35] verweist. Nach der UNECE-Regelung Nr 79[36], deren Anwendung durch die einschlägige VO 2018/858/EU vorgeschrieben

30 33. KFG-Novelle BGBl I 2016/67.

31 Kraftfahrgesetz 1967 BGBl 1967/267.

32 Verordnung des Bundesministers für Verkehr, Innovation und Technologie über Rahmenbedingungen für automatisiertes Fahren (Automatisiertes Fahren Verordnung – AutomatFahrV) BGBl II 2016/402.

33 BMVIT (Hrsg), Aktionspaket Automatisierte Mobilität 2019–2022 (2018).

34 Die VO 2018/858/EU des Europäischen Parlaments und des Rates vom 30. Mai 2018 über die Genehmigung und die Marktüberwachung von Kraftfahrzeugen und Kraftfahrzeuganhängern sowie von Systemen, Bauteilen und selbstständigen technischen Einheiten für diese Fahrzeuge, ABl L 2018/151, 1, ersetzte mit Wirkung vom 1.9.2020 die RL 2007/46/EG des Europäischen Parlaments und des Rates vom 5. September 2007 zur Schaffung eines Rahmens für die Genehmigung von Kraftfahrzeugen und Kraftfahrzeuganhängern sowie von Systemen, Bauteilen und selbständigen technischen Einheiten für diese Fahrzeuge, ABl L 2007/263, 1.

35 Die UNECE-Regelungen werden durch das Weltforum für die Harmonisierung von Fahrzeugvorschriften (WP 29) auf der Grundlage des Übereinkommens über die Genehmigung der Ausrüstungsgegenstände und Teile von Kraftfahrzeugen und über die gegenseitige Genehmigung (BGBl 1971/177) erarbeitet und durch die Wirtschaftskommission der Vereinten Nationen für Europa (UNECE) verabschiedet.

36 UNECE-Regelung Nr 79 E/ECE/324/Rev.1/Add.78/Rev.4.

wird,[37] sind nur solche Lenksysteme genehmigungsfähig, bei denen der **Fahrer** die **Hauptverantwortung** für das Führen des Fahrzeugs behält.[38] Denn nach UNECE-Regelung Nr 79[39] sind nur sog „**Fahrerassistenz-Lenkanlagen**" („Advanced Driver Assistance Steering Systems")[40] unter gewissen Umständen genehmigungsfähig. Diese werden folgendermaßen definiert:

> „Advanced Driver Assistance Steering System" means a system, additional to the main steering system, that provides assistance to the driver in steering the vehicle but in which the driver remains at all times in primary control of the vehicle. [...].[41]

Vom Anwendungsbereich der UNECE-Regelung Nr 79 ausgenommen sind hingegen „**autonome Lenkanlagen**" („Autonomous Steering Systems") iSd Abs 2.3.3.:[42]

> „Autonomous Steering System" means a system that incorporates a function within a complex electronic control system that causes the vehicle to follow a defined path or to alter its path in response to signals initiated and transmitted from off-board the vehicle. The driver will not necessarily be in primary control of the vehicle.

Die bisherige Rechtslage auf EU-Ebene könnte sich jedoch demnächst ändern. Denn im Juni 2020 wurde durch das Weltforum für die Harmonisierung von Fahrzeugvorschriften (WP 29) eine neue UNECE-Regelung zu **automatischen Spurhalteassistenzsystemen** („Automated Lane Keeping System – ALKS") verabschiedet.[43] Damit wurde die erste internationale Regelung über **hochautomatisierte** Systeme für Fahrzeuge geschaffen. Nach dieser Regelung sind unter gewissen Umständen (insb nur auf Straßen ohne Fußgänger- und Fahrradverkehr und baulich getrennten Richtungsfahrbahnen) Automatisierungssysteme zulässig, die die Hauptkontrolle über das Fahrzeug anstelle des menschlichen Fahrzeuglenkers ausüben. Voraussetzung ist aber, dass der menschliche Fahrzeuglenker das System übersteuern kann und jederzeit auf-

---

37 Die von der EU angenommenen UNECE-Regelungen sind im Anhang II zur VO 2018/858/EU angeführt. Der Volltext der Regelungen wird im ABl der EU in allen Amtssprachen veröffentlicht. Eine Liste mit den Links zu den Fundstellen im ABl ist auf der Website der Europäischen Kommission unter https://ec.europa.eu/docsroom/documents/40602?locale=de bereitgestellt).

38 Für nähere Ausführungen vgl *Lutz*, Zulassung – Eine Frage des Verhaltensrechts? in *Hilgendorf/Hötitzsch/Lutz* (Hrsg), Rechtliche Aspekte automatisierter Fahrzeuge – Beiträge der 2. Würzburger Tagung zum Technikrecht (2015) 33 (47, 51).

39 UNECE-Regelung Nr 79 E/ECE/324/Rev.1/Add.78/Rev.4.

40 Die deutschen Übersetzungen sind der Veröffentlichung im ABl der EU entnommen (Regelung Nr 79 der Wirtschaftskommission der Vereinten Nationen für Europa (UNECE) – Einheitliche Bedingungen für die Genehmigung der Fahrzeuge hinsichtlich der Lenkanlage [2018/1947] ABl L II 2018/318, 1).

41 Abs 2.3.4. UNECE-Regelung Nr 79.

42 Abs 1.2.2. iVm Abs 2.3.3. UNECE-Regelung Nr 79.

43 UNECE-Regelung Nr 157 ECE/TRANS/WP.29/2020/81. Die deutsche Übersetzung ist der Veröffentlichung im ABl der EU entnommen (UN-Regelung Nr 157 – Einheitliche Bedingungen für die Genehmigung von Fahrzeugen hinsichtlich des automatischen Spurhalteassistenzsystems (ALKS) [2021/389] ABl L 2021/82, 75).

gefordert werden kann, die Fahrzeugsteuerung zu übernehmen. Nach der neuen UNECE-Regelung Nr 157 sind derartige Systeme nur bis 60 km/h nutzbar. Vorgesehen ist außerdem der Einbau eines **Fahrmodusspeichers** („Data Storage System for Automated Driving – DSSAD“), der bestimmte Ereignisse, wie zB die Aktivierung und Deaktivierung, Übernahmeaufforderungen, Unfälle und Fehlfunktionen des Systems, aufzeichnet. Die UNECE-Regelung zu automatisierten Spurhaltesystemen wird flankiert durch die UNECE-Regelung Nr 155 zu Cybersicherheit („Cyber Security“)[44] und die UNECE-Regelung Nr 156 zu Softwareaktualisierungen[45], die den Weg zu sicheren automatisierten und vernetzten Fahrzeugen ebnen sollen. Alle drei UNECE-Regelungen sind mit Jänner 2021 in Kraft getreten. Sie wurden von der EU angenommen.[46]

b) Verhaltensrecht

Einen völkerrechtlichen Rahmen für die verhaltensrechtliche Zulässigkeit der Nutzung von automatisierten Fahrzeugen gibt das **Wiener Übereinkommen über den Straßenverkehr 1968** (WÜ)[47] vor. Auch wenn dieses Abkommen in Österreich nicht unmittelbar anwendbar ist,[48] so begründet es dennoch die gegenüber den anderen Vertragsstaaten bestehende Verpflichtung, das nationale Verkehrsrecht den Bestimmungen des Übereinkommens entsprechend auszugestalten. Gem Art 8 Abs 1 WÜ muss jedes Fahrzeug, wenn es in Bewegung ist, einen Lenker haben. Der Lenker muss das Fahrzeug nach Art 8 Abs 5 und Art 13 Abs 1 S 1 WÜ grundsätzlich dauernd und unter allen Umständen beherrschen, um den Sorgfaltspflichten genügen zu können und um ständig in der Lage zu sein, alle ihm obliegenden Fahrbewegungen auszuführen (Grundsatz der dauernden Beherrschbarkeit)[49]. Belgien, Deutschland, Frankreich, Italien und Österreich haben im März 2014 einen Änderungsvorschlag[50] eingebracht, wonach das Erfordernis der dauernden Beherrschbarkeit

44 UNECE-Regelung Nr 155 ECE/TRANS/WP.29/2020/79 (as amended by ECE/TRANS/WP.29/2020/94 and ECE/TRANS/WP.29/2020/97).

45 UNECE-Regelung Nr 156 ECE/TRANS/WP.29/2020/80.

46 UN-Regelung Nr 155 – Einheitliche Bedingungen für die Genehmigung von Fahrzeugen hinsichtlich der Cybersicherheit und des Cybersicherheitsmanagementsystems [2021/387] ABl L 2021/82, 30; UN-Regelung Nr 156 – Einheitliche Bestimmungen für die Genehmigung von Kraftfahrzeugen hinsichtlich der Softwareaktualisierung und des Softwareaktualisierungsmanagementsystems [2021/388] ABl L 2021/82, 60; UN-Regelung Nr 157 – Einheitliche Bedingungen für die Genehmigung von Fahrzeugen hinsichtlich des automatischen Spurhalteassistenzsystems (ALKS) [2021/389] ABl L 2021/82, 75.

47 Übereinkommen über den Straßenverkehr BGBl 1982/289.

48 VwGH 16.12.1998, 97/03/0305.

49 *Hötitzsch/May*, Rechtliche Problemfelder beim Einsatz automatisierter Systeme im Straßenverkehr, in *Hilgendorf* (Hrsg), Robotik im Kontext von Recht und Moral (2014) 189.

50 Bericht über die 68. Sitzung der Arbeitsgruppe zur Verkehrssicherheit ECE/TRANS/WP.1/145 http://www.unece.org/fileadmin/DAM/trans/doc/2014/wp1/ECE-TRANS-WP1-145e.pdf (abgefragt am 30.3.2021).

entfallen soll, wenn die automatisierten Fahrzeuge nach anderen internationalen Übereinkommen, wie dem ECE-Abkommen[51], als zulässig eingestuft werden.[52] Gleiches soll gelten, wenn die automatisierten Systeme übersteuert und abgeschaltet werden können. Der Reformantrag gilt seit Oktober 2015 als angenommen und ist im März 2016 objektiv in Kraft getreten.[53]

Aufgrund der mangelnden unmittelbaren Geltung des Übereinkommens in Österreich bestimmt sich die verhaltensrechtliche Zulässigkeit der Verwendung automatisierter Systeme jedoch nach den nationalen Normen. Dem nationalen Recht liegt der implizite Grundsatz eines „das Fahrzeug beherrschenden menschlichen Fahrers" zugrunde,[54] von dem jedoch im Jahr 2016 zur Ermöglichung des automatisierten Fahrens Ausnahmen eingeführt wurden, auf die im Folgenden näher eingegangen wird.

2. Rechtsgrundlagen für automatisiertes Fahren in Österreich

Im Jahr 2016 wurden durch die 33. Novelle[55] des KFG und die Automatisiertes Fahren Verordnung (AutomatFahrV)[56] erste Rechtsgrundlagen für das automatisierte Fahren im Testbetrieb in Österreich geschaffen.[57] Die 1. Novelle[58] zur AutomatFahrV aus dem Jahr 2019 führte spezifische Anwendungsfälle für den Regelbetrieb ein. In den kommenden Jahren soll die rechtliche und technische Möglichkeit zur Aufnahme und Umsetzung von neuen Anwendungsfällen evaluiert werden.[59]

---

51 Übereinkommen über die Annahme einheitlicher Bedingungen für die Genehmigung der Ausrüstungsgegenstände und Teile von Kraftfahrzeugen und über die gegenseitige Anerkennung der Genehmigung BGBl 1971/177.

52 *Kian/Tettenborn*, Ist die Providerhaftung im Lichte vernetzter autonomer Systeme noch zeitgemäß? in *Hilgendorf/Hötitzsch/Lutz* (Hrsg), Rechtliche Aspekte automatisierter Fahrzeuge – Beiträge der 2. Würzburger Tagung zum Technikrecht (2015) 101 (103).

53 Notifizierung durch den Depositar C.N.529.2015.TREATIES-XI.B.19, https://treaties.un.org/doc/Publication/CN/2015/CN.529.2015.Reissued.06102015-Eng.pdf (abgefragt am 30.3.2021); *Lutz*, Automatisiertes Fahren: Änderung des Wiener Übereinkommens tritt im März 2016 in Kraft, DAR 2016, 55 (55).

54 *Hilgendorf*, Automatisiertes Fahren und das Recht, ZVR 2015/240 (470).

55 33. KFG-Novelle BGBl I 2016/67.

56 Verordnung des Bundesministers für Verkehr, Innovation und Technologie über Rahmenbedingungen für automatisiertes Fahren (Automatisiertes Fahren Verordnung – AutomatFahrV) BGBl II 2016/402.

57 Aus verfassungsrechtlicher Sicht krit gegenüber den geschaffenen Regelungen in § 102 Abs 3a und 3b KFG idF 33. KFG Novelle sowie der AutomatFahrV id Stammfassung *Lachmayer*, Verkehrsrecht: Rechtsstaatliche Defizite der Regelungen zu Testfahrten, in *I. Eisenberger ua* (Hrsg), Autonomes Fahren und Recht (2017) 147; vgl auch *Amlacher/Andréewitch*, Rechtliche Fragen des autonomen Fahrens – Verkehrsrecht (Teil I), jusIT 2017, 167 (170).

58 1. Novelle zur AutomatFahrV BGBl II 2019/66.

59 BMVIT (Hrsg), Aktionspaket Automatisierte Mobilität 2019–2022 (2018) 34.

Mit der 39. KFG-Novelle[60] wurde im Dezember 2020 eine spezielle Regelung für ferngesteuertes Fahren mit Kraftfahrzeugen mit einer Bauartgeschwindigkeit von nicht mehr als 10 km/h geschaffen.

a) § 102 Abs 3a und 3b KFG

Durch die 33. Novelle des KFG wurden dem § 102 KFG die Absätze 3a und 3b hinzugefügt, die **Verordnungsermächtigungen** im Bereich des automatisierten Fahrens enthalten: Gem **§ 102 Abs 3a KFG** darf der Lenker, sofern dies durch Verordnung vorgesehen ist, bestimmte **Fahraufgaben** im Fahrzeug vorhandenen Assistenzsystemen oder automatisierten oder vernetzten Fahrsystemen in folgenden zwei Fällen **übertragen**: Der erste Fall erfordert die Genehmigung des Systems. Der zweite Fall setzt voraus, dass das System den in der Verordnung festgelegten Anforderungen für Testzwecke entspricht.

In beiden Fallvarianten kann der Verordnungsgeber gem **§ 102 Abs 3b KFG** den Lenker von bestimmten **Pflichten befreien**. Zum einen kann von der Verpflichtung des Lenkers abgewichen werden, den Lenkerplatz in bestimmungsgemäßer Weise einzunehmen. Zum anderen können Ausnahmen von der Pflicht vorgesehen werden, die Lenkvorrichtung während des Fahrens mit mindestens einer Hand festzuhalten. Wesentlich ist § 102 Abs 3b Satz 2 KFG, der ausdrücklich klarstellt, dass der Lenker trotz derartiger in Verordnung festgelegter Pflichtenfreistellungen stets verantwortlich bleibt, seine **Fahraufgaben wieder zu übernehmen**.

Durch Verordnung des Bundesministers für Verkehr, Innovation und Technologie ist festzulegen, in welchen Verkehrssituationen, auf welchen Arten von Straßen, bis zu welchen Geschwindigkeitsbereichen, bei welchen Fahrzeugen und welchen Assistenzsystemen oder automatisierten oder vernetzten Fahrsystemen bestimmte Fahraufgaben übertragen werden können.

b) Die Automatisiertes Fahren Verordnung

Auf der Grundlage der 2016 eingeführten Verordnungsermächtigungen des § 102 Abs 3a und 3b KFG wurde im Dezember 2016 die sog Automatisiertes Fahren Verordnung (**AutomatFahrV**)[61] durch den Bundesminister für Verkehr, Innovation und Technologie erlassen. Sie legt gesetzliche Rahmenbedingungen für das Testen und den Einsatz von Assistenz- sowie automatisierten oder vernetzten Fahrsystemen fest.

---

60 39. KFG-Novelle BGBl I 2020/134.

61 Verordnung des Bundesministers für Verkehr, Innovation und Technologie über Rahmenbedingungen für automatisiertes Fahren (Automatisiertes Fahren Verordnung – AutomatFahrV) BGBl II 2016/402.

Die Stammfassung enthielt nur Anwendungsfälle für Testzwecke.[62] Durch die **1. Novelle**[63] im Jahr 2019 wurden sodann Anwendungsfälle für den **Regelbetrieb** ergänzt: Abseits von Testzwecken dürfen Assistenzsysteme oder automatisierte oder vernetzte Fahrsysteme gem § 1 Abs 1 Z 1 AutomatFahrV nur verwendet werden, wenn es sich dabei um **genehmigte Systeme in Serie** handelt. Gem § 1 Abs 2 AutomatFahrV müssen die Fahrsysteme so ausgeführt sein, dass die **Einhaltung der Bestimmungen der StVO 1960**, der Eisenbahnkreuzungsverordnung 2012[64] und des Immissionsschutzgesetz-Luft[65] bei der Verwendung dieser Systeme jedenfalls gewährleistet ist.[66] Ein Einsatz im Regelbetrieb ist zudem nur in den Anwendungsfällen „Einparkhilfe" und „Autobahn-Assistent mit automatischer Spurhaltung" (im Folgenden kurz Autobahn-Assistent) erlaubt.[67]

Unter **Einparkhilfe** versteht die Verordnung ein „System, das die Fahraufgaben beim Ein- und Ausparken des Fahrzeugs mittels automatischer Lenkfunktion im Sinne der ECE-Regelung Nr. 79" übernehmen kann. Der **Autobahn-Assistent** wird als ein System definiert, „das die Längsführung des Fahrzeugs, wie beschleunigen, bremsen, anhalten, Abstandskontrolle, sowie die Querführung des Fahrzeugs zur Spurhaltung mittels automatischer Lenkfunktion im Sinne der ECE-Regelung Nr. 79 auf Autobahnen und Schnellstraßen übernehmen kann."

Beide Definitionen erfüllen – entgegen ihrer Bezeichnungen, die bloße Fahrerassistenzsysteme vermuten lassen – Kriterien automatisierter Systeme[68]. Aufgrund der aufgestellten gesetzlichen Verhaltensanforderungen an den Lenker handelt es sich dabei um **teilautomatisierte Systeme**:[69] Denn gem § 10 Abs 4 und 5 AutomatFahrV ist der Lenker während der Aktivierung der Einparkhilfe zwar von den Verpflichtungen befreit, den Lenkplatz einzunehmen und die Lenkvorrichtung während des Fahrens mit mindestens einer Hand festzuhalten, er muss sich jedoch in unmittelbarer Nähe zum Fahrzeug befinden, den Ein- und Ausparkvorgang **überwachen** und in kritischen Situationen das

[62] Zu den Vorschriften zum Testen automatisierter Fahrzeuge vgl eingehend *Roubik*, Automatisiertes Fahren, der Weg zur Testerlaubnis, ZVR 2019/18.

[63] 1. Novelle zur AutomatFahrV BGBl II 2019/66.

[64] Verordnung der Bundesministerin für Verkehr, Innovation und Technologie über die Sicherung von Eisenbahnkreuzungen und das Verhalten bei der Annäherung an und beim Übersetzen von Eisenbahnkreuzungen (Eisenbahnkreuzungsverordnung 2012 – EisbKrV) BGBl II 2012/216.

[65] Bundesgesetz zum Schutz vor Immissionen durch Luftschadstoffe (Immissionsschutzgesetz – Luft, IG-L) BGBl I 1997/115.

[66] Dazu mit verfassungsrechtlichen Bedenken *Lachmayer*, Verkehrsrecht: Rechtsstaatliche Defizite der Regelungen zu Testfahrten, in *I. Eisenberger ua* (Hrsg), Autonomes Fahren und Recht (2017) 147 (162).

[67] §1 Abs 1 Z 1 iVm § 10 f AutomatFahrV

[68] Vgl dazu die Begriffsdefinitionen in Kap I.A.

[69] Ebenso *Kunnert*, „Autonomes Fahren" aus datenschutzrechtlicher Sicht, in *I. Eisenberger ua* (Hrsg), Autonomes Fahren und Recht (2017) 169 (FN 6).

System über eine Notfallvorrichtung unverzüglich deaktivieren oder **übersteuern**. Revolutionär erscheint die Bestimmung des § 11 Abs 3 AutomatFahrV wonach der Lenker während der Aktivierung des Autobahn-Assistenten von der Verpflichtung, während des Fahrens mit mindestens einer Hand die Lenkvorrichtung festzuhalten, enthoben ist. Auch hier darf aber nicht übersehen werden, dass der Lenker in kritischen Situationen die Notfallvorrichtung unverzüglich betätigen und die übertragenen Fahraufgaben übernehmen muss.[70] Dies setzt aber voraus, dass er das Fahrgeschehen und die Verkehrsumgebung **ständig beobachtet**, da er sonst kritische Situationen nicht erkennen kann. Nebentätigkeiten (zB Zeitunglesen, Spiele am Handy etc) bleiben daher weiterhin verboten.[71]

Beide Anwendungen dürfen nur gem der Herstellerangaben erfolgen.[72]

c) 39. KFG-Novelle

Infolge der 39. KFG-Novelle[73] trat im Dezember 2020 eine Ergänzung des § 96 Abs 1 KFG in Kraft, wonach Kraftfahrzeuge mit einer Bauartgeschwindigkeit von nicht mehr als 10 km/h auf öffentlichen Straßen auch ohne Platz für einen Lenker eingesetzt werden dürfen. In diesen Fällen hat die Bedienung mittels Fernsteuerung durch eine Person zu erfolgen, die sich in der Nähe des Fahrzeuges aufhalten muss, um allfällige Gefahrensituationen rechtzeitig erkennen zu können. Diese Person gilt als Lenker des Fahrzeuges. Außerdem muss es jederzeit möglich sein, das Fahrzeug mittels eines Notschalters zum Stillstand zu bringen. Hierbei handelt es sich um einen Anwendungsfall teleoperierten (= ferngesteuerten) Fahrens, der jedoch nicht zwangsweise mit einer Automatisierung der Fahrfunktionen verbunden ist.

3. Rechtsgrundlagen für automatisiertes Fahren in Deutschland

Anders als in Österreich hat sich der deutsche Gesetzgeber 2017 dazu entschlossen, Regelungen zu erlassen, die unter gewissen Voraussetzungen den Betrieb von **hoch- oder vollautomatisierten Fahrsystemen** auf öffentlichen Straßen erlauben. Durch das Achte Gesetz zur Änderung des Straßenverkehrsgesetzes[74] wurden in das deutsche Straßenverkehrsgesetz (dStVG)[75] insb die neuen §§ 1a und 1b eingefügt, die die Bedingungen des Einsatzes von hoch- oder vollautomatisierten Fahrsystemen sowie die dabei bestehenden Sorgfaltsanforderungen an den Fahrzeugführer normieren.

---

70 § 11 Abs 5 AutomatFahrV.

71 Ebenso *Plöckinger*, (Voll-)Autonomes Fahren und Strafrecht, ÖJZ 2019, 452 (454). Vgl auch *Roubik*, Novellierung der Verordnung über die Rahmenbedingungen für automatisiertes Fahren, ZVR 2019/70 (157).

72 § 10 Abs 6 und § 11 Abs 6 AutomatFahrV.

73 39. KFG-Novelle BGBl I 2020/134.

74 Achtes Gesetz zur Änderung des Straßenverkehrsgesetzes dBGBl I 2017/38, 1648.

75 Straßenverkehrsgesetz (StVG) BGBl I S. 310, 919.

Im Anschluss an das Achte Gesetz zur Änderung des Straßenverkehrsgesetzes zum Betrieb von Kraftfahrzeugen mit hoch- und vollautomatisierter Fahrfunktion ist im Jahr 2021 ein weiteres Gesetz, und zwar zum **autonomen Fahren**,[76] beschlossen worden. Das Gesetz zum autonomen Fahren ist am 28. Juli 2021 in Kraft getreten und ermöglicht den Einsatz von führerlosen Kraftfahrzeugen in festgelegten Betriebsbereichen im öffentlichen Straßenverkehr im Regelbetrieb.

a) §§ 1a und 1b dStVG (hoch- oder vollautomatisierte Fahrfunktion)

Mittels der in § 1a Abs 2 dStVG enthaltenen Definition von „Kraftfahrzeugen mit hoch- oder vollautomatisierter Fahrfunktion" wird geregelt, über welche technischen Ausrüstungen hoch- oder vollautomatisierte Kfz verfügen müssen, damit deren hoch- oder vollautomatisierte Fahrfunktionen im öffentlichen Straßenverkehr eingesetzt werden dürfen: Voraussetzung ist, dass das hoch- bzw vollautomatisierte System nach seiner Aktivierung das Kraftfahrzeug den **Verkehrsvorschriften entsprechend steuern** kann. Außerdem muss das System jederzeit durch den Fahrzeugführer manuell **übersteuerbar oder deaktivierbar** sein. Des Weiteren wird die Fähigkeit des Systems vorgeschrieben, die Erforderlichkeit der eigenhändigen Fahrzeugsteuerung durch den Fahrzeugführer zu erkennen und diese dem Fahrzeugführer mit **ausreichender Zeitreserve** durch optische, akustische, taktile oder sonst wahrnehmbare Signale anzuzeigen. Eine Erforderlichkeit der Übergabe an den Fahrzeugführer kann sich etwa daraus ergeben, dass der spezifische Anwendungsfall der automatisierten Fahrfunktion endet oder dass eine Wetterverschlechterung zu einer drohenden Beeinträchtigung der Sensoren führt.[77]

Der Betrieb eines Kraftfahrzeugs mittels hoch- oder vollautomatisierter Fahrfunktion iS obiger Definition ist gem § 1a Abs 1 dStVG nur zulässig, wenn die Funktion **bestimmungsgemäß** verwendet wird. Dies bedeutet, dass zB eine für den Autobahnverkehr vorgesehene hochautomatisierte Fahrfunktion nicht im Ortsgebiet mit Fußgänger- und Radverkehr eingesetzt werden darf.[78] Das hoch- bzw vollautomatisierte Fahrzeug muss auf eine der Systembeschreibung zuwiderlaufende Verwendung hinweisen.[79]

---

[76] Gesetz zur Änderung des Straßenverkehrsgesetzes und des Pflichtversicherungsgesetzes – Gesetz zum autonomen Fahren dBGBl I 2021/48, 3108. Vgl dazu *M. Wagner*, Fast and Furious: auf der Überholspur zum autonomen Fahren oder Sackgasse für Forschung und Entwicklung? InTeR 2021, 132.

[77] Vgl Erläut Entwurf eines Gesetzes zur Änderung des Straßenverkehrsgesetzes BT-Drs. 18/11300 18. WP, 12.

[78] Vgl ErläutGE BT-Drs. 18/11300 18. WP, 13, 20.

[79] Krit *Bönninger*, Potenziale und Risiken des fahrerlosen Fahrens – ein Blick in die Zukunft, in *FSV* (Hrsg), Automatisiertes Fahren (2017) 56 (58), der die Definition der „bestimmungsgemäßen Verwendung" gerne beim Gesetzgeber und nicht beim Hersteller sähe.

§ 1a Abs 3 dStVG schlägt die Brücke zum Zulassungsrecht und zum völker- und unionsrechtlichen Rahmen, indem er vorgibt, dass nur solche hoch- und vollautomatisierten Kfz betrieben werden dürfen, die zum Verkehr zugelassen sind und deren hoch- oder vollautomatisierte Fahrfunktionen den internationalen Vorschriften (zB unionsrechtliche Vorschriften, UNECE-Regelungen)[80] entsprechen oder eine Typgenehmigung gemäß Artikel 20 der Richtlinie 2007/46/EG[81] (Rahmenrichtlinie) erteilt bekommen haben.

Die **Rechte und Pflichten des Fahrzeugführers** bei Nutzung hoch- oder vollautomatisierter Fahrfunktionen werden in § 1b dStVG geregelt. § 1 Abs 1 Satz 1 leg cit ist dabei besonders hervorzustreichen, denn es wird dem Fahrzeugführer ausdrücklich erlaubt, sich bei Nutzung hoch- oder vollautomatisierter Fahrfunktionen vom Verkehrsgeschehen und der Fahrzeugsteuerung **abzuwenden**. In einer gewissen Diskrepanz[82] dazu steht § 1 Abs 1 Satz 2 iVm § 1 Abs 2 leg cit, wonach der Fahrzeugführer verpflichtet ist, die Fahrzeugsteuerung unverzüglich wieder zu übernehmen, wenn – erstens – das hoch- oder vollautomatisierte System ihn dazu auffordert oder – zweitens – er erkennt oder **aufgrund offensichtlicher Umstände erkennen muss**, dass die Voraussetzungen für eine bestimmungsgemäße Verwendung der hoch- oder vollautomatisierten Fahrfunktionen nicht mehr vorliegen. Er muss derart **wahrnehmungsbereit** bleiben, dass er dieser Verpflichtung jederzeit nachkommen kann.

Anhand der Pflicht zur Wahrnehmungsbereitschaft zeigt sich, dass die Novelle des dStVG tatsächlich nur hochautomatisiertes Fahren iSd technischen Begrifflichkeiten[83] erlaubt, auch wenn durchwegs von hoch- und vollautomatisierten Funktionen gesprochen wird.[84] Denn der Fahrzeugführer muss die Fahraufgabe wieder übernehmen, wenn er vom System zum Übernehmen aufgefordert wird bzw wenn offensichtliche Umstände dies erfordern; er darf sich daher bloß vorübergehend mit anderen Dingen beschäftigen und muss eine

80 Vgl ErläutGE BT-Drs. 18/11300 18. WP, 13.

81 RL 2007/46/EG des Europäischen Parlaments und des Rates vom 5. September 2007 zur Schaffung eines Rahmens für die Genehmigung von Kraftfahrzeugen und Kraftfahrzeuganhängern sowie von Systemen, Bauteilen und selbständigen technischen Einheiten für diese Fahrzeuge, ABl L 2007/263, 1.

82 Aufgrund dieser Widersprüchlichkeit zu Recht krit *Kath*, Auf dem Weg zum autonomen Fahren: haftungs- und versicherungsrechtliche Aspekte (2018) 23; *Freise*, Rechtsfragen des automatisierten Fahrens, VersR 2019, 65 (67); *Greger*, Haftungsfragen beim automatisierten Fahren, NZV 2018, 1 (3). *Ch. Huber*, Automatisiertes und autonomes Fahren – wer haftet? in *Frenz* (Hrsg), Handbuch Industrie 4.0: Recht, Technik, Gesellschaft (2020) 697 (705) spricht von einem „Spannungsverhältnis zwischen dem Freiraum und der Pflicht des Fahrzeugführers."

83 Vgl dazu Kap I.A.

84 Ebenso *Lachmayer*, Von Testfahrten zum regulären Einsatz automatisierter Fahrzeuge, ZVR 2017/254 (FN 15).

gewisse Wahrnehmungsbereitschaft aufrechterhalten.[85] Welches Maß an Wahrnehmungsbereitschaft gefordert wird, ist fraglich.[86]

In den Erläut zum Gesetzesentwurf der deutschen Bundesregierung wird zur unverzüglichen Übernahmepflicht bei offensichtlichen Umständen, die eine Übernahme der Fahraufgabe durch den Fahrzeugführer erfordern, Folgendes ausgeführt:[87]

> „Der Fahrzeugführer muss insbesondere die in der Systembeschreibung aufgezeigten Grenzen für den Einsatz des hoch- oder vollautomatisierten Fahrsystems beherrschen und beachten, um bei Vorliegen entsprechender offensichtlicher Umstände zu entscheiden, ob er die Fahrzeugsteuerung selbst übernimmt, auch wenn ihn das Fahrzeug dazu nicht auffordert. Außerdem wird die Regelung greifen bei technischen Störungen (z. B. fahrzeugseitige Warnungen jenseits der Aufforderung nach Nummer 1) und sonstigen Störungen im Betrieb des Fahrzeugs (z. B. Reifenplatzer), die klar erkennbar sind. Stellt der Fahrzeugführer Unregelmäßigkeiten im Fahrverhalten fest, muss er von sich aus reagieren."

Im Ausschuss für Verkehr und digitale Infrastruktur wurde § 1b dStVG in der Fassung des Gesetzesentwurfes der Bundesregierung nicht unerheblich geändert. Insbesondere die explizite Erlaubnis zur Abwendung vom Verkehrsgeschehen und der Fahrzeugsteuerung in Abs 1 leg cit fand erst aufgrund der Empfehlungen des Ausschusses Eingang in das Gesetz. Auch wenn der Ausschuss in seinem Bericht einen bloß klarstellenden Charakter des Abs 1 leg cit behauptet, so zeigen die Begründungen der Änderung im Bericht des Verkehrsausschusses einen milderen Sorgfaltsmaßstab als die Erläut zum Gesetzesentwurf der Bundesregierung nahelegten:[88]

> „Der Fahrzeugführer oder die Fahrzeugführerin kann sich vom Verkehrsgeschehen und der Fahrzeugführung abwenden. Er darf daher im Rahmen der Systembeschreibung die Hände vom Lenkrad nehmen, den Blick von der Straße wenden und anderen Tätigkeiten nachgehen, etwa dem Bearbeiten von Mails im Infotainment-System. Er muss aber so wahrnehmungsbereit bleiben, dass er die in Absatz 2 geregelten Situationen erfassen und die Fahrzeugsteuerung dann wieder übernehmen kann (etwa: Hören einer akustischen Übernahmeaufforderung nach Absatz 2 Nummer 1). Die gemäß Absatz 2 Nummer 2 zu erkennenden Umstände müssen so offensichtlich sein, dass diese auch beim Abwenden von der Fahrzeugsteuerung und dem Verkehrsgeschehen erkennbar sind. Davon wäre beispielsweise auszugehen, wenn der Fahrer durch das Hupen anderer Fahrzeuge auf Fahrfehler und damit auf technische Störungen des Systems aufmerksam gemacht wird oder wenn das System ohne äußeren Anlass eine Vollbremsung durchgeführt hat. In diesen Situationen muss der Fahrer auch dann die Fahrzeugsteuerung wieder übernehmen, wenn es keine Übernahmeaufforderung durch das System gegeben hat."

Dass die Erläut der Bundesregierung und die Begründungen des Verkehrsausschusses nicht auf einer Linie liegen, zeigt folgendes Beispiel: Reicht das

---

85 Vgl dazu *Gasser ua*, Rechtsfolgen zunehmender Fahrzeugautomatisierung – Gemeinsamer Schlussbericht der Projektgruppe, Berichte der BASt 2012/F 83, 9.

86 Vgl dazu *Freise*, Rechtsfragen des automatisierten Fahrens, VersR 2019, 65 (74 f); *Ch. Huber*, Automatisiertes und autonomes Fahren – wer haftet? in *Frenz* (Hrsg), Handbuch Industrie 4.0: Recht, Technik, Gesellschaft (2020) 697 (705).

87 ErläutGE BT-Drs. 18/11300 18. WP, 22 f.

88 AB BT-Drs. 18/11776 18. WP, 10 f.

Aufleuchten einer roten Kontrollleuchte, zB Öldruckkontrollleuchte, aus, um eine Übernahmepflicht des Fahrzeugführers auszulösen? Eine rote Kontrollleuchte ist wohl klar erkennbar, allerdings nur dann, wenn man das Armaturenbrett im Blickfeld hat und nicht mit E-Mails im Infotainment-System beschäftigt ist. Nach den Begründungen des Verkehrsausschusses dürfte eine rote Kontrollleuchte allein noch nicht ausreichen, um die Verpflichtung des Fahrzeugführers zur Übernahme der Fahraufgabe auszulösen, da sie beim Abwenden von der Fahrzeugsteuerung und dem Verkehrsgeschehen nicht erkennbar ist.[89] Ausgenommen ist natürlich der Fall, dass die rote Kontrollleuchte dem Fahrzeugführer tatsächlich auffällt, denn dann muss er unverzüglich eingreifen. Da der Gesetzestext des § 1b dStVG eine erhebliche Änderung im Verkehrsausschuss erfahren hat, ist mE im Rahmen der historischen Interpretation den Begründungen des Verkehrsausschusses in dessen Bericht der Vorrang gegenüber widerstreitenden Erläut der Bundesregierung einzuräumen.

Es wird deutlich, dass die in § 1b dStVG getroffene Regelung, die freilich den Knackpunkt der Novelle darstellt,[90] im Detail viele Fragen offenlässt und der Rspr einen weiten Auslegungsspielraum eröffnet.[91] Gerade diese Weite der möglichen Interpretationen ist jedoch unter dem Gesichtspunkt der Rechtssicherheit als problematisch zu betrachten.[92] Bei einer derartig revolutionären Reduzierung des Sorgfaltsmaßstabes im Bereich der Fahrzeugführung sollte den Normadressaten klar sein, was erlaubt ist und was nicht. Das umso mehr, da sie bei Sorgfaltsverstößen mit erheblichen zivil- und strafrechtlichen Haftungsfolgen zu rechnen haben.[93] Diese könnten sie von einer bestimmungsgemäßen Nutzung der hoch- und vollautomatisierten Fahrfunktionen abhalten, deren Ermöglichung aber gerade dezidierter Zweck der Novelle ist. In der Literatur werden daher Klarstellungen gefordert, insb welche Nebentätigkeiten dem Fahrzeugführer erlaubt sind und welche Zeitspanne dem Fahrzeugführer zur Verfügung steht, um die Fahraufgabe nach Aufforderung durch das System wieder zu übernehmen.[94]

---

[89] Als weitere Beispiele für nicht offensichtliche Umstände führt *Bönninger* die Nichteinhaltung von Geschwindigkeitsbegrenzungen und das plötzliche Auftauchen von Nebel an, *Bönninger*, Potenziale und Risiken des fahrerlosen Fahrens – ein Blick in die Zukunft, in *FSV* (Hrsg), Automatisiertes Fahren (2017) 56 (58).

[90] Vgl *Greger*, Haftungsfragen beim automatisierten Fahren, NZV 2018, 1 (3).

[91] Ebenso *Ch. Huber*, Automatisiertes und autonomes Fahren – wer haftet? in *Frenz* (Hrsg), Handbuch Industrie 4.0: Recht, Technik, Gesellschaft (2020) 697 (706).

[92] Ebenso *Lachmayer*, Von Testfahrten zum regulären Einsatz automatisierter Fahrzeuge, ZVR 2017/254 (519); vgl auch *Hinze*, Haftungsrisiken des automatisierten und autonomen Fahrens (2021) 60 f.

[93] Daher merkt *Lachmayer* zu Recht an, dass die neuen Regelungen zur Einführung hochautomatisierten Fahrens „klar zulasten des Lenkers" gehen und diesem das Risiko deren Verwendung aufbürden, *Lachmayer*, Von Testfahrten zum regulären Einsatz automatisierter Fahrzeuge, ZVR 2017/254 (519).

[94] *Bönninger*, Potenziale und Risiken des fahrerlosen Fahrens – ein Blick in die Zukunft, in *FSV* (Hrsg), Automatisiertes Fahren (2017) 56 (58); vgl auch *Lachmayer*, Von Testfahrten zum regulären Einsatz automatisierter Fahrzeuge, ZVR 2017/254 (519).

b) §§ 1d bis 1f dStVG (autonome Fahrfunktion)

Kraftfahrzeuge mit autonomer Fahrfunktion müssen nach § 1d StVG die Fahraufgabe **ohne eine fahrzeugführende Person** selbständig in einem festgelegten Betriebsbereich erfüllen können. Hierfür ist es erforderlich, dass das Fahrzeug Systemgrenzen erkennt und selbständig einen **risikominimalen Zustand** herstellen kann. Der **Halter** hat nach § 1f dStVG die regelmäßige **Wartung** der für die autonome Fahrfunktion erforderlichen Systeme sicherzustellen und zu gewährleisten, dass die Aufgaben der **Technischen Aufsicht** erfüllt werden. Die Technische Aufsicht ist verantwortlich, das Kraftfahrzeug mit autonomer Fahrfunktion über einen externen Zugriff erforderlichenfalls zu deaktivieren oder notwendige Fahrmanöver freizugeben. Die Rolle der Technischen Aufsicht muss zwingend eine natürliche Person übernehmen.

Mit dem Gesetz zum autonomen Fahren nimmt Deutschland zweifelsfrei eine Vorreiterstellung in Hinblick auf die rechtliche Ermöglichung automatisierten und autonomen Fahrens ein. Von vollständig autonomem Fahren kann – wie auch die Erläut feststellen[95] – jedoch nicht gesprochen werden, da die Kfz mit autonomen Fahrfunktionen zwar ohne Fahrzeugführer, jedoch nur in bestimmten Betriebsbereichen eingesetzt werden dürfen.[96]

c) Haftungshöchstbeträge bei der Halterhaftung (§ 12 dStVG)

Wie in Österreich ist auch in Deutschland die Gefährdungshaftung des Halters für Schäden durch Unfälle bei Betrieb des Kraftfahrzeugs betraglich beschränkt: Gem § 12 dStVG wird grundsätzlich bei Personenschäden je Unfall bis zu einem Betrag von fünf Millionen Euro, bei Sachschäden je Unfall bis zu einem Betrag von einer Millionen Euro gehaftet. Durch das Achte Gesetz zur Änderung des Straßenverkehrsgesetzes und das Gesetz zum autonomen Fahren wurden diese Beträge für den Fall der Schadensverursachung aufgrund der Verwendung einer hoch- oder vollautomatisierten Fahrfunktion gemäß § 1a dStVG oder beim Betrieb einer autonomen Fahrfunktion gemäß § 1e dStVG um 100% angehoben.[97] Die Haftungsgrenzen liegen daher bei Verwirklichung eines Automatisierungsrisikos bei 10 Millionen Euro bei Personenschäden und zwei Millionen Euro bei Sachschäden.

---

95 ErläutGE BT-Drs. 19/27439 19. WP, 20 f.

96 Vgl zu den technischen Begrifflichkeiten Kap I.A.

97 Befürwortend *Kath*, Auf dem Weg zum autonomen Fahren: haftungs- und versicherungsrechtliche Aspekte (2018) 18, 24; *Armbrüster*, Automatisiertes Fahren – Paradigmenwechsel im Straßenverkehrsrecht? ZPR 2017, 83 (84); ebenfalls grundsätzlich dafür *Ch. Huber*, Neuerungen bei der Haftung im Verkehrsunfallrecht in Deutschland, ZVR 2017/235 (415), der jedoch einen gänzlichen Entfall der Haftungshöchstbeträge bevorzugen würde und die unterlassene parallele Erhöhung der Mindestdeckungssummen der Kfz-Haftpflichtversicherung kritisiert; krit *Hinze*, Haftungsrisiken des automatisierten und autonomen Fahrens (2021) 66.

Die Verdoppelung der Haftungshöchstbeträge soll dem **Verkehrsopferschutz** dienen und basiert im Wesentlichen auf folgenden Überlegungen:[98] Nach der neuen Rechtslage in Deutschland ist unter gewissen Umständen die Nutzung von hoch- und vollautomatisierten Systemen unter Abwendung von der Fahraufgabe erlaubt. Aufgrund der erheblichen Herabsetzung des Sorgfaltsmaßstabes des Fahrzeugführers verliert dessen Verschuldenshaftung an Relevanz. Fehlt aber ein Verschulden des Fahrzeugführers, kommt der Geschädigte nicht in den Genuss der betraglich unbeschränkten Verschuldenshaftung des Fahrzeugführers gem § 823 dBGB. Es verbleibt die Gefährdungshaftung des Halters des Kraftfahrzeugs gemäß § 7 dStVG, die jedoch betraglichen Haftungsbeschränkungen unterworfen ist und daher eine gegenüber der Verschuldenshaftung abgeschwächte Ausgleichsfunktion erfüllt. Daher erschien dem deutschen Gesetzgeber eine Erhöhung des Haftungshöchstbetrags im Rahmen der Halterhaftung bei Verwirklichung von Automatisierungsrisiken angezeigt.[99]

d) Datenverarbeitung (§§ 1g, 63a und 63b dStVG)

Durch das Achte Gesetz zur Änderung des Straßenverkehrsgesetzes wurden mit **§§ 63a, und 63b StVG** neue Sonderregelungen zur **Datenverarbeitung bei Kraftfahrzeugen mit hoch- oder vollautomatisierter Fahrfunktion** eingeführt.[100] Durch die neuen Bestimmungen soll einerseits sichergestellt werden, dass sich der Fahrzeugführer nicht pauschal auf ein Systemversagen berufen kann. Andererseits soll es ihm ermöglicht werden, einen gegen ihn erhobenen Schuldvorwurf in dem Fall zu entkräften, dass der Unfall ausschließlich auf ein Versagen des hoch- oder vollautomatisierten Systems zurückzuführen ist.[101] Sie dienen daher im Wesentlichen Beweiszwecken sowohl in öffentlich-rechtlichen Straf- als auch in zivilrechtlichen Haftungsverfahren.

Gem § 63a dStVG speichern Kraftfahrzeuge mit hoch- oder vollautomatisierter Fahrfunktion die Positions- und Zeitangaben, wenn ein **Wechsel der Fahrzeugsteuerung** zwischen Fahrzeugführer und dem hoch- oder vollautomatisierten System erfolgt, wenn der Fahrzeugführer durch das System **aufgefordert** wird, die Fahrzeugsteuerung zu übernehmen, oder wenn eine **technische Störung** des Systems auftritt.[102]

---

98 ErläutGE BT-Drs. 18/11300 18. WP, 15.

99 Zu Überlegungen de lege ferenda zur österreichischen Rechtslage vgl Kap X.A 1.

100 Befürwortend in Hinblick auf die beweisrechtlichen Hürden der Produkthaftung *Kath*, Auf dem Weg zum autonomen Fahren: haftungs- und versicherungsrechtliche Aspekte (2018) 26.

101 ErläutGE BT-Drs. 18/11300 18. WP, 24.

102 Darüber hinaus empfahl der Arbeitskreis II zum Thema des Automatisierten Fahrens im Rahmen des 57. Deutschen Verkehrsgerichtstags die Speicherung von Unfall- und Ereignisdaten im Fahrzeug, vgl *Hoffer/Ch. Huber/Watzlawik*, Der 57. Deutsche Verkehrsgerichtstag, ZVR 2019/72 (165).

Die gespeicherten Daten dürfen den nach Landesrecht für die Ahndung von Verkehrsverstößen zuständigen Behörden auf deren Verlangen übermittelt werden. Die Erhebungsbefugnis der jeweils zuständigen Behörde bei Verkehrsverstößen ergibt sich lt den Begründungen des Verkehrsausschusses aus der deutschen Strafprozessordnung (dStPO) bzw dem deutschen Gesetz über Ordnungswidrigkeiten (dOWiG), das auf die dStPO verweist.[103]

Der Fahrzeughalter hat die Übermittlung der gespeicherten Daten an Dritte zu veranlassen, wenn die Daten zur Geltendmachung, Befriedigung oder Abwehr von **Rechtsansprüchen** im Zusammenhang mit einem Unfall beim Betrieb eines Kraftfahrzeugs erforderlich sind und das entsprechende Kraftfahrzeug mit automatisierter Fahrfunktion an diesem Ereignis beteiligt war.

Bestimmte weitere Detailfragen im Zusammenhang mit der Datenverarbeitung bei Kraftfahrzeugen mit hoch- oder vollautomatisierter Fahrfunktion, wie etwa die technische Ausgestaltung[104] der Speicherung oder die Adressaten der Speicherpflicht, sollen durch Rechtsverordnung des Bundesministeriums für Verkehr und digitale Infrastruktur geregelt werden. Die entsprechende Ermächtigung hierzu enthält § 63b dStVG.

Durch das Gesetz zum autonomen Fahren wurde mit **§ 1g dStVG** eine eigene Bestimmung über die **Datenverarbeitung bei Kfz mit autonomer Fahrfunktion** geschaffen. Nach §°1g dStVG sind bestimmte Daten (insb Fahrzeugidentifizierungsnummer, Positionsdaten, Anzahl und Zeiten der Nutzung sowie der Aktivierung und der Deaktivierung der autonomen Fahrfunktion) zu speichern bei Eingriffen durch die Technische Aufsicht, bei Konfliktszenarien, bei nicht planmäßigem Spurwechsel oder Ausweichen und bei Störungen im Betriebsablauf.

C. Praxis des automatisierten Fahrens in Österreich

Fahrerassistenzsysteme und **teilautomatisierte Systeme** sind auf Österreichs Straßen bereits seit längerer Zeit im Einsatz. Sie sollen durch die Unterstützung des Fahrers in der Quer- und/oder Längsführung die Sicherheit im Straßenverkehr erhöhen, haben jedoch auch schon Unfälle verursacht: So kam es beispielsweise 2018 in Tirol zu einem Auffahrunfall, weil das Fahrerassistenzsystem grundlos eine Vollbremsung auslöste.[105]

Seit Erlass des Aktionsplans Automatisiertes Fahren 2016–2018 wurden mehrere Forschungs- und Testprojekte in Österreich ins Leben gerufen.[106] Auf

---

103 AB BT-Drs. 18/11776 18. WP, 11.

104 Dabei sollen vor allem die internationalen Regelungen zur technischen Ausgestaltung Berücksichtigung finden, vgl AB BT-Drs. 18/11776 18. WP, 12.

105 *Kary*, Wenn das Auto unmotiviert bremst, Die Presse 2018/41/07 (8.8.2019, rdb.at).

106 BMVIT (Hrsg), Aktionspaket Automatisierte Mobilität 2019–2022 (2018) 11.

der Grundlage der in der AutomatFahrV festgelegten Bedingungen für den Testbetrieb von automatisierten Fahrsystemen wurde beispielsweise in Wien im Juni 2019 die erste **automatisierte Buslinie im Testbetrieb** eingeführt (Forschungsprojekt „auto.Bus-Seestadt").[107] Die Busse des französischen Herstellers Navya[108] sind mit Sensoren ausgerüstet, die in Kombination mit entsprechender Software ein sofortiges Stoppen bzw Ausweichen bei Hindernissen bewirken sollen[109]. Dennoch kam es bereits einige Wochen später zu einem Unfall, bei dem eine Frau – durch Handy und Kopfhörer abgelenkt – seitlich in den Bus lief und leicht verletzt wurde.[110] Nach Angaben der Wiener Linien habe eine Analyse der Fahrzeugdaten durch den Hersteller ergeben, dass die Automatisierungstechnik einwandfrei funktionierte. Das Hindernis sei durch das System erkannt, eine Warnung ausgeführt und ein Bremsvorgang umgehend eingeleitet worden.[111] Das Projekt autonomer Busse in Wien steht freilich noch am Anfang. Die erlaubte Höchstgeschwindigkeit beträgt nach derzeitiger Rechtslage 20 km/h.[112] Das System wird entsprechend den Vorgaben der AutomatFahrV von einem Lenker („Operator") beobachtet, der im Notfall das System deaktivieren bzw übersteuern kann.[113]

107 *Die Presse*, Fahrerlos in der Seestadt (https://diepresse.com/home/panorama/wien/5640531/Fahrerlos-in-der-Seestadt).

108 *Die Presse*, Nach Unfall mit fahrerlosem Bus: Wiener Linien halten an Projekt fest (https://diepresse.com/home/panorama/wien/5661924/Nach-Unfall-mit-fahrerlosem-Bus_Wiener-Linien-halten-an-Projekt-fest). Minibusse desselben Herstellers waren bereits 2016 in der Altstadt von Salzburg im Testbetrieb unterwegs, vgl *Rehrl*, Erste Erfahrungen mit einem selbstfahrenden Minibus, in *FSV* (Hrsg), Automatisiertes Fahren (2017) 45.

109 *Die Presse*, Wiener Linien stoppen vorerst fahrerlose Busse nach Unfall (https://diepresse.com/home/panorama/wien/5661355/Wiener-Linien-stoppen-vorerst-fahrerlose-Busse-nach-Unfall).

110 *Die Presse*, Fahrerlose Busse bald wieder unterwegs (https://diepresse.com/home/panorama/wien/5663797/Fahrerlose-Busse-bald-wieder-unterwegs).

111 *Die Presse*, Fahrerlose Busse bald wieder unterwegs (https://diepresse.com/home/panorama/wien/5663797/Fahrerlose-Busse-bald-wieder-unterwegs).

112 § 7 Abs 7 AutomatFahrV.

113 *Die Presse*, Fahrerlos in der Seestadt (https://diepresse.com/home/panorama/wien/5640531/Fahrerlos-in-der-Seestadt); § 3 Abs 2 iVm § 7 Abs 6 AutomatFahrV.

II. Gegenstand und Gang der Untersuchung

A. Allgemeines

Forschungsbedarf besteht nicht nur in technischer Hinsicht. So stellen sich auf dem Gebiet des automatisierten Fahrens zahlreiche rechtliche Probleme und Rechtsfragen. Diese reichen vom Gebiet des Zulassungs- über das Fahrerlaubnis- und Verhaltensrecht (insb der StVO) bis hin zum zivilrechtlichen Haftungs- und Strafrecht. Auch grundrechtliche Aspekte zB im Zusammenhang mit Datenschutz[114] oder beim Umgang mit sogenannten „Dilemma-Situationen"[115], die im Besonderen ethische Fragen aufwerfen, sind zu berücksichtigen. Das vorliegende Werk befasst sich mit **außervertraglichen Haftungsfragen** und den damit verbundenen Aspekten des öffentlich-rechtlichen Verhaltensrechts im Straßenverkehr.

In der Literatur wird weitreichender Klarstellungs- und Änderungsbedarf behauptet, soll das automatisierte Fahren nicht rechtlich ungeklärt gelassen oder schlicht verboten werden.[116] Ein die neue Technologie reglementierendes Recht hat neben der die Technik **begrenzenden** Funktion auch die Funktion der **Ermöglichung** von Technik (Doppelfunktion): Eine gesellschaftliche Akzeptanz des automatisierten Fahrens wird sich erst einstellen können, wenn Haftungsfragen einer adäquaten Regelung zugeführt werden.[117] Das **Aktionspaket Automatisierte Mobilität (2019–2022)** setzt sich dementsprechend ua das Ziel, Verantwortlichkeit klarzustellen, um Rechtssicherheit und Vertrauen in die neue Technologie zu schaffen.[118]

---

114 Vgl dazu eingehend *Kunnert*, „Autonomes Fahren" aus datenschutzrechtlicher Sicht, in *I. Eisenberger* ua (Hrsg), Autonomes Fahren und Recht (2017) 169; *Forgó*, DSGVO, Dateneigentum und autonomes Fahren: eine Beziehungsgeschichte, ZVR 2018/240; *Amlacher/Andréewitch*, Rechtliche Fragen des autonomen Fahrens – Datenschutz (Teil III), jusIT 2018, 19.

115 Vgl hierzu zB *I. Eisenberger*, Das Trolley-Problem im Spannungsfeld autonomer Fahrzeuge: Lösungsstrategien grundrechtlich betrachtet, in *I. Eisenberger* ua (Hrsg), Autonomes Fahren und Recht (2017) 91; *Rohregger*, Strafrechtsfragen um autonome Fahrzeuge, Jahrbuch Wirtschaftsstrafrecht und Organverantwortlichkeit 2017, 119 (129 ff); *Kaltenegger*, Zehn Grundsätze zur Entwicklung des autonomen Fahrens, ZVR 2018/232 (418); aus der deutschen Literatur Deutsches BMVI (Hrsg), Ethik-Kommission – Automatisiertes und vernetztes Fahren (2017); *Gasser*, Grundlagen und spezielle Rechtsfragen für autonome Fahrzeuge, in *Maurer ua* (Hrsg), Autonomes Fahren (2015) 543 (555); *Hilgendorf*, Automatisiertes Fahren und das Recht, ZVR 2015/240 (472); *Weber*, Dilemmasituationen beim autonomen Fahren, NZV 2016, 249 (253f).

116 ZB *Hilgendorf*, Automatisiertes Fahren und das Recht, ZVR 2015/240 (470).

117 *Sternberg-Lieben*, Strafrechtliche Verbote einer „Maschinisierung des Menschen" – Erste Überlegungen, in *Hilgendorf* (Hrsg), Robotik im Kontext von Recht und Moral (2014) 119 mwN.

118 BMVIT (Hrsg), Aktionspaket Automatisierte Mobilität 2019–2022 (2018) 25. Für eine klare Zuweisung der Verantwortung auch *Kaltenegger*, Zehn Grundsätze zur Entwicklung des autonomen Fahrens, ZVR 2018/232 (418).

Gegenstand des vorliegenden Werkes bildet aufgrund der hohen gegenwärtigen Relevanz das **teil-, hoch- und vollautomatisierte Fahren**.[119] Die Anwendungsfelder automatisierter Fahrfunktionen sind weit: Sie reichen vom Autobahnchauffeur (hochautomatisiertes Fahren auf der Autobahn) über Platooning (elektrische Kopplung von mehreren Fahrzeugen zu einem Konvoi) bis zu vollautomatisiertem Parken[120] oder selbstfahrenden Minibussen. Autonomes, also fahrerloses Fahren soll bei meinen Untersuchungen außer Acht bleiben, da mit seiner technischen Realisierbarkeit in den nächsten Jahren nicht gerechnet wird[121] und eine Befassung hiermit den Rahmen dieses Werkes sprengen würde.

Den ersten Teil meiner Untersuchungen bildet die Darstellung der **Verteilung** der mit der Technologie des automatisierten Fahrens verbundenen **Risiken** nach **geltendem außervertraglichem Haftungs- und Regressrecht**. Dabei wird insbesondere auf die Verschuldenshaftung des Fahrers nach ABGB[122], die Gefährdungshaftung des Halters nach EKHG[123] sowie die verschuldensunabhängige Haftung des Herstellers nach PHG[124] eingegangen. Die Betrachtungen erfolgen jeweils unter der Annahme der Zulassungsfähigkeit[125] hoch- und vollautomatisierter Fahrzeuge zum Straßenverkehr. Das öffentlich-rechtliche Verhaltensrecht wird in den relevanten Aspekten miteinbezogen.

Die Zuweisung der Haftungsrisiken nach geltendem Recht wird sodann auf ihre Adäquanz überprüft. Bei der Beurteilung der Angemessenheit der Risikoverteilung wird insb auf die **Funktionen des Schadenersatzrechts** abgestellt. Weiters werden im jeweiligen Zusammenhang **Reformvorschläge** aus Österreich und Deutschland präsentiert und einer Evaluierung unterzogen. Schließlich werden **eigene Reformvorschläge** zum österreichischen außervertraglichen Haftungsrecht auf dem Gebiet des automatisierten Fahrens dargestellt.

---

119 Vgl zu diesen Begrifflichkeiten Kap I.A.

120 Vgl dazu *Bönninger*, Potenziale und Risiken des fahrerlosen Fahrens – ein Blick in die Zukunft, in *FSV* (Hrsg), Automatisiertes Fahren (2017) 56.

121 *Frauenhofer-Institut für Arbeitswirtschaft und Organisation*, Hochautomatisiertes Fahren auf Autobahnen – Industriepolitische Schlussfolgerungen, 280, http://www.bmwi.de/BMWi/Redaktion/PDF/H/hochautomatisiertes-fahren-auf-autobahnen,property=pdf,bereich=bmwi2012,sprache=de,rwb=true.pdf (Stand 18.11.2016).

122 Allgemeines bürgerliches Gesetzbuch für die gesammten deutschen Erbländer der Oesterreichischen Monarchie JGS 1811/946.

123 Bundesgesetz vom 21. Jänner 1959 über die Haftung für den Ersatz von Schäden aus Unfällen beim Betrieb von Eisenbahnen und beim Betrieb von Kraftfahrzeugen (Eisenbahn- und Kraftfahrzeughaftpflichtgesetz – EKHG.) BGBl 1959/48.

124 Bundesgesetz vom 21. Jänner 1988 über die Haftung für ein fehlerhaftes Produkt (Produkthaftungsgesetz) BGBl 1988/99.

125 Zum Zulassungsrecht vgl Kap I.B.1.

B. Automatisierungsrisiken

Auch wenn man sich von der Fahrzeugautomatisierung durch die Eindämmung des menschlichen Versagens bei der Fahrzeugführung eine Steigerung der Verkehrssicherheit erhofft, gehen mit der Technologie des automatisierten Fahrens zweifelsfrei auch neue Risiken einher (**Automatisierungsrisiken**[126]).[127] Anstelle des Risikos der fehlerhaften menschlichen Fahrzeugführung tritt das Risiko der fehlerhaften maschinellen Fahrzeugführung.[128] Gerade im Bereich des hochautomatisierten Fahrens besteht aufgrund der Teilung der Fahraufgabe zwischen System und Lenker die Gefahr, dass die Schnittstelle zwischen Maschine und Mensch (Human Machine Interface) versagt.[129] Beträchtliche Risiken ergeben sich auch durch den Mischverkehr von durch automatisierte Systeme und Menschen gesteuerten Fahrzeugen.[130] Durch die Vernetzung entsteht außerdem die Gefahr von fehlerhafter Datenerhebung oder Datenübertragung.[131] Ein weiteres Risiko stellt die Manipulation des Systems von außen, zB durch Hacking („Cyber-Crime")[132], dar.[133]

In rechtlicher Hinsicht stellt sich im Besonderen die Frage, wem diese Risiken **zugewiesen** werden, wer also für sie haftet (Außenverhältnis zum Geschädigten) und wer sie letztlich zu tragen hat (Regressverhältnis zwischen mehreren Haftenden). Die Untersuchung der Zuweisung dieser Risiken nach geltendem Haftungs- und Regressrecht ist von erheblicher Bedeutung, um deren Angemessenheit zu evaluieren und gegebenenfalls Reformbedarf aufzuzeigen.

---

126 Vgl hierzu *Gasser*, Grundlegende und spezielle Rechtsfragen für autonome Fahrzeuge, in *Maurer ua* (Hrsg), Autonomes Fahren (2015) 543 (552f).

127 Vgl dazu auch *G. Eisenberger*, Die wirtschaftlichen Folgen autonomer Fahrzeuge aus anwaltlicher Sicht, in *I. Eisenberger ua* (Hrsg), Autonomes Fahren und Recht (2017) 15 (16); *Juschten/Hössinger*, Verkehrsplanerische Aspekte des autonomen Fahrens, in *I. Eisenberger ua* (Hrsg), Autonomes Fahren und Recht (2017) 21 (31).

128 Vgl auch *Gomille*, Herstellerhaftung für automatisierte Fahrzeuge, JZ 2016, 76 (76); *Schrader*, Haftungsfragen für Schäden beim Einsatz automatisierter Fahrzeuge im Straßenverkehr, DAR 2016, 242 (242).

129 So kann es bei der Übernahme der Fahraufgabe durch den Menschen zu erheblichen Reaktionsverzögerungen kommen, vgl dazu *Juschten/Hössinger*, Verkehrsplanerische Aspekte des autonomen Fahrens, in *I. Eisenberger ua* (Hrsg), Autonomes Fahren und Recht (2017) 21 (32); ebenso *Eustacchio*, Automatisiert zum Recht, ZVR 2017/253 (510). Aufgrund der spezifischen Risiken, die der Automatisierungsgrad der Hochautomatisierung mit sich bringt, wird von *Kaltenegger* gefordert, die Stufe der Hochautomatisierung im Regelbetrieb zu überspringen und bei ihrer Marktreife unmittelbar vollautomatisierte Systeme einzuführen, *Kaltenegger*, Zehn Grundsätze zur Entwicklung des autonomen Fahrens, ZVR 2018/232 (418).

130 Vgl dazu *Juschten/Hössinger*, Verkehrsplanerische Aspekte des autonomen Fahrens, in *I. Eisenberger ua* (Hrsg), Autonomes Fahren und Recht (2017) 21 (32) mwN.

131 Vgl zB *Kunnert*, „Autonomes Fahren" aus datenschutzrechtlicher Sicht, in *I. Eisenberger ua* (Hrsg), Autonomes Fahren und Recht (2017) 169 (195).

132 *Kaltenegger*, Zehn Grundsätze zur Entwicklung des autonomen Fahrens, ZVR 2018/232 (419).

133 So auch *Juschten/Hössinger*, Verkehrsplanerische Aspekte des autonomen Fahrens, in *I. Eisenberger ua* (Hrsg), Autonomes Fahren und Recht (2017) 21 (33).

C. Zwecke des Haftungsrechts

Im Rahmen des vorliegenden Werkes wird bei der Beurteilung, ob die Automatisierungsrisiken in sachgerechter Weise verteilt sind, insb auf die **Zwecke des Schadenersatzrechts** abgestellt. Es wird daher die Effektivität der Funktionen des Schadenersatzrechts in diesem besonders gefahr- und schadensträchtigen Bereich einer genaueren Betrachtung unterzogen. Da also die Zwecke des Haftungsrechts einen wesentlichen Maßstab meiner Untersuchungen bilden, sollen sie im Folgenden überblickshaft dargestellt werden.

Der Staat hat wegen des hohen Gefährdungspotentials des automatisierten Fahrens die Aufgabe, Gefahren zu mindern und adäquate Ausgleichsregularien zur Verfügung zu stellen.[134] Aufgrund der schwerwiegenden Gefahr für das Leben, die der Straßenverkehr mit sich bringt, treffen den Staat in diesem Bereich **grundrechtliche Schutzpflichten**.[135] Er hat aufgrund seiner grundrechtlichen Verpflichtungen darauf hinzuwirken, dass Körperverletzungen und Gesundheitsbeeinträchtigungen durch Dritte möglichst unterbleiben. Das Haftungsrecht nimmt hier eine besondere Rolle ein, da ihm unter anderem eine **Präventionsfunktion**[136] zukommt. Denn durch die Androhung einer Schadenersatzpflicht wird der Anreiz geschaffen, Schädigungen hintanzuhalten.[137] Da im Bereich des automatisierten Fahrens sowohl der Hersteller als auch der Halter des Kfz sowie der Lenker schadensursächlich wirken können, sollte sich die präventive Wirkung der Schadenersatzverpflichtungen auf alle genannten Personengruppen beziehen. Wesentlich ist in diesem Zusammenhang, dass nicht nur die Verschuldenshaftung, sondern auch die Gefährdungshaftung (bis zu einem gewissen Grad) eine Präventionsfunktion erfüllt.[138] Dies gilt

---

134 *Hilgendorf*, Automatisiertes Fahren und das Recht, ZVR 2015/240 (470).

135 *I. Eisenberger*, Das Trolley-Problem im Spannungsfeld autonomer Fahrzeuge: Lösungsstrategien grundrechtlich betrachtet, in *I. Eisenberger ua* (Hrsg), Autonomes Fahren und Recht (2017) 91 (102 f); *Lachmayer*, Verfassungsrechtliche Rahmenbedingungen, in *I. Eisenberger ua* (Hrsg), Autonomes Fahren und Recht (2017) 71 (87); vgl hierzu auch *Schöpfer*, Telefonieren am Steuer: lediglich ein Kavaliersdelikt? ZVR 2008/147 (327) mwN sowie *Romaniewicz-Wenk/Jirak*, Autonomes Fahren in Österreich – eine Utopie? ecolex 2018, 466 (470). Ähnlich zum deutschen Recht *Hilgendorf*, Automatisiertes Fahren und das Recht, ZVR 2015/240 (469); *Taeger*, Außervertragliche Haftung für fehlerhafte Computerprogramme (1995) 68 f mwN.

136 *Koziol*, Haftpflichtrecht I[4] (2020) Rz A/Rz 39 ff; *Koziol*, Grundfragen des Schadenersatzrechts (2010) Rz 3/4; *Welser/Zöchling-Jud*, Bürgerliches Recht II[14] (2015) Rz 1334; vgl für die deutsche Rechtsordnung *Spickhoff* in *Soergel*, Kommentar zum BGB XII[13] (2005) Vor § 823 Rz 31 ff; *Taeger*, Außervertragliche Haftung für fehlerhafte Computerprogramme (1995) 70 ff mwN, 101.

137 *Koziol*, Grundfragen des Schadenersatzrechts (2010) Rz 3/4.

138 *Koziol*, Haftpflichtrecht I[4] (2020) A/Rz 42 mwN; *Koziol*, Grundfragen des Schadenersatzrechts (2010) Rz 3/6; ebenso *Schauer* in *Schwimann/Kodek*, ABGB Praxiskommentar[4] (2016) Vorbem EKHG Rz 1; zum deutschen Haftungsrecht *Spickhoff* in *Soergel*, Kommentar zum BGB XII[13] (2005) Vor § 823 Rz 34; *Taeger*, Außervertragliche Haftung für fehlerhafte Computerprogramme (1995) 75 f; *G. Wagner* in Münchener Kommentar zum BGB[8] (2020) Vor § 823 Rz 20.

auch für die verschuldensunabhängigen Haftungen nach EKHG und PHG. Die Präventionsfunktion wird durch die Ausgleichsfunktion insofern begrenzt, als der Präventionsgedanke nicht Schadenersatzpflichten rechtfertigen kann, die nicht dem Zweck des Ausgleichs dienen, wie etwa Strafschadenersatz.[139]

Auch die **Ausgleichsfunktion**, die die primäre Aufgabe des Schadenersatzrechts darstellt,[140] ist im Bereich des automatisierten Fahrens auf ihre Wirksamkeit hin zu untersuchen. Sollte es durch etwaige zukünftige Reformen zu einer weitergehenden Pflichtenfreistellung des Lenkers kommen, ist mit einer Verlagerung der Haftungsrisiken vom Lenker auf den Hersteller zu rechnen.[141] Es gilt zu prüfen, ob bei Ausfall der Verschuldenshaftung des Fahrers der Geschädigte dennoch grundsätzlich vollen Ersatz des erlittenen Schadens (vom Hersteller oder Halter) ansprechen kann oder ob sich Defizite in der Effektivität der Ausgleichsfunktion ergeben. Letztlich geht es hier auch um die Wirksamkeit des Rechtsgüterschutzes, da nach dem **Rechtsfortsetzungsgedanken** das „verletzte […] Rechtsgut des Geschädigten in seinem Ersatzanspruch fort[lebt]".[142] Schutzlücken könnten sich zB aus den Beschränkungen des Umfangs des Schadenersatzes nach PHG sowie aus den Haftungshöchstbeträgen nach EKHG ergeben.[143]

D. Außervertragliches Haftungs- und Regressrecht

Das Recht der Haftung für Schäden aus Straßenverkehrsunfällen beruht auf einem **Zusammenspiel mehrerer Haftungsregime**. Im Rahmen dieser Haftungssysteme kommt verschiedenen Akteuren die Rolle des Haftungsadressaten zu. In den folgenden Kapiteln wird insb auf die Verschuldenshaftung des Lenkers bzw Zulassungsbesitzers nach ABGB, die Gefährdungshaftung des Halters nach EKHG sowie die verschuldensunabhängige Produkthaftung nach PHG eingegangen. Die wesentlichen Tatbestandsvoraussetzungen werden bezogen auf die Besonderheiten der Fahrzeugautomatisierung dargestellt.

---

139 *Koziol*, Grundfragen des Schadenersatzrechts (2010) Rz 3/5, 3/2; vgl zum deutschen Recht *Spickhoff* in *Soergel*, Kommentar zum BGB XII[13] (2005) Vor § 823 Rz 33.

140 *Koziol*, Grundfragen des Schadenersatzrechts (2010) Rz 3/1; *Welser/Zöchling-Jud*, Bürgerliches Recht II[14] (2015) Rz 1333; zum deutschen Recht *Taeger*, Außervertragliche Haftung für fehlerhafte Computerprogramme (1995) 71.

141 Vgl *Harnoncourt*, Haftungsrechtliche Aspekte des autonomen Fahrens, in *I. Eisenberger ua* (Hrsg), Autonomes Fahren und Recht (2017) 109 (111); *P. Reinisch*, Autonomes Fahren aus regulatorischer Sicht, Jahrbuch Regulierungsrecht 2019, 197 (209); *Karner*, Liability for Robotics, in *Lohsse/Schulze/Staudenmayer* (Hrsg), Liability for Artificial Intelligence and the Internet of Things (2019) 117 (119); *Pehm*, Systeme der Unfallhaftung beim automatisierten Fahren, IWRZ 2018, 259 (264); vgl zum deutschen Recht *Gomille*, Herstellerhaftung für automatisierte Fahrzeuge, JZ 2016, 76 (81); *Hartmann*, Aktueller Überblick über Rechtsfragen des automatisierten und autonomen Fahrens, PHi 2016, 114 (119).

142 *Koziol*, Grundfragen des Schadenersatzrechts (2010) Rz 3/8.

143 Vgl dazu Kap X.A.1.

Entsprechend des Ausmaßes der sich erhebenden Rechtsprobleme wurde ein Schwerpunkt auf die verschuldensunabhängige **Produkthaftung** des Herstellers gelegt: Da bei der Nutzung automatisierter Fahrfunktionen das System anstelle des menschlichen Fahrers die Fahrzeugsteuerung durchführt, ist davon auszugehen, dass die verschuldensunabhängige Produkthaftung des Herstellers an Bedeutung zunehmen wird.[144] Gerade auf dem Gebiet der Produkthaftung stellen sich zahlreiche für Wissenschaft und Praxis bedeutende Rechtsfragen. Allen voran ist dies die immer noch strittige Kernfrage der Produktqualifikation von Software, mit der freilich die Anwendung des PHG auf Softwarefehler steht oder fällt. Fraglich ist außerdem, in welchen Fällen ein automatisiertes Fahrzeug als fehlerhaft zu beurteilen ist und unter welchen Voraussetzungen sich der Hersteller von der Haftung befreien kann. Aufgrund der hohen Praxisrelevanz wurde der unfallbedingten Beschädigung des fehlerhaften automatisierten Fahrzeuges selbst (Problematik der „Weiterfresserschäden“) sowie der Problematik von Sicherheitslücken (Software-Sicherheit) jeweils ein eigenes Unterkapitel gewidmet. Im Rahmen eines Exkurses wird schließlich auf die Produktbeobachtungspflichten des Herstellers eingegangen, die eine notwendige Ergänzung zur Produkthaftung darstellen, da sie nach Inverkehrbringen der Produkte – allerdings nur bei schuldhaften Verstößen des Herstellers – greifen. Die Produktbeobachtungspflichten des Herstellers sind vor allem für das Thema der Software-Updates zum Erhalt der Software-Security von erheblicher Bedeutung.

Außerdem wird auf zwei weitere mögliche Haftungsgrundlagen im Zusammenhang mit automatisiertem Fahren eingegangen: Dies ist zum einen die Frage nach einer möglichen **Gefährdungshaftung für Automatisierungssoftware kraft Analogie** und zum anderen die Frage nach der **deliktischen Haftung für technische Hilfsmittel in Analogie zu § 1315 ABGB**.

Für die umfassende Beantwortung der Frage nach der Zuweisung der Automatisierungsrisiken muss außerdem auf das **Regressrecht** eingegangen werden. Erst das Regressrecht gibt Auskunft darüber, wer Schäden aufgrund von Automatisierungsrisiken letztendlich wirtschaftlich zu tragen hat. Hierbei ist vor allem das Regressverhältnis zwischen Hersteller und Halter des schadensursächlichen automatisierten Fahrzeuges bzw zwischen deren Haftpflichtversicherern für die Praxis hoch relevant.

Bei besonders strittigen Rechtsfragen wurden **rechtsvergleichende Untersuchungen** angestellt. So wurde beispielsweise der Diskussionsstand in **Deutschland** hinsichtlich der viel diskutierten Frage der Qualifizierung von Software als Produkt erläutert. Bei gegebenem Anlass, zB bezüglich des Problems der Weiterfresserschäden im Zusammenhang mit Softwarefehlern, wurde deutsche Rspr und Literatur einbezogen. Aufgrund der Breite der rechtwis-

[144] Vgl *Harnoncourt*, Haftungsrechtliche Aspekte des autonomen Fahrens, in *I. Eisenberger ua* (Hrsg), Autonomes Fahren und Recht (2017) 109 (111).

senschaftlichen Diskussion zum Thema des automatisierten Fahrens in Deutschland werden auch Überlegungen de lege ferenda zur deutschen Rechtsordnung herangezogen. Das deutsche außervertragliche Haftungsrecht im Straßenverkehr ist dem österreichischen sehr ähnlich. Es beruht zum einen auf der Halterhaftung nach § 7 Abs 1 dStVG, der eine Gefährdungshaftung[145] des Halters von Fahrzeugen für die „Betriebsgefahr"[146] normiert. Daneben ordnet das deutsche Produkthaftungsgesetz (dProdHaftG)[147] eine Haftung des Herstellers an, wenn durch den Fehler eines Produkts jemand getötet, sein Körper oder seine Gesundheit verletzt oder eine Sache beschädigt wird. Schließlich haftet bei dessen Verschulden der Fahrzeugführer gem der allgemeinen Verschuldenshaftung nach § 823 deutsches Bürgerliches Gesetzbuch (dBGB)[148]. Das deutsche Recht der außervertraglichen Haftung für Straßenverkehrsunfälle weist darüber hinaus eine weitere Haftungsgrundlage auf: § 18 dStVG[149] normiert eine „besonders konzipierte Form der Verschuldenshaftung"[150] des Fahrzeugführers mit widerlegbarer gesetzlicher Verschuldensvermutung[151]. Dies stellt eine Besonderheit gegenüber der österreichischen Rechtslage dar.

145 *Hilgendorf*, Automatisiertes Fahren und das Recht, ZVR 2015/240 (470).

146 *Gasser ua*, Rechtsfolgen zunehmender Fahrzeugautomatisierung – Gemeinsamer Schlussbericht der Projektgruppe, Berichte der BASt 2012/F 83, 18.

147 Gesetz über die Haftung für fehlerhafte Produkte (Produkthaftungsgesetz – ProdHaftG) BGBl I 1989, 2198.

148 Bürgerliches Gesetzbuch dBGBl I 42, 2909; 2003 I 738.

149 Straßenverkehrsgesetz (StVG) BGBl I 2003, 310.

150 *Hilgendorf*, Automatisiertes Fahren und das Recht, ZVR 2015/240 (470).

151 *Gasser ua*, Rechtsfolgen zunehmender Fahrzeugautomatisierung – Gemeinsamer Schlussbericht der Projektgruppe, Berichte der BASt 2012/F 83, 19; *Schrader*, Haftungsrechtlicher Begriff des Fahrzeugführers bei zunehmender Automatisierung von Kraftfahrzeugen, NJW 2015, 3537 (3538); *Solmecke/Jokisch*, Das Auto bekommt ein Update! MMR 2016, 359 (363).

III. Methodik

Da sich ein großer Teil der Untersuchungen auf dem Gebiet der Produkthaftung und somit auf einem Teil des europäischen Privatrechts bewegt, werden in diesem Methodenkapitel die Besonderheiten bei der Auslegung und Anwendung von nationalen Gesetzen dargestellt, die auf unionsrechtlichen Richtlinien beruhen. Beim europäischen Privatrecht handelt es sich um ein „Zwei-Ebenen-System“, das durch das Zusammenwirken von Unionsrecht und mitgliedstaatlichem Recht bestimmt ist.[152] Daraus ergeben sich methodische Besonderheiten, die im Folgenden erörtert werden. Im Übrigen darf auf die Standardwerke der österreichischen juristischen Methodenlehre verwiesen werden.[153]

A. Richtlinienkonforme Interpretation

1. Unionsrechtliche Pflicht zur richtlinienkonformen Interpretation

Nach ständiger Rspr des EuGH trifft nationale Gerichte die aus Art 288 Abs 3 AEUV[154] ableitbare Verpflichtung, nationales Recht unter Berücksichtigung des **Wortlauts** und des **Zwecks** unionsrechtlicher Richtlinien auszulegen, um das mit der jeweiligen Richtlinie verfolgte **Ziel** zu erreichen.[155] Dieser Grundsatz der richtlinienkonformen Interpretation ist in der Judikatur des OGH anerkannt, wonach die Gerichte sich bei der Auslegung der nationalen Vorschrift so weit wie möglich an Wortlaut und Zweck der Richtlinie zu orientieren und **Rechtsbegriffe**, die in der Richtlinie und im innerstaatlichen Recht übereinstimmen, entsprechend den unionsrechtlichen Begriffen auszulegen haben.[156]

Das Erfordernis der richtlinienkonformen Rechtsfindung beschränkt sich nicht auf jene Bestimmungen, die in Umsetzung der betreffenden Richtlinie ergangen sind, sondern verlangt, dass das nationale Gericht das **gesamte nationale Recht berücksichtigt**, um zu beurteilen, inwieweit es so angewendet werden kann, dass es nicht zu einem der Richtlinie widersprechenden Ergeb-

---

[152] *Riesenhuber* in *Riesenhuber* (Hrsg), Europäische Methodenlehre[3] (2015) § 1 Rz 7.

[153] Insb *F. Bydlinski/P. Bydlinski*, Grundzüge der juristischen Methodenlehre[3] (2018).

[154] Vertrag über die Arbeitsweise der Europäischen Union (konsolidierte Fassung) ABl C 2016/202, 1. Art 288 Abs 3 AEUV normiert die Verpflichtung der Mitgliedstaaten zur Erreichung des Richtlinienziels. Sie trifft alle Träger von Hoheitsgewalt im Rahmen ihrer jeweiligen Möglichkeiten, vgl *Perner*, EU-Richtlinien und Privatrecht (2012) 9 f, 84.

[155] Ua EuGH 16.7.2009, C-12/08, *Mono Car Styling SA/Dervis Odemis u.a.* Rz 65; EuGH 5.10.2004, C-397/01 bis C-403/01, *Pfeiffer ua/Deutsches Rotes Kreuz, Kreisverband Waldshut e. V.* Rz 113, 119; EuGH 16.12.1993, C-334/92, *Teodoro Wagner Miret/Fondo de garantía salarial* Rz 20; EuGH 13.11.1990, C-106/89, *Marleasing SA/La Comercial Internacional de Alimentación SA* Rz 8.

[156] RIS-Justiz RS0075866.

nis führt.[157] Es erstreckt sich somit auf den gesamten (auch bisherigen) Rechtsbestand des Mitgliedstaates.[158]

Der EuGH fordert, die **Möglichkeiten der jeweiligen nationalen Methodenlehre** auszuschöpfen, um zu einem unionsrechtskonformen Ergebnis zu gelangen.[159] Somit wird die Grenze richtlinienkonformer Interpretation von den jeweiligen methodischen Möglichkeiten der mitgliedstaatlichen Rechtsordnungen bestimmt.[160] Soweit daher das nationale Gericht teleologische Reduktion oder Analogie im nationalen Recht anwendet, muss es dieses Instrumentarium auch zum Zweck richtlinienkonformer Interpretation nutzen.[161] Bei richtlinienkonformer Interpretation handelt es sich folglich nicht bloß um **Auslegung** nach dem Verständnis der österreichischen Methodenlehre,[162] die im äußerst möglichen Wortsinn ihre Grenze findet.[163] Vielmehr umfasst sie auch „Methoden zulässiger **Rechtsfortbildung**".[164] In der österreichischen Li-

---

157 EuGH 5.10.2004, C-397/01 bis C-403/01 *Pfeiffer ua/Deutsches Rotes Kreuz, Kreisverband Waldshut e. V* Rz 115; EuGH 25.2.1999, C-131/97, *Carbonari ua/ Università degli Studi di Bologna ua* Rz 49.

158 RIS-Justiz RS0112669; *Rüffler*, Richtlinienkonforme Auslegung nationalen Rechts, ÖJZ 1997, 121 (126).

159 *Baldus* in *Riesenhuber* (Hrsg), Europäische Methodenlehre³ (2015) § 3 Rz 18; vgl *Roth/ Jopen* in *Riesenhuber* (Hrsg), Europäische Methodenlehre³ (2015) § 13 Rz 24, 31; vgl EuGH 5.10.2004, C-397/01 bis C-403/01, *Pfeiffer ua/Deutsches Rotes Kreuz, Kreisverband Waldshut e. V.* Rz 116 ff; vgl EuGH 4.7.2006, C-212/04, *Adeneler ua/ELOG* Rz 111; vgl OGH 4 Ob 208/10g, *Fußballer des Jahres IV*, wbl 2011, 221 (*Schuhmacher*) = MR 2011, 41 (*Plasser*) = ÖBl-LS 2011/35 = RdW 2011, 149 = EvBl 2011/88 = *Perner*, ÖJZ 2011, 621 = ecolex 2011, 727 (*Horak*) = ÖBl 2011, 115 (*Gamerith*) = *Klamert*, JBl 2011, 738 = RZ 2011, 121 EÜ112 = *Krutzler*, ÖBl 2012, 196 = SZ 2011/17 = *Burgstaller*, ecolex 2014, 538.

160 *Baldus* in *Riesenhuber* (Hrsg), Europäische Methodenlehre³ (2015) § 3 FN 13; *Rüffler*, Richtlinienkonforme Auslegung nationalen Rechts, ÖJZ 1997, 121 (126); *Perner*, EU-Richtlinien und Privatrecht (2012) 136; *P. Bydlinski*, Richtlinienkonforme „gesetzesübersteigende" Rechtsfindung und ihre Grenzen, JBl 2015, 2 (5); *Zöchling-Jud*, Richtlinienkonforme Interpretation am Beispiel der Leerkassettenvergütung, MR 2016, 23 (26).

161 *Roth/Jopen* in *Riesenhuber* (Hrsg), Europäische Methodenlehre³ (2015) § 13 Rz 31, die dieses Prinzip als „Methodische Gleichbehandlung" bezeichnen; zust *Perner*, EU-Richtlinien und Privatrecht (2012) 82, 100; zust OGH 4 Ob 208/10g, *Fußballer des Jahres IV*, wbl 2011, 221 (*Schuhmacher*) = MR 2011, 41 (*Plasser*) = ÖBl-LS 2011/35 = RdW 2011, 149 = EvBl 2011/88 = *Perner*, ÖJZ 2011, 621 = ecolex 2011, 727 (*Horak*) = ÖBl 2011, 115 (*Gamerith*) = *Klamert*, JBl 2011, 738 = RZ 2011, 121 EÜ112 = *Krutzler*, ÖBl 2012, 196 = SZ 2011/17 = *Burgstaller*, ecolex 2014, 538; in Bezug auf die teleologische Reduktion vgl auch EuGH 5.10.2004, C-397/01 bis C-403/01, *Pfeiffer ua gegen Deutsches Rotes Kreuz, Kreisverband Waldshut e. V* Rz 116.

162 Vgl *Perner*, EU-Richtlinien und Privatrecht (2012) 77.

163 HA vgl *Weilinger*, Privatrecht⁸ (2020) 21; *F. Bydlinski/P. Bydlinski*, Grundzüge der juristischen Methodenlehre³ (2018) 80 f; vgl auch RIS-Justiz RS0016495, wonach der äußerste mögliche Wortsinn objektiv teleologische Auslegung von ergänzender Rechtsfortbildung abgrenzt.

164 *Roth/Jopen* in *Riesenhuber* (Hrsg), Europäische Methodenlehre³ (2015) § 13 Rz 17; zust *P. Bydlinski*, Richtlinienkonforme „gesetzesübersteigende" Rechtsfindung und ihre Grenzen, JBl 2015, 2 (4).

teratur wird daher auch von richtlinienkonformer „Rechtsfindung“[165] gesprochen.[166]

Das Gebot der richtlinienkonformen Interpretation wird in der Literatur weitgehend als „**Vorrangregel**“[167] begriffen, wonach bei mehreren zulässigen Rechtsfindungsergebnissen dem richtlinienkonformen der Vorrang einzuräumen ist.[168] Es ist also jene innerstaatliche Methode der Rechtsfindung vorrangig anzuwenden, die zu einem dem Ziel der Richtlinie entsprechenden Ergebnis führt.[169] Der Spielraum, den die nationalen Methoden eröffnen, ist zugunsten einer richtlinienkonformen Rechtsfindung auszuschöpfen.[170]

2. Grenzen richtlinienkonformer Rechtsfindung

Die Grenzen richtlinienkonformer Rechtsfindung sind umstritten.[171] Nach ständiger Rspr des **EuGH** wird die Verpflichtung des nationalen Gerichts, bei der Auslegung und Anwendung des innerstaatlichen Rechts den Inhalt einer Richtlinie heranzuziehen, durch die **allgemeinen Rechtsgrundsätze** und insbesondere durch den Grundsatz der Rechtssicherheit und das Rückwirkungsverbot[172] begrenzt und kann auch nicht als Grundlage für eine **Auslegung contra legem** des nationalen Rechts dienen.[173] Der EuGH führt jedoch nicht

---

165 Vgl *Perner*, EU-Richtlinien und Privatrecht (2012) 77.

166 In diesem Werk werden die Begriffe „richtlinienkonforme Interpretation“ und „richtlinienkonforme Rechtsfindung“ synonym verwendet.

167 *Roth/Jopen* in *Riesenhuber* (Hrsg), Europäische Methodenlehre³ (2015) § 13 Rz 26 im Anschluss an *Canaris*, Gemeinsamkeiten zwischen verfassungs- und richtlinienkonformer Rechtsfindung, in *Bauer ua* (Hrsg), FS R. Schmidt (2006) 41 (49 f); ähnlich *Perner*, EU-Richtlinien und Privatrecht (2012) 83, der von einer „europarechtliche[n] Auswahlregel zugunsten der richtlinienkonformen Auslegungsvariante“ spricht. Zum Vorrang der richtlinienkonformen Interpretation vgl auch *Klamert*, Richtlinienkonforme Auslegung und unmittelbare Wirkung von EG-Richtlinien in der Rechtsprechung der österreichischen Höchstgerichte, JBl 2008, 158 (159 f). AA *Jud*, Die Grenzen der richtlinienkonformen Interpretation, ÖJZ 2003, 521 (524). Zum Meinungsstreit zwischen dem Verständnis der richtlinienkonformen Interpretation als Vorrangregel und der „Abwägungslösung“ vgl *Perner*, EU-Richtlinien und Privatrecht (2012) 97 ff mwN.

168 *Perner*, EU-Richtlinien und Privatrecht (2012) 99 f; vgl auch *Grau*, Produktfehler (2002) 29.

169 Vgl *Roth/Jopen* in *Riesenhuber* (Hrsg), Europäische Methodenlehre³ (2015) § 13 Rz 26 mwN; *Rüffler*, Richtlinienkonforme Auslegung nationalen Rechts, ÖJZ 1997, 121 (127).

170 Vgl *Perner*, EU-Richtlinien und Privatrecht (2012) 83; idZ wird auch von einem „Optimierungsgebot“ gesprochen, vgl zB *Schnorbus*, Die richtlinienkonforme Rechtsfortbildung im nationalen Privatrecht, AcP 2001, 860 (879).

171 *Lukas*, Schutz unterlegener Unternehmer nach Verbrauchermaßstäben? JBl 2011, 772 (FN 103).

172 Diese Grenzen sind für den strafrechtlichen Bereich relevant, vgl *Perner*, EU-Richtlinien und Privatrecht (2012) 80, 113.

173 Ua EuGH 21.9.2017, C-326/15, *„DNB Banka“ AS/Valsts ieņēmumu dienests* Rz 42; EuGH 15.4.2008, C-268/06, *Impact/Minister for Agriculture and Food ua* Rz 100, 103; EuGH 4.7.2006, C-212/04, *Adeneler ua/ELOG* Rz 110; EuGH 16.6.2005, C-105/03, *Pupino* Rz 44, 47.

aus, was er unter „Auslegung contra legem" versteht.[174] Richtigerweise ist dies als Verweis auf innerstaatliche Schranken zu begreifen, die sich aus dem nationalen Verfassungsrecht (insb Gewaltenteilung) oder dem nationalen Methodenkanon ergeben.[175]

Der **OGH** judiziert zu den Grenzen richtlinienkonformer Interpretation, dass sie nur soweit erfolgen kann, als das nationale Recht dem Rechtsanwender einen **Spielraum** einräumt.[176] Sie darf den **normativen Gehalt** der nationalen Regelung nicht grundlegend neu bestimmen und kann im nationalen Recht keine neuen Institute schaffen.[177] Sie dürfe einer **nach Wortlaut und Sinn eindeutigen nationalen Regelung** keinen durch die nationalen Auslegungsregeln nicht erzielbaren abweichenden oder gar entgegengesetzten Sinn geben.[178]

In der österreichischen Literatur zur juristischen Methodenlehre wird als Grenze jeglicher Rechtsfindung gem § 6 ABGB die **Lex-lata-Grenze** gezogen, wonach grundsätzlich[179] kein Spielraum für die Rechtsanwendung besteht, wenn der klare Gesetzeswortlaut mit der eindeutig erweislichen Absicht des historischen Gesetzgebers übereinstimmt.[180] Diese Grenze gilt auch für den Bereich der richtlinienkonformen Rechtsfindung.[181] „Absichten des Gesetzgebers, die auf nachweislichen Tatsachenirrtümern beruhen," sind jedoch unbeachtlich.[182] In diesem Sinne dürften auch Fälle zu beurteilen sein, in denen der Gesetzgeber die konkrete Richtlinienbestimmung zwar vollinhaltlich umsetzen wollte, jedoch über den Inhalt der Richtlinienvorgabe nachweislich irrte.[183] *Perner* spricht in diesem Zusammenhang von einem Fall des „wider-

---

174 Vgl dazu mwN *Roth/Jopen* in *Riesenhuber* (Hrsg), Europäische Methodenlehre³ (2015) § 13 Rz 29.

175 So *Roth/Jopen* in *Riesenhuber* (Hrsg), Europäische Methodenlehre³ (2015) § 37.

176 Ua OGH 3 Ob 142/16b bbl 2017, 66 = ecolex 2017, 505; OGH 9 Ob 31/15x VbR 2016, 114 = RdW 2016, 469 = jusIT 2016, 147 (*Janisch*) = ÖBA 2017, 115 (*Koch*) mwN.

177 RIS-Justiz RS0114158.

178 Ua OGH 3 Ob 142/16b bbl 2017, 66 = ecolex 2017, 505; OGH 9 Ob31/15x VbR 2016, 114 = RdW 2016, 469 = jusIT 2016, 147 (*Janisch*) = ÖBA 2017, 115 (*Koch*) mwN; OGH 9 ObA 5/14x ARD 6399/9/2014 = RdW 2014, 478 = wbl 2014, 526 = DRdA 2014, 596 = ecolex 2014, 634 = DRdA 2015, 53 = Arb 13.149 = infas 2014, 185 = *Wolf*, DRdA-infas 2015, 39 = *Schrank*, ZAS 2015, 113 = ZVR 2015, 75 (*Danzl*, tabellarische Übersicht).

179 Die Lex-lata-Grenze verschiebt sich bei Funktionswandel, vgl *F. Bydlinski/P. Bydlinski*, Grundzüge der juristischen Methodenlehre³ (2018) 89, 114 ff.

180 *F. Bydlinski/P. Bydlinski*, Grundzüge der juristischen Methodenlehre³ (2018) 114.

181 *Rüffler*, Richtlinienkonforme Auslegung nationalen Rechts, ÖJZ 1997, 121 (127 f); *F. Bydlinski/P. Bydlinski*, Grundzüge der juristischen Methodenlehre³ (2018) 119; *P. Bydlinski*, Richtlinienkonforme „gesetzesübersteigende" Rechtsfindung und ihre Grenzen, JBl 2015, 2 (8); *Zöchling-Jud*, Richtlinienkonforme Interpretation am Beispiel der Leerkassettenvergütung, MR 2016, 23 (27).

182 *F. Bydlinski/P. Bydlinski*, Grundzüge der juristischen Methodenlehre³ (2018) 114.

183 *F. Bydlinski* führte in der Vorauflage (*F. Bydlinski*, Grundzüge der juristischen Methodenlehre² (2012) 110) noch ausdrücklich als Beispiel „eine eindeutige Fehlmeinung des Gesetzgebers über bestimmte Umsetzungsnotwendigkeiten einer europäischen Richtlinie" an.

sprüchlichen Willens".[184] Aufgrund der Unklarheit des gesetzgeberischen Willens geht *Perner* in diesem Fall wie *F. Bydlinski* nicht von einem unbedingten Hindernis für die richtlinienkonforme Interpretation aus.[185]

Lässt sich eine nationale Gesetzesbestimmung innerhalb der Grenzen des Methodenkanons der mitgliedstaatlichen Rechtsordnung nicht richtlinienkonform anwenden, kann dies zur **Staatshaftung** führen.[186]

3. Richtlinienkonforme Rechtsfortbildung

Richtlinienkonforme Interpretation bewegt sich innerhalb der methodischen Möglichkeiten der mitgliedstaatlichen Rechtsordnungen.[187] Aus österreichischer Sicht bezieht sich das Gebot der richtlinienkonformen Interpretation daher nicht bloß auf Auslegung,[188] die im äußerst möglichen Wortsinn ihre Grenze findet,[189] sondern auch auf „Methoden zulässiger Rechtsfortbildung"[190], wie Analogie und teleologische Reduktion[191].

Voraussetzung der richtlinienkonformen Rechtsfortbildung ist das Vorliegen einer **planwidrigen Regelungslücke**.[192] Nach der Rspr des OGH ist eine Rechtslücke eine planwidrige Unvollständigkeit innerhalb des positiven Rechts, gemessen am Maßstab der gesamten geltenden Rechtsordnung.[193] Entscheidend ist im gegebenen Zusammenhang daher, ob die betreffende Richtlinie einen Teil der Gesamtrechtsordnung bildet.[194] Anders formuliert geht es um die Frage, ob die betreffende Richtlinienvorgabe aufgrund des Umsetzungswillens des Gesetzgebers Teil des gesetzgeberischen Plans geworden ist.[195] Klar zu verneinen ist dies bei bewusster gesetzgeberischer Abweichung von der Richtlinienvorgabe, weshalb eine richtlinienkonforme Rechtsfortbildung

---

184 *Perner*, EU-Richtlinien und Privatrecht (2012) 95.

185 *Perner*, EU-Richtlinien und Privatrecht (2012) 95; vgl dazu auch *F. Bydlinski*, Grundzüge der juristischen Methodenlehre[2] (2012) 110.

186 Vgl *Baldus* in *Riesenhuber* (Hrsg), Europäische Methodenlehre[3] (2015) § 3 FN 13; *Grau*, Produktfehler (2002) 29; vgl EuGH 4.7.2006, C-212/04, *Adeneler ua/ELOG* Rz 112 ausführlich zur Staatshaftung *Perner*, EU-Richtlinien und Privatrecht (2012) 52 ff.

187 *Baldus* in *Riesenhuber* (Hrsg), Europäische Methodenlehre[3] (2015) § 3 FN 13; *Rüffler*, Richtlinienkonforme Auslegung nationalen Rechts, ÖJZ 1997, 121 (126 ff).

188 Vgl *Perner*, EU-Richtlinien und Privatrecht (2012) 77.

189 HA vgl *Weilinger*, Privatrecht[8] (2020) 21; *F. Bydlinski/P. Bydlinski*, Grundzüge der juristischen Methodenlehre[3] (2018) 80 f; vgl auch RIS-Justiz RS0016495, wonach der äußerste mögliche Wortsinn objektiv teleologische Auslegung von ergänzender Rechtsfortbildung abgrenzt.

190 *Roth/Jopen* in *Riesenhuber* (Hrsg), Europäische Methodenlehre[3] (2015) § 13 Rz 17.

191 *Perner*, EU-Richtlinien und Privatrecht (2012) 100.

192 *Perner*, EU-Richtlinien und Privatrecht (2012) 100, 136; zur Rechtsfortbildung im Allgemeinen *F. Bydlinski/P. Bydlinski*, Grundzüge der juristischen Methodenlehre[3] (2018) 85.

193 RIS-Justiz RS0008866; vgl auch *Perner*, EU-Richtlinien und Privatrecht (2012) 100.

194 *Perner*, EU-Richtlinien und Privatrecht (2012) 100.

195 Vgl dazu *Perner*, EU-Richtlinien und Privatrecht (2012) 103.

in diesem Fall ausscheidet.[196] Problematisch ist jedoch der Fall des Widerspruchs des sich auf die *konkrete* Richtlinienvorgabe beziehenden gesetzgeberischen Umsetzungswillens mit der getroffenen Sachentscheidung (widersprüchlicher Wille) aufgrund eines Irrtums über den Inhalt der Richtlinienvorgabe.[197] Sowohl der BGH als auch der OGH bejahten in derartigen Fällen das Vorliegen einer planwidrigen Regelungslücke und die Zulässigkeit richtlinienkonformer Rechtsfortbildung.[198] Der bloß *generelle* Umsetzungswille des Gesetzgebers, der sich nicht auf eine konkrete Richtlinienvorgabe bezieht, tritt jedoch nach richtiger Ansicht hinter die getroffene Sachentscheidung des Gesetzgebers zurück und schließt die Annahme einer Planwidrigkeit aus.[199] Nach *Perner* können Richtlinien „ohne feststellbaren Umsetzungswillen des Gesetzgebers" – zB wenn kein Umsetzungsakt erlassen wurde – nicht zur Begründung einer planwidrigen Lücke herangezogen werden.[200]

B. Auslegung von Richtlinien

1. Allgemeines

Fragen der Auslegung von Unionsrecht fallen in die ausschließliche Zuständigkeit des EuGH (**Auslegungshoheit das EuGH**).[201] Mittels des **Vorabentscheidungsverfahrens** nach Art 267 AEUV können mitgliedstaatliche Gerichte Auslegungsfragen des Unionsrechts, die in den bei ihnen anhängigen Verfahren entscheidungserheblich sein können, dem EuGH zur Vorabentscheidung vorlegen.[202] Letztinstanzliche Gerichte sind sogar grundsätzlich[203] zur Vorlage verpflichtet (Art 267 Abs 3 AEUV).

196 *Perner*, EU-Richtlinien und Privatrecht (2012) 101.

197 Dazu eingehend *Perner*, EU-Richtlinien und Privatrecht (2012) 102 ff.

198 BGH 26.11.2006 VIII ZR 200/05, *Quelle II*; OGH 4 Ob 208/10g, *Fußballer des Jahres IV*, wbl 2011, 221 (*Schuhmacher*) = MR 2011, 41 (*Plasser*) = ÖBl-LS 2011/35 = RdW 2011, 149 = EvBl 2011/88 = *Perner*, ÖJZ 2011, 621 = ecolex 2011, 727 (*Horak*) = ÖBl 2011, 115 (*Gamerith*) = *Klamert*, JBl 2011, 738 = RZ 2011, 121 EÜ112 = *Krutzler*, ÖBl 2012, 196 = SZ 2011/17 = *Burgstaller*, ecolex 2014, 538; zust *Perner*, EU-Richtlinien und Privatrecht (2012) 104 ff.

199 IdS *P. Bydlinski*, Richtlinienkonforme „gesetzesübersteigende" Rechtsfindung und ihre Grenzen, JBl 2015, 2 (7 ff, FN 65); *Jud*, Die Grenzen der richtlinienkonformen Interpretation, ÖJZ 2003, 521 (527); *Zöchling-Jud*, Richtlinienkonforme Interpretation am Beispiel der Leerkassettenvergütung, MR 2016, 23 (28).

200 *Perner*, EU-Richtlinien und Privatrecht (2012) 109 f; ebenso *Jud*, Die Grenzen der richtlinienkonformen Interpretation, ÖJZ 2003, 521 (526); idS wohl auch *P. Bydlinski*, Richtlinienkonforme „gesetzesübersteigende" Rechtsfindung und ihre Grenzen, JBl 2015, 2 (7); aA wohl *Schnorbus*, Die richtlinienkonforme Rechtsfortbildung im nationalen Privatrecht, AcP 2001, 860 (890 ff, 900).

201 *Borchardt*, Die rechtlichen Grundlagen der Europäischen Union[7] (2020) Rz 133.

202 *Borchardt*, Die rechtlichen Grundlagen der Europäischen Union[7] (2020) Rz 133.

203 Zu den Ausnahmen unter Kap III.B.3.

Nach der Rspr des EuGH sind bei der Auslegung einer Vorschrift des Unionsrechts nicht nur ihr Wortlaut, sondern auch ihr Zusammenhang und die Ziele zu berücksichtigen, die mit der Regelung, zu der sie gehört, verfolgt werden.[204] Der EUGH wendet bei der Auslegung von Unionsrecht die Wortinterpretation, die systematische, die historische und die teleologische Interpretation an.[205] Diese Methoden entstammen den Rechtstraditionen der Mitgliedstaaten,[206] jedoch bestehen unionsrechtliche Eigentümlichkeiten, auf die in der Folge eingegangen werden soll. Beispielsweise hat sich in der Rspr des EuGH eine besondere Gewichtung der einzelnen Auslegungsinstrumente entwickelt.[207] Bei mehreren Auslegungsalternativen ist jene zu wählen, die die praktische Wirksamkeit der betreffenden Unionsrechtsvorschrift zu wahren geeignet ist („**effet utile**“).[208]

2. Methoden der Rechtsfindung

Die **Wortauslegung** von Unionsrecht weist die Besonderheit auf, dass **alle Amtssprachen gleichrangig** sind.[209] Aufgrund des Erfordernisses einer einheitlichen Auslegung ist eine unionsrechtliche Bestimmung nach der Rspr des EuGH „im Licht ihrer Fassungen in den anderen Amtssprachen“ zu interpretieren.[210] Die Wortauslegung einer unionsrechtlichen Vorschrift erfordert daher einen Vergleich ihrer sprachlichen Fassungen.[211] Bei mehreren möglichen Auslegungen ist derjenigen der Vorzug zu geben, die zu ihrer Effektuierung am besten geeignet ist.[212] Im Falle eines Widerspruchs zwischen den Sprachfassungen ist die betreffende Vorschrift nach der allgemeinen Systematik und dem Zweck der Regelung auszulegen, zu der sie gehört.[213] Aufgrund dieser Besonderheit kommt der Wortauslegung eine „vergleichsweise eingeschränkte Bedeutung“ zu.[214]

---

204 Ua EuGH 19.11.2009, C-402/07 und C-432/07, *Sturgeon/Condor* und *Böck und Lepuschitz/Air France* Rz 41; EuGH 19.9.2000, C-156/98, *Deutschland/Kommission* Rz 50.

205 *Grau*, Produktfehler (2002) 29.

206 *Huber* in *Streinz*, EUV/AEUV³ (2018) Art 19 EUV Rz 14.

207 *Wegener* in *Calliess/Ruffert*, EUV/AEUV⁶ (2022) Art 19 EUV Rz 28.

208 *Borchardt*, Die rechtlichen Grundlagen der Europäischen Union⁷ (2020) Rz 400; EuGH 24.2.2000, C-434/97, *Kommission/Frankreich* Rz 21.

209 *Baldus* in *Riesenhuber* (Hrsg), Europäische Methodenlehre³ (2015) § 3 Rz 18; vgl dazu *Zedler*, Mehrsprachigkeit und Methode: der Umgang mit dem sprachlichen Egalitätsprinzip im Unionsrecht (2015).

210 EuGH 15.10.2009, C-263/08, *Djurgården-Lilla Värtans Miljöskyddsförening/Stockholms kommun genom dess marknämnd* Rz 25.

211 EuGH 6.10.1982, 283/81, *C.I.L.F.I.T./Ministero della Sanità* Rz 18.

212 EuGH 9.3.2006, C-174/05, *Zuid-Hollandse Milieufederatie und Natuur en Milieu/College voor de toelating van bestrijdingsmiddelen* Rz 20.

213 EuGH 12.11.1998, C-149/97, *The Institute of the Motor Industry/Commissioners of Customs & Excise* Rz 16; EuGH 15.10.2009, C-263/08, *Djurgården-Lilla Värtans Miljöskyddsförening/Stockholms kommun genom dess marknämnd* Rz 26.

214 *Wegener* in *Calliess/Ruffert*, EUV/AEUV⁶ (2022) Art 19 EUV Rz 28.

Des Weiteren ist bei der wörtlichen Auslegung zu beachten, dass das Unionsrecht eine „eigene, besondere Terminologie" verwendet.[215] Unionsrecht ist aufgrund seiner Eigenständigkeit **autonom**, ohne Rückgriff auf nationales Begriffsverständnis auszulegen.[216] Eine Ausnahme besteht nur dann, wenn der betreffende Unionsrechtsakt ausdrücklich auf das mitgliedstaatliche Recht verweist.[217]

Die **historische Auslegung** ist am Willen des Unionsgesetzgebers orientiert.[218] Im Rahmen der historischen Interpretation sind **vorbereitende Materialien** im Rechtssetzungsprozess einzubeziehen. Zu berücksichtigen sind jedoch nur veröffentlichte Materialien.[219] In Bezug auf die Produkthaftungsrichtlinie (PH-RL)[220] sind das die Vorschläge der Kommission 1976 und 1979[221], die Stellungnahmen des Europäischen Parlaments[222], die Stellungnahmen des Wirtschafts- und Sozialausschusses[223] sowie die Erläut der Europäischen Kommission zum 1. RL-Vorschlag[224].

Für die Auslegung besonders bedeutsam sind **Begründungserwägungen**:[225] Gem Art 296 AEUV sind Rechtsakte mit einer Begründung zu versehen und nehmen auf die in den Verträgen vorgesehenen Vorschläge, Initiativen, Empfehlungen, Anträge oder Stellungnahmen Bezug. Die Begründungserwägungen sind „integraler Bestandteil des Gesetzgebungsdokuments" und werden gemeinsam mit dem Normtext kundgemacht.[226] Der EuGH hat mehrfach ausgesprochen, dass der verfügende Teil eines Unionsrechtsakts untrennbar mit seiner Begründung verbunden und erforderlichenfalls unter Berücksichtigung der Gründe auszulegen ist, die zu seinem Erlass geführt haben.[227] Es ist umstritten, ob die Begründungserwägungen der historischen oder der teleologischen Interpretation unterfallen.[228] Fraglich ist überdies, wie mit Widersprü-

---

215 EuGH 6.10.1982, 283/81, *C.I.L.F.I.T./Ministero della Sanità* Rz 19.

216 *Borchardt*, Die rechtlichen Grundlagen der Europäischen Union[7] (2020) Rz 399; vgl auch *Grau*, Produktfehler (2002) 32.

217 *Borchardt*, Die rechtlichen Grundlagen der Europäischen Union[7] (2020) Rz 399. Vgl dazu das Bsp der Kausalität in der PH-RL, *Grau*, Produktfehler (2002) 32.

218 *Borchardt*, Die rechtlichen Grundlagen der Europäischen Union[7] (2020) Rz 402; *Wegener* in *Calliess/Ruffert*, EUV/AEUV[6] (2022) Art 19 EUV Rz 29.

219 Vgl *Wegener* in *Calliess/Ruffert*, EUV/AEUV[6] (2022) Art 19 EUV Rz 29.

220 Richtlinie 85/374/EWG des Rates vom 25. Juli 1985 zur Angleichung der Rechts- und Verwaltungsvorschriften der Mitgliedstaaten über die Haftung für fehlerhafte Produkte, ABl L 1985/210, 29.

221 RL-Vorschlag 1976, ABl C 1976/241, 9; RL-Vorschlag 1979, ABl C 1979/271, 3.

222 Stellungnahme Europäisches Parlament, ABl C 1979/127, 61.

223 Stellungnahme Wirtschafts- und Sozialausschuss, ABl C 1979/114, 15.

224 Beil 11/76 zum Bulletin der EG.

225 *Grau*, Produktfehler (2002) 29.

226 *Köndgen* in *Riesenhuber* (Hrsg), Europäische Methodenlehre[3] (2015) § 6 Rz 48.

227 Ua EuGH 19.11.2009, C-402/07 und C-432/07, *Sturgeon/Condor* und *Böck und Lepuschutz/Air France* Rz 42; EuGH 29.4.2004, C-298/00 P, *Italienische Republik/Kommission* Rz 97.

228 *Grau*, Produktfehler (2002) FN 5. Für die historische Interpretation wohl *Grau*, Produktfehler (2002) 30, nach dem in Begründungerwägungen der „Wille des normsetzenden Organs

chen zwischen dem Wortlaut des Textes und den Begründungserwägungen umzugehen ist. Nach richtiger Auffassung hat der Text der Richtlinie Vorrang, wenn die Begründungserwägung darin keinen Ausdruck findet.[229] Mit anderen Worten kommt der dem Text immanenten Teleologie der Vorrang vor widersprüchlichen Zielsetzungen in den Begründungserwägungen zu.

Eine bedeutende Rolle nimmt die **teleologische Interpretation** ein, da den Zielsetzungen eines Rechtsaktes im Sinne der Lehre vom „effet utile" größtmögliche praktische Wirksamkeit zukommen soll.[230]

Nach der Rspr des EuGH ist jede unionsrechtliche Vorschrift in ihrem Zusammenhang zu sehen und im Lichte des gesamten Unionsrechts, seiner Ziele und seines Entwicklungsstands zur Zeit der Anwendung der betreffenden Vorschrift auszulegen (**systematische Interpretation**).[231] Sekundärrechtsakte sind so auszulegen, dass sie in keinem Widerspruch zu den höherrangigen Normen des Primärrechts stehen (**primärrechtskonforme Auslegung**).[232] Zu berücksichtigen sind daher die Verträge (vertragskonforme Interpretation),[233] die Grund- und Freiheitsrechte der Grundrechtecharta (GRCh)[234] sowie die ungeschriebenen allgemeinen Rechtsgrundsätze. Nach dem „Regel/Ausnahme-Prinzip"[235] sind Ausnahmebestimmungen eng auszulegen.[236]

In der Rspr des EuGH noch nicht eindeutig beantwortet ist die Frage nach der methodischen Zulässigkeit von **Analogieschlüssen**.[237] Der EuGH tendiert zu einer **extensiven teleologischen Auslegung** und hält sich mit analoger Anwendung von Richtlinienbestimmungen eher zurück.[238]

---

im Zeitpunkt der Erlassung der Norm zum Ausdruck" kommt. Für die teleologische Interpretation hingegen *Borchardt*, Die rechtlichen Grundlagen der Europäischen Union[7] (2020) Rz 402; *Wegener* in *Calliess/Ruffert*, EUV/AEUV[6] (2022) Art 19 EUV Rz 32.

229 *Grau*, Produktfehler (2002) 30, 31. Derartige Widersprüche zwischen Text und Begründungserwägungen finden sich auch in der PH-RL, vgl dazu Kap VI.A.3.

230 *Wegener* in *Calliess/Ruffert*, EUV/AEUV[6] (2022) Art 19 EUV Rz 32 mwN; *Nehl* in *Jaeger/Stöger* (Hrsg), EUV/AEUV Art 19 EUV Rz 38 (Stand 1.3.2020, rdb.at).

231 EuGH 6.10.1982, 283/81, *C.I.L.F.I.T./Ministero della Sanità* Rz 20.

232 *Riesenhuber* in *Riesenhuber* (Hrsg), Europäische Methodenlehre[3] (2015) § 1 Rz 4; *Grau*, Produktfehler (2002) 30.

233 *Borchardt*, Die rechtlichen Grundlagen der Europäischen Union[7] (2020) Rz 406; *Nehl* in *Jaeger/Stöger* (Hrsg), EUV/AEUV Art 19 EUV Rz 37 (Stand 1.3.2020, rdb.at); EuGH 10.9.1996, C-61/94, *Europäische Kommission/Bundesrepublik Deutschland*.

234 Charta der Grundrechte der Europäischen Union, ABl C 2010/83, 389.

235 *Borchardt*, Die rechtlichen Grundlagen der Europäischen Union[7] (2020) Rz 407.

236 *Huber* in *Streinz*, EUV/AEUV[3] (2018) Art 19 EUV Rz 14.

237 *Köndgen* in *Riesenhuber* (Hrsg), Europäische Methodenlehre[3] (2015) § 6 Rz 52. Befürwortend *Nehl* in *Jaeger/Stöger* (Hrsg), EUV/AEUV Art 19 EUV Rz 41, 45 (Stand 1.3.2020, rdb.at); *Huber* in *Streinz*, EUV/AEUV[3] (2018) Art 19 EUV Rz 16.

238 *Köndgen* in *Riesenhuber* (Hrsg), Europäische Methodenlehre[3] (2015) § 6 Rz 52.

3. Rechtsvergleichung als Auslegungsmethode?

Welche Rolle die **Rechtsvergleichung** in der in der Methodik des Unionsrechts, insb im Bereich des europäischen Privatrechts, einnimmt, ist umstritten.[239] Im Detail geht es vor allem um die methodische Relevanz folgender Fragestellungen im Rahmen der **Auslegung von unionsrechtlichen Richtlinien** durch den EuGH oder die mitgliedstaatlichen Gerichte im Rahmen der richtlinienkonformen Interpretation: Wie haben die (anderen) Mitgliedstaaten die einzelnen Richtlinienbestimmungen umgesetzt? Wie werden die Umsetzungsrechtsakte durch Lehre und Rspr in den (anderen) Mitgliedstaaten interpretiert?

Zweifelsfrei besteht eine besondere Verknüpfung von Unionsrecht und den mitgliedstaatlichen Rechtsordnungen. Die Bestimmungen des Unionsprivatrechts entstehen nicht losgelöst von den mitgliedstaatlichen Privatrechten und wirken auf diese zurück.[240] Privatrechtliche Unionsrechtsakte, welche gem Art 114 AEUV die Errichtung und das Funktionieren des Binnenmarktes zum Gegenstand haben, dienen vorrangig der Harmonisierung (**Harmonisierungsziel**[241] bzw Angleichungszweck[242]). Daneben verfolgen die privatrechtlichen Richtlinien und Verordnungen aber auch „inhaltliche, genuin privatrechtliche Problemlösungen im Sinne eines **Regelungsziels**."[243] Demzufolge ist dem Unionsrechtsakt eine **eigenständige inhaltliche Teleologie** zuzusprechen, die losgelöst von den mitgliedstaatlichen Privatrechten zu betrachten ist.

Die Frage nach der Sinnhaftigkeit der **Einbeziehung der mitgliedstaatlichen Umsetzungsrechtsakte** sowie deren **Interpretation durch Rspr und Lehre** in die Auslegung von Richtlinien wird unterschiedlich beantwortet.[244] Nach *Lutter* ist „Rechtsvergleichung im Sinn von Überprüfung der anderen nationalen Rechte und ihrer Positionen im Verständnis der Richtlinie [...] geschuldeter Teil der Auslegung der Richtlinie und auf diesem Hintergrund Teil der richtlinienkonformen Auslegung [...]."[245] Jedoch ist den Bedenken von *Schwartze* zu folgen, wonach ein Zirkelschluss drohe.[246] Denn die nationalen Umsetzungsakte wären – vereinfacht gesprochen – anhand der Richtlinie und die Richtlinie anhand der Umsetzungsakte auszulegen. Dies würde die Verpflichtung der Mitgliedstaaten zur richtlinienkonformen Umsetzung schwächen, da Mitgliedstaaten durch die inhaltliche Ausgestaltung der Umsetzungs-

---

239 *Riesenhuber* in *Riesenhuber* (Hrsg), Europäische Methodenlehre³ (2015) § 1 Rz 3.

240 *Schwartze* in *Riesenhuber* (Hrsg), Europäische Methodenlehre³ (2015) § 4 Rz 1.

241 *Schwartze* in *Riesenhuber* (Hrsg), Europäische Methodenlehre³ (2015) § 4 Rz 3, 26.

242 *Riesenhuber* in *Riesenhuber* (Hrsg), Europäische Methodenlehre³ (2015) § 10 Rz 41.

243 *Schwartze* in *Riesenhuber* (Hrsg), Europäische Methodenlehre³ (2015) § 4 Rz 26.

244 Bejahend wohl *Lutter*, Die Auslegung angeglichenen Rechts, JZ 1992, 593 (604); *Grau*, Produktfehler (2002) 34 ff; zweifelnd unter Hinweis auf einen drohenden Zirkelschluss *Schwartze* in *Riesenhuber* (Hrsg), Europäische Methodenlehre³ (2015) § 4 Rz 29.

245 *Lutter*, Die Auslegung angeglichenen Rechts, JZ 1992, 593 (604).

246 *Schwartze* in *Riesenhuber* (Hrsg), Europäische Methodenlehre³ (2015) § 4 Rz 29.

rechtsakte die Interpretation der Richtlinie beeinflussen könnten. Dies wiederum liefe der Effektivität des Unionsrechts entgegen.

Der Blick in die Umsetzungsrechtsakte der Mitgliedstaaten sowie in Literatur und Judikatur kann dem **EuGH** jedoch bei der Beantwortung von Auslegungsfragen als **Anregung** dienen.[247] Des Weiteren kann er das Auslegungsergebnis **mitgliedstaatlicher Gerichte** stützen oder **Zweifel wecken** und zur Vorlage an den EuGH veranlassen.[248] Ein nationales letztinstanzliches Gericht ist grundsätzlich verpflichtet, entscheidungserhebliche[249] Fragen der Auslegung von Unionsrecht an den EuGH im Wege des **Vorabentscheidungsverfahrens** nach Art 267 AEUV heranzutragen. Ausnahmen von diesem Grundsatz bestehen nur, wenn bereits **gesicherte Rspr** des EuGH zur betreffenden Auslegungsfrage vorliegt oder die Anwendung des Unionsrechts derart **offenkundig** ist, dass für einen vernünftigen Zweifel keinerlei Raum bleibt.[250] Die letztgenannte Ausnahme setzt die Überzeugung des nationalen Gerichts voraus, dass „auch für die Gerichte der übrigen Mitgliedstaaten und den EuGH die gleiche Gewissheit bestünde".[251] Diese Vorgabe erfordert, dass ein letztinstanzliches mitgliedstaatliches Gericht, das keinerlei vernünftige Zweifel an einer entscheidungserheblichen Auslegungsfrage für möglich hält, sich mit der Auslegung in den anderen Mitgliedstaaten auseinandersetzt.[252] Führt es derartige Nachforschungen nicht durch, ist es verpflichtet, ein Vorabentscheidungsverfahren einzuleiten.[253] Gleiches gilt, wenn es von der eigenen Rechtsansicht abweichende Auslegungsergebnisse in den übrigen Mitgliedstaaten auffindet oder diese zu erwarten sind. Nicht zu vernachlässigen ist jedoch die Frage, ob auch der EuGH mit Gewissheit zum gleichen Auslegungsergebnis käme. Bei der Beantwortung dieser Frage ist das mitgliedstaatliche Verständnis unberücksichtigt zu lassen.

Die Einbeziehung der Umsetzungsakte der übrigen Mitgliedstaaten und deren Interpretation in Rspr und Lehre ist daher **nicht** methodischer Teil der Auslegung von Richtlinien. Sie ist jedoch notwendig zur Überprüfung der Vorlagepflicht letztinstanzlicher Gerichte im Zusammenhang mit der acte-claire-Doktrin. Außerdem kann sie dem Rechtsanwender als Bezugsquelle für Anregung dienen.[254]

---

247 *Heiderhoff*, Europäisches Privatrecht[5] (2020) 55 ff.

248 *Lutter*, Die Auslegung angeglichenen Rechts, JZ 1992, 593 (604).

249 EuGH 6.10.1982, 283/81, *C.I.L.F.I.T./Ministero della Sanità* Rz 10.

250 EuGH 6.10.1982, 283/81, *C.I.L.F.I.T./Ministero della Sanità* Rz 16, 2 .

251 EuGH 6.10.1982, 283/81, *C.I.L.F.I.T./Ministero della Sanità* Rz 16.

252 Vgl *Lutter*, Die Auslegung angeglichenen Rechts, JZ 1992, 593 (FN 130).

253 Vgl *Lutter*, Die Auslegung angeglichenen Rechts, JZ 1992, 593 (FN 130).

254 *Grau*, Produktfehler (2002) 36, spricht von der „argumentativen Überzeugungskraft" von Interpretationen des Unionsrechts, die in nationaler Gesetzgebung, Lehre und Rspr zum Ausdruck kommen.

IV. Verschuldenshaftung des Lenkers bzw Zulassungsbesitzers

A. Allgemeines

Gem § 1295 Abs 1 ABGB ist jeder berechtigt, von dem Schädiger den Ersatz des Schadens zu fordern, welchen dieser ihm aus Verschulden zugefügt hat. Die mit der Generalklausel des § 1295 Abs 1 ABGB normierte allgemeine Verschuldenshaftung setzt ein **rechtswidriges und schuldhaftes menschliches Verhalten** (Tun oder Unterlassen) voraus.[255] Funktionsfehler einer Sache, wie eines automatisierten Fahrzeugs, allein vermögen hingegen nicht die Verschuldenshaftung des Nutzers zu begründen. Vielmehr müsste ein rechtswidriges und schuldhaftes Verhalten des menschlichen Lenkers bzw Zulassungsbesitzers, zB die persönlich vorwerfbare Verletzung einer Überwachungs- und Übersteuerungsanforderung bzw einer Wartungsverpflichtung, hinzutreten. Auch kann eine Sache selbst nicht rechtswidrig und schuldhaft handeln und ist mangels Rechtssubjektivität auch weder Adressat der gesetzlichen Verhaltens- noch der Haftpflichtregeln.[256]

Im außervertraglichen Bereich kann sich die Rechtswidrigkeit entweder aus dem Verstoß gegen ein Schutzgesetz oder aus der Verletzung eines absolut geschützten Rechtsgutes ergeben.[257] Bei **Straßenverkehrsunfällen** werden regelmäßig die **absolut geschützten Rechtsgüter** der körperlichen Unversehrtheit und des Eigentums verletzt. Die Beeinträchtigung eines absolut geschützten Rechtsgutes indiziert jedoch nur die Rechtswidrigkeit.[258] Im Sinne der Verhaltensunrechtslehre ist im Wege einer umfassenden Interessenabwägung zu prüfen, ob das Verhalten, das zum Eingriff in das absolut geschützte Rechtsgut geführt hat, objektiv sorgfaltswidrig und somit rechtswidrig war.[259] Dabei ist zu beachten, dass die Rechtsordnung jedem die Pflicht auferlegt, sich absolut geschützten Rechtsgütern gegenüber sorgfältig zu verhalten.

---

255 *Karner* in KBB[6] (2020) § 1294 ABGB Rz 1; *Kodek* in *Kletečka/Schauer*, ABGB-ON[1.03] § 1294 Rz 1 ff (Stand 1.1.2018, rdb.at); vgl auch *Amlacher/Andréewitch*, Rechtliche Fragen des autonomen Fahrens – Haftung (Teil II), jusIT 2017, 209 (209 f).

256 Vgl dazu *Kath*, Auf dem Weg zum autonomen Fahren: haftungs- und versicherungsrechtliche Aspekte (2018) 22 f; ebenso *Windsteiger*, Autonomes Fahren (2018) 33 mwN; *Amlacher/Andréewitch*, Rechtliche Fragen des autonomen Fahrens – Haftung (Teil II), jusIT 2017, 209 (209 f).

257 *Karner* in KBB[6] (2020) § 1294 ABGB Rz 4; *Kodek* in *Kletečka/Schauer*, ABGB-ON[1.03] § 1294 Rz 6 (Stand 1.1.2018, rdb.at).

258 *Karner* in KBB[6] (2020) § 1294 ABGB Rz 4; vgl auch RIS-Justiz RS0022939.

259 *Karner* in KBB[6] (2020) § 1294 ABGB Rz 2 ff; *Kodek* in *Kletečka/Schauer*, ABGB-ON[1.03] § 1294 Rz 21 ff (Stand 1.1.2018, rdb.at); RIS-Justiz RS0022939 (T5, T6). Vgl zu den Konzeptionen des Erfolgs- und Handlungsunrechts nach deutschem Haftungsrecht *Spickhoff* in *Soergel*, Kommentar zum BGB XII[13] (2005) § 823 Rz 4 ff.

Vielfach sind Verhaltenspflichten in sogenannten **Schutzgesetzen** (§ 1311 Satz 2, 2. Fall) konkretisiert.[260] Es handelt sich dabei um Vorschriften, die ein Verhalten schon wegen dessen abstrakter Gefährlichkeit verbieten.[261] Diese sind im Verkehrsrecht zahlreich und finden sich vor allem in der StVO, aber auch im KFG (zB § 57a KFG).[262]

Voraussetzung der Verschuldenshaftung ist außerdem, dass das sorgfaltswidrige Verhalten dem Schädiger auch **persönlich vorwerfbar** ist (Verschulden).[263] Zu beachten ist, dass jeder Lenker eines Kfz bezüglich der von ihm zu fordernden **technischen und rechtlichen Kenntnisse als Sachverständiger iSd § 1299 ABGB** anzusehen ist.[264] Gem § 1299 ABGB wird der angelegte Sorgfaltsmaßstab erhöht und objektiviert, sodass der Lenker für die übliche Sorgfalt von Kfz-Lenkern einstehen muss und sich nicht auf mangelnde subjektive Kenntnisse und Fähigkeiten berufen kann.[265] Als Maßstab sind jenes Können und jene Kenntnisse heranzuziehen, die „zu erreichen die Führerscheinprüfungsvorschriften gebieten."[266]

Die allgemeine Verschuldenshaftung gem § 1295 Abs 1 ABGB unterliegt im Gegensatz zur Haftung des Halters nach EKHG keiner betraglichen Begrenzung.

B. Verhaltensrecht

Für die Untersuchung der Verschuldenshaftung im Zusammenhang mit der Nutzung automatisierter Fahrfunktion ist daher von entscheidender Bedeutung, welche Anforderungen das **Verhaltensrecht im Straßenverkehr** an den Lenker und Zulassungsbesitzer des automatisierten Kfz stellt.

Dabei ist zunächst festzustellen, dass ein technisches Können eines automatisierten Systems nicht mit dem rechtlichen Dürfen einhergeht: Die rasant fortschreitenden technologischen Entwicklungen auf dem Bereich des automatisierten Fahrens schaffen **neue technische Möglichkeiten**, die das **Potential** haben, die Art des Autofahrens zu revolutionieren: Hochautomatisierte Fahrsysteme ermöglichen es dem Fahrer, sich bis zur Aufforderung zur Übernahme der Fahraufgabe vorübergehend mit anderen Dingen zu beschäftigen.

---

260 *Karner* in KBB[6] (2020) § 294 ABGB Rz 4.

261 *Karollus*, Funktion und Dogmatik der Haftung aus Schutzgesetzverletzung (1992) 92 f.

262 *Schacherreiter* in *Kletečka/Schauer*, ABGB-ON[1.08] § 1311 Rz 17 ff (Stand 31.7.2021, rdb.at).

263 *Weilinger*, Privatrecht[8] (2020) 225; *Karner* in KBB[6] (2020) § 1294 ABGB Rz 7; *Kodek* in *Kletečka/Schauer*, ABGB-ON[1.03] § 1294 Rz 56 (Stand 1.1.2018, rdb.at).

264 RIS-Justiz RS0026508; ua OGH 2 Ob 51/90 ZVR 1991, 19; *Reischauer* in *Rummel*, ABGB[3] § 1299 ABGB Rz 33 (Stand 1.1.2007, rdb.at).

265 *Karner* in KBB[6] (2020) § 1299 ABGB Rz 1 f; *Reischauer* in *Rummel*, ABGB[3] § 1299 ABGB Rz 2, 5 (Stand 1.1.2007, rdb.at).

266 *Reischauer* in *Rummel*, ABGB[3] § 1299 ABGB Rz 33 (Stand 1.1.2007, rdb.at).

Vollautomatisierte Systeme ermöglichen ihrer technischen Definition nach sogar die gänzliche Abwendung von der Fahraufgabe, da sie jede Situation allein bewältigen und das Fahrzeug in einen risikominimalen Zustand versetzen können.

Diese neuen technischen Möglichkeiten bringen jedoch nicht nur großes Potential mit sich, sondern bergen auch **zum jetzigen Zeitpunkt schwer einschätzbare Gefahren für die Verkehrssicherheit**. Ob und unter welchen Voraussetzungen diese technischen Möglichkeiten auch genützt werden dürfen, hat daher aufgrund seines grundrechtlichen Schutzauftrages[267] der Gesetzgeber zu entscheiden. Es ist folglich strikt zwischen den Ebenen des technisch Möglichen (Entwicklungsstand) und des rechtlich Erlaubten (Zulassungsrecht, Verhaltensrecht) zu unterscheiden.[268] Des Weiteren ist zu beachten, dass die Zulassung hoch- oder vollautomatisierter Fahrzeuge zum Straßenverkehr nicht automatisch die Senkung des Sorgfaltsmaßstabes des Lenkers nach sich zieht.[269] Damit hoch- und vollautomatisierte Systeme im öffentlichen Straßenverkehr **ihrem technischen Können entsprechend genutzt** werden dürfen, bedarf es vielmehr der **Anpassung des öffentlich-rechtlichen Verhaltensrechts**, das auf dem impliziten Grundsatz eines „das Fahrzeug beherrschenden menschlichen Fahrers“ beruht.[270] Sowohl in Österreich als auch in Deutschland ist es in Hinblick auf automatisiertes Fahren bereits zu legislativen Änderungen im Zulassungs- und Verhaltensrecht gekommen:[271]

Nach der **durch die 33. KFG-Novelle und die AutomatFahrV reformierten österreichischen Rechtslage** dürfen Lenker bestimmte automatisierte Fahrfunktionen (Autobahn-Assistent und Einparkhilfe) nutzen, allerdings nur unter **ständiger Beobachtung des Verkehrsgeschehens und des automatisierten Systems (Überwachungspflicht)**. Falls erforderlich hat der Lenker übersteuernd einzugreifen bzw das System zu deaktivieren (**Eingriffspflicht**). So ist der Lenker gem § 11 Abs 3 AutomatFahrV zwar während der Aktivierung des Autobahn-Assistenten von der Verpflichtung befreit, während

---

267 Siehe hierzu Kap II.C.

268 Anders wohl *Harnoncourt*, Haftungsrechtliche Aspekte des autonomen Fahrens, in *I. Eisenberger ua* (Hrsg), Autonomes Fahren und Recht (2017) 109 (110 f), der eine Korrelation zwischen dem Entwicklungsstand und den Sorgfaltsanforderungen an den Lenker erblickt. Wie dieser *Graul*, Haftung autonomer Fahrzeuge – eine zivilrechtliche Perspektive, EALR 2020, 24 (25).

269 So wohl aber *Harnoncourt*, Haftungsrechtliche Aspekte des autonomen Fahrens, ZVR 2016/228 (547); *Harnoncourt*, Haftungsrechtliche Aspekte des autonomen Fahrens, in *I. Eisenberger ua* (Hrsg), Autonomes Fahren und Recht (2017) 109 (110 f); wie hier vertreten *Kath*, Auf dem Weg zum autonomen Fahren: haftungs- und versicherungsrechtliche Aspekte (2018) 15.

270 Vgl dazu *Hilgendorf*, Automatisiertes Fahren und das Recht, ZVR 2015/240 (470); *Lutz*, Automatisiertes Fahren – Rechtliche Herausforderungen aus deutscher Perspektive, in *I. Eisenberger ua* (Hrsg), Autonomes Fahren und Recht (2017) 211 (213 f).

271 Vgl dazu eingehend Kap I.B.

des Fahrens mit mindestens einer Hand die Lenkvorrichtung festzuhalten, er hat aber in kritischen Situationen die Notfallvorrichtung unverzüglich zu betätigen und die übertragenen Fahraufgaben zu übernehmen (§ 11 Abs 5 AutomatFahrV).[272] Das Abwenden vom Verkehrsgeschehen und die Ausübung von Nebentätigkeiten (zB Zeitunglesen, Spiele am Handy etc) bleiben daher weiterhin verboten.[273] Ähnliches gilt für die Nutzung einer automatisierten Einparkhilfe gem § 10 Abs 4 und 5 AutomatFahrV: Obgleich der Lenker während der Aktivierung der Einparkhilfe von den Verpflichtungen entbunden ist, den Lenkplatz einzunehmen und die Lenkvorrichtung während des Fahrens mit mindestens einer Hand festzuhalten, so muss er sich doch in unmittelbarer Nähe zum Fahrzeug befinden, den Ein- und Ausparkvorgang überwachen und in kritischen Situation das System über eine Notfallvorrichtung unverzüglich deaktivieren oder übersteuern.

Vor diesem Hintergrund ist die Befreiung von der Pflicht zur „Hand am Steuer" kritisch zu betrachten: Denn obwohl in der Verordnung das Ziel klar zum Ausdruck kommt, die Verwirklichung der Automatisierungsgefahr durch eine Überwachungs- und Übersteuerungspflicht hintanzuhalten, wird gleichsam in Kauf genommen, dass sich der Reaktionsweg durch die Handbewegung zum Steuer verlängert. Für die Verschuldenshaftung des Lenkers hat dies zur Folge, dass ihm zwar eine Reaktionsverzögerung durch eine Verletzung der Überwachungspflicht, nicht jedoch durch die Bewegung zum Steuer vorgeworfen werden kann. Des Weiteren ist zu erwarten, dass durch die Befreiung von der Pflicht, mindestens eine Hand am Steuer zu haben, die Aufmerksamkeit des Lenkers abnimmt. Er könnte sogar verleitet sein, seine Körperposition in sicherheitskritischer Art zu verändern oder sich Nebentätigkeiten zuzuwenden. Es erscheint mir daher sinnvoller, die Pflicht zur ständigen Beobachtung und die Pflicht zur „Hand am Steuer" zu verknüpfen und von beiden Pflichten erst dann abzusehen, wenn sich hochautomatisierte Systeme in sicherheitstechnischer Hinsicht bewährt haben.

Jegliche Nutzung automatisierter Fahrzeugsysteme erfordert – wie dargestellt – nach wie vor die ständige Überwachung des Systems, die permanente Beobachtung der Verkehrsumgebung sowie gegebenenfalls die Übersteuerung bzw Deaktivierung des Systems. Diese **Überwachungs- und Eingriffspflichten** des Lenkers sind in § 10 Abs 4 und 5 AutomatFahrV (für die Einparkhilfe) und in § 11 Abs 5 AutomatFahrV (für den Autobahn-Assistenten) normiert.

Die Nutzung automatisierter Systeme im Regelbetrieb ist außerdem nur in zwei Anwendungsfällen erlaubt, nämlich des Autobahn-Assistenten iSd § 11 AutomatFahrV und der Einparkhilfe iSd § 10 AutomatFahrV. Beide System dürfen nur nach den Herstellerangaben verwendet werden (§ 10 Abs 6 bzw § 11 Abs 6 AutomatFahrV). Darüber hinaus bestehen weitere gesetzliche Be-

[272] § 11 Abs 5 AutomatFahrV.

[273] Ebenso *Plöckinger*, (Voll-)Autonomes Fahren und Strafrecht, ÖJZ 2019, 452 (454).

dingungen der Nutzung: So darf der Autobahn-Assistent ausschließlich auf Autobahnen und Schnellstraßen, jedoch nicht in Baustellenbereichen, verwendet werden (§ 11 Abs 6 AutomatFahrV). Die Einparkhilfe darf zwar auf allen Straßenarten, aber nur bis zu einer maximalen Geschwindigkeit von 10 km/h genutzt werden (§ 10 Abs 6 AutomatFahrV).

Weiters trifft den **Lenker** die Pflicht, sich mit den Funktionen, den Systemgrenzen sowie der Bedienung des jeweiligen automatisierten Systems vertraut zu machen.[274] Denn gem § 102 Abs 2 KFG muss der Lenker die Handhabung und Wirksamkeit der Betätigungsvorrichtungen des von ihm gelenkten Kraftfahrzeuges kennen. Gem § 102 Abs 1 KFG darf der Lenker das Kraftfahrzeug außerdem erst in Betrieb nehmen, wenn er sich, soweit dies zumutbar ist, davon überzeugt hat, dass das von ihm zu lenkende Kraftfahrzeug den hiefür in Betracht kommenden Vorschriften entspricht. Dieses Gebot bezieht sich auch auf die technischen Einrichtungen automatisierter Steuerungssysteme, da diese „erheblichen Einfluss auf die Verkehrs- und Betriebssicherheit" des Fahrzeuges haben.[275] So hat der Lenker vor Fahrtantritt beispielsweise die Sensoren auf Beschädigungen und Verschmutzungen hin zu kontrollieren.[276]

Der **Zulassungsbesitzer** hat gem § 103 Abs 1 Z 1 KFG dafür zu sorgen, dass das Fahrzeug den Vorschriften des KFG und der auf Grund dieses Bundesgesetzes erlassenen Verordnungen entspricht. Aufgrund dieser Verpflichtung hat der Zulassungsbesitzer das automatisierte System den Vorgaben des Herstellers entsprechend zu warten und überprüfen zu lassen.[277] Ist ihm ein sicherheitsrelevanter Mangel des automatisierten Systems erkennbar oder bekannt, so hat er das System zu deaktivieren, bis der Mangel behoben wurde.[278]

Die genannten Bestimmungen der AutomatFahrV und des KFG stellen **Schutzgesetze** iSd § 1311 ABGB dar, deren Verletzung ein rechtswidriges Verhalten des Lenkers bzw Zulassungsbesitzers begründet.[279] Voraussetzung der Haftung ist jedoch außerdem, dass ein Schaden eingetreten ist, den die übertretene Norm verhindern wollte, sich also die zugrunde liegende Gefahr verwirklicht hat (**Schutzzweck der Norm**, Rechtswidrigkeitszusammenhang).[280] Wird beispielsweise ein Autobahn-Assistent entgegen § 11 Abs 6 AutomatFahrV auf einer Landstraße betrieben und passiert ein Unfall, der sich auch bei Nutzung eines konventionellen Fahrzeuges, etwa aufgrund einer

---

274 Ebenso für Fahrerassistenzsysteme *Windsteiger*, Autonomes Fahren (2018) 45.

275 In Bezug auf Fahrerassistenzsysteme eingehend *Windsteiger*, Autonomes Fahren (2018) 43 f.

276 *Windsteiger*, Autonomes Fahren (2018) 44.

277 *Windsteiger*, Autonomes Fahren (2018) 47 mwN.

278 *Windsteiger*, Autonomes Fahren (2018) 47 mwN.

279 Vgl auch *Windsteiger*, Autonomes Fahren (2018) 31 f, 43 ff.

280 *Reischauer* in *Rummel*, ABGB^{3} § 1311 ABGB Rz 10 (Stand 1.1.2007, rdb.at); *Schacherreiter* in *Kletečka/Schauer*, ABGB-ON$^{1.08}$ § 1311 Rz 11 (Stand 31.7.2021, rdb.at); vgl zum Konzept des Schutzbereiches eines Schutzgesetzes nach deutschem Recht *Spickhoff* in *Soergel*, Kommentar zum BGB XII^{13} (2005) § 823 Rz 218 ff.

Vorrangverletzung durch den Unfallgegner, ereignet hätte, liegt der Schaden außerhalb des Schutzzwecks der Norm.[281]

C. Fazit

Zusammenfassend kann zum geltenden österreichischen Recht festgehalten werden, dass das menschliche Lenkverhalten durch die Nutzung automatisierter Steuerungssysteme zwar erheblich abnimmt, in gleichem Ausmaß jedoch menschliches Überwachungs- und Eingriffsverhalten als mögliche Anknüpfungspunkte für eine Verschuldenshaftung hinzutreten.[282] Nach derzeitiger österreichischen Rechtslage richtet sich die Verschuldenshaftung für durch ein Fahrerassistenzsystem oder ein automatisiertes System verursachte Unfälle vor allem danach, ob der Lenker bei sorgfältiger Überwachung des Verkehrsgeschehens und des Systems auf Fehlfunktionen in die automatisierte Steuerung hätte eingreifen und den Unfall dadurch verhindern können. Daneben kann sich ein rechtswidriges Verhalten des Lenkers auch daraus ergeben, dass sich der Lenker nicht ausreichend mit den Funktionen, der Bedienung und den Grenzen des Systems auseinandergesetzt hat oder dass er technische Einrichtungen des automatisierten Systems nicht soweit zumutbar überprüft hat.

Der österreichische Gesetzgeber hat sich folglich (vorerst) dazu entschieden, den Sorgfaltsmaßstab des Lenkers nur spezifisch für bestimmte Anwendungsfelder automatisierter Fahrfunktionen und punktuell durch das Absehen von einzelnen Lenkerpflichten[283] zu lockern.[284] Es ist davon auszugehen, dass der österreichische Gesetzgeber die Sorgfaltsanforderungen an den Lenker erst nach Bewährung automatisierter Fahrfunktionen im Straßenverkehr senken wird.[285] Erst nach einer derartigen legislativen Entscheidung dürfen hoch- und vollautomatisierte Systeme entsprechend ihren technischen Möglichkeiten, dh unter Abwendung von der Fahraufgabe, genutzt werden.[286]

---

281 Bsp nach *Windsteiger*, Autonomes Fahren (2018) 31 f.

282 *Kath*, Auf dem Weg zum autonomen Fahren: haftungs- und versicherungsrechtliche Aspekte (2018) 22; vgl auch *I. Eisenberger/Gruber/Huber/Lachmayer*, Automatisiertes Fahren, ZVR 2016/158 (391): „Die Rolle des Lenkers verschiebt sich." Vgl auch *Roubik*, Novellierung der Verordnung über die Rahmenbedingungen für automatisiertes Fahren, ZVR 2019/70 (157), nach der es (nach derzeitigem österreichischem Recht) „zu keiner Haftungsverschiebung" komme. Vgl dazu aus der deutschen Literatur *Hartmann*, Aktueller Überblick über Rechtsfragen des automatisierten und autonomen Fahrens, PHi 2016, 114 (117).

283 Sämtliche andere Lenkerpflichten bleiben weiterhin aufrecht, vgl ebenso *Windsteiger*, Autonomes Fahren (2018) 36.

284 Demgegenüber wurden in Deutschland die Sorgfaltsanforderungen an den Fahrzeugführer durch das Achte Gesetz zur Änderung des Straßenverkehrsgesetzes viel stärker reduziert, vgl dazu Kap I.B.3.

285 *Hilgendorf*, Automatisiertes Fahren und Recht, ZVR 205/240 (471).

286 Vgl dazu *Kath*, Auf dem Weg zum autonomen Fahren: haftungs- und versicherungsrechtliche Aspekte (2018) 22 f.

V. Haftung des Halters nach EKHG

A. Allgemeines

Wird beim Betrieb eines Kraftfahrzeugs ein Personen- oder Sachschaden verursacht, dann haftet dafür gem EKHG grundsätzlich der Halter verschuldensunabhängig. Bei der Haftung nach EKHG handelt es sich um eine sondergesetzlich normierte **Gefährdungshaftung.**[287] Die Haftung nach EKHG unterliegt betraglichen Beschränkungen (Haftungshöchstbeträge gem §§ 15 und 16 EKHG).

B. Unfall beim Betrieb eines Kfz

Voraussetzung der Haftung ist, dass ein **Unfall** beim **Betrieb des Kfz** eingetreten ist. Unter **Kraftfahrzeug** versteht das Gesetz aufgrund des Verweises auf das KFG ein zur „Verwendung auf Straßen bestimmtes oder auf Straßen verwendetes Fahrzeug, das durch technisch freigemachte Energie angetrieben wird und nicht an Gleise gebunden ist, auch wenn seine Antriebsenergie Oberleitungen entnommen wird", wobei gem § 2 Abs 2 EKHG „Kraftfahrzeuge, bei denen nach ihrer Bauart und ihrer Ausrüstung dauernd gewährleistet ist, daß mit ihnen auf gerader, waagrechter Fahrbahn bei Windstille eine Geschwindigkeit von 10 km in der Stunde nicht überschritten werden kann," vom Anwendungsbereich ausgenommen sind. Das EKHG macht keinen Unterschied danach, ob das Kraftfahrzeug durch einen menschlichen Lenker oder ein automatisiertes System gesteuert wird.[288] Automatisierte Fahrzeuge über einer Bauartgeschwindigkeit von 10 km/h fallen daher zweifelsfrei in den Anwendungsbereich des EKHG.[289]

Als **Unfall** wird von der hA ein unmittelbar von außen her plötzlich einwirkendes Ereignis verstanden.[290] Der Unfall muss auf einer **typischen Gefährlichkeit des Betriebes eines Kraftfahrzeugs** beruhen (**Gefährdungszu-**

---

287 *Schauer* in *Schwimann/Kodek*, ABGB Praxiskommentar[4] (2016) Vorbem EKHG Rz 1; *Karner* in KBB[6] (2020) § 1306 ABGB Rz 1.

288 *Eustacchio*, Automatisiert zum Recht, ZVR 2017/253 (510 f); zust *Danzl*, EKHG[10] § 2 Rz 6; *Schauer* in *Schwimann/Kodek*, ABGB Praxiskommentar[4] (2016) § 2 EKHG 468.

289 Ebenso *Harnoncourt*, Haftungsrechtliche Aspekte des autonomen Fahrens, ZVR 2016/228 (548); *Harnoncourt*, Haftungsrechtliche Aspekte des autonomen Fahrens, in *I. Eisenberger ua* (Hrsg), Autonomes Fahren und Recht (2017) 109 (112); *Danzl*, EKHG[10] § 2 Rz 5; *Windsteiger*, Autonomes Fahren (2018) 8 mwN; *Amlacher/Andréewitch*, Rechtliche Fragen des autonomen Fahrens – Haftung (Teil II), jusIT 2017, 209 (211); vgl auch *Templ*, Über „die Haftungsfrage" von selbsttätig im Straßenverkehr teilnehmenden Kfz, ZVR 2016/7 (12), der selbstfahrende Autos unter den Begriff des Kfz iSd KFG subsumiert.

290 *Schauer* in *Schwimann/Kodek*, ABGB Praxiskommentar[4] (2016) § 1 EKHG Rz 2 mwN; vgl auch *Koziol/Apathy/Koch*, Haftpflichtrecht III[3] (2014) A.2 Rz 2 mwN.

sammenhang).[291] Denn die verschuldensunabhängige Gefährdungshaftung des EKHG ist nur dann gerechtfertigt, wenn und soweit sich eine Gefahr verwirklicht, deretwegen diese Haftung angeordnet wurde (Schutzzweck der Norm).[292] Als typische Gefahren des Betriebs eines Kraftfahrzeuges werden von Rspr und hL nicht nur jene Gefahren angenommen, die sich aus der Inbetriebnahme des Motors und der damit verbundenen Bewegung des Fahrzeugs ergeben („**maschinentechnischer Ansatz**"), sondern auch solche, die unabhängig von einer motorbetriebenen Bewegung auf der Teilnahme des Fahrzeugs am Verkehr beruhen („**verkehrstechnischer Ansatz**").[293] Das Erfordernis des Gefährdungszusammenhangs wird in Rspr und Lehre weit verstanden, weshalb in den meisten Unfallszenarien mit automatisierten Kfz der Haftungstatbestand des EKHG erfüllt sein wird.[294]

C. Haftpflichtschuldner

Für den Ersatz von beim Betrieb eines Kraftfahrzeugs verursachte Personen- oder Sachschäden haftet grundsätzlich[295] der **Halter** des Kraftfahrzeuges. Halter ist, wer die freie **Verfügung** über das Fahrzeug hat und es **auf eigene Rechnung** betreibt.[296] Eine nur kurzfristige Gebrauchsüberlassung macht den Benützer nicht zum Halter.[297] Daher bewirkt die Überlassung automati-

[291] RIS-Justiz RS0124207; ua OGH 2 Ob 188/16k NZ 2017, 118 = Zak 2017/202 = ZVR 2017, 204 (*Reisinger*) = JBl 2017, 535 = EvBl 2017/133 (*Spitzer*) = SZ 2017/24; *Schauer* in *Schwimann/Kodek*, ABGB Praxiskommentar[4] (2016) § 1 EKHG Rz 10 mwN; *Koziol/Apathy/Koch*, Haftpflichtrecht III[3] (2014) A.2 Rz 5 mwN; vgl auch *Karner* in KBB[6] (2020) § 1295 ABGB Rz 10 („Gefahrenzusammenhang"); *Danzl*, EKHG[10] § 1 Rz 5 („Gefahrenzusammenhang").

[292] OGH 2 Ob 188/16k NZ 2017, 118 = Zak 2017/202 = ZVR 2017/107 (*Reisinger*) = JBl 2017, 535 = EvBl 2017/133 (*Spitzer*) = SZ 2017/24; *Schauer* in *Schwimann/Kodek*, ABGB Praxiskommentar[4] (2016) § 1 EKHG Rz 10; *Koziol/Apathy/Koch*, Haftpflichtrecht III[3] (2014) A.2 Rz 5 mwN; vgl auch *Karner* in KBB[6] (2020) § 1295 ABGB Rz 10.

[293] RIS-Justiz RS0058385; ua OGH 2Ob 188/16k NZ 2017, 118 = Zak 2017/202 = ZVR 2017, 204 (*Reisinger*) = JBl 2017, 535 = EvBl 2017/133 (*Spitzer*) = SZ 2017/24; *Schauer* in *Schwimann/Kodek*, ABGB Praxiskommentar[4] (2016) § 1 EKHG Rz 13 ff mwN; vgl auch *Koziol/Apathy/Koch*, Haftpflichtrecht III[3] (2014) A.2 Rz 11.

[294] *Templ*, Über „die Haftungsfrage" von selbsttätig im Straßenverkehr teilnehmenden Kfz, ZVR 2016/7 (12); zust *Schauer* in *Schwimann/Kodek*, ABGB Praxiskommentar[4] (2016) § 1 EKHG Rz 13; vgl auch *Windsteiger*, Autonomes Fahren (2018) 8 mwN.

[295] Zur möglichen Haftung des Hackers als Schwarzfahrer iSd § 6 EKHG vgl eingehend *Windsteiger*, Autonomes Fahren (2018) 11 ff.

[296] RIS-Justiz RS0058262; ua OGH 3 Ob 138/81 ZVR 1982/142 = SZ 54/119; OGH 9 Ob A 150/00z = wbl 2001, 225 = RdW 2001, 553 = ZVR 2001/86; *Weilinger*, Privatrecht[8] (2020) 232; *Schauer* in *Schwimann/Kodek*, ABGB Praxiskommentar[4] (2016) § 5 EKHG Rz 10 mwN; *Koziol/Apathy/Koch*, Haftpflichtrecht III[3] (2014) A.2 Rz 39; *Danzl*, EKHG[10] § 5 Rz 3.

[297] *Schauer* in *Schwimann/Kodek*, ABGB Praxiskommentar[4] (2016) § 5 EKHG Rz 13; *Koziol/Apathy/Koch*, Haftpflichtrecht III[3] (2014) A.2 Rz 42 f. Vgl dazu auch die neue Judikaturlinie des OGH, wonach bei der Überlassung eines Fahrzeugs für kurze Zeit nicht zu differenzieren ist, ob das Fahrzeug einer Reparaturwerkstätte oder jemand anderem, zB einem Mieter

sierter Fahrzeuge **für Probefahrten**, etwa an einen Kaufinteressenten oder zu Werbezwecken auf einer Messe oder einer sonstigen Werbeveranstaltung, keinen Übergang der Haltereigenschaft. Wer bei der die Herstellung abschließenden **Prüfung** automatisierter Fahrzeuge durch **externe Institute** als Halter anzusehen ist (Hersteller oder prüfendendes Institut), hängt von den konkreten Umständen des Einzelfalls ab: So spielt es neben der Dauer der Überlassung eine entscheidende Rolle, wer die Kosten der Unterbringung, Instandhaltung und Bedienung des Fahrzeugs sowie der Betriebsmittel trägt.[298] Außerdem ist darauf abzustellen, wer tatsächlich bestimmen kann, wo und für welchen Zweck das Fahrzeug in Betrieb genommen werden soll,[299] und daher die Möglichkeit der Gefahrenabwendung hat.[300] Bei Handy-App-unterstützten **Carsharing**-Angeboten kommt dem Betreiber dieses Dienstes die Haltereigenschaft zu.[301]

D. Haftungsausschluss gem § 9 EKHG

Gem **§ 9 EKHG** ist die Ersatzpflicht ausgeschlossen, wenn der Unfall durch ein unabwendbares Ereignis verursacht wurde, „das **weder** auf einem **Fehler in der Beschaffenheit noch auf einem Versagen der Verrichtungen** der Eisenbahn oder des Kraftfahrzeugs beruhte." Als unabwendbar gilt ein Ereignis insbesondere dann, wenn es auf das Verhalten des Geschädigten, eines nicht beim Betrieb tätigen Dritten oder eines Tieres zurückzuführen ist, sowohl der Betriebsunternehmer oder Halter als auch die mit Willen des Betriebsunternehmers oder Halters beim Betrieb tätigen Personen **jede nach den Umständen des Falles gebotene Sorgfalt beachtet** haben und der Unfall nicht unmittelbar auf die durch das Verhalten eines nicht beim Betrieb tätigen Dritten oder eines Tieres ausgelöste außergewöhnliche Betriebsgefahr zurückzuführen ist. Die Haftung ist daher gem § 9 EKHG nur dann ausgeschlossen, wenn die **Sphäre des Halters mängelfrei** war.[302] Der Mangel kann in einem Fehler in der Beschaffenheit, in dem Versagen der Verrichtungen oder in einem Sorg-

---

oder Entlehner, überlassen wird, OGH 2 Ob 192/12t Zak 2013/407 = ecolex 2013, 632 = ZVR 2013/158 (*Kathrein*) = EvBl-LS 2013/136 = JBl 2013, 576 = ecolex 2013, 874 = RdW 2013, 599 = JAP 2013/2014, 115 (*Nitsch*) = RZ 2013, 286 = SZ 2013/43; zur älteren Rspr des OGH vgl RIS-Justiz RS0058176.

298 RIS-Justiz RS0058137; ua OGH 2 Ob192/12t Zak 2013/407 = ecolex 2013, 632 = ZVR 2013/158 (*Kathrein*) = EvBl-LS 2013/136 = JBl 2013, 576 = ecolex 2013, 874 = RdW 2013, 599 = JAP 2013/2014, 115 (*Nitsch*) = RZ 2013, 286 = SZ 2013/43.

299 RIS-Justiz RS0058272 (T2).

300 OGH 2 Ob 192/12t Zak 2013/407 = ecolex 2013, 632 = ZVR 2013/158 (*Kathrein*) = EvBl-LS 2013/136 = JBl 2013, 576 = ecolex 2013, 874 = RdW 2013, 599 = JAP 2013/2014, 115 (*Nitsch*) = RZ 2013, 286 = SZ 2013/43.

301 *Schauer* in *Schwimann/Kodek*, ABGB Praxiskommentar[4] (2016) § 5 EKHG Rz 18.

302 *Schauer* in *Schwimann/Kodek*, ABGB Praxiskommentar[4] (2016) § 9 EKHG Rz 3 f; *Koziol/Apathy/Koch*, Haftpflichtrecht III[3] (2014) A.2 Rz 71 mwN.

faltsverstoß des Halters oder einer mit Willen des Halters beim Betrieb tätigen Person bestehen.[303] Auf welcher Ursache der Mangel beruht, ist irrelevant.[304]

Die Haftungsbefreiung des § 9 EKHG greift nur bei Beachtung der **äußersten** nach den Umständen des Falles möglichen und zumutbaren **Sorgfalt**.[305] Maßstab ist die Sorgfalt eines sachkundigen, erfahrenen Kraftfahrers,[306] der eine über die gewöhnliche Sorgfaltspflicht hinausgehende, besonders überlegene Aufmerksamkeit, Geistesgegenwart und Umsicht gezeigt hat.[307] Diese erhöhte Sorgfaltspflicht setzt nicht erst in der Gefahrenlage ein, sondern verlangt, dass **von vornherein** alles vermieden wird, in eine Lage zu kommen, aus der eine Gefahr entstehen kann.[308] Es ist aber nicht notwendig, alle Maßnahmen zu setzen, die ex post betrachtet den Unfall verhindert hätten, sondern es sind jene Maßnahmen zu treffen, die aus einer ex ante Betrachtung nach den Umständen des Falles geboten waren.[309]

Der Haftungsausschluss greift trotz Einhaltung der äußersten Sorgfalt nicht, wenn ein Fehler in der Beschaffenheit oder ein Versagen der Verrichtungen des Kfz vorliegt. Beide Alternativen beschreiben **technische Defekte**.[310] Ein **Fehler in der Beschaffenheit** des Kfz liegt nach der Rspr nicht schon deshalb vor, weil das Fahrzeug nicht in jeder Beziehung einem Idealzustand entsprochen hat, sondern es genügt zur Fehlerfreiheit, dass die unmittelbar vor dem Unfall geltenden Zulassungsvorschriften eingehalten wurden.[311] Bei Einhaltung der Zulassungsvorschriften nimmt die Judikatur daher grundsätzlich keinen Fehler in der Beschaffenheit des Kfz an.[312] Anderes gilt jedoch, wenn der technische Mangel in einem Bereich liegt, der nicht durch Beschaffenheitsvorschriften geregelt ist.[313] In Bereichen abseits von Beschaffenheitsvorschrif-

---

303 *Schauer* in *Schwimann/Kodek*, ABGB Praxiskommentar[4] (2016) § 9 EKHG Rz 4.

304 *Schauer* in *Schwimann/Kodek*, ABGB Praxiskommentar[4] (2016) § 9 EKHG Rz 4.

305 *Schauer* in *Schwimann/Kodek* (Hrsg), ABGB Praxiskommentar[4] (2016) § 9 EKHG Rz 19 ff; *Koziol/Apathy/Koch*, Haftpflichtrecht III[3] (2014) A.2 Rz 75; *Danzl*, EKHG[10] § 9 Rz 2; vgl auch RIS-Justiz RS0058317; RIS-Justiz RS0058326; jüngst OGH 1 Ob 135/18m Zak 2018/788 = ZVR 2019, 370 (*Ch. Huber*).

306 RIS-Justiz RS0058394.

307 RIS-Justiz RS0058425.

308 *Schauer* in *Schwimann/Kodek* (Hrsg), ABGB Praxiskommentar[4] (2016) § 9 EKHG Rz 21; *Koziol/Apathy/Koch*, Haftpflichtrecht III[3] (2014) A.2 Rz 76; RIS-Justiz RS0058278; ua OGH 2 Ob 172/99d ZVR 1999/93.

309 *Koziol/Apathy/Koch*, Haftpflichtrecht III[3] (2014) A.2 Rz 76; RIS-Justiz RS0058216.

310 *Schauer* in *Schwimann/Kodek* (Hrsg), ABGB Praxiskommentar[4] (2016) § 9 EKHG Rz 52; *Danzl*, EKHG[10] § 9 Rz 3.

311 OGH 2 Ob 262/03y, *Rückspiegel Linienbus*, ZVR 2005/34; OGH 2 Ob 178/99m ZVR 2001/37 = JBl 2001, 242 (*Stefula/Thunhart*).

312 Die Rspr wertet es jedoch als einen die Haftungsbefreiung ausschließenden Sorgfaltsverstoß, wenn es bereits vor dem gegenständlichen Unfall zu ähnlichen Unfällen gekommen ist und entsprechende Sicherheitsmaßnahmen unterlassen wurden, vgl dazu OGH 2 Ob 262/03y, *Rückspiegel Linienbus*, ZVR 2005/34.

313 *Koziol/Apathy/Koch*, Haftpflichtrecht III[3] (2014) A.2 Rz 73.

ten begründet ein technischer Mangel einen Fehler in der Beschaffenheit iSd § 9 Abs 1 EKHG, wenn er nach dem Stand der Wissenschaft und Technik hätte vermieden werden können und zu einem „unnötig gefährlich[en]" Zustand des Kfz führt.[314] Kein Fehler in der Beschaffenheit, sondern ein Sorgfaltsverstoß, liegt in jenem Fall vor, dass die Einrichtung des Kfz bestimmungsgemäß funktioniert, jedoch falsch bedient wurde.[315] Ein **Versagen der Verrichtungen** wird von der Judikatur angenommen, wenn nicht die Wirkungen eintreten, die normal mit der Handhabung verbunden sind und deren Eintritt vorausgesetzt wird, oder wenn ein Fahrzeugteil die Funktionen, die ihm im Betriebe im Zusammenwirken aller Teile zukommen, nicht oder nicht ordnungsgemäß erfüllt.[316] Auch hier ist auf den Stand von Wissenschaft und Technik abzustellen.[317] Es ist unerheblich, worauf der Fehler in der Beschaffenheit oder das Versagen der Verrichtungen des Kraftfahrzeuges beruht.[318]

Es liegt auf der Hand, dass auch **automatisch funktionierende** Vorrichtungen des Kfz defekt sein können: So sah beispielsweise der OGH bei einer automatisch schließenden Bustür einen Fehler in der Beschaffenheit darin, dass sich die Tür – wenn auch nur bei Zusammentreffen ungünstiger Umstände – während des Einsteigens eines Fahrgasts schließt.[319] Die dargestellte Judikatur und Literatur zu § 9 EKHG lässt sich daher problemlos auf Unfälle mit automatisierten Fahrzeugen übertragen.

Kommt es aufgrund eines **Softwarefehlers** bei einem automatisierten Fahrzeug zu einem Unfall, liegt grundsätzlich ein technischer Defekt in der Sphäre des Halters vor, der einen Haftungsausschluss nach § 9 EKHG verhindert.[320]

---

314 *Koziol/Apathy/Koch*, Haftpflichtrecht III³ (2014) A.2 Rz 73.

315 OGH 2 Ob 31/91, *Straßenbahnzugtüre*, ZVR 1992/12.

316 OGH 2 Ob 144/77 ZVR 1978/231.

317 *Koziol/Apathy/Koch*, Haftpflichtrecht III³ (2014) A.2 Rz 74; vgl aber auch die Entscheidung OGH 2 Ob 116/17y, *automatische Türschließung Bus*, ZVR 2018/38 (*Aigner*) = EvBl-LS 2017/144 (*Rohrer*) = Zak 2017, 278 = AnwBl 2017, 576, in der trotz Einhaltung des Standes von Wissenschaft und Technik aufgrund der konkreten Gefährlichkeit ein die Haftungsbefreiung nach § 9 EKHG ausschließender technischer Defekt angenommen wurde.

318 RIS-Justiz RS0058255; ua OGH 2 Ob 18/16k ZfRV-LS 2017/20 (*Ofner*) = Zak 2017, 158 = *Netzer*, ZVR 2017, 392 = *Schellerer*, ZVR 2018, 494 = SZ 2017/21.

319 OGH 2 Ob 116/17y, *automatische Türschließung Bus*, ZVR 2018/38 (*Aigner*) = EvBl-LS 2017/144 (*Rohrer*) = Zak 2017, 278 = AnwBl 2017, 576; vgl dazu auch OGH 2 Ob 2432/96b, *automatische Türschließung Straßenbahn*, ZVR 1998/79.

320 Vgl dazu *Amlacher/Andréewitch*, Rechtliche Fragen des autonomen Fahrens – Haftung (Teil II), jusIT 2017, 209 (211); *Kary*, Wenn das Auto unmotiviert bremst, Die Presse 2018/41/07 (8.8.2019, rdb.at); *Graul*, Haftung autonomer Fahrzeuge – eine zivilrechtliche Perspektive, EALR 2020, 24 (26); vgl auch das Beispiel von *Harnoncourt*, Haftungsrechtliche Aspekte des autonomen Fahrens, ZVR 2016/228 (548); *Harnoncourt*, Haftungsrechtliche Aspekte des autonomen Fahrens, in *I. Eisenberger ua* (Hrsg), Autonomes Fahren und Recht (2017) 109 (113); *Eustacchio*, Automatisiert zum Recht, ZVR 2017/253 (511); vgl auch *Karner*, Liability for Robotics, in *Lohsse/Schulze/Staudenmayer* (Hrsg), Liability for Artificial Intelligence and the Internet of Things (2019) 117 (121).

Dabei ist unerheblich, ob die Software von vornherein fehlerhaft programmiert war oder in der konkreten Situation versagt.[321] Zu einem Versagen der Software kann es durch diverse äußere Umwelteinflüsse kommen, wie zB Strahlung oder Magnetisierung, aber auch bei Manipulation durch Hackerangriffe.[322] Die Haftungsbefreiung gem § 9 EKHG kann aber auch dadurch unanwendbar sein, dass die Durchführung eines angebotenen Sicherheitsupdates unterlassen wurde und sich das dadurch verbleibende Sicherheitsdefizit unfallverursachend ausgewirkt hat. Denn der erhöhte Sorgfaltsmaßstab gem § 9 EKHG erfordert es, dass von vornherein alles vermieden wird, in eine Lage zu kommen, aus der (ex ante betrachtet) eine Gefahr entstehen kann.[323] Bei nicht durchgeführten Sicherheitsupdates liegt daher ein Sorgfaltsverstoß vor, der die Haftungsbefreiung nach § 9 EKHG ausschließt.

Neben Softwarefehlern können auch Mängel an der **Hardware** des automatisierten Kfz zu Unfällen führen, wie etwa an den Sensoren.[324] Als zugrundeliegende Ursachen kommen verschiedene Umstände in Betracht: Zunächst kann der Sensor von vornherein mangelhaft sein, zB aufgrund eines Konstruktions- oder Produktionsfehlers, was als Fehler in der Beschaffenheit des Kfz anzusehen ist. Aber auch äußere Einflüsse, wie Steinschlag oder Verschmutzung, können zur Beschädigung des Sensors bzw zur Beeinträchtigung von dessen Funktionsfähigkeit führen. In der Regel werden diese Fälle als ein Versagen der Verrichtungen des Kfz zu qualifizieren sein. Daneben kann auch mangelnde Wartung und Kontrolle zu technischen Defekten der Sensoren führen, zB zu Fehlern in der Kalibrierung durch unterlassene Nachjustierung, was den Haftungsausschluss aufgrund des Sorgfaltsverstoßes verhindert. Im Übrigen ist die Auslegungsfrage, ob ein „Fehler in der Beschaffenheit“, ein „Versagen der Verrichtungen“ oder ein Sorgfaltsverstoß vorliegt, rein akademischer Natur, da alle drei Tatbestände zu einem Mangel in der Sphäre des

---

321 *Harnoncourt*, Haftungsrechtliche Aspekte des autonomen Fahrens, ZVR 2016/228 (FN 21); *Harnoncourt*, Haftungsrechtliche Aspekte des autonomen Fahrens, in *I. Eisenberger ua* (Hrsg), Autonomes Fahren und Recht (2017) 109 (FN 21).

322 Zum Hackerangriff vgl *Harnoncourt*, Haftungsrechtliche Aspekte des autonomen Fahrens, ZVR 2016/228 (548); *Harnoncourt*, Haftungsrechtliche Aspekte des autonomen Fahrens, in *I. Eisenberger ua* (Hrsg), Autonomes Fahren und Recht (2017) 109 (113 f); *Eustacchio*, Automatisiert zum Recht, ZVR 2017/253 (511); *Graul*, Haftung autonomer Fahrzeuge – eine zivilrechtliche Perspektive, EALR 2020, 24 (26); vgl zum Sonderproblem der Qualifikation des Hackers als Schwarzfahrer eingehend *Windsteiger*, Autonomes Fahren (2018) 11 ff.

323 *Schauer* in *Schwimann/Kodek* (Hrsg), ABGB Praxiskommentar[4] (2016) § 9 EKHG Rz 21; *Koziol/Apathy/Koch*, Haftpflichtrecht III[3] (2014) A.2 Rz 76; RIS-Justiz RS0058278; ua OGH 2 Ob 172/99d ZVR 1999/98.

324 Vgl dazu auch *Harnoncourt*, Haftungsrechtliche Aspekte des autonomen Fahrens, ZVR 2016/228 (549); *Harnoncourt*, Haftungsrechtliche Aspekte des autonomen Fahrens, in *I. Eisenberger ua* (Hrsg), Autonomes Fahren und Recht (2017) 109 (114); *Eustacchio*, Automatisiert zum Recht, ZVR 2017/253 (511); *Graul*, Haftung autonomer Fahrzeuge – eine zivilrechtliche Perspektive, EALR 2020, 24 (26).

Halters und somit zur Unanwendbarkeit des Haftungsausschlusses nach § 9 EKHG führen.[325]

Wird die äußerste nach den Umständen des Falles mögliche und zumutbare **Sorgfalt**[326] nicht eingehalten, kommt die Haftungsbefreiung nach § 9 EKHG ebenfalls nicht zum Zug. Neben der bereits erwähnten **mangelnden Wartung** (inkl der Durchführung von Sicherheitsupdates) **und Kontrolle** der Fahrtüchtigkeit des automatisierten Kfz sind eine Reihe von **Bedienungsfehlern** vorstellbar: Diese reichen von unzureichender Überwachung teilautomatisierter Systeme über die unterlassene Übernahme der Fahraufgabe nach Aufforderung bei hochautomatisierten Kfz bis zum Einsatz automatisierter Fahrfunktionen außerhalb der Grenzen deren bestimmungsmäßigen Einsatzbereiches (wenn zB ein Autobahnpilot im Stadtverkehr eingesetzt wird).[327] Eine Abgrenzung des menschlichen Fehlers zum technischen Mangel ist aufgrund der komplexen Schnittstelle zwischen Mensch und Maschine (Human Machine Interface) bei automatisierten Kfz freilich schwierig. Da aber sowohl ein technischer Defekt als auch ein Sorgfaltsverstoß die Unanwendbarkeit der Haftungsbefreiung nach § 9 EKHG bewirken, ist die Unterscheidung in der Praxis unbedeutend.

E. Fazit

Die Haftung nach EKHG greift grundsätzlich auch bei Unfällen beim Betrieb von automatisierten Kfz.[328] Bei der Verwirklichung von **Automatisierungsrisiken** (technische Defekte in Software und Hardware, Hackerangriffe,[329] Fehler in Wartung und Kontrolle, Bedienungsfehler) wird in der Regel ein die Haftungsbefreiung nach § 9 EKHG ausschließender Mangel in der Sphäre des Halters vorliegen.[330]

---

325 Ebenso *Harnoncourt*, Haftungsrechtliche Aspekte des autonomen Fahrens, ZVR 2016/228 (549); *Harnoncourt*, Haftungsrechtliche Aspekte des autonomen Fahrens, in *I. Eisenberger ua* (Hrsg), Autonomes Fahren und Recht (2017) 109 (114).

326 *Schauer* in *Schwimann/Kodek* (Hrsg), ABGB Praxiskommentar[4] (2016) § 9 EKHG Rz 19 ff; *Koziol/Apathy/Koch*, Haftpflichtrecht III[3] (2014) A.2 Rz 75; *Danzl*, EKHG[10] § 9 Rz 2; vgl auch RIS-Justiz RS0058317; RIS-Justiz RS0058326; jüngst OGH 1 Ob 135/18m Zak 2018/788 = ZVR 2019, 370 (*Ch. Huber*).

327 Vgl dazu mit weiteren Beispielen *Windsteiger*, Autonomes Fahren (2018) 23.

328 Ebenso *Amlacher/Andréewitch*, Rechtliche Fragen des autonomen Fahrens – Haftung (Teil II), jusIT 2017, 209 (211); *P. Reinisch*, Autonomes Fahren aus regulatorischer Sicht, Jahrbuch Regulierungsrecht 2019, 197 (209) mwN; vgl auch *Pehm*, Systeme der Unfallhaftung beim automatisierten Fahren, IWRZ 2018, 259 (264).

329 AA zum deutschen Recht *Hinze*, Haftungsrisiken des automatisierten und autonomen Fahrens (2021) 220, der Hackerangriffe unter den Begriff der „höheren Gewalt" iSd § 7 Abs 2 dStVG subsumiert.

330 Vgl auch *Harnoncourt*, Haftungsrechtliche Aspekte des autonomen Fahrens, ZVR 2016/228 (549, 552); *Harnoncourt*, Haftungsrechtliche Aspekte des autonomen Fahrens, in *I. Eisen-*

Im Bereich der Haftung nach EKHG stellen sich in Hinblick auf das automatisierte Fahren kaum Sonderprobleme.[331] Besonders ist jedoch vor allem das **Regressverhältnis** zwischen Halter und Hersteller, weshalb dieses in Kapitel IX einer eingehenden Erörterung unterzogen wird.

---

berger ua (Hrsg), Autonomes Fahren und Recht (2017) 109 (114, 121); *Eustacchio*, Automatisiert zum Recht, ZVR 2017/253 (511); *Graul*, Haftung autonomer Fahrzeuge – eine zivilrechtliche Perspektive, EALR 2020, 24 (26).

331 *I. Eisenberger/Gruber/Huber/Lachmayer*, Automatisiertes Fahren, ZVR 2016/158 (390) mwN; vgl auch *Karner*, Liability for Robotics, in *Lohsse/Schulze/Staudenmayer* (Hrsg), Liability for Artificial Intelligence and the Internet of Things (2019) 117 (121).

VI. Haftung des Herstellers nach PHG

A. Grundlagen der Produkthaftung

1. Überblick

Die unionsrechtliche Produkthaftungsrichtlinie (PH-RL)[332] und in deren Umsetzung das österreichische Produkthaftungsgesetz (PHG)[333] normieren eine **verschuldensunabhängige** Haftung für durch **fehlerhafte Produkte** verursachte **Personen- und Sachschäden**.[334]

Haftpflichtig sind **primär**[335] der Unternehmer, der das Endprodukt, ein Teilprodukt oder einen Grundstoff hergestellt und in Verkehr gebracht hat (**Hersteller**), sowie der Unternehmer, der es zum Vertrieb in den Europäischen Wirtschaftsraum eingeführt und hier in den Verkehr gebracht hat (**Importeur**).[336] Dem Hersteller gleichgestellt ist jeder, der als Hersteller auftritt (**Quasi-Hersteller, Scheinhersteller**), indem er seinen Namen, seine Marke oder ein anderes Erkennungszeichen auf dem Produkt anbringt.[337] **Subsidiär**[338] haftet jeder Unternehmer, der das Produkt in den Verkehr gebracht hat (**Händler**), wenn der Hersteller bzw der Importeur nicht festgestellt werden kann und der Händler dem Geschädigten nicht in angemessener Frist den Hersteller bzw den Importeur oder denjenigen nennt, der ihm das Produkt geliefert hat.[339]

Anspruchsberechtigt ist **jeder Geschädigte**; auf ein besonderes Schuldverhältnis zum Haftenden oder eine Nahebeziehung zum Endabnehmer kommt

---

332 Richtlinie 85/374/EWG des Rates vom 25. Juli 1985 zur Angleichung der Rechts- und Verwaltungsvorschriften der Mitgliedstaaten über die Haftung für fehlerhafte Produkte, ABl L 1985/210, 29.

333 Bundesgesetz vom 21. Jänner 1988 über die Haftung für ein fehlerhaftes Produkt (Produkthaftungsgesetz) BGBl 1988/99.

334 § 1 PHG; ErwGr 2, Art 1 iVm 9 PH-RL; zum Produktbegriff vgl Kap VI.B, zum Fehlerbegriff vgl Kap VI.C.

335 *Fitz/Grau* in *Fitz/Grau/Reindl*, PHG[2] (2004) § 1 Rz 73; *Posch/Terlitza* in *Schwimann/Kodek*, ABGB Praxiskommentar[4] (2016) § 1 PHG Rz 14.

336 § 1, 3 PHG; Art 1, 3, 7 lit c PH-RL; zur richtlinienkonformen Auslegung des Unternehmerbegriffs iSd § 1 PHG vgl *Koziol/Apathy/Koch*, Haftpflichtrecht III[3] (2014) B Rz 46 ff; *Rabl*, PHG (2017) § 1 Rz 22 ff, 42.

337 § 3 PHG; Art 3 Abs 1 PH-RL.

338 *Fitz/Grau* in *Fitz/Grau/Reindl*, PHG[2] (2004) § 1 Rz 100; *Koziol/Apathy/Koch*, Haftpflichtrecht III[3] (2014) B Rz 68; *Posch/Terlitza* in *Schwimann/Kodek*, ABGB Praxiskommentar[4] (2016) § 1 PHG Rz 14.

339 § 1 Abs 2 PHG; Art 3 Abs 3 PH-RL. Strittig ist, ob es sich bei der Händlerhaftung um eine eigenständige oder abgeleitete Haftung handelt, vgl dazu *Fitz/Grau* in *Fitz/Grau/Reindl*, PHG[2] (2004) § 1 Rz 100 ff. Vgl zu dieser Frage nach dProdHaftG *Spickhoff* in *Gsell ua* (Hrsg), Beck'scher Online-Großkommentar zum BGB § 4 ProdHaftG Rz 46 ff (Stand 1.5.2021, beck-online.beck.de).

es nicht an.[340] Aktivlegitimiert ist daher auch ein **„innocent bystander"**, dh ein „nicht in die Absatzkette eingebundener Dritter", der durch das fehlerhafte Produkt einen Schaden erleidet.[341]

Ersatzfähig sind grundsätzlich alle **Personen- und Sachschäden**.[342] Die Ersatzfähigkeit von Sachschäden unterliegt jedoch drei Einschränkungen: Von der Haftung ausgenommen sind Sachschäden, die ein Unternehmer erlitten hat, der die Sache überwiegend in seinem Unternehmen verwendet hat.[343] Einzustehen ist weiters nur für die Beschädigung oder Zerstörung einer vom Produkt verschiedenen Sache.[344] Außerdem ist bei Sachschäden ein Selbstbehalt von EUR 500 vorgesehen.[345] Betragliche Haftungsobergrenzen sind in Österreich nicht normiert.[346]

Weitere Haftungsvoraussetzung ist, dass der Produktfehler bereits zum Zeitpunkt des Inverkehrbringens vorlag, wobei hier eine Beweislastumkehr zulasten des Haftpflichtigen angeordnet wird.[347]

Aus bestimmten taxativ[348] aufgezählten Gründen kann die Haftung ausgeschlossen sein, zB wenn die Eigenschaft des Produkts nach dem Stand der Wissenschaft und Technik zum Zeitpunkt des Inverkehrbringens nicht als gefährlich erkannt werden konnte (**„Entwicklungsrisiko"**).[349]

Die Einordnung der Produkthaftung in die **Zurechnungsgründe** des österreichischen Schadenersatzrechts ist strittig.[350] Ein Teil der Lehre qualifi-

---

340 *Rabl*, PHG (2017) Vorbem Rz 88; vgl auch *Posch/Terlitza* in *Schwimann/Kodek*, ABGB Praxiskommentar[4] (2016) § 1 PHG Rz 2, 33 f.

341 *Posch/Terlitza* in *Schwimann/Kodek*, ABGB Praxiskommentar[4] (2016) § 1 PHG Rz 34.

342 § 1 PHG; Art 1 iVm 9 PH-RL.

343 § 2 Z 1 PHG. § 2 Z 1 PHG weicht von der Richtlinienvorgabe des Art 9 lit b ab, ist aber unter Berücksichtigung des EuGH-Urteils C-285/08, *Somer/Dalkia France*, dennoch als richtlinienkonform zu betrachten, vgl *Rabl*, PHG (2017) § 2 Rz 6 ff, insb 18; aA *Posch/Terlitza* in *Schwimann/Kodek*, ABGB Praxiskommentar[4] (2016) § 2 PHG Rz 5 ff; *Koziol/Apathy/Koch*, Haftpflichtrecht III[3] (2014) B. Rz 104.

344 § 1 Abs 1 PHG; Art 9 lit b PH-RL; vgl zur Problematik der „Weiterfresserschäden" Kap VI.G.

345 § 2 Z 2 PHG; Art 9 lit b PH-RL; krit zum Selbstbehalt aus der deutschen Literatur *Spickhoff* in *Gsell ua* (Hrsg), Beck'scher Online-Großkommentar zum BGB § 11 ProdHaftG Rz 8 (Stand 1.5.2021, beck-online.beck.de).

346 *Weilinger*, Privatrecht[8] (2020) 234. Haftungshöchstbeträge für Personenschäden finden sich indessen in § 10 dProdHaftG, vgl dazu krit *Spickhoff* in *Gsell ua* (Hrsg), Beck'scher Online-Großkommentar zum BGB § 10 ProdHaftG Rz 2, 8 (Stand 1.5.2021, beck-online.beck.de). Vgl dazu auch die Option nach § 16 Abs 1 PH-RL.

347 § 7 Abs 2 PHG, Art 7 lit b PH-RL.

348 *Grau*, Produktfehler (2002) 80; *Fitz/Grau* in *Fitz/Grau/Reindl*, PHG[2] (2004) § 8 Rz 2, 41; zust *Koziol/Apathy/Koch*, Haftpflichtrecht III[3] (2014) B Rz 234.

349 Art 8 Z 2 PHG. Österreich hat von der den Mitgliedstaaten eingeräumten Option, auf den Haftungsausschluss des Entwicklungsrisikos nach Art 7 lit e zu verzichten, keinen Gebrauch gemacht. Vgl zum Entwicklungsrisiko Kap VI.E.

350 Zum Meinungsstreit in Deutschland vgl *Oechsler* in Staudinger BGB (2021) Einl zum ProdHaftG Rz 27 ff mwN, § 1 ProdHaftG Rz 2; *G. Wagner* in Münchener Kommentar zum BGB[8] (2020) Einl zum ProdHaftG Rz 18 ff.

ziert die Haftung nach PHG als Gefährdungshaftung,[351] da eine Haftung für Schäden aus der Gefährlichkeit von fehlerhaften Produkten normiert wird.[352] Zum Teil wird vertreten, dass es sich dabei zwar um eine verschuldensunabhängige Haftung, jedoch nicht um eine Gefährdungshaftung handelt, da weder auf eine besondere Gefährlichkeit des Produktionsvorgangs noch des Produkts abgestellt werde.[353] Die Erzeugung von Waren im Allgemeinen sei nicht mit einer besonderen Gefahr verbunden.[354] Wird jedoch nicht an eine besondere Gefahrenquelle angeknüpft, handle es sich um eine reine Erfolgshaftung.[355] Tatsächlich lässt sich die Produkthaftung schwer in die klassischen Zurechnungsgründe des österreichischen Rechts zuordnen: Bei näherer Betrachtung fällt auf, dass sich die Produkthaftung nicht auf einen einheitlichen Haftungsgrund stützen lässt,[356] sondern auf einer Kombination mehrerer Haftungsgründe beruht.[357] Sie muss daher als ein Haftungssystem „eigener Art"[358] begriffen werden, die jedoch zweifelsohne auch Elemente aufweist, die jener der Gefährdungshaftung ähneln.

In einer im Auftrag der Europäischen Kommission durchgeführten Studie zur PH-RL aus dem Jahr 2018 wurden 798 Produkthaftungsklagen in den Mitgliedstaaten im Zeitraum von 2000 bis 2016 erfasst.[359] Neben Rohstoffen

---

351 *Welser*, Das neue Produkthaftungsgesetz, WBl 1988, 165 (167, 169, 174); *Welser*, PHG (1988) Vorbem Rz 13; zust *Preslmayr*, Handbuch der Produkthaftung[2] (2002) VII, 91 f, FN 13; *Manhardt*, Der „Software as a Service"-Vertrag (2012) 215. Ähnlichkeiten zu anderen Tatbeständen der Gefährdungshaftung sieht auch *Rabl*, PHG (2017) Vorbem Rz 94; vgl auch *Posch/Terlitza* in *Schwimann/Kodek*, ABGB Praxiskommentar[4] (2016) § 1 PHG Rz 1, die von einer atypischen Form der Gefährdungshaftung sprechen; krit *Koziol/Apathy/Koch*, Haftpflichtrecht III[3] (2014) B Rz 17 ff.

352 So *Preslmayr*, Handbuch der Produkthaftung[2] (2002) 5.

353 Vgl *Koziol*, Grundfragen der Produkthaftung (1980) 50; vgl auch *Koziol*, Haftpflichtrecht I[4] (2020) C/3/Rz 8, 18; *Weilinger*, Privatrecht[8] (2020) 233.

354 Vgl *Koziol*, Grundfragen der Produkthaftung (1980) 57 f, nach dem von einer Gefährdungshaftung nur bei Anknüpfung an die besonderen Gefahren der industriellen Massenproduktion gesprochen werden kann.

355 Vgl *Koziol*, Grundfragen der Produkthaftung (1980) 43; *Grau*, Produktfehler (2002) 255; *Fitz/Grau* in *Fitz/Grau/Reindl*, Produkthaftung[2] (2004) § 1 Rz 9.

356 Vgl *P. Bydlinski*, Bemerkungen zu aktueller Produkthaftungsliteratur, ZVR 1989, 33 (33).

357 Vgl *Grau*, Produktfehler (2002) 70, spricht von einem beweglichen System der Haftungselemente, vgl auch *Koziol*, Grundfragen des Schadenersatzrechts (2010) 6/201 ff. Zum Gedanken der Risikogemeinschaft und dem Vertrauensgedanken vgl *Koziol*, Grundfragen der Produkthaftung (1980) 59 ff; *Koziol/Apathy/Koch*, Haftpflichtrecht III[3] (2014) B Rz 24 ff; *Grau*, Produktfehler (2002) 55 ff, 65. Zur Beweisnot bei arbeitsteiliger Produktion vgl *Grau*, Produktfehler (2002) 59.

358 *Grau*, Produktfehler (2002) 255.

359 *Technopolis*, Evaluation Study of Council Directive 85/374/EEC on the approximation of laws, regulations and administrative provisions of the Member States concerning liability for defective products (2018) 21.

(ca 21 %) und Arzneimitteln (ca 16 %) zählen **Fahrzeuge (15 %)** zu den am häufigsten betroffenen Produktkategorien.[360]

2. Entstehung

Die PH-RL wurde am 25. Juli 1985 verabschiedet und trat am 30. Juli 1985 in Kraft. Die Mitgliedstaaten hatten bis 30. Juli 1988 Zeit, um die Richtlinie umzusetzen.[361] Als Grundlage der Richtlinie wurde die Rechtsangleichungskompetenz zur Herstellung und zum Funktionieren des Binnenmarktes gem Art 100 EWGV[362] herangezogen. Im Jahr 1999 wurde die Richtlinie einer Novelle[363] unterzogen und die Ausnahme für landwirtschaftliche Naturprodukte und Jagderzeugnisse aufgehoben.

In Österreich wurde vorrangig aus handelspolitischen Gründen bereits vor EU-Beitritt eine weitgehende Angleichung der Rechtslage an die PH-RL vorgenommen[364] und Anfang 1988 das PHG beschlossen, welches am 1. Juli 1988 in Kraft trat. Das PHG wurde bisher vier Novellen unterzogen.[365]

3. Ziel und Zweck

Die **teleologische Interpretation** der PH-RL, die in der unionsrechtlichen Methodik eine wichtige Rolle einnimmt,[366] bereitet aufgrund der verschiedenen Zielvorstellungen, die im Laufe des langen Entstehungsprozesses in die Richtlinie eingeflossen sind, gewisse Schwierigkeiten.[367] Die ursprüngliche **Konzeption** als Gefährdungshaftung für die mit der **industriellen Produktion verbundenen Risiken**, wie sie insb im geänderten RL-Vorschlag 1979[368] zum Ausdruck kommt, zeichnet sich in den ErwGr zur PH-RL noch deutlich

---

[360] *Technopolis*, Evaluation Study of Council Directive 85/374/EEC on the approximation of laws, regulations and administrative provisions of the Member States concerning liability for defective products (2018) 19.

[361] Art 19 PH-RL.

[362] Heute 115 AEUV.

[363] Richtlinie 1999/34/EG des Europäischen Parlaments und des Rates vom 10. Mai 1999 zur Änderung der Richtlinie 85/374/EWG des Rates zur Angleichung der Rechts- und Verwaltungsvorschriften der Mitgliedstaaten über die Haftung für fehlerhafte Produkte, ABl L 1999/144, 20.

[364] *Grau*, Produktfehler (2002) 27; ErläutRV 272 BlgNR 17. GP 7; *Welser/Rabl*, PHG² (2004) Vorbem Rz 15; *Rabl*, PHG (2017) Vorbem Rz 70.

[365] Änderung des Produkthaftungsgesetzes zur Anpassung an das EWR-Abkommen BGBl 1993/95; Gentechnikgesetz BGBl 1994/510; Fernabsatzgesetz BGBl 1999/185; 1. Euro-Umstellungsgesetz BGBl I; BGBl I 2001/98.

[366] Vgl dazu Kap III.B.2.

[367] Ebenso *Ertl*, Allgemeine Geschäftsbedingungen der Softwareverträge, EDVuR 1994, 19 (22); vgl auch *Koziol/Apathy/Koch*, Haftpflichtrecht III³ (2014) B. Rz 20.

[368] RL-Vorschlag 1979, ABl C 1979/271, 3.

ab:[369] Gem ErwGr 2 bezwecke die PH-RL eine gerechte Zuweisung der einer modernen technischen Produktion innewohnenden Risiken.[370] In ErwGr 3 heißt es, dass „die Haftung […] sich nur auf bewegliche Sachen erstrecken [darf], die industriell hergestellt werden." Im Entstehungsprozess der PH-RL war also der Ansatz bedeutsam, an die Gefahren der industriellen Massenproduktion anzuknüpfen, bei der Ausreißer nicht vermieden werden können.[371] Später entschloss man sich jedoch dazu, die Produkthaftung für nahezu **alle beweglichen körperlichen Sachen unabhängig von ihrer Herstellungsart** zu normieren.[372] Ausgenommen waren zunächst lediglich landwirtschaftliche Naturprodukte und Jagderzeugnisse. Auch diese Ausnahme wurde jedoch mit der Richtlinie 1999/34/EG zur Änderung der PH-RL aufgehoben, die in ihrem ErwGr 8 ausdrücklich klarstellt, dass für alle Arten von Produkten gehaftet werde.

Die PH-RL sieht eine **verschuldensunabhängige Haftung des Herstellers für Sach- und Personenschäden** vor, die durch ein **fehlerhaftes Produkt** verursacht wurden. Neben dem **Binnenmarktziel** sind der PH-RL folgende Zwecke immanent: **Verbraucherschutz** im Allgemeinen, **Ausgleich** der durch fehlerhafte Produkte verursachten Personen- und Sachschäden, Steuerung des Herstellerverhaltens zum **Schutz** vor Schädigungen sowie eine ausgewogene **Abwägung** von Geschädigten- und Herstellerinteressen.

a) Binnenmarkt und Vollharmonisierung

Die PH-RL zielt auf die Errichtung und das Funktionieren des Binnenmarktes ab und wurde daher auf die Kompetenzgrundlage des Art 100 EWG-Vertrag[373] gestützt. Die **Angleichung** der einzelstaatlichen Rechtsvorschriften auf dem Gebiet der verschuldensunabhängigen Produkthaftung soll **Wettbewerbsverzerrungen** und Beeinträchtigungen des **freien Warenverkehrs** durch unterschiedliche Schutzniveaus innerhalb des Binnenmarktes beseitigen.[374]

Der EuGH hat mehrfach ausgesprochen, dass die PH-RL für die durch sie geregelten Punkte eine **Vollharmonisierung** der Rechts- und Verwaltungsvorschriften der Mitgliedstaaten bezweckt:[375] Für die Mitgliedstaaten bestehende

---

369 So auch *Welser*, Das neue Produkthaftungsgesetz, WBl 1988, 165 (167, FN 13); *Koziol/Apathy/Koch*, Haftpflichtrecht III^3 (2014) B. Rz 20.

370 Vgl auch *Europäische Kommission*, Grünbuch – Die zivilrechtliche Haftung für fehlerhafte Produkte, 28.7.1999, KOM(1999) 396 final, 2.

371 Vgl *Ertl*, Allgemeine Geschäftsbedingungen der Softwareverträge, EDVuR 1994, 19 (32).

372 Vgl *Ertl*, Allgemeine Geschäftsbedingungen der Softwareverträge, EDVuR 1994, 19 (32); vgl auch *Grau*, Produktfehler (2002) 56, 72; *Welser/Rabl*, PHG^2 (2004) § 3 Rz 4; *P. Bydlinski*, Bemerkungen zu aktueller Produkthaftungsliteratur, ZVR 1989, 33 (33).

373 Art 115 AEUV, ex-Art 94 EGV (Amsterdam), ex-Art 100 EGV (vor Amsterdam).

374 ErwGr 1 PH-RL; ua EuGH 21.12.2011, C-495/10, *CHU Besançon/Dutrueux* Rz 22 f, 31.

375 EuGH 25.4.2002, C-52/00, *Kommission/Französische Republik* Rz 24; EuGH 25.4.2002, C-154/00, *Kommission/Griechenland* Rz 20; EuGH 25.4.2002, C-183/00, *Maria Victoria*

Regelungsoptionen sind in Art 15 Abs 1 lit b[376] und Art 16 PH-RL abschließend[377] genannt. Außerhalb dieser Gestaltungsspielräume sind Abweichungen weder zum Nachteil noch zum Vorteil des Geschädigten zulässig. Die Aufrechterhaltung eines höheren als in der Richtlinie vorgesehenen Verbraucherschutzniveaus widerspricht daher der PH-RL aufgrund ihres vollharmonisierenden Charakters.[378]

Die Rspr des EuGH zur Vollharmonisierung ist ua für die Auslegung der nationalen Umsetzungsgesetze bedeutsam.[379] Soweit im Rahmen der richtlinienkonformen Rechtsfindung möglich,[380] ist das mitgliedstaatliche Recht der verschuldensunabhängigen Haftung für fehlerhafte Produkte so auszulegen und anzuwenden, dass es den Standard der PH-RL weder unter- noch übersteigt.[381] Der vollharmonisierende Charakter der PH-RL spielt daher bei der Rechtsanwendung auf dem Gebiet der verschuldensunabhängigen Haftung des Herstellers für fehlerhafte automatisierte Fahrzeuge eine wichtige Rolle.

Gem **Art 13 PH-RL** werden Ansprüche, die ein Geschädigter aufgrund der Vorschriften über die vertragliche und außervertragliche Haftung (Fall 1) oder aufgrund einer zum Zeitpunkt der Bekanntgabe dieser Richtlinie bestehenden besonderen Haftungsregelung (Fall 2) geltend machen kann, durch die PH-RL nicht berührt. Der EuGH versteht unter dem ersten Fall Regelungen der vertraglichen oder außervertraglichen Haftung, die auf einer **anderen Grundlage** als die PH-RL beruhen, wie zB die Haftung für verdeckte Mängel oder für Verschulden.[382] Der zweite Fall umfasst verschuldensunabhängige Haftungstatbestände, die wie die PH-RL an die Produktherstellung anknüp-

---

González Sánchez/Medicina Asturiana SA Rz 23–34; zust *Spitzer*, Vollharmonisierung des Produkthaftungsrechts, ecolex 2003, 141 (143); EuGH 10.1.2006, C-402/03, *Skov/Bilka Lavprisvarehus* Rz 33; EuGH 20.11.2014, C-310/13, *Novo Nordisk Pharma GmbH/S.* Rz 23.

376 Artikel 15 Abs 1 lit a wurde gestrichen im Zuge der Reform der PH-RL durch die RL 1999/34/EG des Europäischen Parlaments und des Rates vom 10. Mai 1999 zur Änderung der Richtlinie 85/374/EWG des Rates zur Angleichung der Rechts- und Verwaltungsvorschriften der Mitgliedstaaten über die Haftung für fehlerhafte Produkte ABl L 1999/144, 20.

377 EuGH 25.4.2002, C-52/00, *Kommission/Französische Republik* Rz 20; EuGH 25.4.2002, C-154/00, *Kommission/Griechenland* Rz 16; EuGH 25.4.2002, C-183/00, *Maria Victoria González Sánchez/Medicina Asturiana SA* Rz 29.

378 Vgl *Spitzer*, Vollharmonisierung des Produkthaftungsrechts, ecolex 2003, 141 (141).

379 *Spitzer*, Vollharmonisierung des Produkthaftungsrechts, ecolex 2003, 141 (141 ff).

380 Zu den Grenzen der richtlinienkonformen Rechtsfindung vgl Kap III.A.2.

381 Für Bsp zum PHG vgl *Spitzer*, Vollharmonisierung des Produkthaftungsrechts, ecolex 2003, 141 (143 f); *Perner*, EU-Richtlinien und Privatrecht (2012) 92 f, 95.

382 EuGH 25.4.2002, C-52/00, *Kommission/Französische Republik* Rz 22; EuGH 25.4.2002, C-154/00, *Kommission/Griechenland* Rz 18; EuGH 25.4.2002, C-183/00, *Maria Victoria González Sánchez/Medicina Asturiana SA* Rz 31; EuGH 10.1.2006, C-402/03, *Skov/Bilka Lavprisvarehus* Rz 47; vgl auch *Welser/Rabl*, PHG[2] (2004) § 15 Rz 3. Darunter fiele etwa auch die verschuldensabhängige Haftung des Herstellers wegen Verletzung von Produktbeobachtungspflichten. Zur Haftung aus Vertrag mit Schutzwirkung zugunsten Dritter vgl *Spitzer*, Vollharmonisierung des Produkthaftungsrechts, ecolex 2003, 141 (144).

fen, allerdings auf einen **bestimmten Produktionssektor begrenzt** sind.[383] Sie sind nur zulässig, soweit sie bereits zum Zeitpunkt der Bekanntgabe der Richtlinie bestanden haben. Beruht die nationale Regelung hingegen auf derselben Grundlage wie die durch die Richtlinie eingeführte Regelung und ist sie nicht auf einen bestimmten Produktionssektor begrenzt oder wurde sie erst nachträglich eingeführt, wird sie nicht von Art 13 PH-RL erfasst[384] und ist auf ihre Übereinstimmung mit der PH-RL hin zu überprüfen.

Die Vollharmonisierung bezieht sich jedoch nur auf die **durch die PH-RL geregelten Punkte**.[385] So ist beispielsweise der Ersatz von Schäden an einer Sache, die für den beruflichen Gebrauch bestimmt ist und beruflich verwendet wird, nach der Rspr des EuGH nicht vom Geltungsbereich der PH-RL umfasst, da solche Schäden nicht unter den Begriff des „Schadens" iSd PH-RL fallen. Daher beurteilt der EuGH mitgliedstaatliche Regelungen für zulässig, die über die PH-RL hinaus eine verschuldensunabhängige Haftung des Herstellers für Schäden an beruflich genutzten Sachen vorsehen.[386] Ebenso verortet der EuGH die Frage der Haftung eines (reinen)[387] Dienstleisters, der fehlerhafte Geräte oder Produkte (wie im vorliegenden Fall eine Heizmatratze) im Rahmen der Erbringung von Dienstleistung (wie einer Krankenhausbehandlung) verwendet und dadurch dem Empfänger der Dienstleistung einen Schaden zufügt, außerhalb des Anwendungsbereichs der PH-RL, weshalb Mitgliedstaaten für derartige Fälle eine verschuldensunabhängige Haftung vorsehen dürfen, sofern dadurch die von der PH-RL errichtete Regelung nicht beeinträchtigt wird.[388] Eine gegenüber der PH-RL erweiterte verschuldensunabhängige Haftung des Lieferanten für fehlerhafte Produkte hielt der EuGH hingegen ebenso für unzulässig[389] wie die Nichtumsetzung des Selbstbehalts bei Sachschäden gem Art 9 lit b PH-RL.[390]

---

383 EuGH 25.4.2002, C-52/00, *Kommission/Französische Republik* Rz 23; EuGH 25.4.2002, C-154/00, *Kommission/Griechenland* Rz 19; EuGH 25.4.2002, C-183/00, *Maria Victoria González Sánchez/Medicina Asturiana SA* Rz 32; EuGH 20.11.2014, C-310/13, *Novo Nordisk Pharma GmbH/S.* Rz 21; *Sack*, Das Verhältnis der Produkthaftungsrichtlinie der EG zum nationalen Produkthaftungsrecht, VersR 1988, 439 (442), der von „produkthaftungsrechtliche[n] Sonderregelungen" spricht; zust *Welser/Rabl*, PHG^2 (2004) § 15 Rz 3. Ein Beispiel hierfür ist das deutsche Arzneimittelgesetz AMG dBGBl I 2005/73, 3394.

384 EuGH 25.4.2002, C-183/00, *Maria Victoria González Sánchez/Medicina Asturiana SA* Rz 33.

385 EuGH 20.11.2014, C-310/13, *Novo Nordisk Pharma GmbH/S.* Rz 24.

386 EuGH 4.6.2009, C-285/08, *Somer/Dalkia France* 24 ff; krit *S. Mair*, Vollharmonisierung des Schadensbegriffs in der Produkthaftungs-RL? ecolex 2009, 1006; krit *Posch/Terlitza* in *Schwimann/Kodek*, ABGB Praxiskommentar^4 (2016) § 2 PHG Rz 7.

387 Anderes gilt, wenn der Dienstleister gleichzeitig Hersteller des fehlerhaften Produkts ist, vgl dazu EuGH 10.5.2001, C-203/99, *Veedfald/Århus Amtskommune* Rz 12.

388 EuGH 21.12.2011, C-495/10, *CHU Besançon/Dutrueux* Rz 27 ff. Für den Geschädigten und/oder den Dienstleister muss daher die Möglichkeit unberührt bleiben, den Hersteller auf der Grundlage der PH-RL zur Haftung heranzuziehen, wenn die in dieser vorgesehenen Voraussetzungen erfüllt sind.

389 EuGH 25.4.2002, C-52/00, *Kommission/Französische Republik*; EuGH 14.3.2006, C-177/04, *Kommission/Französische Republik*; EuGH 5.7.2007, C-327/05, *Kommission/Dänemark*.

Die durch die PH-RL bezweckte Vollharmonisierung hat daher erhebliche Bedeutung für die Zulässigkeit von gesetzgeberischen Ausdehnungen oder Einschränkungen des Geltungsbereiches der verschuldensunabhängigen Herstellerhaftung gegenüber der PH-RL. Dies muss bei Überlegungen de lege ferenda auf dem Gebiet der verschuldensunabhängigen Haftung des Herstellers für fehlerhafte automatisierte Fahrzeuge stets im Hinterkopf behalten werden.

b) Verbraucherschutz

Die Vorschriften der PH-RL bezwecken die Vereinigung der Binnenmarktpolitik mit den Verbraucherinteressen.[391] Aus den ErwGr der PH-RL geht klar hervor, dass der Verbraucherschutz neben den Binnenmarktinteressen ein wichtiges Ziel der PH-RL darstellt. Die ErwGr zur PH-RL nehmen mehrfach auf die **Erfordernisse des Verbraucherschutzes** Bezug und ziehen diese zur Begründung zahlreicher Bestimmungen der PH-RL heran.[392]

Im Sinne einer primärrechtskonformen Interpretation ist die PH-RL im Lichte des Art 12 AEUV[393] zu lesen, demzufolge bei der Festlegung und Durchführung der anderen Unionspolitiken und -maßnahmen den **Erfordernissen des Verbraucherschutzes** Rechnung getragen wird. Art 12 AEUV verpflichtet die Unionsorgane, aber auch die Mitgliedstaaten bei der Umsetzung sowie Durchführung von Unionsrechtsakten,[394] den Verbraucherschutz bei der Verfolgung anderer Vertragsziele zu berücksichtigen.[395] Art 12 AEUV steht im Zusammenhang mit Art 169 AEUV[396] und Art 38 GRCh, die das Ziel[397] der Gewährleistung eines **hohen Verbraucherschutzniveaus** festlegen.[398] Die Europäische Kommission hat diesem Ziel bei der Erstellung von Richtlinien-

Eine Regelung, nach der der Lieferant in die Verschuldenshaftung des Herstellers unbeschränkt einzutreten hat, stehe der PH-RL jedoch nicht entgegen, vgl EuGH 10.1.2006, C-402/03, *Skov/Bilka Lavprisvarehus*.

390 EuGH 25.4.2002, C-52/00, *Kommission/Französische Republik*; EuGH 25.4.2002, C-154/00, *Kommission/Griechenland*.

391 EuGH 25.4.2002, C-52/00, *Kommission/Französische Republik* Rz 29; EuGH 25.4.2002, C-154/00, *Kommission/Griechenland* Rz 29; EuGH 21.12.2011, C-495/10, *CHU Besançon/Dutrueux* Rz 31; *Europäische Kommission*, Dritter Bericht über die Anwendung der Richtlinie des Rates zur Angleichung der Rechts- und Verwaltungsvorschriften der Mitgliedstaaten über die Haftung für fehlerhafte Produkte (85/374/EWG vom 25. Juli 1985, geändert durch die Richtlinie 1999/34/EG des Europäischen Parlaments und des Rates vom 10. Mai 1999), KOM(2006) 496 endgültig, 4.

392 ErwGr 4–6, 8, 9, 12, 13, 15, 16 PH-RL.

393 Ex-Art 153 Abs 2 EGV (Amsterdam), ex-Art 129a EGV (vor Amsterdam).

394 *Lurger* in *Streinz* (Hrsg), EUV/AEUV³ (2018) Art 12 AEUV Rz 2.

395 *Zöchling-Jud* in *Jaeger/Stöger* (Hrsg), EUV/AEUV Art 12 AEUV Rz 2 (Stand 1.7.2019, rdb.at); *Krebber* in *Calliess/Ruffert*, EUV/AEUV⁶ (2022) Art 12 AEUV Rz 1.

396 Ex-Art 153 EGV (Amsterdam), ex-Art 129a EGV (vor Amsterdam).

397 Art 38 GRCh normiert kein Grundrecht, vgl *Streinz* in *Streinz* (Hrsg), EUV/AEUV³ (2018) Art 38 GRCh Rz 11.

398 Vgl *Lurger* in *Streinz* (Hrsg), EUV/AEUV³ (2018) Art 12 AEUV Rz 3.

vorschlägen auf Grundlage der Binnenmarktkompetenz nach Art 114 AEUV[399] Rechnung zu tragen.

c) Schutz der körperlichen Unversehrtheit

Auch wenn die ErwGr zur PH-RL vom Schutz der Gesundheit des Verbrauchers[400] sprechen,[401] besteht kein Zweifel daran, dass die **körperliche Unversehrtheit** aller Personen, **unabhängig von ihrer Verbraucher- oder Unternehmereigenschaft**, geschützt werden soll.[402] Nur im Bereich der Sachschäden besteht eine Einschränkung auf Sachen, die gewöhnlich für den privaten Gebrauch bestimmt sind und von dem Geschädigten hauptsächlich privat genutzt worden sind.[403]

d) Einbeziehung außenstehender Dritter

In einem weiteren Punkt bleiben die ErwGr hinter dem Text der PH-RL zurück. In den ErwGr ist immerzu vom Schutz des Verbrauchers die Rede; außenstehende Dritte werden mit keinem Wort erwähnt.[404] Der Text der PH-RL sieht aber gerade keine Einschränkung der Aktivlegitimation auf Endabnehmer des fehlerhaften Produkts vor.[405] Zweifelsfrei bezweckt die PH-RL daher auch den Schutz außenstehender Dritter. Es handelt sich um eine „Haftung gegenüber jedermann".[406]

e) Schadensausgleich und Prävention

Innerhalb der Zwecke des Verbraucherschutzes und des Schutzes der körperlichen Unversehrtheit lassen sich Teilaspekte bestimmen. Die PH-RL strebt

---

399 Ex-Art 95 EGV (Amsterdam), ex-Art 100a EGV (vor Amsterdam), ex-Art 100a EWGV. Zur Zeit des Erlasses der PH-RL im Jahr 1985 bildete Art 100 EWGV (heutiger Art 115 AEUV) die einzige Grundlage für die Binnenmarktkompetenz, da Art 100a EWGV (heutiger Art 114 AEUV) erst durch die Einheitliche Europäische Akte 1986 (ABl L 1987/169, 1) eingeführt wurde, vgl *Leidenmühler* in *Jaeger/Stöger* (Hrsg), EUV/AEUV Art 114 AEUV Rz 3 (Stand 1.10.2018, rdb.at).

400 Zum Verbraucherbegriff im Unionsrecht vgl *Zöchling-Jud* in *Jaeger/Stöger* (Hrsg), EUV/AEUV Art 169 AEUV Rz 2 (Stand 1.1.2019, rdb.at).

401 ErwGr 6 PH-RL.

402 Vgl Art 9 lit a PH-RL; vgl auch *Grau*, Produktfehler (2002) 65, 83; zum PHG *Fitz/Grau* in *Fitz/Grau/Reindl*, Produkthaftung[2] (2004) § 1 Rz 19, § 9 Rz 2; *Koziol/Apathy/Koch*, Haftpflichtrecht III[3] B Rz 35, 226; zum dProdHaftG *Taeger*, Außervertragliche Haftung für fehlerhafte Computerprogramme (1995) 192.

403 Vgl Art 9 lit b PH-RL.

404 Vgl ErwGr 3–6, 8, 9, 12, 13, 15, 16.

405 Vgl die offene Formulierung von Art 1 PH-RL; zu dieser Diskrepanz zwischen dem Text und den ErwGr in Bezug auf den RL-Vorschlag 1979, ABl C 1979/271, 3, bereits *Koziol*, Grundfragen der Produkthaftung (1980) 35 f.

406 OGH 6 Ob 568/91 SZ 64/82 = EvBl 1992/23.

die Sicherstellung einer **möglichst guten Entschädigung** der durch fehlerhafte Produkte Geschädigten an.[407]

Weiteres wesentliches Ziel ist die **Verbesserung der Produktsicherheit** und somit der Schutz vor potentiellen Schädigungen.[408] Der verschuldensunabhängigen Produkthaftung wird eine **präventive** Wirkung zugesprochen.[409] Nach Ansicht der Europäischen Kommission bestärkt sie Hersteller, ein möglichst hohes Sicherheitsniveau anzustreben, und stellt daher eine wichtige Ergänzung zu den Produktsicherheitsvorschriften dar.[410]

Grundgedanke der Prävention durch zivilrechtliche Schadenersatzbestimmungen ist, dass der individuelle Schädiger (Spezialprävention) und im Allgemeinen alle potentiellen Schädiger (Generalprävention) durch die Haftungsdrohung zu sorgfältigem Verhalten angehalten werden sollen.[411] Auch wenn sich der Präventionsgedanke besonders in der Verschuldenshaftung verorten lässt, hat er auch in der Gefährdungshaftung Bedeutung.[412] Dies gilt auch für die verschuldensunabhängige Produkthaftung.

Aufgrund ihrer Verschuldensunabhängigkeit erfüllt die Produkthaftung gegenüber der deliktischen Verschuldenshaftung eine Art Auffangfunktion für Fälle, in denen der Hersteller trotz eines sorgfaltswidrigen Verhaltens ex delicto nicht zur Haftung herangezogen werden kann: Für den österreichischen Rechtsbereich bedeutet die Einführung der verschuldensunabhängigen Produkthaftung nämlich, dass sich der Hersteller in Hinblick auf außenstehende Dritte[413] nicht mehr auf den schwierigen[414] Verschuldensbeweis (mangels Be-

---

[407] *Europäische Kommission*, (Fünfter) Bericht über die Anwendung der Richtlinie 85/374/EWG des Rates zur Angleichung der Rechts- und Verwaltungsvorschriften der Mitgliedstaaten über die Haftung für fehlerhafte Produkte, geändert durch die Richtlinie 1999/34/EG des Europäischen Parlaments und des Rates vom 10. Mai 1999, COM(2018) 246 final, 6; *Europäische Kommission*, Grünbuch, KOM(1999) 396 final, 2; vgl auch *Grau*, Produktfehler (2002) 255.

[408] *Europäische Kommission*, Grünbuch, KOM(1999) 396 final, 2; *Europäische Kommission*, (Fünfter) Bericht, COM(2018) 246 final, 6; vgl auch *Grau*, Produktfehler (2002) 255.

[409] *Europäische Kommission*, Erster Bericht über die Anwendung der Ratsrichtlinie zur Angleichung der Rechts- und Verwaltungsvorschriften der Mitgliedstaaten über die Haftung für fehlerhafte Produkte (85/374/EWG), 13.12.1995, KOM(95)617 endgültig, 2; Schlussanträge des GA *Tesauro* 23.1.1997, C-300/95, *Kommission/Vereinigtes Königreich* Rz 16; *Europäische Kommission*, Zweiter Bericht über die Anwendung der Richtlinie 85/374 über die Haftung für fehlerhafte Produkte, 31.1.2001, KOM(2000) 893 endgültig, 10 f.

[410] *Europäische Kommission*, Zweiter Bericht, KOM(2000) 893 endgültig, 10 f.

[411] Vgl *Koziol*, Haftpflichtrecht I[4] (2020) A/Rz 39.

[412] *Koziol*, Haftpflichtrecht I[4] (2020) A/Rz 42; *Koziol*, Grundfragen des Schadenersatzrechts (2010) 3/6; *Schauer* in *Schwimann/Kodek*, ABGB Praxiskommentar[4] (2016) Vorbem EKHG Rz 1; zum deutschen Haftungsrecht vgl *Taeger*, Außervertragliche Haftung für fehlerhafte Computerprogramme (1995) 75 f; *G. Wagner* in Münchener Kommentar zum BGB[8] (2020) Vor § 823 Rz 20.

[413] Im Unterschied zu außenstehenden Dritten kommen Personen, die von den Schutzwirkungen des Vertrages zwischen Hersteller und Händler erfasst sind, die Vorteile der Beweislastumkehr

weislastumkehr im deliktischen Bereich)[415] und die enge[416] Gehilfenzurechnung nach § 1315 ABGB „verlassen“ kann. So können Schadenersatzansprüche, die am Beweis des Verschuldens oder der Enge der Gehilfenzurechnung scheitern, über die Produkthaftung erfolgreich geltend gemacht werden. Darüber hinaus führt die Verschuldensunabhängigkeit ganz allgemein zu einer Beweiserleichterung und somit zu einer Erhöhung der Durchsetzbarkeit von Schadenersatzansprüchen.[417] Die durch die verschuldensunabhängige Produkthaftung **erhöhten Haftungsrisiken** halten den Hersteller verstärkt an, dafür zu sorgen, dass seine Produkte für alle Benützer sowie alle außenstehenden Dritten möglichst sicher sind.

Selbstverständlich erfasst die Produkthaftung aber auch Schäden, auf die sich eine präventive Wirkung nicht erstrecken kann, weil der Fehler des Produktes auch durch die Einhaltung höchster Sorgfalt nicht vermieden werden konnte. Exemplarisch sei der Fall genannt, dass der Hersteller subjektiv die Gefährlichkeit einer Produkteigenschaft auch bei Einhaltung der gebotenen Sorgfalt nicht erkennen konnte, diese jedoch nach dem Stand der Wissenschaft und Technik objektiv erkennbar war (und daher der Haftungsausschluss für Entwicklungsrisiken nach Art 7 lit e PH-RL nicht greift). Andere Beispiele bilden die sog Entwicklungslücken[418], wobei hier eine Schadensverursachung durch die Unterlassung einer ausreichenden Warnung verschuldet sein könnte oder das Inverkehrbringen an sich aufgrund der hohen Gefährlichkeit des Produktes den Schuldvorwurf begründen könnte.

Die Effekte des Ausgleichs und der Verbesserung der Produktsicherheit durch Prävention werden der PH-RL rückblickend durch eine im Auftrag der Europäischen Kommission durchgeführten Studie zugeschrieben: Der im Jahre 2003 erstellte *Lovells*-Bericht stellte auf Basis der Befragung von Personen aus den Kreisen der Hersteller, Versicherer, Rechtsberufe und Verbraucher fest, dass sich die Wahrscheinlichkeit der Geltendmachung von Produkthaftungsansprüchen und ihrer erfolgreichen Durchsetzung nachweisbar erhöht hat.[419] Des Weiteren geht aus dem *Lovells*-Bericht hervor, dass die PH-RL nach über-

---

nach § 1298 ABGB und der Gehilfenzurechnung nach § 1313a ABGB zugute, vgl *Welser/Zöchling-Jud*, Bürgerliches Recht II[14] (2015) Rz 1624.

414 Schlussanträge des GA *Tesauro* 23.1.1997, C-300/95, *Kommission/Vereinigtes Königreich* Rz 16.

415 *Kodek* in *Kletečka/Schauer*, ABGB-ON[1.03] § 1296 Rz 2 (Stand 1.1.2018, rdb.at). Nach der Rspr und einem Teil der Lehre greift die Beweislastumkehr nach § 1298 auch bei Schutzgesetzverletzungen, vgl zu diesem Meinungsstreit mN *Reischauer* in *Rummel*, ABGB[3] § 1311 ABGB Rz 17 (Stand 1.1.2007, rdb.at).

416 *Welser/Zöchling-Jud*, Bürgerliches Recht II[14] (2015) Rz 1539; *Apathy*, Schadenersatzreform – Gefährdungshaftung und Unternehmerhaftung, JBl 2007, 205 (216).

417 Vgl *Europäische Kommission*, Erster Bericht, KOM(95)617 endgültig 2.

418 Vgl zu diesem Begriff Kap VI.E.1.

419 *Lovells*, Die Produkthaftung in der Europäischen Union – Ein Bericht für die Europäische Kommission (2003) 25 f.

wiegender Ansicht ein wenig dazu beigetragen hat, die Produktsicherheit zu erhöhen.[420]

f) Interessenausgleich

Der Verbraucherschutz ist ein gesellschaftspolitisches Ziel der EU, das typischerweise mit markt- und wirtschaftsorientierten Zielen in einem Spannungsverhältnis steht.[421] Mit der PH-RL soll ein Interessenausgleich zwischen (potentiell) Geschädigten und den Herstellern geschaffen werden.[422] Insb soll die Verfolgung der Ziele des Verbraucherschutzes sowie (potentiell) Geschädigter nicht dazu führen, dass die **Innovationskapazität** der Industrie beeinträchtigt würde.[423] Innovation und wirtschaftliches Wachstum sollen durch „innovationsneutrale Sicherheitsvorschriften" gefördert werden.[424]

4. Herausforderungen durch neue digitale Technologien

Der Bericht der Europäischen Kommission über die Anwendung der PH-RL[425] aus dem Jahr 2018 stellt die Frage, ob die PH-RL aus 1985 den heutigen Herausforderungen im Zusammenhang mit **neuen digitalen Technologien**, wie dem Internet der Dinge, der **Automatisierung** und künstlicher Intelligenz sowie der Cybersicherheit, gerecht wird und weiterhin ihre Zwecke erfüllt. Die Europäische Kommission kommt zu dem Schluss, dass die PH-RL nach wie vor ein geeignetes Instrument darstellt, möchte jedoch die Frage der angemessenen Berücksichtigung jüngster digitaler Technologien durch die Richtlinie einer noch eingehenderen Überprüfung unterziehen.[426] Gleichzeitig stellt sie fest, dass das **rechtliche Verständnis bestimmter Begriffe** (zB Produkt, Fehler) einer **Präzisierung** bedarf, und setzt sich das Ziel, einen „umfassenden Leitfaden für die zeitgemäße Anwendung der Richtlinie zu erstellen."[427] So sei ua unklar, was ein Produkt von einer Dienstleistung unterscheidet. Als Beispiel hierfür führt die Europäische Kommission das Internet der Dinge an, „wo Produkte und Dienstleistungen interagieren".[428] Erforderlichenfalls werde die Kommission bestimmte begriffliche Aspekte der PH-RL, wie insb den **Produkt- oder Fehlerbegriff**, aktualisieren.[429]

---

420 *Lovells*, Die Produkthaftung in der Europäischen Union – Ein Bericht für die Europäische Kommission (2003) 27 f.

421 *Lurger* in *Streinz* (Hrsg), EUV/AEUV³ (2018) Art 169 AEUV Rz 2.

422 *Europäische Kommission*, (Fünfter) Bericht, COM(2018) 246 final, 7.

423 *Europäische Kommission*. Grünbuch, KOM(1999) 396 final, 2; vgl auch *Europäische Kommission*, *Europäische Kommission*, Zweiter Bericht, KOM(2000) 893 endgültig, 5.

424 *Europäische Kommission*. (Fünfter) Bericht, COM(2018) 246 final, 7.

425 *Europäische Kommission*, (Fünfter) Bericht, COM(2018) 246 final.

426 *Europäische Kommission*, (Fünfter) Bericht, COM(2018) 246 final, 2.

427 *Europäische Kommission*, (Fünfter) Bericht, COM(2018) 246 final, 2, 6 f, 10.

428 *Europäische Kommission*, (Fünfter) Bericht, COM(2018) 246 final, 9.

429 *Europäische Kommission*, (Fünfter) Bericht, COM(2018) 246 final, 11.

In der Tat enthält die PH-RL viele **unbestimmte Gesetzesbegriffe** (zB Fehlerbegriff, Produktbegriff, Begriff des Inverkehrbringens),[430] die im Einzelfall durch Auslegung konkretisiert werden müssen. Hierbei können sich unterschiedliche Rechtsprechungslinien in den Mitgliedstaaten ergeben. So wird beispielsweise der Haftungsausschluss für Entwicklungsrisiken von den nationalen Gerichten unterschiedlich verstanden, was freilich zu einer Divergenz in der Beurteilung der Haftung führt. Neue Technologien, die bei der Rechtssetzung nicht berücksichtigt werden konnten, stellen die Anwendungspraxis vor besondere Auslegungsprobleme. Dabei hat sich gezeigt, dass digitale Technologien besonders schwer fassbar sind.

Die für Mitte 2019 angekündigten[431] **Leitlinien zur Auslegung der PH-RL** sind bisher nicht veröffentlicht worden.[432] Es ist im Übrigen zweifelhaft, ob Leitlinien der Europäischen Kommission das geeignete Instrument sind, um zu einer einheitlichen Rechtsanwendung zu gelangen, da derartige Leitlinien rechtlich unverbindlich sind. Wünschenswert wären daher Klarstellungen durch den EU-Gesetzgeber oder ein vorabentscheidendes Urteil des EuGH.

B. Automatisierungssoftware als Produkt?

1. Einführung in die Problematik

Bevor die Frage untersucht wird, ob Automatisierungssoftware unter den Produktbegriff fällt, soll zunächst erörtert werden, was überhaupt unter „**Software**“ zu verstehen ist. Dies stellt bereits eine erhebliche Herausforderung dar, denn eine einheitliche Definition von Software gibt es nicht.[433] „Software“ wird regelmäßig als das begriffliche Gegenstück zu „Hardware“ verwendet und daher in Abgrenzung zu dieser definiert:[434] Während unter Hardware „alle physikalisch-materiellen Teile eines Datenverarbeitungssystems“ verstanden werden, tritt Software gerade nicht im physikalischen Sinne körperlich in Erscheinung.[435]

Software verleiht der technischen Anlage regelmäßig erst ihre Funktionalität und ihren Nutzen.[436] Kernelement der Software bildet das **Computerpro-**

430 Krit *Posch/Terlitza* in *Schwimann/Kodek*, ABGB Praxiskommentar[4] (2016) Einl PHG Rz 36.

431 *Europäische Kommission*, (Fünfter) Bericht, COM(2018) 246 final, 11.

432 Stand 9.5.2022.

433 *Marly*, Softwareüberlassungsverträge[3] (2000) Rz 1; *Marly*, Praxishandbuch Softwarerecht[7] (2018) Rz 1, 8.

434 *Manhardt*, Der „Software as a Service“-Vertrag (2012) 2.

435 *Sonntag*, Informationstechnologie: Grundlagen, in *Jahnel/Mader/Staudegger* (Hrsg), IT-Recht[4] (2020) 1 (Rz 1/22, 1/24).

436 *Sonntag*, Informationstechnologie: Grundlagen, in *Jahnel/Mader/Staudegger* (Hrsg), IT-Recht[4] (2020) 1 (Rz 1/14 f).

gramm. Es beinhaltet **Befehle**, die zur Steuerung eines Computers dienen[437], und die dazugehörigen **Daten**.[438] Im Gegensatz zu den Befehlen haben **reine Daten** keine Steuerungsfunktion, sondern repräsentieren Information zum Zweck der Datenverarbeitung.[439] Nach einer häufig zitierten Definition umfasst Software neben dem Computerprogramm auch die dazugehörige Dokumentation.[440] Letztere hat für den Betrieb der Software keine Bedeutung, sondern erleichtert dem Programmierer ua die Fehlersuche oder Änderungen des Computerprogramms.[441] Im vorliegenden Werk wird der Begriff „Software" daher als Synonym für Computerprogramm verwendet.[442]

Durch **Software-Updates** wird Software ergänzt oder verändert, die der Nutzer bereits in Gerbrauch hat.[443] Sie dienen hauptsächlich der Behebung von Funktionsmängeln oder zur Schließung von Sicherheitslücken („**Sicherheitsupdates**"), können aber auch auf einen weitreichenden Ausbau der Funktionen der Software gerichtet sein. Software-Updates werden idR durch Datenfernübertragung (DFÜ) übermittelt.[444]. Unter **Datenfernübertragung** (DFÜ) versteht man die Übertragung von Daten über Telekommunikationsnetze – etwa als elektromagnetische Wellen (über die Luft), als elektrische Signale (über Kupferkabel) oder als optische Signale (über Glasfaserkabel) – vom Anbieter zum Erwerber, bei dem die Daten gespeichert werden.

Software kann nach verschiedenen Gesichtspunkten typologisiert werden.[445] In der Literatur wird häufig zwischen **Standard- und Individualsoftware** differenziert. Während Standardsoftware zur Lösung von Aufgaben konzipiert ist, die bei verschiedenen potentiellen Nutzern anfallen (Standardaufgaben), wird Individualsoftware nach den speziellen Wünschen des Kunden hergestellt.[446] Hinsichtlich der technischen Grundlagen besteht zwischen Standard- und Individualsoftware kein Unterschied, nur die Größe des intendierten Abnehmerkreises ist verschieden.[447]

---

437 *Marly*, Softwareüberlassungsverträge[3] (2000) Rz 26; *Marly*, Praxishandbuch Softwarerecht[7] (2018) Rz 16, 25.

438 *Sonntag*, Informationstechnologie: Grundlagen, in *Jahnel/Mader/Staudegger* (Hrsg), IT-Recht[4] (2020) 1 (Rz 1/33).

439 *Marly*, Softwareüberlassungsverträge[3] (2000) Rz 26 ff; *Marly*, Praxishandbuch Softwarerecht[7] (2018) Rz 25 ff.

440 *Taeger*, Außervertragliche Haftung für fehlerhafte Computerprogramme (1995) 18, 20 f; vgl auch *Marly*, Softwareüberlassungsverträge[3] (2000) Rz 12 ff.

441 *Sonntag*, Informationstechnologie: Grundlagen, in *Jahnel/Mader/Staudegger* (Hrsg), IT-Recht[4] (2020) 1 (Rz 1/33).

442 Zur Terminologie eingehend *Marly*, Praxishandbuch Softwarerecht[7] (2018) Rz 8 ff.

443 *Uskenbayeva*, Produkthaftung für Software im Internet (2008) 8 mwN.

444 Vgl *Uskenbayeva*, Produkthaftung für Software im Internet (2008) 8.

445 *Sonntag*, Informationstechnologie: Grundlagen, in *Jahnel/Mader/Staudegger* (Hrsg), IT-Recht[4] (2020) 1 (Rz 1/37 ff).

446 *Manhardt*, Der „Software as a Service"-Vertrag (2012) 4 f; vgl auch *Uskenbayeva*, Produkthaftung für Software im Internet (2008) 8.

447 *Sonntag*, Informationstechnologie: Grundlagen, in *Jahnel/Mader/Staudegger* (Hrsg), IT-Recht[4] (2020) 1 (Rz 1/38 ff).

Des Weiteren wird zwischen **integrierter und isolierter Software** unterschieden. Von integrierter Software spricht man, wenn sie integrierender Bestandteil der erworbenen körperlichen beweglichen Sache ist.[448] Wird Software hingegen nicht als Teil eines Endprodukts, sondern selbständig erworben, wird sie als isolierte Software bezeichnet.[449]

Mit den Begriffen „Steuerungssoftware" sowie „Automatisierungssoftware" wird im Rahmen dieses Werkes Software bezeichnet, die zur automatisierten Steuerung der Interaktionen von Maschinen und Dingen, wie etwa Fahrzeugen, medizinischen Robotern oder Haushaltsgeräten, mit ihrer Umwelt eingesetzt wird.

Ob die Regeln der verschuldensunabhängigen Produkthaftung auf Software anwendbar sind, ist nach wie vor umstritten.[450] Zur Frage der Produkthaftung für Computerprogramme gibt es viele verschiedene Rechtsmeinungen mit unterschiedlichen Differenzierungen, Ergebnissen und Begründungen. Was die Methodik der Beantwortung der Rechtsfrage angeht, lassen sich in der Literatur zwei Herangehensweisen herauslesen. Manche Autoren stellen sich schlicht die Frage, ob Software eine **bewegliche körperliche Sache** darstellt. Dieser Zugang ist mE zu kurz gewählt, da Software wie etwa Bücher eine körperliche und eine unkörperliche Seite hat.[451] Bei Software potenziert sich das Problem noch, da hier Information einen unmittelbaren Effekt auf die Umwelt haben *kann*. Dies ist bei analogen Informationsträgern, wie Büchern, nicht möglich, da der nach der Information handelnde Mensch dazwischentreten muss. Eine weitere Differenzierung ist daher aus meiner Sicht unumgänglich. Andere Literaturmeinungen stellen daher zu Recht in den Vordergrund, für welche **Gefahren** nach dem PHG gehaftet wird, und leiten aus der Definition des Produktes ab, dass es sich um Gefahren handeln muss, die jenen von beweglichen körperlichen Sachen gleichwertig sind.

Teilweise werden die Fragen nach der Produktqualifikation und nach den haftungsbegründenden Gefahren als getrennte, einander nachgelagerte Fragestellungen betrachtet: So behandeln *Fitz/Grau* die Frage der Qualifikation von Software als Produkt als Problem des § 4 PHG, dem die Frage nach den haftungsbegründenden Produktgefahren als Problem des § 5 PHG nachgelagert ist.[452] ME beleuchten jedoch beide Fragestellungen dasselbe Rechtsproblem

448 *Andreewitch*, Zur Anwendbarkeit des Produkthaftungsgesetzes für Softwarefehler, EDVuR 1990, 50 (52).

449 Vgl *Andreewitch*, Zur Anwendbarkeit des Produkthaftungsgesetzes für Softwarefehler, EDVuR 1990, 50 (52 f).

450 *Staudegger*, Rechtsfragen beim Erwerb von IT-Systemen, in *Jahnel/Mader/Staudegger* (Hrsg), IT-Recht[4] (2020) 191 (Rz 4/205); *Denkmaier*, 30 Jahre PHG – Software als Produkt? in *Felten ua* (Hrsg), Digitale Transformation im Wirtschafts- & Steuerrecht (2019) 51 (52).

451 *Taeger*, Außervertragliche Haftung für fehlerhafte Computerprogramme (1995) 311 spricht von einem „hybride[n] Charakter" von Computerprogrammen.

452 *Fitz/Grau* in *Fitz/Grau/Reindl*, Produkthaftung[2] (2004) § 4 Rz 32.

von unterschiedlichen Blickwinkeln aus. Während die Frage, ob Software eine bewegliche körperliche Sache darstellt, den Fokus auf eine **Wortinterpretation** legt, hat die Frage nach den haftungsbegründenden Gefahren die **Teleologie** der Produkthaftung vor Augen. Daher sollen beide Aspekte unter diesem Kapitel dargestellt werden.

Zunächst wird im Sinne der **Wortinterpretation** die Frage erörtert, ob Software und im Besonderen Automatisierungssoftware (Steuerungssoftware) eine bewegliche körperliche Sache ist, da diese Frage in der österreichischen Literatur viel Beachtung gefunden hat. Zur Erweiterung der Argumentationsbasis wird auch ein Blick über die Landesgrenzen hinaus nach Deutschland geworfen, was aufgrund der anderen sachenrechtlichen Kategorisierungen im dBGB von besonderem Interesse ist. Nachdem das österreichische PHG (sowie das dProdHaftG) auf der unionsrechtlichen PH-RL beruht, kann das Ergebnis der Wortinterpretation von § 4 PHG (sowie § 2 dProdHaftG) aber nicht für sich alleinstehen, sondern muss am Maßstab der Begriffsbedeutung der „beweglichen Sache" in Art 2 PH-RL gemessen werden. Eine Wortauslegung von Art 2 PH-RL gestaltet sich jedoch mangels Legaldefinitionen und sachenrechtlicher Systematik im europäischen Privatrecht sehr schwierig und ist – wie zu zeigen sein wird – wenig zielführend, zumal der Wortauslegung im Unionsrecht im Allgemeinen nur eingeschränkte Bedeutung zukommt[453]. Daher ist letztlich ein besonderes Augenmerk auf die **Teleologie** von PHG und PH-RL zu legen.[454] Im Rahmen von Exkursen wird der Einordnung von Software in anderen Bereichen des europäischen Privatrechts und im international bedeutsamen UN-Kaufrecht nachgegangen.

2. Software als bewegliche körperliche Sache?

Gem § 4 PHG ist ein Produkt jede bewegliche körperliche Sache, auch wenn sie ein Teil einer anderen Sache oder mit einer unbeweglichen Sache verbunden worden ist, einschließlich Energie. Während die Legaldefinition des Art 2 PH-RL von „jeder beweglichen Sache" spricht, verwendet der österreichische Gesetzgeber im PHG die Wortfolge **„jede bewegliche körperliche Sache"**. Diese Abweichung vom Richtlinienwortlaut legt eine vom österreichischen Gesetzgeber bewusst vorgenommene Anpassung der Definition des Produkts nach der PH-RL an die bestehenden österreichischen Begrifflichkeiten des Sachenrechts nahe.[455] Es ist daher von einer Gleichschaltung des Begriffs der Sache iSd § 4 PHG mit dem **weiten Sachbegriff des ABGB** auszugehen, der sowohl körperliche als auch unkörperliche Sachen umfasst. Bei Wortauslegung der Begriffskette „körperliche Sache" in § 4 PHG ist daher auf

[453] *Wegener* in *Calliess/Ruffert*, EUV/AEUV⁶ (2022) Art 19 EUV Rz 28.

[454] Für die vorrangige Bedeutung des telos der Produkthaftung auch *Kort*, Software – eine Sache? DB 1994, 1505 (1507).

[455] Vgl *Fitz/Grau* in *Fitz/Grau/Reindl*, Produkthaftung² (2004) § 4 Rz 7.

die Legaldefinitionen in §§ 285 ff ABGB zu rekurrieren.[456] Insb ist der Begriff der „Körperlichkeit" in § 4 PHG daher nicht nach der allgemein-sprachlichen Bedeutung, sondern nach der Legaldefinition des § 292 ABGB zu beurteilen.[457]

a) Zur Auslegung von §§ 285 und 292 ABGB

§ 285 ABGB definiert eine **Sache** als alles, was von der Person unterschieden ist und zum Gebrauche der Menschen dient. Nach hA dient nur dem Gebrauch des Menschen, was von ihm **beherrscht** werden kann.[458]

Als **körperlich** werden nach dem Wortlaut des § 292 ABGB alle Sachen definiert, „welche in die Sinne fallen; sonst heißen sie unkörperliche". Nach *Klang* komme es auf die **Wahrnehmbarkeit mit den menschlichen Sinnen** an, unabhängig von der Einordnung als Materie oder Substanz nach physikalischen Gesichtspunkten.[459] In gleicher Weise stellt *F. Bydlinski* auf die Erfassbarkeit durch die Sinne ab und führt aus, dass eine „fixierte äußere Erscheinung" nicht vorzuliegen brauche.[460] Nach *Holzner* sei hingegen die „Wahrnehmbarkeit als abgrenzbare (feste, flüssige oder gasförmige) Materie" entscheidend.[461] Dies entspricht der **hL**, die den Begriff der Körperlichkeit auf solche Sachen einschränkt, die **räumlich abgrenzbar** sind,[462] da sie nur dann Gegenstand körperlicher Gewahrsame und dinglicher Rechte (ieS) sein kön-

456 So *Fitz/Grau* in *Fitz/Grau/Reindl*, Produkthaftung² (2004) § 4 Rz 9 f; *Welser/Rabl*, PHG² (2004) § 4 Rz 3; *Rabl*, PHG (2017) § 4 Rz 17 ff; vgl auch *Kisslinger* in *Fenyves/Kerschner/Vonkilch*, Klang³ (2011) § 292 Rz 3, nach dem der Begriff der körperlichen Sache iSd § 292 ABGB auch in §§ 1 und 4 PHG Bedeutung hat; ebenso *Helmich* in *Kletečka/Schauer*, ABGB-ON^1.04 § 292 Rz 15 (Stand 1.8.2018, rdb.at); ähnlich *Eccher/Riss* in KBB⁶ (2020) § 292 ABGB Rz 2 und *Kodek* in *Schwimann/Neumayr* (Hrsg), ABGB Taschenkommentar⁵ (2020) § 292 Rz 2, die allerdings nur § 1 PHG ausdrücklich anführen und § 4 PHG unerwähnt lassen; vgl *Preslmayr*, Handbuch der Produkthaftung² (2002) 50 f, der §§ 285 ff ABGB aufgrund des Verweises in § 14 PHG für maßgeblich hält.

457 Ebenso *Holzinger*, Produkthaftpflicht und Software, EDVuR 4/1988, 10 (10).

458 *Kodek* in *Schwimann/Neumayr* (Hrsg), ABGB Taschenkommentar⁵ (2020) § 285 Rz 1; *Eccher/Riss* in KBB⁶ (2020) § 285 ABGB Rz 3; *Holzner* in *Rummel/Lukas*, ABGB⁴ § 285 Rz 5 (Stand 1.7.2016, rdb.at); *Helmich* in *Kletečka/Schauer*, ABGB-ON^1.04 § 285 Rz 12, 16 (Stand 1.8.2018, rdb.at); *Zoppel* in Schwimann/Kodek (Hrsg), ABGB Praxiskommentar⁵ (2019) § 285 Rz 3; vgl auch *Hofmann* in *Schwimann/Kodek* (Hrsg), ABGB Praxiskommentar⁴ (2012) § 285 Rz 3; *Stabentheiner* in *Fenyves/Kerschner/Vonkilch* (Hrsg), Klang³ (2011) § 285 Rz 10; *Ertl/Wolf*, Die Software im österreichischen Zivilrecht (1991) 74.

459 *Klang* in *Klang* II² (1950) § 292 Rz 1.

460 *F. Bydlinski*, Energielieferung und Kaufrecht, in *Wünsch* (Hrsg), FS Hämmerle (1972) 31 (34).

461 *Holzner* in *Rummel/Lukas*, ABGB⁴ § 292 Rz 2 (Stand 1.7.2016, rdb.at).

462 *Kodek* in *Schwimann/Neumayr* (Hrsg), ABGB Taschenkommentar⁵ (2020) § 292 Rz 1; *Eccher/Riss* in KBB⁶ (2020) § 292 ABGB Rz 1; *Holzner* in *Rummel/Lukas*, ABGB⁴ § 292 Rz 2 (Stand 1.7.2016, rdb.at); *Helmich* in *Kletečka/Schauer*, ABGB-ON^1.04 § 292 Rz 1 (Stand 1.8.2018); *Kisslinger* in *Fenyves/Kerschner/Vonkilch*, Klang³ (2011) § 292 Rz 1; aA *Klang* in *Klang* II² (1950) § 292 Rz 1; aA *F. Bydlinski*, Energielieferung und Kaufrecht, in *Wünsch* (Hrsg), FS Hämmerle (1972) 31 (34).

nen.[463] Nach *Holzinger* reiche es, dass die „räumliche Lage […] mit Geräten feststellbar ist."[464]

Die Kategorisierung als körperliche oder unkörperliche Sache entscheidet nach hA über die direkte Anwendbarkeit sachenrechtlicher Normen. Denn nach hA sind die meisten sachenrechtlichen Bestimmungen des ABGB auf körperliche Sachen zugeschnitten.[465]

b) Software als Sache iSd ABGB?

Die Frage der Qualifizierung von Software als Sache iSd weiten Sachbegriffs des ABGB scheint einhellig bejaht zu werden:[466] Sofern Software auf einem Datenträger gespeichert ist, sei sie nach *Ertl/Wolf* „mittelbar durch die Herrschaft über das Substrat" beherrschbar und somit nach österreichischem Recht eine Sache im Rechtssinn.[467] *Staudegger* beurteilt Software als Sache, „wenn sie in irgend einer Form niedergelegt ist (sei dies schriftlich, graphisch, in Form von Magnetisierung etc)"; existiert sie jedoch nur im Geist des Menschen, sei sie Teil der Person und daher keine Sache iSd § 285 ABGB.[468] *Holzinger* hat keine Zweifel daran, dass Computerprogramme den Sachbegriff erfüllen, da sie von der Person unterschieden sind und dem Gebrauch des Menschen dienen sollen.[469]

c) Software als körperliche Sache iSd ABGB?

Die Einordnung von Software in die Kategorie von körperlichen und unkörperlichen Sachen bereitet mehr Schwierigkeiten und ist nach wie vor strittig[470]. In der Diskussion spielen mehrere Aspekte eine Rolle, die in der Folge näher dargestellt werden sollen.

---

463 *Eccher/Riss* in KBB[6] (2020) § 292 ABGB Rz 1; *Holzner* in *Rummel/Lukas*, ABGB[4] § 292 Rz 2 (Stand 1.7.2016, rdb.at); *Helmich* in *Kletečka/Schauer*, ABGB-ON[1.04] § 292 Rz 1 (Stand 1.8.2018, rdb.at); *Kisslinger* in *Fenyves/Kerschner/Vonkilch*, Klang[3] (2011) § 292 Rz 1.

464 *Holzinger*, Produkthaftpflicht und Software, EDVuR 4/1988, 10 (10 f); abl *Andreewitch*, Zur Anwendbarkeit des Produkthaftungsgesetzes für Softwarefehler, EDVuR 1990, 50 (51); abl ebenso *Gruber*, Softwarekauf als Abzahlungsgeschäft? EDVuR 1990, 94 (95).

465 *Eccher/Riss* in KBB[6] (2020) § 292 ABGB Rz 1; *Helmich* in *Kletečka/Schauer*, ABGB-ON[1.04] § 292 Rz 13 (Stand 1.8.2018, rdb.at); *Zoppel* in Schwimann/Kodek (Hrsg), ABGB Praxiskommentar[5] (2019) § 292 Rz 1; *Hofmann* in *Schwimann/Kodek* (Hrsg), ABGB Praxiskommentar[4] (2012) § 285 Rz 1; vgl auch *Kodek* in *Schwimann/Neumayr* (Hrsg), ABGB Taschenkommentar[5] (2020) § 292 Rz 2; aA *Ertl/Wolf*, Die Software im österreichischen Zivilrecht (1991) 105, 189; aA *Staudegger*, Rechtsfragen bei Individualsoftware (1995) 18 f.

466 MwN *Manhardt*, Der „Software as a Service"-Vertrag (2012) 45.

467 *Ertl/Wolf*, Die Software im österreichischen Zivilrecht (1991) 70, 74.

468 *Staudegger*, Rechtsfragen bei Individualsoftware (1995) 17.

469 *Holzinger*, Rechtsgeschäftliche Übertragung von Software Versuch einer systematischen Einordnung, EDVuR 4/1987, 10 (14, FN 17); ebenso ohne Begründung *A. Wolff*, Softwarelizenzverträge und Rechtsgeschäftsgebühr – Kommentar zu VwGH 19.12.1986, 85/15/0249, EDVuR 1/1987, 4 (5) und *Juri*, Software im Konkurs, EDVuR 1991, 120 (121).

470 *Zoppel* in Schwimann/Kodek (Hrsg), ABGB Praxiskommentar[5] (2019) § 292 Rz 3.

i. Software als geistige Leistung?

Manche Autoren stellen den Charakter von Software als **geistiges Werk** in den Vordergrund: So sieht *Holzner* Software grundsätzlich[471] als **unkörperliche Sache** an aufgrund ihres Charakters als geistige Leistung.[472] *Andreewitch* und *Staudegger* schließen aus der Einbeziehung von Computerprogrammen in den Immaterialgüterschutz grundsätzlich auf die Unkörperlichkeit von Software.[473] *Gruber* folgt dieser Argumentationslinie und führt zusätzlich die „potentielle[...] Ubiquität" von Software ins Treffen.[474] Nur der Informationsträger (Datenträger), nicht jedoch die Information (das Computerprogramm) selbst sei als körperlich zu betrachten.[475] *Gruber* lehnt daher die Anwendbarkeit der verschuldensunabhängigen Produkthaftung auf Softwarefehler pauschal ab, da mangels Körperlichkeit der Produktbegriff nicht erfüllt sei.[476]

Holzinger hingegen differenziert zwischen ausführbaren und nicht ausführbaren Formen von Software. Ihm zufolge seien **ausführbare Softwareformen** mit Maschinen oder **Werkzeugen** vergleichbar, da sie **unmittelbar in die physische Umwelt eingreifen.**[477] Nicht ausführbare Formen von Software, die nicht direkt auf die physische Umwelt einwirken, entsprächen hingegen „Plänen von Maschinen" und seien somit unkörperlich „wie der konzeptive Inhalt von Konstruktionszeichnungen."[478] Des Weiteren könne Software nur dann als **körperlich** im Rechtssinn qualifiziert werden, „wenn es um die Funktionalität, das Werkzeughafte der ausführbaren Formen der Software geht."[479] Ist jedoch Software als urheberrechtliches Werk zu beurteilen, sei sie wie alle anderen geistigen Werke unkörperlich.[480] *Holzinger* trennt somit die allgemein-zivilrechtliche von der urheberrechtlichen Perspektive.[481] Abseits der urheberrechtlichen Qualifikation des Werkes als unkörperlich geht er von der Körperlichkeit der auf Datenträgern gespeicherten Programmkopien (Werkstücke)

---

471 Eine Ausnahme sieht *Holzner* in „exklusiv in einem Datenträger" verkörperter Software, „sodass bei entsprechender Vereinbarung mit diesem über die geistige Leistung – das Werknutzungsrecht – als solche(s) verfügt werden könnte", *Holzner* in *Rummel/Lukas*, ABGB[4] § 292 Rz 2 (Stand 1.7.2016, rdb.at).

472 *Holzner* in *Rummel/Lukas*, ABGB[4] § 292 Rz 2 (Stand 1.7.2016, rdb.at).

473 *Andreewitch*, Zur Anwendbarkeit des Produkthaftungsgesetzes für Softwarefehler, EDVuR 1990, 50 (52); *Staudegger*, Rechtsfragen bei Individualsoftware (1995) 18.

474 *Gruber*, Softwarekauf als Abzahlungsgeschäft? EDVuR 1990, 94 (95).

475 *Gruber*, Softwarekauf als Abzahlungsgeschäft? EDVuR 1990, 94 (95).

476 *Gruber*, Computerviren und Schadenersatz, EDVuR 1990, 122 (124).

477 *Holzinger*, Beurteilung von Softwarequalität im Hinblick auf Vertragserfüllung und Gewährleistung, EDVuR 1994, 38 (39).

478 *Holzinger*, Bedienerhandbuch – Schlüssel für EDV-Entscheidungen, EDVuR 1994, 54 (55).

479 *Holzinger*, Bedienerhandbuch – Schlüssel für EDV-Entscheidungen, EDVuR 1994, 54 (55).

480 *Holzinger*, Bedienerhandbuch – Schlüssel für EDV-Entscheidungen, EDVuR 1994, 54 (55).

481 Ihm folgend OGH 5 Ob 504/96 (5 Ob 505/96) SZ 70/202 = RdW 1998, 127 = JBl 1998, 577 (*Staudegger*) = ecolex 1998, 127 (*Wilhelm*).

ausführbarer Software aus.[482] *Juri* bringt dies treffend auf den Punkt, indem er ausführt, dass zwischen dem „Programmexemplar (die Verkörperung des Programms auf einem Datenträger) und dem geistigen Werk (der dahinterstehenden Idee)“ differenziert werden müsse.[483] Während das geistige Werk einhellig als unkörperlich qualifiziert wird,[484] ist die Qualifikation der auf einem Datenträger verkörperten Programmkopie (des Werkstücks) strittig.

ii. Software als räumlich abgrenzbare Sache?

Abseits der Diskussion rund um die Charakterisierung von Software als geistige Leistung hängt die Qualifikation von Software als körperlich oder unkörperlich auch davon ab, wie man die Definition der „körperlichen Sache“ in § 292 ABGB auslegt. Denn es macht für die Einordnung von Software einen Unterschied, ob man der extensiven Interpretation des § 292 ABGB durch *F. Bydlinski* und *Klang* oder der hL folgt, wonach nur **im physikalischen Sinn abgrenzbare Sachen** als körperlich zu beurteilen seien.

Nach der **weiten Auslegung des § 292 ABGB** durch *F. Bydlinski* und *Klang* ist für die Einordnung einer Sache als körperlich maßgeblich, ob sie mit den Sinnen erfassbar ist. *F. Bydlinski* bejaht daher etwa die rechtliche Körperlichkeit von Energie, „jedenfalls soweit an der unmittelbaren Wahrnehmbarkeit der Energie durch die Sinne nicht gezweifelt werden kann“; dies treffe auf Elektrizität, Fernwärme, Wasser, Dampf und Gas zu.[485] Nach *Handig* sei der magnetische Ladungszustand eines Datenträgers allerdings nicht mit den menschlichen Sinnen wahrnehmbar, weshalb Software als unkörperlich zu qualifizieren sei.[486]

Folgt man der hL, so ist für die Körperlichkeit von Software ihre **räumliche Abgrenzbarkeit** erforderlich. Mangels räumlicher Abgrenzbarkeit beurteilen *Eccher/Riss* Software als unkörperliche Sache.[487] *A. Wolff* beurteilt Software ebenfalls als unkörperliche Sache; lediglich der Datenträger sei körperlich iSd § 292 ABGB.[488] Einen anderen Zugang verfolgt offenbar *Holzinger*: Anders als *Eccher/Riss* und *A. Wolff* beurteilt er Software nicht unabhängig von ihrem

482 *Holzinger*, Rechtsgeschäftliche Übertragung von Software – Versuch einer systematischen Einordnung, EDVuR 4/1987, 10 (14); *Holzinger*, Produkthaftpflicht und Software, EDVuR 4/1988, 10 (11).

483 *Juri*, Software im Konkurs, EDVuR 1991, 120 (121).

484 Ua *Juri*, Software im Konkurs, EDVuR 1991, 120 (121); *Holzinger* Bedienerhandbuch – Schlüssel für EDV-Entscheidungen, EDVuR 1994, 54 (55); *Kisslinger* in *Fenyves/Kerschner/Vonkilch*, Klang[3] (2011) § 292 Rz 21.

485 *F. Bydlinski*, Energielieferung und Kaufrecht, in *Wünsch* (Hrsg), FS Hämmerle (1972) 31 (34 f).

486 *Handig*, “Downloads” im World Wide Web – Eine gewerberechtliche Beurteilung, ecolex 2002, 298 (299).

487 *Eccher/Riss* in KBB[6] (2020) § 292 ABGB Rz 1.

488 *A. Wolff*, Die Problematik der Software-Leasingverträge, EDVuR 1989, 55 (55), unter Verweis auf den Umstand, dass Software über eine Datenleitung übersendet werden kann.

Trägermedium, sondern stellt gerade auf die Speicherung auf einem Datenträger ab. Bei Speicherung auf einem Datenträger könne nämlich die räumliche Lage des Programms mit dem Computer festgestellt werden, weshalb das Kriterium der räumlichen Abgrenzbarkeit erfüllt sei.[489] Diese Auffassung wird von *Andreewitch* mit dem Argument abgelehnt, dass dann jede Information eine körperliche Sache wäre, da ihre „Darstellung und Vermittlung" zwangsläufig an ein körperliches Substrat gekoppelt sei.[490] Dem ist jedoch entgegenzuhalten, dass *Holzinger* eine weitere Differenzierung danach trifft, ob Software ausführbar ist oder nicht, und nur ausführbare Formen aufgrund ihrer Ähnlichkeit mit physischen Werkzeugen als körperlich begreift.[491] Nicht ausführbare Formen von Software seien hingegen unkörperlich „wie der konzeptive Inhalt von Konstruktionszeichnungen."[492]

Ertl/Wolf gehen zwar genauso wie *Holzinger* von der Eingrenzbarkeit von Software aus, „weil diese immer auf einem genau abgrenzbaren Datenträger vorliegt"[493], qualifizieren sie aber dennoch als unkörperlich im rechtlichen Sinn.[494] Die sachenrechtlichen Grundsätze sowie Eigentumsübertragungsarten seien auf Software als unkörperliche Sache jedoch weitgehend anwendbar, „wenn die spezifische Eigenart der leichten Kopierbarkeit und die daraus folgenden erhöhten Anforderungen hinsichtlich der Rechtmäßigkeit, Redlichkeit und Echtheit des Besitzes berücksichtigt werden."[495] Es dürfe nämlich nicht außer Acht gelassen werden, dass eine unkörperliche Sache „ohne körperlichen Träger nicht existenzfähig ist und damit auch nicht verkehrsfähig wäre."[496]

iii. Beachtlichkeit der Übertragungsart?

Die **Rspr** qualifiziert die **Übertragung fertiger Standardsoftware auf Datenträgern gegen einmaliges Entgelt** als **Kauf einer beweglichen kör-**

---

489 *Holzinger*, Produkthaftpflicht und Software, EDVuR 4/1988, 10 (10, FN 3); abl *Andreewitch*, Zur Anwendbarkeit des Produkthaftungsgesetzes für Softwarefehler, EDVuR 1990, 50 (51); abl *Manhardt*, Der „Software as a Service"-Vertrag (2012) 46.

490 *Andreewitch*, Zur Anwendbarkeit des Produkthaftungsgesetzes für Softwarefehler, EDVuR 1990, 50 (51): „Verwischung der Grenze zischen körperlichen und unkörperlichen Sachen"; zust *Gruber*, Softwarekauf als Abzahlungsgeschäft? EDVuR 1990, 94 (95); zust *Horwath*, Software – ein Produkt? ecolex 2000, 784 (784). Ähnlich argumentiert auch *Manhardt*, Der „Software as a Service"-Vertrag (2012) 46 f: Das Abstellen auf einen Datenträger würde dazu führen, dass jede unkörperliche Sache als im rechtlichen Sinne körperlich zu beurteilen wäre, „da diese immer einen Träger egal in welcher Form benötigen, um für den Menschen in Erscheinung zu treten."

491 *Holzinger*, Beurteilung von Softwarequalität im Hinblick auf Vertragserfüllung und Gewährleistung, EDVuR 1994, 38 (39).

492 *Holzinger*, Bedienerhandbuch – Schlüssel für EDV-Entscheidungen, EDVuR 1994, 54 (55).

493 *Ertl/Wolf*, Die Software im österreichischen Zivilrecht (1991) 84.

494 *Ertl/Wolf*, Die Software im österreichischen Zivilrecht (1991) 105, 189.

495 *Ertl/Wolf*, Die Software im österreichischen Zivilrecht (1991) 105, 189.

496 *Ertl/Wolf*, Die Software im österreichischen Zivilrecht (1991) 189.

perlichen Sache.[497] Die Eigentumsübertragung aufgrund eines solchen Kaufvertrages habe den Datenträger, der die Software verkörpert, zum Gegenstand.[498]

Zur genaueren Analyse dieser Rspr ist es erforderlich, sie in die einzelnen Rechtsfragen zu unterteilen, aus der sie sich zusammensetzt. Entscheidungsrelevant war in 5 Ob 504/96 (5 Ob 505/96) in erster Linie die Frage der **vertraglichen Einordnung** der Softwareüberlassung. Der OGH folgte der hL, wonach der österreichische Kaufvertrag sowohl über körperliche als auch über unkörperliche Sachen geschlossen werden könne.[499] Ist der Kaufgegenstand eine unkörperliche Sache, müssten jedoch kaufrechtliche Bestimmungen, die Körperlichkeit erfordern, modifiziert werden.[500] Um die Notwendigkeit der Anpassung beurteilen zu können, setzte sich der OGH mit der **sachenrechtlichen Kategorisierung** von Software auseinander. Er verneinte im konkreten Fall der **Übergabe von Software auf einem Datenträger** die Notwendigkeit der Anpassung kaufrechtlicher Bestimmungen, da ohnehin in diesem Fall eine **körperliche Sache** vorläge. Die **Eigentumsübertragung** aufgrund eines solchen Kaufvertrages habe den Datenträger, der die Software verkörpere, zum Gegenstand. Der OGH kehrte sodann wieder zur Frage der schuldrechtlichen Beurteilung zurück und sah es als entscheidend für die Qualifikation als Kaufvertrag an, dass Standardsoftware gegen einmaliges Entgelt dauerhaft überlassen wurde.

Wilhelm stimmt der Entscheidung des OGH zu: Aufgrund der Verkörperung der Information auf einem Datenträger könne von einer körperlichen Sache ausgegangen werden, vergleichbar mit der **Verkörperung von Information in einem Buch**.[501] *P. Bydlinski* zieht weitere Vergleiche zur Videokassette (heute eher aktuell: DVD, Blue Ray) und CD, bei denen ebenfalls Information verkörpert ist.[502]

Staudegger kritisiert die von der Rspr vorgenommene sachen- und schuldrechtliche Beurteilung von Software in **Abhängigkeit von der Übergabe ei-**

497 OGH 5 Ob 504/96 (5 Ob 505/96) SZ 70/202 = RdW 1998, 127 = JBl 1998, 577 (krit *Staudegger*) = ecolex 1998, 127 (zust *Wilhelm*); aA *Staudegger*, Zur Qualifikation von Verträgen, die der Überlassung von Computersoftware dienen, JBl 1998, 604.

498 RIS-Justiz RS0108706; OGH 5 Ob 504/96 (5 Ob 505/96) im Anschluss an *Blocher*, Sonderprobleme der Softwareverträge (Teil I), EDVuR 1994, 5 (14).

499 Ua *Ertl*, Allgemeine Geschäftsbedingungen der Softwareverträge, EdVuR 1994, 19 (20); OGH 5 Ob 504/96 (5 Ob 505/96) mwN.

500 Ua *Ertl*, Allgemeine Geschäftsbedingungen der Softwareverträge, EdVuR 1994, 19 (20); OGH 5 Ob 504/96 (5 Ob 505/96) mwN.

501 *Wilhelm* zu OGH 5 Ob 504/96 ecolex 1998, 127 (127); vgl auch *Fitz/Grau* in *Fitz/Grau/Reindl*, Produkthaftung² (2004) § 4 Rz 32.

502 *P. Bydlinski*, Der Sachbegriff im elektronischen Zeitalter: zeitlos oder anpassungsbedürftig? AcP 1998, 287 (306).

nes Datenträgers.[503] Dieser auf den materiellen Datenträger abstellende Ansatz ignoriere die Trägerunabhängigkeit als wesentliches Charakteristikum von Information und Daten und sei daher ungeeignet.[504] Es stelle sich sofort die Frage, wie die Bewertung bei Überlassung der Software mittels **Datenfernübertragung** (DFÜ) auszufallen habe.[505] *Staudegger* spricht damit einen wichtigen Punkt an, der einer genaueren Erörterung bedarf. Denn es liegt nahe, aus der erörterten Rspr den Umkehrschluss zu ziehen, dass Software „ohne entsprechenden Datenträger" eine unkörperliche Sache sei.[506] Das Abstellen auf die Übergabe eines Datenträgers wird jedoch mit dem Argument kritisiert, es würde zu einer **unsachlichen Differenzierung** zwischen der Überlassung von Software auf einem Datenträger und durch Download führen. Der **Gleichbehandlungsgedanke** erhält in der Literatur viel Zuspruch. Die Zweckmäßigkeit einer **unterschiedlichen rechtlichen Qualifikation danach**, ob dieselbe Software auf einem **Datenträger** oder als **Download** angeboten wird, wird zu Recht bezweifelt.[507]

Eine unsachliche Differenzierung zwischen der Überlassung von Software auf einem Datenträger und durch Download kann auf zweierlei Weise verhindert werden. Zum einen kann in beiden Fällen von einer unkörperlichen Sache ausgegangen werden. So spricht sich *Kisslinger* für eine Gleichbehandlung von Software auf Datenträgern und Software zum Download aus, weshalb sie die generelle Beurteilung von Software als unkörperliche Sache und deren „Einpassung in die Rechtsvorschriften" mittels Analogie für sinnvoll hält.[508]

Zum anderen kann jedoch, mE dogmatisch passender, in beiden Fällen Software als körperlich begriffen werden. Der Kritik an der Rspr des OGH kann nämlich durch die Weiterentwicklung der in der referierten Entscheidung zugrunde gelegten Gedanken begegnet werden: Auch bei zum Download angebotener Software handelt es sich um eine körperliche Sache, da sie auf einem Datenträger des Anbieters vorliegt. Die Software wird nach dem Download auf einem Datenträger des Kunden gespeichert und stellt daher er-

---

503 *Staudegger*, Zur Qualifikation von Verträgen, die der Überlassung von Computersoftware dienen, JBl 1998, 604 (605 ff); ebenfalls krit *Manhardt*, Der „Software as a Service"-Vertrag (2012) 46 f.

504 *Staudegger*, Datenhandel – ein Auftakt zur Diskussion, ÖJZ 2014, 107 (111); ähnlich *Manhardt*, Der „Software as a Service"-Vertrag (2012) 49.

505 *Staudegger*, Zur Qualifikation von Verträgen, die der Überlassung von Computersoftware dienen, JBl 1998, 604 (605).

506 So *Kodek* in *Schwimann/Neumayr* (Hrsg), ABGB Taschenkommentar[5] (2020) § 292 Rz 1.

507 *Helmich* in *Kletečka/Schauer*, ABGB-ON[1.04] § 292 Rz 7 (Stand 1.8.2018, rdb.at); *Hofmann* in *Schwimann/Kodek* (Hrsg), ABGB Praxiskommentar[4] (2012) § 292 Rz 3.

508 *Kisslinger* in *Fenyves/Kerschner/Vonkilch*, Klang[3] (2011) § 292 Rz 16 ff; ebenso für die Unkörperlichkeit von Software unabhängig von ihrer Übertragungsart *Denkmaier*, 30 Jahre PHG – Software als Produkt? in *Felten ua* (Hrsg), Digitale Transformation im Wirtschafts- & Steuerrecht (2019) 51 (63).

neut eine körperliche und somit eigentumsfähige[509] Sache dar. Soll Standardsoftware dauerhaft gegen einmaliges Entgelt dem Kunden durch Download überlassen werden, kann – genauso wie bei Übergabe eines Datenträgers, auf dem die Software gespeichert ist – ein Kaufvertrag angenommen werden,[510] der auf die Eigentumsverschaffung an der Programmkopie abzielt. Lediglich die **Eigentumsübertragungsform** ist eine andere. Sie erfolgt nicht „analog" durch Übergabe eines Datenträgers, auf dem die Software gespeichert ist, sondern digital durch DFÜ. Diese besondere Möglichkeit der Eigentumsverschaffung ist eine Konsequenz der Digitalisierung, bei der digitale Informationen über elektrische Signale, elektromagnetische Wellen oder Lichtimpulse übertragen werden können.

Ebenso hält *Blocher* die **Übertagungsart** für unerheblich, denn Differenzierungen durch das „Abstellen auf technische Zufälligkeiten" seien sachlich nicht gerechtfertigt.[511] Der Kaufvertrag sei auf die Verschaffung von Eigentum „an einem mit der gekauften Software bespielten Datenträger" gerichtet, sei dies nun ein zu übergebender Datenträger oder eine im Eigentum des Käufers stehende Festplatte, auf welche die Software mittels DFÜ kopiert wird.[512]

Insofern ist Software lediglich im Zeitraum des Herunterladens nicht auf einem Datenträger gespeichert, sondern befindet sich als optisches, elektrisches oder elektromagnetisches Signal über das Trägermedium auf dem Weg zum Kunden. Ein Teil der Lehre würde sie in dieser Form als unkörperlich begreifen. Für die vertragsrechtliche Einordnung ist die Übertragungsmodalität[513] jedoch irrelevant, weil der Kaufgegenstand Objekt der sachenrechtlichen Beurteilung ist: Dies ist aber entsprechend dem Vertragszweck das *nutzbare* Programm, das daher immer körperlich ist.[514] Bei den sachen- und vertragsrechtlichen Überlegungen stellt sich das Problem der DFÜ daher nur im Zusammenhang mit der Frage, ob eine wirksame Übergabe erfolgt ist.[515]

Bei der **Produkthaftung** wird hingegen auf den **Zeitpunkt des Inverkehrbringens** abgestellt, weshalb im Rahmen des PHG die Frage nach der Produkteigenschaft von Software, die ohne Speicherung auf einem Transportträ-

509 Vgl *Blocher*, Sonderprobleme der Softwareverträge (Teil I), EDVuR 1994, 5 (14).

510 Ebenso *Blocher*, Sonderprobleme der Softwareverträge (Teil I), EDVuR 1994, 5 (14 f).

511 *Blocher*, Sonderprobleme der Softwareverträge (Teil I), EDVuR 1994, 5 (15).

512 *Blocher*, Sonderprobleme der Softwareverträge (Teil I), EDVuR 1994, 5 (15).

513 Freilich macht es für die vertragliche Einordnung einen Unterschied, ob Software vorübergehend oder auf Dauer überlassen wird. Dieser Aspekt soll von dem Schlagwort Übertragungsmodalität nicht erfasst werden.

514 Vgl hierzu auch die Ausführungen von *Taeger*, Außervertragliche Haftung für fehlerhafte Computerprogramme (1995) 163.

515 Vgl zur Frage der Eigentumsübertragung nach deutschem Zivilrecht *Taeger*, Außervertragliche Haftung für fehlerhafte Computerprogramme (1995) 156.

ger **mittels DFÜ** in Verkehr gebracht wird, zu Recht problematisiert wird (siehe Kap VI.B.8).[516]

iv Unterscheidung zwischen Standard- und Individualsoftware?

Die **Rspr** qualifiziert die **Übertragung fertiger Standardsoftware auf Datenträgern gegen einmaliges Entgelt** als **Kauf einer beweglichen körperlichen Sache.**[517] Da der OGH das Kriterium der Standardsoftware hervorhebt, stellt sich die Frage, wie die Überlassung von Individualsoftware vertrags- und sachenrechtlich zu beurteilen wäre. Die Unterscheidung zwischen Standard- und Individualsoftware spielt jedenfalls bei der vertraglichen Einordnung (Abgrenzung Kauf- und Werkvertrag) eine Rolle.[518]

Die Relevanz der Differenzierung zwischen Standard- und Individualsoftware für die sachenrechtliche Qualifikation ist jedoch näher zu untersuchen. Es ist kein überzeugendes Argument ersichtlich, das eine unterschiedliche sachenrechtliche Einordnung von Standard- und Individualsoftware rechtfertigen würde.[519] Wer bei Standardsoftware auf einem Datenträger von einer körperlichen Sache ausgeht, muss diese Qualifikation daher auch bei auf einem Datenträger gespeicherter Individualsoftware vornehmen. In diesem Sinne hat der deutsche BGH in einer Entscheidung aus 1993 ausgesprochen, dass eine nach den speziellen Wünschen des Kunden angepasste Individualsoftware, die auf einem Datenträger verkörpert ist, wie Standardsoftware als körperlicher Gegenstand und damit als Sache iSd BGB[520] zu betrachten ist.[521]

Selbst wenn man Individualsoftware nach ABGB als unkörperlich begreift, überwiegt im Rahmen der Produkthaftung in dieser Rechtsfrage klar das Gewicht teleologischer Argumente (siehe Kap VI.B.8).

---

516 Die Produkteigenschaft bejahend *Fitz/Grau* in *Fitz/Grau/Reindl*, Produkthaftung[2] (2004) § 4 Rz 33; *Koziol/Apathy/Koch*, Haftpflichtrecht III[3] (2014) B Rz 137 mwN; *Horwath*, Software – ein Produkt? ecolex 2000, 784 (784 f); zum dProdHaftG *Taeger*, Außervertragliche Haftung für fehlerhafte Computerprogramme (1995) 311; *Spindler*, Verschuldensunabhängige Produkthaftung im Internet, MMR 1998, 119. (Eher) verneinend *Welser/Rabl*, PHG[2] (2004) § 4 Rz 11; *Rabl*, PHG (2017) § 4 Rz 57.

517 OGH 5 Ob 504/96 (5 Ob 505/96) SZ 70/202 = RdW 1998, 127 = JBl 1998, 577 (krit *Staudegger*) = ecolex 1998, 127 (zust *Wilhelm*); aA *Staudegger*, Zur Qualifikation von Verträgen, die der Überlassung von Computersoftware dienen, JBl 1998, 604.

518 Vgl dazu *Staudegger*, Rechtsfragen beim Erwerb von IT-Systemen, in *Jahnel/Mader/Staudegger* (Hrsg), IT-Recht[4] (2020) 191 (Rz 4/11 ff).

519 Vgl *Staudegger*, Rechtsfragen beim Erwerb von IT-Systemen, in *Jahnel/Mader/Staudegger* (Hrsg), IT-Recht[4] (2020) 191 (Rz 4/206).

520 Anders als dem ABGB liegt dem dBGB ein Sachbegriff zugrunde, der nur körperliche Gegenstände umfasst, vgl ua *Stieper* in Staudinger BGB (2017) § 90 Rz 1 f; *Stresemann* in Münchener Kommentar zum BGB[9] (2021) § 90 Rz 8.

521 BGH VIII ZR 147/92 NJW 1993, 2436; zust *König*, Software (Computerprogramme) als Sache und deren Erwerb als Sachkauf, NJW 1993, 3121 (3124).

v. Unterscheidung zwischen integrierter und isolierter Software?

Andreewitch qualifiziert Software als unkörperliche Sache, die jedoch als **„integrierender" Bestandteil** einer beweglichen körperlichen Hauptsache deren rechtliches Schicksal teilt.[522] Entscheidend nach der Theorie von *Andreewitch* ist daher, unter welchen Bedingungen Software als integrierender Bestandteil betrachtet werden kann. In diesem Zusammenhang unterscheidet er zwischen Betriebssoftware (Systemsoftware) und Anwendungssoftware. **Betriebssoftware** folge als integrierender Bestandteil dem rechtlichen Schicksal des Computers (bewegliche körperliche Sache) und unterliege daher grundsätzlich der Produkthaftung.[523] Bei Anwendungssoftware müsse zwischen isolierter und integrierter Software differenziert werden: Anwendungssoftware[524] als **selbständige** und **isolierte** Sache sei mangels Körperlichkeit kein Produkt iSd PHG; daran ändere auch die Speicherung auf einem Datenträger nichts.[525] Der Anwendungsbereich der Produkthaftung sei nur dann erfüllt, wenn Anwendungssoftware **integrierender Bestandteil eines beweglichen körperlichen Endproduktes**, zB eines Automobils, ist. Dies gelte jedoch nur bei Endprodukten, bei denen die integrierte Software einen „**unmittelbaren technischen, also körperlichen Effekt** erzielt, etwa bei einem Steuerungsverfahren" (nicht jedoch bei rein „administrative[r]" oder „kommerzielle[r]" Software, wie zB für „Buchhaltung, Lagerverwaltung und Textverarbeitung").[526] Ist diese Voraussetzung erfüllt, sei die Produkthaftung des Herstellers des Endproduktes eröffnet, „unabhängig davon, wie hoch der in diesem Gerät integrierte Softwareanteil ist" und ob es sich um **Standard- oder Individualsoftware** handelt.[527] **Irrelevant** sei dann auch, ob der Schaden auf einen **Softwarefehler** oder einen **Fehler des Teilprodukts Hardware** zurückzuführen ist.[528] Der Zulieferer der Software könne produkthaftungsrechtlich jedoch nicht belangt werden, weil er aufgrund der Unkörperlichkeit der isolierten Software kein Teilprodukt in Verkehr gebracht habe.[529] Die Ansicht von *Andreewitch* lässt

---

522 *Andreewitch*, Zur Anwendbarkeit des Produkthaftungsgesetzes für Softwarefehler, EDVuR 1990, 50 (50 ff); zust *Eustacchio*, Produkthaftung (2002) 34.

523 *Andreewitch*, Zur Anwendbarkeit des Produkthaftungsgesetzes für Softwarefehler, EDVuR 1990, 50 (50, FN 6); zust *Eustacchio*, Produkthaftung (2002) 34.

524 Den Fall von isolierter Betriebssoftware behandelt *Andreewitch* nicht; es kann jedoch vermutet werden, dass er auch hier – wie bei isolierter Anwendungssoftware – von einer unkörperlichen Sache ausginge.

525 *Andreewitch*, Zur Anwendbarkeit des Produkthaftungsgesetzes für Softwarefehler, EDVuR 1990, 50 (53).

526 *Andreewitch*, Zur Anwendbarkeit des Produkthaftungsgesetzes für Softwarefehler, EDVuR 1990, 50 (50, 54).

527 *Andreewitch*, Zur Anwendbarkeit des Produkthaftungsgesetzes für Softwarefehler, EDVuR 1990, 50 (52).

528 *Andreewitch*, Zur Anwendbarkeit des Produkthaftungsgesetzes für Softwarefehler, EDVuR 1990, 50 (53).

529 *Andreewitch*, Zur Anwendbarkeit des Produkthaftungsgesetzes für Softwarefehler, EDVuR 1990, 50 (53 f).

sich wie folgt zusammenfassen: Software sei grundsätzlich unkörperlich im Rechtssinn. Handelt es sich jedoch um in einen Computer eingebaute Betriebssoftware oder in eine bewegliche körperliche Sache integrierte Software mit unmittelbarem technischen Effekt, so unterliege dieses Endprodukt als Ganzes der Produkthaftung. In diesen Fällen hafte der Hersteller des Endproduktes gleichermaßen für Hardware- als auch für Softwarefehler; der Zulieferer der Software könne hingegen nicht zur verschuldensunabhängigen Produkthaftung herangezogen werden.

3. Diskussionsstand in Deutschland: Software als Sache?

Gem § 2 dProdHaftG ist ein Produkt im Sinne dieses Gesetzes jede bewegliche Sache, auch wenn sie einen Teil einer anderen beweglichen Sache oder einer unbeweglichen Sache bildet, sowie Elektrizität. Die Sacheigenschaft ist damit ein wesentliches Merkmal des Produktbegriffes.

In Deutschland wird die Diskussion um die sachenrechtliche Einordnung von Software ebenfalls schon seit Jahrzehnten geführt, wenngleich in unterschiedlicher Einbettung. Anders als dem ABGB liegt dem dBGB ein **Sachbegriff** zugrunde, der nur **körperliche Gegenstände** umfasst (§ 90 BGB); diese werden durch sinnliche Wahrnehmbarkeit, räumliche Abgrenzbarkeit und Beherrschbarkeit charakterisiert.[530] Der Sachkauf gem § 433 dBGB setzt eine Sache iSd dBGB als Kaufgegenstand voraus. Seit 2002 sieht das Gesetz in § 453 dBGB ausdrücklich vor, dass die Vorschriften über den Kauf von Sachen auch auf den Kauf von Rechten und sonstigen Gegenständen entsprechende Anwendung finden.

Ein Teil der deutschen Lehre differenziert streng zwischen dem **Datenträger** und der **Software an sich**: Während der Datenträger als Sache qualifiziert wird, komme dem Computerprogramm als **geistigem Werk** keine Sachqualität zu, selbst wenn es auf einem Datenträger gespeichert ist.[531] Software werde daher durch die Verkörperung in einem Datenträger nicht zur Sache.[532] Nach *P. Bydlinski* ist diese Unterscheidung nicht zielführend, da die Daten „als elektromagnetische (oder optoelektronische) Veränderungen des Trägermate-

530 Ua *Stieper* in Staudinger BGB (2017) § 90 Rz 1 f; *Stresemann* in Münchener Kommentar zum BGB[9] (2021) § 90 Rz 8.

531 *Stieper* in Staudinger BGB (2017) § 90 Rz 12 f; *Stresemann* in Münchener Kommentar zum BGB[9] (2021) § 90 Rz 25; *Fritzsche* in *Hau/Poseck*, BeckOK § 90 Rz 27 f (Stand 1.2.2022, beck-online.beck.de); vgl auch *Kort*, Software – eine Sache? DB 1994, 1505 (1507); *Junker*, Die Entwicklung des Computerrechts in den Jahren 1991 und 1992, NJW 1993, 824 (830); vgl auch *Redeker*, Wer ist Eigentümer von Goethes Werther? NJW 1992, 1739.

532 *Stieper* in Staudinger BGB (2017) § 90 Rz 12; *Fritzsche* in *Hau/Poseck*, BeckOK § 90 Rz 27 f (Stand 1.2.2022, beck-online.beck.de); vgl auch *Kort*, Software – eine Sache? DB 1994, 1505 (1507).

rials eben Teil der gesamten Sache" seien.[533] Auch auf die Wertrelation zwischen gespeicherter Information (geistiger Leistung) und Datenträger (Verkörperung) komme es seiner Ansicht nach – ganz wie bei Buch oder Tonträger – bei der sachenrechtlichen Einordnung nicht an.[534]

Eine andere deutsche Lehrmeinung qualifiziert **Software auf einem Datenträger als Sache** iSd deutschen BGB.[535] Obzwar das geistige Werk der Programmschöpfung immaterieller Natur sei, komme seinem „materiellen Substrat" Sachqualität iSd dBGB zu.[536] Ist also die geistige Schöpfung des Computerprogramms in einem Datenträger verkörpert, sei sie als Sache iSd dBGB anzusehen.[537] Einige Vertreter dieser Ansicht ziehen weiter den Schluss, dass für jegliche Nutzung von Software die Verkörperung auf einem Datenträger erforderlich sei.[538] Dem ist beizupflichten. Nutzbar und daher für den Nutzer wirtschaftlich interessant ist Software nur in ihrer auf einem Datenträger verkörperten Form. Dabei ist die **Übertragungsmodalität**, wie *Marly* treffend ausführt, irrelevant: Auch nach **Datenfernübertragung** (DFÜ) – etwa als elektromagnetische Wellen (über die Luft), als elektrische Signale (über Kupferkabel) oder als optische Signale (über Glasfaserkabel) – liegt schlussendlich eine Verkörperung der Software auf einem Speichermedium vor.[539] *Marly* legt den Begriff der Sachübergabe iSd 929 dBGB extensiv aus und subsumiert DFÜ darunter; teilweise wird auch eine analoge Anwendung vor-

[533] *P. Bydlinski*, Der Sachbegriff im elektronischen Zeitalter: zeitlos oder anpassungsbedürftig? AcP 1998, 287 (306).

[534] *P. Bydlinski*, Der Sachbegriff im elektronischen Zeitalter: zeitlos oder anpassungsbedürftig? AcP 1998, 287 (307).

[535] *Sedlmeier/Kolk*, ASP – Eine vertragstypologische Einordnung, MMR 2002, 75 (77); *Marly*, Softwareüberlassungsverträge[3] (2000) Rz 109; *Marly*, Praxishandbuch Softwarerecht[7] (2018) Rz 730; *Taeger*, Außervertragliche Haftung für fehlerhafte Computerprogramme (1995) 146; *König*, Software (Computerprogramme) als Sache und deren Erwerb als Sachkauf, NJW 1993, 3121 (3124); *Oechsler* in Staudinger BGB (2021) § 2 ProdHaftG Rz 64; vgl auch *Hinze*, Haftungsrisiken des automatisierten und autonomen Fahrens (2021) 98 f.

[536] *König*, Software (Computerprogramme) als Sache und deren Erwerb als Sachkauf, NJW 1993, 3121 (3122).

[537] Vgl *König*, Software (Computerprogramme) als Sache und deren Erwerb als Sachkauf, NJW 1993, 3121 (3122).

[538] *Marly*, Softwareüberlassungsverträge[3] (2000) Rz 96 mwN; *Marly*, Praxishandbuch Softwarerecht[7] (2018) Rz 717 mwN; zust *Sedlmeier/Kolk*, ASP – Eine vertragstypologische Einordnung, MMR 2002, 75 (77); *P. Bydlinski*, Der Sachbegriff im elektronischen Zeitalter: zeitlos oder anpassungsbedürftig? AcP 1998, 287 (296) mwN; *König*, Die Qualifizierung von Computerprogrammen als Sachen i. S. des § 90 BGB, NJW 1989, 2604 (2604); vgl auch *Taeger*, Außervertragliche Haftung für fehlerhafte Computerprogramme (1995) 145 f.

[539] *Marly*, Softwareüberlassungsverträge[3] (2000) Rz 104; *Marly*, Praxishandbuch Softwarerecht[7] (2018) Rz 721; zust *Sedlmeier/Kolk*, ASP – Eine vertragstypologische Einordnung, MMR 2002, 75 (77); vgl auch *P. Bydlinski*, Der Sachbegriff im elektronischen Zeitalter: zeitlos oder anpassungsbedürftig? AcP 1998, 287 (296); ähnlich *Taeger*, Außervertragliche Haftung für fehlerhafte Computerprogramme (1995) 145 f. AA *Oechsler* in Staudinger BGB (2021) § 2 ProdHaftG Rz 64 f.

geschlagen.[540] Eine weitere mögliche Form der Nutzung von Software ist das **Application Service Providing** (ASP) bzw Software as a Service (SaaS): Bei einer häufigen Variante des ASP/SaaS wird die auf dem Server des Anbieters gespeicherte Software über das Internet oder ein sonstiges Datennetzwerk genutzt, ohne dass eine Installation des Computerprogramms auf einem Datenträger des Nutzers erfolgt.[541] Auch bei dieser Nutzungsart ist die Verkörperung der Software auf einem Datenträger Voraussetzung, und zwar auf dem Server des Anbieters.[542] Zusammenfassend kann daher gesagt werden, dass dieser Teil der deutschen Lehre eine auf einem Datenträger gespeicherte Software immer als Sache iSd dBGB ansieht und der technischen Modalität der Zurverfügungstellung (Übergabe eines Datenträgers, DFÜ, ASP) für die Frage der Sachqualität[543] keinerlei Bedeutung zumisst.

Obgleich einzelne Urteile von Vertretern der erstgenannten Meinung zur Stützung ihrer Ansichten herangezogen werden,[544] deutet die Rspr des BGH[545] mE in Richtung der zuletzt geschilderten Ansicht. Dies wird insb durch die Ausführungen des Gerichtshofes in der BGH-E zu Softwareüberlassung im Rahmen eines ASP-Vertrags deutlich:[546] Der BGH spricht aus, dass „eine auf einem Datenträger verkörperte Standardsoftware als bewegliche Sache anzusehen ist [...].“ Dabei sei es ohne Bedeutung, „auf welchem Informationsträger das Computerprogramm verkörpert ist.“ Entscheidend sei nur, dass es „verkörpert und damit nutzbar ist.“ Daher sei auch im Falle der Nutzung von Software in der Form des ASP von einer beweglichen Sache iSd dBGB auszugehen, da die Software auf dem Server des Anbieters gespeichert ist. Der BGH setzt sich in dieser Entscheidung auch mit den Kernargumenten der Ver-

540 Für eine extensive Auslegung *Marly*, Softwareüberlassungsverträge[3] (2000) Rz 104; *Marly*, Praxishandbuch Softwarerecht[7] (2018) Rz 721; ebenso *Taeger*, Außervertragliche Haftung für fehlerhafte Computerprogramme (1995) 146; für eine analoge Anwendung *Kort*, Software – eine Sache? DB 1994, 1505 (1507); *König*, Die Qualifizierung von Computerprogrammen als Sachen i. S. des § 90 BGB, NJW 1989, 2604 (2605), hält beide methodischen Wege für zulässig.

541 Bei einer anderen Form des ASP erfolgt eine vorübergehende Speicherung der Software im Arbeitsspeicher des Computers des Nutzers. Vgl dazu *Manhardt*, Der „Software as a Service“-Vertrag (2012) 10 ff; *Uskenbayeva*, Produkthaftung für Software im Internet (2008) 9 f.

542 Zutr *Sedlmeier/Kolk*, ASP – Eine vertragstypologische Einordnung, MMR 2002, 75 (77); vgl BGH XII ZR 120/04 Rz 16 NJW 2007, 2394.

543 Für die vertragstypologische Einordnung (Abgrenzung Kauf-, Werk-, Bestandvertrag) macht es selbstverständlich sehr wohl einen Unterschied, ob eine Programmkopie einer Standardsoftware dauerhaft überlassen, eine Individualsoftware nach den Wünschen des Abnehmers eigens erstellt oder Software als ASP bzw SaaS zur Verfügung gestellt wird. Vgl dazu *Staudegger*, Rechtsfragen beim Erwerb von IT-Systemen, in *Jahnel/Mader/Staudegger* (Hrsg), IT-Recht[4] (2020) 191 (Rz 4/8 ff); *Manhardt*, Der „Software as a Service“-Vertrag (2012) 51 ff; vgl zum deutschen Recht BGH XII ZR 120/04 NJW 2007, 2394.

544 Vgl *Fritzsche* in *Hau/Poseck*, BeckOK § 90 Rz 27 f (Stand 1.2.2022, beck-online.beck.de).

545 Ua BGH XII ZR 120/04 NJW 2007, 2394; BGH VIII ZR 147/92 NJW 1993, 2436; BGH VIII ZR 325/88 NJW 1990, 320; BGH VIII ZR 314/86 NJW 1988, 406.

546 BGH XII ZR 120/04 NJW 2007, 2394 Rz 15.

treter jener Ansicht auseinander, nach der Software als geistigem Werk keine Sachqualität zukomme, auch wenn sie auf einem Datenträger gespeichert ist. Er führt aus, dass auch das **Buch**, das „Ergebnis einer schöpferischen Geistestätigkeit" ist und „ausschließlich wegen seines geistigen Inhalts und nicht wegen seines Informationsträgers, des Papiers, erworben" wird, eine Sache iSd dBGB sei.[547] Genauso wie beim Buch sei die überlassene Werkverkörperung von dem urheberrechtlich geschützten Werk zu differenzieren.[548]

In einer Entscheidung aus dem Jahr 1989 war der BGH mit der dauerhaften Überlassung von Standardsoftware über eine **Kabelverbindung** befasst.[549] Das Computerprogramm wurde unmittelbar mittels Kabelverbindung von der Festplatte des Veräußerers auf die Festplatte des Kunden überspielt. Der BGH nahm das Vorliegen eines **Kaufvertrages** an.[550] Er erwog, in Gleichbehandlung mit Fällen der Übergabe eines Datenträgers, von der „Übergabe einer beweglichen Sache" auszugehen, da auch hier der Besitz an der in einem Datenträger – nämlich der Festplatte eines Computers – verkörperten Programmkopie verschafft werde. Der Endzweck der „Nutzbarmachung des Programms für den Erwerber durch Einspeicherung auf die Festplatte seines Computers" sei der gleiche,[551] lediglich das „Zwischenstadium" der Kopierung des Programms auf einen Datenträger als „Transportmittel" entfalle. Letztlich ließ der BGH die Frage jedoch offen.

Auch wenn der BGH in den zitierten Urteilen stets mit **Standardsoftware** befasst war, ist nach richtiger Ansicht auch **Individualsoftware** als Sache iSd dBGB zu qualifizieren.[552] Auf die vertragsrechtliche Einordnung (Kauf, Werkvertrag, Miete) kommt es nicht an.[553]

4. Exkurs: Software in Analogie zur Energie?

Einen besonderen dogmatischen Zugang verfolgt *Horwath*. Er beurteilt Software zwar als unkörperlich, sieht sie aber aufgrund ihrer **Gleichartigkeit im Vergleich zu Energie**, die gem § 4 PHG ausdrücklich in den Anwendungsbereich der Produkthaftung einbezogen wird, als vom Produktbegriff er-

---

547 Vgl dazu auch die Argumentation von *P. Bydlinski*, die ebenfalls auf einem Vergleich mit einem Buch fußt, *P. Bydlinski*, Der Sachbegriff im elektronischen Zeitalter: zeitlos oder anpassungsbedürftig? AcP 1998, 287 (307).

548 Im Anschluss in *König*, Software (Computerprogramme) als Sache und deren Erwerb als Sachkauf, NJW 1993, 3121 (3122).

549 BGH VIII ZR 325/88 NJW 1990, 320.

550 Zust *Blocher*, Sonderprobleme der Softwareverträge (Teil I), EDVuR 1994, 5 (14).

551 Zust *Blocher*, Sonderprobleme der Softwareverträge (Teil I), EDVuR 1994, 5 (15).

552 *König*, Software (Computerprogramme) als Sache und deren Erwerb als Sachkauf, NJW 1993, 3121 (3124); *Uskenbayeva*, Produkthaftung für Software im Internet (2008) FN 54; vgl auch *Marly*, Softwareüberlassungsverträge³ (2000) Rz 93 ff.

553 *König*, Software (Computerprogramme) als Sache und deren Erwerb als Sachkauf, NJW 1993, 3121 (3124).

fasst an: „Tatsächlich besteht eine große Ähnlichkeit zwischen Datenaustausch und dem Stromfluss. Jedes Programm muss im Computer in elektronische Impulse oder in eine Folge binärer Zahlen umgewandelt werden. Software könnte man somit unter dem Gesichtspunkt der gleichartigen physikalischen Form wie Energie unter den Begriff ‚Produkt' einordnen [...].“[554] Zur Stützung seiner Ansicht zieht *Horwath* das teleologische Argument heran, wonach entsprechend dem im PHG angestrebten Zweck des Verbraucherschutzes nicht vorrangig auf die Körperlichkeit, sondern auf die Gefährlichkeit von Waren abgestellt werden sollte, und befürwortet daher eine (wohl analoge) Anwendung des PHG auf gefährliche unkörperliche Sachen, die mit Energie vergleichbar sind, wie etwa Software.[555]

Eine Einbeziehung von Software in den Anwendungsbereich der Produkthaftung über den dogmatischen Weg der Analogie zur Energie ist mE abzulehnen. Zu Recht weist *Uskenbayeva* in Hinblick auf die § 4 PHG entsprechende Bestimmung des dProdHaftG (§ 2 dProdHaftG) darauf hin, dass die Energie nur die digitale Übertragungsform von Software ist, nicht jedoch ihr Wesen ausmacht.[556] Es fehlt daher mE bereits an der Gleichartigkeit. Problematisch erscheint außerdem, dass bei einer derartigen Begründung sämtliche elektronisch übermittelte Information von dieser Analogie umfasst sein müsste.[557]

5. Auslegung von Art 2 PH-RL

Da der Begriff der „Körperlichkeit“ in der PH-RL keine Erwähnung findet, ist fraglich, welcher Sachbegriff der PH-RL zugrunde liegt. Weder aus dem Text der PH-RL noch ihren ErwGr lassen sich Anhaltspunkte zur Beantwortung dieser Frage gewinnen.[558] Nach der hA[559], der zweifelsohne *im Kern* zuzustimmen ist, sind nur **körperliche Gegenstände** von der Haftung umfasst. Es darf jedoch nicht übersehen werden, dass die Einschränkung auf „körperliche Gegenstände“ zu keiner eindeutigen Abgrenzung führt. Die Absteckung des Sachbegriffs der PH-RL bereitet jedoch gerade in seinem Grenzbereich

554 *Horwath*, Software – ein Produkt? ecolex 2000, 784 (785). Aus der deutschen Literatur gegen eine Analogie zur Elektrizität *Spindler*, Verschuldensunabhängige Produkthaftung im Internet, MMR 1998, 119 (120 f); *Uskenbayeva*, Produkthaftung für Software im Internet (2008) 13 f.

555 *Horwath*, Software – ein Produkt? ecolex 2000, 784 (785).

556 *Uskenbayeva*, Produkthaftung für Software im Internet (2008) 13.

557 Aus diesem Grund zu Recht kritisch *Spindler*, Verschuldensunabhängige Produkthaftung im Internet, MMR 1998, 119 (121); diesem zust *Uskenbayeva*, Produkthaftung für Software im Internet (2008) 13.

558 Vgl *Taeger*, Außervertragliche Haftung für fehlerhafte Computerprogramme (1995) 114; vgl auch *B. Koch*, Produkthaftung für Daten, in *Schurr/Umlauft* (Hrsg), FS Eccher (2017) 551 (555).

559 *Fitz/Grau* in *Fitz/Grau/Reindl*, Produkthaftung[2] (2004) § 4 Rz 7 f; *Koziol/Apathy/Koch*, Haftpflichtrecht III[3] (2014) B. Rz 116; *Rabl*, PHG (2017) § 4 Rz 13; *B. Koch*, Produkthaftung für Daten, in *Schurr/Umlauft* (Hrsg), FS Eccher (2017) 551 (555 f).

erhebliche Schwierigkeiten. Es besteht die Gefahr, dass die mitgliedstaatlichen Gerichte bei der Auslegung ihr eigenes nationales Verständnis von Körperlichkeit und Unkörperlichkeit einfließen lassen. So wird beispielsweise von *Andreewitch* behauptet, dass mangels Richtlinien-interner Regelung für die Abgrenzung von körperlichen und unkörperlichen Gegenständen die jeweiligen mitgliedstaatlichen Regelungen maßgeblich sein sollen.[560] Dies ist mE aufgrund der gebotenen **autonomen Auslegung** des Produktbegriffs abzulehnen.[561] Vielmehr ist die Abgrenzung im Interesse einer einheitlichen Anwendung des für die Produkthaftung zentralen Begriffs des Produkts ohne Rückgriff auf nationale Begriffsverständnisse vorzunehmen. Es kann daher mE nicht ohne weitere Erörterung von einer Deckung des Begriffs der beweglichen körperlichen Sache iSd § 4 PHG, der nach hA entsprechend §§ 285, 292 ABGB auszulegen ist, mit dem Produktbegriff der PH-RL ausgegangen werden.[562]

Es gibt Ansätze in der Lehre, die – nicht zuletzt unter dem Eindruck der rasanten technologischen Entwicklungen der Digitalisierung – vom Kriterium der Körperlichkeit abrücken. So ist nach *B. Koch* das entscheidende Kriterium des Produktbegriffs der PH-RL nicht etwa die Körperlichkeit, sondern die „**Weitergabefähigkeit**":[563] Er leitet dies aus einer Gesamtschau der Bestimmungen der PH-RL ab, die auf das Inverkehrbringen oder den Vertrieb des Produkts abstellen. Demgegenüber trete die Frage der Körperlichkeit der Sache in den Hintergrund. Nach dem Verständnis von *B. Koch* umfasst der Begriff der Weitergabefähigkeit alle körperlichen Gegenstände sowie unkörperliche Gegenstände, die im Verkehr als eigenständige Sachen erscheinen und an einen anderen weitergegeben werden können, wie zB digitale Mediendateien.[564] *Taeger* verfolgt einen ähnlichen Ansatz: Er geht davon aus, dass der Produktbegriff der PH-RL neben allen körperlichen Gegenständen auch alle

560 *Andreewitch*, Zur Anwendbarkeit des Produkthaftungsgesetzes für Softwarefehler, EDVuR 1990, 50 (51); zweifelnd *Fitz/Grau* in *Fitz/Grau/Reindl*, Produkthaftung² (2004) § 4 Rz 8.

561 Vgl zur gebotenen autonomen Auslegung des Produktbegriffs nach Art 2 PH-RL auch *Rabl*, PHG (2017) § 4 Rz 12; *Posch/Terlitza* in *Schwimann/Kodek*, ABGB Praxiskommentar⁴ (2016) § 4 PHG Rz 3; *Koziol/Apathy/Koch*, Haftpflichtrecht III³ (2014) B Rz 112; *Taeger*, Außervertragliche Haftung für fehlerhafte Computerprogramme (1995) 311; *Lehmann*, Produkt- und Produzentenhaftung für Software, NJW 1992, 1721 (1724); *A.-K. Müller*, Software als „Gegenstand" der Produkthaftung (2020) 150, 180; *Hinze*, Haftungsrisiken des automatisierten und autonomen Fahrens (2021) 99. Offenlassend *Fitz/Grau* in *Fitz/Grau/Reindl*, Produkthaftung² (2004) § 4 Rz 8. Der Annahme einer konkludenten Verweisung auf nationales Recht steht entgegen, dass eine uneinheitliche Auslegung der grundlegenden Haftungsvoraussetzung „Produkt" die bezweckte Rechtsangleichung in ihrem Kern vereiteln würde und daher nicht als vom Unionsgesetzgeber gewollt angesehen werden kann.

562 In diesem Sinne aber offenbar *Koziol/Apathy/Koch*, Haftpflichtrecht III³ (2014) B Rz 116; *Rabl*, PHG (2017) § 4 Rz 16 ff.

563 *B. Koch*, Produkthaftung für Daten, in *Schurr/Umlauft* (Hrsg), FS Eccher (2017) 551 (556 f).

564 *B. Koch*, Produkthaftung für Daten, in *Schurr/Umlauft* (Hrsg), FS Eccher (2017) 551 (557, 559 ff).

„sonstigen **verkehrsfähigen Güter** umfaßt, von denen Gefahren für Personen und Sachen ausgehen können“, wozu er auch Computerprogramme zählt.[565]

Im Jahr 1988 antwortete die Europäische Kommission auf eine Anfrage aus dem Europäischen Parlament, dass sich die Produkthaftung ebenso auf Computer-Software beziehe „wie auf kunstgewerbliche und künstlerische Erzeugnisse.“[566] Eine Begründung wird nicht angeführt. Da die Kommission keine Kompetenz zur Auslegung unionsrechtlicher Gesetzgebungsakte besitzt, handelt es sich dabei jedoch um eine nicht bindende Einschätzung,[567] die daher als Argumentationsgrundlage wenig Gewicht hat.[568]

Grau sieht keinen Grund dafür, weshalb Art 6 PH-RL nicht auf Software-Programme angewendet werden sollte, wenn ein Programmfehler die Sicherheit nach Art 9 PH-RL geschützter Rechtsgüter bedroht, denn ein Computerprogramm stelle „in keinem höheren Maße eine Verkörperung von Ideen dar als jede andere ‚Konstruktion‘.“[569] Als Beispiel nennt er die Zerstörung der Festplatte durch einen Software-Fehler.[570] Nicht anders kann mE der Fall beurteilt werden, dass aufgrund der durch einen Software-Fehler ausgelösten Steuerungshandlung bzw Steuerungsunterlassung eine Sache beschädigt oder ein Mensch verletzt wird.

6. Exkurs: Software in anderen Bereichen des europäischen Privatrechts

In jüngerer Zeit finden sich im unionsrechtlichen Bereich starke Bestrebungen, digitale Inhalte aus rechtlichen Graubereichen herauszuholen und einer expliziten rechtlichen Regelung zuzuführen. Von besonderem Interesse sind die dabei verfolgten Ansätze beim Umgang mit digitalen Daten.

Zu nennen ist hier beispielsweise die **Computerprogramm-Richtlinie**[571], die gemeinsam mit ihrer Vorläuferin Richtlinie 91/250/EWG[572] zu einer Rechts-

565 *Taeger*, Außervertragliche Haftung für fehlerhafte Computerprogramme (1995) 311 f; ebenso stellt *A.-K. Müller*, Software als „Gegenstand“ der Produkthaftung (2020) 150 f, 171, 181 auf die Verkehrsfähigkeit ab.

566 Schriftliche Anfrage Nr 706/88 von Herrn Gijs de Vries (LDR-NL) an die Kommission der Europäischen Gemeinschaften vom 5. Juli 1988, ABl C 1989/114/76, 42.

567 *Staudegger*, Rechtsfragen beim Erwerb von IT-Systemen, in *Jahnel/Mader/Staudegger* (Hrsg), IT-Recht[4] (2020) 191 (Rz 4/205).

568 AA wohl *Manhardt*, Der „Software as a Service“-Vertrag (2012) 217, die die Antwort der Europäischen Kommission zwar nicht als rechtlich verbindlich beurteilt, jedoch sehr wohl als „richtungsweisend“; ebenso *Staudegger*, Rechtsfragen beim Erwerb von IT-Systemen, in *Jahnel/Mader/Staudegger* (Hrsg), IT-Recht[4] (2020) 191 (Rz 4/205) und *Amlacher/Andréewitch*, Rechtliche Fragen des autonomen Fahrens – Haftung (Teil II), jusIT 2017, 209 (FN 86).

569 *Grau*, Produktfehler (2002) 157 FN 226.

570 *Grau*, Produktfehler (2002) 157 FN 226.

571 Richtlinie 2009/24/EG des Europäischen Parlaments und des Rates vom 23. April 2009 über den Rechtsschutz von Computerprogrammen, ABl L 2009/111, 16.

angleichung auf dem Gebiet des Urheberrechtsschutzes von Computerprogrammen führte. In der Vorabentscheidung ***UsedSoft***[573] hatte sich der EuGH mit dem Erschöpfungsgrundsatz beim Herunterladen von Programmkopien, in concreto mit der Auslegung der Wendung „Erstverkauf einer Programmkopie" iSd Art 4 Abs 2 Computerprogramm-Richtlinie auseinanderzusetzen: „Verkauf" sei nach einer allgemeinen Definition eine „Vereinbarung, nach der eine Person ihre Eigentumsrechte an einem ihr gehörenden körperlichen oder nichtkörperlichen Gegenstand gegen Zahlung eines Entgelts an eine andere Person abtritt." Der EuGH führte weiter aus, dass es im Hinblick auf die Erschöpfung des Verbreitungsrechts keine Rolle spiele, ob der Rechtsinhaber dem Kunden eine körperliche Programmkopie auf einem materiellen Datenträger oder eine nichtkörperliche Programmkopie über das Herunterladen von dessen Internetseite überlässt. Beide Veräußerungsarten seien aufgrund ihres vergleichbaren wirtschaftlichen Zwecks funktionell austauschbar. Daher sei Art 4 Abs 2 Computerprogramm-Richtlinie im Lichte des Gleichbehandlungsgrundsatzes so auszulegen, „dass die in dieser Vorschrift vorgesehene Erschöpfung des Verbreitungsrechts mit dem Erstverkauf einer Programmkopie in der Union durch den Urheberrechtsinhaber oder mit seiner Zustimmung eintritt, unabhängig davon, ob der Verkauf eine körperliche oder eine nichtkörperliche Kopie des Programms betrifft."[574] Bemerkenswert an dieser – jedenfalls im Ergebnis zustimmungswürdigen – Entscheidung ist, dass der EuGH ohne weitere Erörterung von der Möglichkeit der Eigentumsübertragung an unkörperlichen Gegenständen ausgeht und den Vertrag darüber unter Berufung auf eine allgemein anerkannte Definition als Kaufvertrag qualifiziert. Des Weiteren geht er, wiederum ohne Begründung, davon aus, dass beim Online-Erwerb eine unkörperliche Programmkopie erworben werde.

Digitale Inhalte finden im unionsrechtlichen Bereich außerdem ausdrücklich Erwähnung in der **Verbraucherrechte-RL**[575]. Nach deren ErwGr 19 sollen Verträge über die Bereitstellung digitaler Inhalte (definiert als Daten, die in digitaler Form hergestellt und bereitgestellt werden)[576] in den Geltungsbereich der Richtlinie fallen, mit folgender Spezifikation: Werden sie auf einem körperlichen Datenträger bereitgestellt, sollen diese als Waren iSd Richtlinie,

---

572 Richtline 91/250/EWG des Rates vom 14. Mai 1991 über den Rechtsschutz von Computerprogrammen, ABl L 1991/122, 42.

573 EuGH 3.7.2012, C-128/11, *UsedSoft GmbH/Oracle International Corp.*

574 EuGH 3.7.2012, C-128/11, *UsedSoft GmbH/Oracle International Corp* Rz 61; best EuGH 12.10.2016, C-166/15, *Ranks* Rz 35 f.

575 Richtlinie 2011/83/EU des Europäischen Parlaments und des Rates vom 25. Oktober 2011 über die Rechte der Verbraucher, zur Abänderung der Richtlinie 93/13/EWG des Rates und der Richtlinie 1999/44/EG sowie zur Aufhebung der Richtlinie 85/577/EWG und der Richtlinie 97/7/EG, ABl L 2011/304, 64.

576 ErwGr 19 der Verbraucherrechte-RL nennt als Beispiele Computerprogramme, Anwendungen (Apps), Spiele, Musik, Videos oder Texte, unabhängig davon, ob auf sie durch Herunterladen oder Herunterladen in Echtzeit (Streaming), von einem körperlichen Datenträger oder in sonstiger Weise zugegriffen wird.

also als bewegliche körperliche Sachen, betrachtet werden. Hingegen sollen Verträge über digitale Inhalte, die nicht auf einem körperlichen Datenträger bereitgestellt werden, für die Zwecke der Richtlinie weder als Kaufverträge noch als Dienstleistungsverträge betrachtet werden.

Der Grundstein für ein neues europäisches Gewährleistungsrecht, das auf die aktuellen Herausforderungen der Digitalisierung reagiert, wurde durch die **Digitale Inhalte-RL (DI-RL)**[577] sowie die **Warenkauf-RL (WK-RL)**[578] gelegt, die im Frühjahr 2019 durch den europäischen Gesetzgeber verabschiedet wurden und bis 1. Juli 2021 durch die Mitgliedstaaten umzusetzen waren.[579] Dem neuen System liegt eine Zweiteilung zugrunde: Während die WK-RL für Kaufverträge zwischen Verbrauchern und Unternehmern über Waren gilt,[580] bezieht sich der Anwendungsbereich der DI-RL auf Verträge zwischen Verbrauchern und Unternehmern über die Bereitstellung von digitalen Inhalten oder digitalen Dienstleistungen.[581] Die Abgrenzung der Anwendungsbereiche der einander ergänzenden Richtlinien ist im Einzelnen komplex.[582] Der Warenbegriff der WK-RL umfasst bewegliche körperliche Gegenstände sowie Wasser, Gas und Strom, wenn sie in einem begrenzten Volumen oder in einer bestimmten Menge zum Verkauf angeboten werden. Ausdrücklich in den Warenbegriff miteinbezogen werden außerdem sog „Waren mit digitalen Elementen", die korrespondierend vom Anwendungsbereich der DI-RL ausgenommen werden.[583] Als „Waren mit digitalen Elementen" werden bewegliche körperliche Gegenstände definiert, die in einer Weise digitale Inhalte oder digitale Dienstleistungen enthalten oder mit ihnen verbunden sind, dass die Waren ihre Funktionen ohne diese digitalen Inhalte oder digitalen Dienstleistungen nicht erfüllen könnten. Gemeint sind also Waren mit digitalen Funktionen, wie etwa Smartphones oder digitale Fitnessarmbanduhren.[584] Auch automatisierte Fahrzeuge stellen zweifelsohne Waren mit digitalen Elementen iSd WK-RL dar. Für körperliche Datenträger, die ausschließlich als Träger di-

---

577 Richtlinie (EU) 2019/770 des Europäischen Parlaments und des Rates vom 20. Mai 2019 über bestimmte vertragsrechtliche Aspekte der Bereitstellung digitaler Inhalte und digitaler Dienstleistungen, ABl L 2019/136, 1.

578 Richtlinie (EU) 2019/771 des Europäischen Parlaments und des Rates vom 20. Mai 2019 über bestimmte vertragsrechtliche Aspekte des Warenkaufs, zur Änderung der Verordnung (EU) 2017/2394 und der Richtlinie 2009/22/EG sowie zur Aufhebung der Richtlinie 1999/44/EG, ABl L 2018/136, 28.

579 Art 24 DI-RL und Art 24 WK-RL. Zur Umsetzung in Österreich durch das Gewährleistungsrichtlinien-Umsetzungsgesetz (GRUG) BGBl I 2021/175 vgl Kap VI.F.4.

580 Art 3 Abs 1 iVm Art 2 Z 1 und 3 WK-RL.

581 Art 3 Abs 1 DI-RL.

582 Vgl dazu eingehend *Kern*, Anwendungsbereich der Warenkauf- und der Digitale Inhalte-RL, in *Stabentheiner/Wendehorst/Zöchling-Jud* (Hrsg), Das neue europäische Gewährleistungsrecht (2019) 33.

583 Art 3 Abs 1 iVm Art 2 Z 1 und Z 5 lit b WK-RL sowie Art 3 Abs 4 iVm Art 2 Z 3 DI-RL.

584 *Kern*, Anwendungsbereich der Warenkauf- und der Digitale Inhalte-RL, in *Stabentheiner/Wendehorst/Zöchling-Jud* (Hrsg), Das neue europäische Gewährleistungsrecht (2019) 33 (43 f).

gitaler Inhalte dienen,[585] gilt hingegen kraft ausdrücklicher Anordnung nicht die WK-RL, sondern die DI-RL.[586] Dies ist ein gegenüber der Verbraucherrechte-RL abweichender Ansatz, der sinnvoll erscheint, da nicht nach der Übertragungsart digitaler Inhalte differenziert wird.

Systematische Schlussfolgerungen aus der Behandlung von digitalen Inhalten in anderen Bereichen des europäischen Privatrechts können jedoch für die hier interessierende Frage der Qualifizierung von Software als Produkt iSd PH-RL nicht gezogen werden: Die dargestellten Rechtsakte betreffen den Bereich des europäischen Immaterialgüterschutz- und Vertragsrechts. Wenngleich im europäischen Vertragsrecht sehr wohl von einer Systematik gesprochen werden kann, scheitern hingegen bereichsübergreifende systematische Erwägungen zwischen Vertragsrecht und außervertraglicher Produkthaftung an dem Umstand, dass dem europäischen Privatrecht (derzeit) keine dem nationalen Privatrecht vergleichbare Systematik zukommt.[587]

7. Exkurs: Software als Ware iSd UN-Kaufrechts?

Das UN-Kaufrecht (CISG)[588] schafft auf völkerrechtlicher Ebene materielles Einheitsrecht für internationale Kaufverträge über Waren im B2B-Bereich.[589] Um eine unterschiedliche Auslegung hintanzuhalten, sind die Begriffe des CISG autonom auszulegen,[590] so auch der Begriff der Ware.[591] Mangels Legaldefinition sind die für die Interpretation des CISG anerkannten Methoden heranzuziehen, namentlich Wort-, historische, teleologische und systematische Auslegung.[592] Überwiegend wird die entgeltliche Lieferung von Standardsoftware auf Datenträgern unter den Warenkauf subsumiert.[593] Ob das

---

585 ZB CDs, DVDs, USB-Sticks etc mit gespeicherten digitalen Inhalten, vgl *Kern*, Anwendungsbereich der Warenkauf- und der Digitale Inhalte-RL, in *Stabentheiner/Wendehorst/Zöchling-Jud* (Hrsg), Das neue europäische Gewährleistungsrecht (2019) 33 (37).

586 Art 3 Abs 4 lit a WK-RL und Art 3 Abs 3 DI-RL.

587 Vgl *Riesenhuber*, System und Prinzipien des Europäischen Vertragsrechts (2003); vgl auch *J. Koch*, Einheit der nationalen Rechtsordnung und die europäische Privatrechtsangleichung, JZ 2006, 277 (278), nach dem dem europäischen Privatrecht „kein in sich geschlossenes System zugrunde liegt."

588 Übereinkommen der Vereinten Nationen über Verträge über den internationalen Warenkauf BGBl 1988/96.

589 Vgl *Magnus* in Staudinger BGB (2018) Einl zum CISG Rz 1; *Siehr* in *Honsell*, Kommentar zum UN-Kaufrecht² (2010) Präambel Rz 1 ff; Art 1 Rz 1, Art 2 Rz 12 ff.

590 *Magnus* in Staudinger BGB (2018) Einl zum CISG Rz 8; *Siehr* in *Honsell*, Kommentar zum UN-Kaufrecht² (2010) Präambel Rz 6, 13; vgl auch *Schlechtriem/Schroeter*, Internationales UN-Kaufrecht⁶ (2016) Rz 91.

591 *Marly*, Praxishandbuch Softwarerecht⁷ (2018) Rz 1017; *Magnus* in Staudinger BGB (2018) Art 2 CISG Rz 43; *Lejeune*, Anwendungsbereich des UN-Kaufrechts bei internationalen IT-Verträgen, ITRB 2011, 20 (21).

592 Vgl dazu *Schlechtriem/Schroeter*, Internationales UN-Kaufrecht⁶ (2016) Rz 103 ff.

593 *Magnus* in Staudinger BGB (2018) Art 1 CISG Rz 44 mwN; *Schlechtriem/Schroeter*, Internationales UN-Kaufrecht⁶ (2016) Rz 85 mwN; *Siehr* in *Honsell*, Kommentar zum UN-Kauf-

UN-Kaufrecht auch auf die entgeltliche dauerhafte Überlassung von Standardsoftware über DFÜ Anwendung findet, ist jedoch umstritten: Mehrheitlich wird bei entgeltlicher dauerhafter Überlassung von Standardsoftware eine unterschiedliche Beurteilung nach der Übermittlungsmodalität (Datenträger oder DFÜ) abgelehnt und daher beides als Warenkauf iSd CISG qualifiziert.[594] Bei Erstellung und dauerhafter Überlassung von Individualsoftware stellt sich ein anders gelagertes Problem, nämlich die Frage der Qualifikation als dem Kaufvertrag gleichgestellter Werklieferungsvertrag iSd Art 3 CISG, welche umstritten ist.[595] Bei Zurverfügungstellung der Software in Form des ASP bzw SaaS liegt mE kein dem UN-Kaufrecht unterliegender Vertrag vor, da die Ware hierbei nicht endgültig in den Zuständigkeitsbereich des Nutzers übertragen wird.[596]

Die Einordnung von Software unter dem UN-Kaufrecht kann zwar internationale Tendenzen offenbaren, hat jedoch letztlich nur Bedeutung im Anwendungsbereich des CISG und lässt sich nicht auf andere Rechtsbereiche oder gar Rechtsebenen übertragen.

8. Teleologische Erwägungen

Eine teleologische Auslegung des Produktbegriffs fällt schwer, da ein sachlicher Grund für die Eingrenzung auf bewegliche Sachen kaum erkennbar ist.[597] Jedoch kann an die Entscheidung des Unionsgesetzgebers angeknüpft werden, die verschuldensunabhängige Produkthaftung nicht auf Dienstleistungen sowie unkörperliche und unbewegliche Sachen zu erstrecken. Vergleiche mit dem Kernbereich der Produkthaftung und dem klaren Außenbereich der Produkthaftung können daher im Randbereich weiterhelfen.

---

recht[2] (2010) Art 2 Rz 4; OGH 5 Ob 45/05m IHR 2005, 195 (*Piltz*) = RdW 2005, 745, der jedoch entgegen dem Gebot der vertragsautonomen Auslegung ausschließlich auf Vorentscheidungen Bezug nimmt, die zum österreichischem unvereinheitlichtem Recht ergangen sind (vgl dazu die Glosse von *Piltz* zu OGH 5 Ob 45/05m IHR 2005, 195); undifferenziert OLG Koblenz 17.9.1993 2 U 1230/91; LG München I 8.2.1995 8 HKO 24667/93 Rz 1.

594 *Marly*, Praxishandbuch Softwarerecht[7] (2018) Rz 1017 mwN; *Magnus* in Staudinger BGB (2018) Art 1 CISG Rz 44 mwN; *Siehr* in *Honsell*, Kommentar zum UN-Kaufrecht[2] (2010) Art 2 Rz 4 mwN; *Taeger*, Außervertragliche Haftung für fehlerhafte Computerprogramme (1995) 150 mwN; so wohl auch *Schlechtriem/Schroeter*, Internationales UN-Kaufrecht[6] (2016) Rz 86; *Piltz* zu OGH 5 Ob 45/05m IHR 2005, 195; Rechtbank Midden-Nederland 25.3.2015, C/16/364668 / HA ZA 14-217.

595 Dafür *Schlechtriem/Schroeter*, Internationales UN-Kaufrecht[6] (2016) Rz 85; abl *Siehr* in *Honsell*, Kommentar zum UN-Kaufrecht[2] (2010) Art 2 Rz 4; differenzierend *Magnus* in Staudinger BGB (2018) Art 1 CISG Rz 44; differenzierend *Marly*, Praxishandbuch Softwarerecht[7] (2018) Rz 1018, 677 ff; differenzierend *Piltz* zu OGH 5 Ob 45/05m IHR 2005, 195; ebenfalls differenzierend *Lejeune*, Anwendungsbereich des UN-Kaufrechts bei internationalen IT-Verträgen, ITRB 2011, 20 (21 f).

596 Vgl zum Begriff des Kaufvertrages iSd CISG *Magnus* in Staudinger BGB (2018) Art 1 CISG Rz 13 f.

597 Vgl *Fitz/Grau* in *Fitz/Grau/Reindl*, Produkthaftung[2] (2004) § 4 Rz 11.

a) Dienstleistungen

Dienstleistungen fallen weder unter den Produktbegriff des PHG[598] noch der PH-RL[599]. Schäden aus **Dienstleistungen** sind nach dem PHG daher grundsätzlich nicht ersatzfähig.[600] Einer eingehenderen Betrachtung bedürfen jedoch Dienstleistungen, die **mit dem Inverkehrbringen einer beweglichen körperlichen Sache verbunden** sind.[601] Hier können zwei Fallkonstellationen unterschieden werden: Zum einen der Fall, dass die Dienstleistung ausschließlich in der Herstellung einer beweglichen körperlichen Sache (nach den Wünschen des Bestellers) besteht. Zum anderen der Fall, dass im Rahmen einer Dienstleistung unter anderem auch eine bewegliche körperliche Sache in Verkehr gebracht wird.

Welser subsumiert auch solche beweglichen körperlichen Sachen unter den Produktbegriff iSd § 4 PHG, die durch eine Dienstleistung entstanden sind.[602] Dieser Ansicht folgt auch *Holzinger*: Er hält es daher für **unerheblich**, auf welcher **vertraglichen Grundlage** – sei es ein Kaufvertrag oder ein Werkvertrag – das Inverkehrbringen von Software beruht. *Holzinger* lehnt folglich eine Differenzierung zwischen Standard- und **Individualsoftware** in Hinblick auf die Erfüllung des Produktbegriffs ab.[603] In diesem Zusammenhang ist auch der richtige Hinweis von *Andreewitch* zu beachten, dass die Produkthaftung – entgegen ihrer ursprünglichen Konzeption – nicht nur „standardisierte" Massenware der Industrie, sondern auch handwerkliche Einzelprodukte erfasst.[604] Dies entspricht der zustimmungswürdigen hL, wonach es für den Produktbegriff unerheblich ist, ob dieses individuell angefertigt wird oder Teil einer Serienproduktion ist.[605]

Die zweite Fallkonstellation wurde durch eine Vorabentscheidung des EuGH behandelt: In *Veedfald gegen Århus Amtskommune* entschied der

[598] *Fitz/Grau* in *Fitz/Grau/Reindl*, Produkthaftung² (2004) § 4 Rz 1, 16.

[599] *Rabl*, PHG (2017) § 4 Rz 13.

[600] *Preslmayr*, Handbuch der Produkthaftung² (2002) 51; *Ertl*, Allgemeine Geschäftsbedingungen der Softwareverträge, EDVuR 1994, 19 (31); *Holzinger*, Produkthaftpflicht und Software, EDVuR 4/1988, 10 (11); *Welser/Rabl*, PHG² (2004) § 4 Rz 8; *Rabl*, PHG (2017) § 4 Rz 38.

[601] *Preslmayr*, Handbuch der Produkthaftung² (2002) 51.

[602] *Welser*, Lücken und Tücken des Produkthaftungsgesetzes, WBl 1988, 281 (284).

[603] *Holzinger*, Produkthaftpflicht und Software, EDVuR 4/1988, 10 (12); ebenso *Welser/Rabl*, PHG² (2004) § 4 Rz 11; *Oncreasova*, Haftung für technische Hilfsmittel de lege ferenda, ÖJZ 2015, 593 (FN 32); *Rabl*, PHG (2017) § 4 Rz 56; aA *Fitz/Grau* in *Fitz/Grau/Reindl*, Produkthaftung² (2004) § 4 Rz 34 mwN, die darauf abstellen, ob die „Software den Charakter einer individuellen Dienstleistung" oder einer „Warenlieferung" hat.

[604] *Andreewitch*, Zur Anwendbarkeit des Produkthaftungsgesetzes für Softwarefehler, EDVuR 1990, 50 (53, FN 38); gegen die Stichhaltigkeit dieses Arguments *Fitz/Grau* in *Fitz/Grau/Reindl*, Produkthaftung² (2004) § 4 Rz 34.

[605] *Fitz/Grau* in *Fitz/Grau/Reindl*, Produkthaftung² (2004) § 1 Rz 3; *Welser/Rabl*, PHG² (2004) § 4 Rz 4, 11; *Rabl*, PHG (2017) § 3 Rz 22, § 4 Rz 20; vgl auch *Koziol/Apathy/Koch*, Haftpflichtrecht III³ (2014) B Rz 121 f; aus der deutschen Literatur *Taeger*, Außervertragliche Haftung für fehlerhafte Computerprogramme (1995) 167 f.

EuGH, dass der Krankenhausträger, der ein fehlerhaftes Produkt im Rahmen einer medizinischen Dienstleistung herstellt und auf ein menschliches, zur Transplantation bestimmtes Organ anwendet und es dadurch schädigt, der Produkthaftung unterfällt, da es um die Fehlerhaftigkeit des hergestellten und angewendeten Produktes und nicht um die Fehlerhaftigkeit der Dienstleistung selbst geht.[606] Anders verhält es sich jedoch nach der Rspr des EuGH, wenn der Dienstleister nicht gleichzeitig Hersteller des fehlerhaften Produktes ist: Im Fall *CHU Besançon gegen Dutrueux*[607] stellte der EuGH klar, dass die Haftung von (reinen) Dienstleistern, die fehlerhafte Geräte oder Produkte (wie im vorliegenden Fall eine Heizmatratze) im Rahmen der Erbringung von Dienstleistungen, wie einer Krankenhausbehandlung, verwenden und dadurch dem Empfänger der Dienstleistung einen Schaden zufügen, nicht in den Anwendungsbereich der PH-RL fällt.

In die gleiche Richtung weisen die Ausführungen von *Preslmayr*, der darauf abstellt, ob „im Rahmen der Dienstleistung eine (neue) bewegliche körperliche Sache hergestellt und in Verkehr gebracht […] oder nur ein bereits fertiges Produkt verwendet wird […].“[608] Nur im erstgenannten Fall hafte der Dienstleister als Hersteller.[609] Dabei sei die Stärke der Einbindung des Produkts in oder seine Bedeutung für die Dienstleistung unerheblich.[610] Wird kein neues Produkt hergestellt, aber ein von einem anderen Unternehmer vorgefertigtes Produkt verwendet, komme aber uU eine Haftung als Händler iSd § 1 Abs 2 PHG in Betracht.[611] Voraussetzung der Händlerhaftung ist jedoch jedenfalls das Inverkehrbringen des Produkts.[612] Fügt beispielsweise ein Handwerker einer Sache ein vorgefertigtes Produkt hinzu und ist das Ergebnis nach der Verkehrsauffassung nicht als neues Endprodukt zu betrachten, so haftet dieser als Händler des angefügten Teils.[613]

---

606 EuGH 10.5.2001, C-203/99, *Veedfald/Århus Amtskommune* Rz 12; zust *Welser/Rabl*, PHG^2 (2004) § 3 Rz 8; zust *Fitz/Grau* in *Fitz/Grau/Reindl*, Produkthaftung^2 (2004) § 3 Rz 13.

607 EuGH 21.12.2011, C-495/10, *CHU Besançon/ Dutrueux* Rz 39.

608 *Preslmayr*, Handbuch der Produkthaftung^2 (2002) 51 f.

609 Vgl *Preslmayr*, Handbuch der Produkthaftung^2 (2002) 51 f mit dem Beispiel eines Zahnarztes, der eine fehlerhafte Zahnprothese einsetzt; vgl auch *Welser/Rabl*, PHG^2 (2004) § 4 Rz 8.

610 *Preslmayr*, Handbuch der Produkthaftung^2 (2002) 52; ebenso *Welser/Rabl*, PHG^2 (2004) § 4 Rz 8; *Rabl*, PHG (2017) § 4 Rz 40; im Grundsatz zust *Fitz/Grau* in *Fitz/Grau/Reindl*, Produkthaftung^2 (2004) § 4 Rz 16; krit *Koziol/Apathy/Koch*, Haftpflichtrecht III^3 (2014) B Rz 123 ff.

611 *Preslmayr*, Handbuch der Produkthaftung^2 (2002) 52; ebenso *Welser/Rabl*, PHG^2 (2004) § 4 Rz 8; *Rabl*, PHG (2017) § 4 Rz 41; *Fitz/Grau* in *Fitz/Grau/Reindl*, Produkthaftung^2 (2004) § 4 Rz 16.

612 Während der EuGH das Inverkehrbringen (und somit eine Haftung als „Lieferant“) bei der Verwendung einer Heizmatratze im Rahmen einer Krankenhausbehandlung offenbar ausschließt (vgl EuGH 21.12.2011, C-495/10, *CHU Besançon/ Dutrueux* Rz 28), bejaht er das Inverkehrbringen (und in der Folge wegen eigener Erzeugung auch die Herstellerhaftung) bei Anwendung einer Spülflüssigkeit auf ein zur Transplantation bestimmtes Organ (EuGH 10.5.2001, C-203/99, *Veedfald/Århus Amtskommune* Rz 17 f).

613 Vgl *Welser/Rabl*, PHG^2 (2004) § 1 Rz 56; § 3 Rz 17; *Rabl*, PHG (2017) § 3 Rz 60.

Ein Vorschlag der Kommission aus 1990 für eine Richtlinie über die Haftung für Dienstleistungen wurde abgelehnt.[614] Der Kommissionsvorschlag sah eine verschuldensabhängige Haftung des Dienstleisters für Personen- und Sachschäden vor, die bei der Erbringung fehlerhafter Dienstleistungen verursacht worden sind, wobei dem Dienstleister die Beweislast für sein Nichtverschulden auferlegt wurde. Der Begriff der „Dienstleistung" wurde definiert als „jede im Rahmen einer gewerblichen Tätigkeit oder eines öffentlichen Dienstes in unabhängiger Weise erbrachte entgeltliche oder unentgeltliche Leistung, die nicht unmittelbar und ausschließlich die Herstellung von Gütern oder die Übertragung dinglicher Rechte oder von Urheberrechten zum Gegenstand hat."[615]

b) Geistige Leistungen

Ertl erwägt, geistige Leistungen den Dienstleistungen gleichzusetzen und aus diesem Grund die Haftung nach PHG für Schäden aus **Software als verkörperte geistige Leistung** zu verneinen.[616] Dem lässt sich das Argument entgegenhalten, dass bei dieser Betrachtungsweise jeder Fehler eines Produktes, der auf Mängel einer verkörperten geistigen Leistung zurückzuführen ist, keine Ersatzpflicht nach PHG begründen würde. Dass dies nicht Sinn und Zweck des PHG sein kann, zeigt die ständige Rspr, nach der Fehler der geistigen Leistung „Konstruktion", die sich im Produkt verkörpert haben, zur Produkthaftung führen. Da wohl jedes Produkt in gewissem Ausmaß eine geistige Leistung verkörpert, würde eine derartige Ausnahme die Produkthaftung konterkarieren.[617]

Nach richtiger hL haften Urheber geistiger Leistungen nach PHG, soweit sich die geistigen Leistungen „in von ihnen selbst hergestellten [erg: beweglichen] körperlichen Sachen auswirken."[618] So hat ein Konstrukteur, der eine bewegliche körperliche Sache nach seinen Plänen herstellt, für die fehlerhafte Konstruktion einzustehen, da sie sich in seinem Produkt „**verwirklicht**" hat.[619] Er haftet für den **Konstruktionsfehler** des von ihm hergestellten Produkts.[620]

---

[614] Vorschlag für eine Richtlinie des Rates über die Haftung bei Dienstleistungen, ABl C 1991/12, 8.

[615] Vgl dazu ausführlich *F. Bydlinski*, Zur Haftung der Dienstleistungsberufe in Österreich und nach dem EG-Richtlinienvorschlag, JBl 1992, 341.

[616] *Ertl*, Allgemeine Geschäftsbedingungen der Softwareverträge, EDVuR 1994, 19 (31 f).

[617] Vgl zu diesem Gedanken auch *Fitz/Grau* in *Fitz/Grau/Reindl*, Produkthaftung[2] (2004) § 4 Rz 19, 139.

[618] *Welser/Rabl*, PHG[2] (2004) § 4 Rz 8; vgl auch *Fitz/Grau* in *Fitz/Grau/Reindl*, Produkthaftung[2] (2004) § 4 Rz 18 ff; *Rabl*, PHG (2017) § 4 Rz 44 f; vgl *Preslmayr*, Handbuch der Produkthaftung[2] (2002) 53.

[619] Vgl *Welser/Rabl*, PHG[2] (2004) § 4 Rz 8; *Rabl*, PHG (2017) § 4 Rz 44 f; unrichtig jedoch das Beispiel von *Preslmayr*, Handbuch der Produkthaftung[2] (2002), da der Architekt eines Hauses eine unbewegliche körperliche Sache und somit kein Produkt herstellt.

[620] Vgl *Rabl*, PHG (2017) § 4 Rz 52.

Davon zu differenzieren ist der Fall, dass sich die geistige Leistung nicht in einem Produkt *verwirklicht*, sondern das Produkt einen **bloßen Träger der geistigen Leistung** bzw der Information („**Informationsträger**") darstellt.[621] So können beispielsweise bloße Urheber von Konstruktionsplänen, die in den Herstellungsprozess nicht eingebunden sind, nicht zur verschuldensunabhängigen Produkthaftung herangezogen werden.[622] Nichts anderes hat für Software Developer zu gelten: Entscheidend ist daher, ob sich ihre geistige Leistung in der Konstruktion einer beweglichen körperlichen Sache verwirklicht hat oder aber bloß auf einer solchen gespeichert ist.

c) Fehlerhafte Information

Wie bereits ausgeführt, differenziert ein Teil der österreichischen sowie auch deutschen Lehre streng zwischen dem Informationsträger (zB Datenträger) und der darauf gespeicherten geistigen Leistung (zB Software). Während der Informationsträger eine körperliche Sache sei, wird die darauf **gespeicherte geistige Leistung** als **unkörperlich** qualifiziert. Folgt man dieser Ansicht, wäre konsequenterweise auch bei der Produkthaftung danach zu unterscheiden, ob der Schaden durch die Körperlichkeit des Informationsträgers oder einen Fehler an der geistigen Leistung verursacht wurde. Soweit ersichtlich, wird zur Produkthaftung jedoch nicht mehr vertreten, dass in keinem Fall für fehlerhafte Information gehaftet wird.

Eine angemessene Unterscheidung trifft die Ansicht von *Welser*, der ein großer Teil der österreichischen Lehre folgt:[623] Das PHG sei auch dann anwendbar, wenn die „gespeicherten Informationen *direkt* (ohne Dazwischentreten eines die Information ‚befolgenden Verhaltens') zu Zerstörungen oder Beschädigungen" führen.[624] Dies sei beispielsweise bei Computersoftware der Fall, die „durch elektronische Impulse Geräte" steuert.[625] Vom PHG nicht erfasst seien hingegen fehlerhafte Informationen, „die nur deshalb Schaden ver-

---

621 *Fitz/Grau* in *Fitz/Grau/Reindl*, Produkthaftung² (2004) § 4 Rz 17 sprechen von einer bloßen Dokumentation bzw Ausdruck einer Dienstleistung.

622 *Eustacchio*, Produkthaftung (2002) 32; *Koziol/Apathy/Koch*, Haftpflichtrecht III³ (2014) B Rz 41; vgl auch die Beispiele des Plans eines Architekten oder des Rezepts eines Arztes bei *Fitz/Grau* in *Fitz/Grau/Reindl*, Produkthaftung² (2004) § 4 Rz 17.

623 *Welser*, Lücken und Tücken des Produkthaftungsgesetzes, WBl 1988, 281 (285); zu Computersoftware *Welser/Rabl*, PHG² (2004)§ 4 Rz 11; *Rabl*, PHG (2017) § 4 Rz 55; *Preslmayr*, Handbuch der Produkthaftung² (2002) 55; *Eustacchio*, Produkthaftung (2002) 34 f. AA *Fitz/Grau* in *Fitz/Grau/Reindl*, Produkthaftung² (2004) § 4 Rz 32, § 5 Rz 137 ff; *Koziol/Apathy/Koch*, Haftpflichtrecht III³ (2014) B Rz 136; *B. Koch*, Produkthaftung für Daten, in *Schurr/Umlauft* (Hrsg), FS Eccher (2017) 551 (559 ff). Ähnliche Überlegungen stellt auch *Oechsler* zum dProdHaftG an, vgl *Oechsler* in Staudinger BGB (2021) § 2 ProdHaftG Rz 76 ff.

624 *Welser*, Lücken und Tücken des Produkthaftungsgesetzes, WBl 1988, 281 (285); *Eustacchio*, Produkthaftung (2002) 34 f; ebenso explizit zu Computersoftware *Welser/Rabl*, PHG² (2004) § 4 Rz 11; *Rabl*, PHG (2017) § 4 Rz 55.

625 *Welser/Rabl*, PHG² (2004)§ 4 Rz 11; *Rabl*, PHG (2017) § 4 Rz 55; vgl auch zum dProdHaftG *G. Wagner* in Münchener Kommentar zum BGB⁸ (2020) § 2 ProdHaftG Rz 26.

ursachen, weil jemand auf ihren Inhalt vertraut."[626] Ein weiteres Beispiel für unmittelbar wirkende Information ist die Beschädigung eines Computers durch ein Computerprogramm, das einen Virus enthält.[627]

Ein anderer Teil der Lehre bejaht auch die Haftung für fehlerhafte Information, wenn sich die **Verkehrserwartung** an das Produkt auch auf die Richtigkeit der vermittelten Information bezieht (zB bei Instruktionen in Handbüchern oder Wanderkarten).[628] Nach *Koziol/Apathy/Koch* gelte dies auch für digitale Inhalte wie E-Books oder Software.[629] Diese Ansicht teilen auch *Fitz/Grau*, die sich auf das Beispiel eines digitalen Ortungssystems eines Flugzeuges beziehen:[630] Es gebe keinen Grund, den Flugzeugabsturz aufgrund eines fehlerhaften Autopiloten und einen Flugzeugabsturz aufgrund dessen, dass sich der Pilot „an den vom System mitgeteilten falschen Daten orientiert", unterschiedlich zu behandeln.[631] Das Verhalten des Piloten sei nur im Rahmen eines allfälligen Mitverschuldens zu veranschlagen.[632] *Taeger*, der Urheber dieses Beispiels, behandelt die Problematik der „unmittelbaren und mittelbaren Effekte des Programmeinsatzes" nicht unter dem Aspekt der **(Un)Körperlichkeit** von Computerprogrammen, sondern unter dem Gesichtspunkt des **ursächlichen Zusammenhangs** zwischen Produktfehler und Schaden:[633] Während der adäquat-kausale Zusammenhang bei unmittelbar wirkenden Programmen idR zweifelsfrei gegeben sein werde, könnte die Kausalkette bei einer dazwischentretenden Handlung bzw Unterlassung eines Menschen, die auf der durch das Computerprogramm zur Verfügung gestellten Information basiert, unterbrochen sein.[634] Ob das menschliche Verhalten die produkthaftungsrechtliche Zurechnung ausschließt, hänge davon ab, ob eine Verifizierung der präsentierten Information möglich und nach der Verkehrserwartung geboten ist („Entscheidungsspielraum") oder der Information vertraut werden muss bzw

---

626 *Welser*, Lücken und Tücken des Produkthaftungsgesetzes, WBl 1988, 281 (285); vgl zu Computersoftware *Welser/Rabl*, PHG[2] (2004)§ 4 Rz 10 f; *Rabl*, PHG (2017) § 4 Rz 55.

627 Vgl *Preslmayr*, Handbuch der Produkthaftung[2] (2002) 55; *Eustacchio*, Produkthaftung (2002) 34 f.

628 *Fitz/Grau* in *Fitz/Grau/Reindl*, Produkthaftung[2] (2004) § 5 Rz 138 ff; *Koziol/Apathy/Koch*, Haftpflichtrecht III[3] (2014) B Rz 133; vgl auch *B. Koch*, Produkthaftung für Daten, in *Schurr/Umlauft* (Hrsg), FS Eccher (2017) 551 (559). Vgl dazu aus der deutschen Literatur *Cahn*, Produkthaftung für verkörperte geistige Leistungen, NJW 1996, 2899 mwN; *Spindler*, Verschuldensunabhängige Produkthaftung im Internet, MMR 1998, 119; *Schlechtriem*, Angleichung der Produktenhaftung in der EG, VersR 1986, 1033.

629 *Koziol/Apathy/Koch*, Haftpflichtrecht III[3] (2014) B Rz 136; *B. Koch*, Produkthaftung für Daten, in *Schurr/Umlauft* (Hrsg), FS Eccher (2017) 551 (559 ff).

630 Bsp nach *Taeger*, Außervertragliche Haftung für fehlerhafte Computerprogramme (1995) 205.

631 *Fitz/Grau* in *Fitz/Grau/Reindl*, Produkthaftung[2] (2004) § 5 Rz 139. Vgl dazu auch *Cahn*, Produkthaftung für verkörperte geistige Leistungen, NJW 1996, 2899.

632 *Fitz/Grau* in *Fitz/Grau/Reindl*, Produkthaftung[2] (2004) § 5 Rz 139.

633 Zum dProdHaftG *Taeger*, Außervertragliche Haftung für fehlerhafte Computerprogramme (1995) 203 ff.

634 *Taeger*, Außervertragliche Haftung für fehlerhafte Computerprogramme (1995) 202 f.

darf.[635] Als Beispiel ohne Handlungsalternativen für den Menschen führt er das bereits erwähnte **automationsunterstützte Ortungssystem eines Flugzeuges** an; der Pilot müsse den vom System berechneten Positionsangaben vertrauen, er könne sie nicht verifizieren.[636] Die Ansicht von *Taeger* beinhaltet interessante Ansätze, wendet jedoch zur Beurteilung des ursächlichen Zusammenhanges einen zu strengen Maßstab an. Denn die Adäquanz ist nicht an der Verkehrserwartung zu messen, sondern an der Frage, ob der Kausalverlauf außerhalb jeder Lebenserfahrung liegt. Zu dem Fallbeispiel des digitalen Ortungssystems wird im Anschluss noch weiter eingegangen.

ME ist bei der Frage der Haftung für fehlerhafte Information mit *Welser* und der hA zu differenzieren: Die Unterscheidung zwischen unmittelbar und mittelbar wirkender Information ist für die meisten Fälle richtig und eignet sich daher gut für die Bildung eines Grundsatzes. Bei fehlerhafter Information ist daher **grundsätzlich** nach der **Unmittelbarkeit bzw Mittelbarkeit ihrer Wirkung** auf die Umwelt zu differenzieren: Verursacht fehlerhafte Information ***indirekt*** erst dadurch einen Schaden, dass sich ein Mensch dieser Information entsprechend verhält, scheidet eine Haftung nach PHG aus. Bewirkt die Information jedoch ***direkt***, ohne menschliches Dazwischentreten, eine Schädigung, liegt ein Fall der Produkthaftung vor. Dies lässt sich mit der Teleologie der Produkthaftung begründen, was ein Vergleich beider Fallvarianten mit einem mündlichen Rat auf der einen Seite und einer mechanisch gesteuerten Maschine auf der anderen Seite verdeutlicht. Während mündliche Ratschläge nicht von der Zwecksetzung der Produkthaftung erfasst sind, fallen mechanische Steuerungen von Maschinen eindeutig darunter. Mittelbar wirkende fehlerhafte Information ist im Regelfall eher mit einem mündlichen Rat vergleichbar und unterliegt daher nicht der Produkthaftung. Denn weshalb sollte es einen Unterschied machen, ob der Ratschlag mündlich oder schriftlich erteilt wird?[637] Umgekehrt ähnelt direkt wirkende fehlerhafte Information eher einer mechanischen Steuerung einer Maschine und muss daher der Produkthaftung unterfallen.[638] Es wäre sachlich nicht begründbar, danach zu differenzieren, ob eine Maschine „analog" oder „digital" funktioniert.[639] Es kann daher unter Be-

635 Mit verschiedenen Modellfällen *Taeger*, Außervertragliche Haftung für fehlerhafte Computerprogramme (1995) 206 ff.

636 *Taeger*, Außervertragliche Haftung für fehlerhafte Computerprogramme (1995) 205, 207.

637 Ebenso *Welser/Rabl*, PHG² (2004)§ 4 Rz 10; *Rabl*, PHG (2017) § 4 Rz 52; vgl dazu auch *Welser*, Das neue Produkthaftungsgesetz, WBl 1988, 165 (FN 38): „Wenn jedoch die körperliche Sache gegenüber der geistigen Leistung völlig in den Hintergrund tritt und nur noch die Funktion eines ‚Informationsträgers' hat, kann jener, der auf den Inhalt der geistigen Leistung vertraut und so Schaden leidet, nicht nach dem dProdHaftG vorgehen. Es ist deshalb für das dProdHaftG gleichgültig, ob der Gutachter, Rezeptersteller oder sonstige Ratgeber bloß eine mündliche Äußerung abgibt oder seine Anweisung auf ein Blatt Papier schreibt."

638 Vgl dazu auch *Taeger*, Außervertragliche Haftung für fehlerhafte Computerprogramme (1995) 204.

639 Zu der die Mechanik ersetzenden Funktion von Computerprogrammen vgl auch *Taeger*, Außervertragliche Haftung für fehlerhafte Computerprogramme (1995) 156.

rücksichtigung der produkthaftungsrechtlichen Wertungen keinen Unterschied machen, ob die Steuerung einer Maschine durch mechanische Bauteile oder software-basiert erfolgt.[640]

Im Anschluss an die obige Diskussion der Haftung für geistige Leistungen kann der Grundsatz auch wie folgt formuliert werden: Im Fall der **direkten** Wirkung von gespeicherter Information auf die Umwelt gehört die **Information zur Konstruktion der beweglichen körperlichen Sache** und es liegt **kein bloßer Informationsträger** vor. Entwickeln Software-Developer daher Steuerungssoftware für automatisierte Fahrzeuge, stellen fehlerhafte Steuerungsbefehle Konstruktionsfehler dar, für die sie nach der Produkthaftung verschuldensunabhängig einstehen müssen. Anders verhält es sich grundsätzlich bei **rein informierenden FAS**: Sie wirken nicht unmittelbar auf die Außenwelt ein, sondern stellen bloß Information zur Verfügung, die erst dadurch zu einem Schaden führen kann, dass ein Mensch sie zur Grundlage seines Verhaltens macht.

Von diesem Grundsatz gibt es jedoch meiner Ansicht nach Ausnahmen: Beruhen die falschen Informationen auf Fehlern in der Sensorik des Produkts, ist der Anwendungsbereich der Produkthaftung eröffnet, da das verwirklichte Risiko aus der **Körperlichkeit des Sensors** resultiert. Ist daher der Sensor eines Abstandsmessers nicht richtig kalibriert und meldet daher das informierende FAS erst dann einen zu geringen Abstand, als es bereits zu einem Zusammenstoß mit einem anderen Auto gekommen ist, liegt ein produkthaftungsbegründender Produktfehler vor. ME darf sich der Lenker zwar nicht ausschließlich auf die Informationen des automationsunterstützten Abstandsmessers verlassen. Dennoch vermag das dazwischentretende menschliche Verhalten den adäquat-kausalen Zusammenhang nicht – wie von *Taeger* vertreten – zu durchbrechen. Denn es liegt nicht außerhalb jeder Lebenserfahrung, dass ein Lenker auf die Informationen eines Abstandsmessers vertraut, ohne sich ein eigenes Bild zu machen. Der Ansicht von *Taeger*, der offenbar bereits bei einer gebotenen Verifizierung der Informationen eine Durchbrechung des Verursachungszusammenhangs annimmt, kann daher nicht gefolgt werden. Es liegt auch keine die Produkthaftung ausschließende missbräuchliche Verwendung vor, da mit derartigen Verhaltensweisen gerechnet werden muss. Wurde der Lenker selbst geschädigt, muss er sich freilich ein Mitverschulden anrechnen lassen. Für Fehler der Hardwarekomponenten der Sensorik wird daher auf der Grundlage der Produkthaftung gehaftet.

Außerdem kann die Teleologie im **Einzelfall** zu einem von dem erörterten Grundsatz **abweichenden Ergebnis** führen: An dem sehr interessanten Bei-

[640] Ebenso *Holzinger*, Produkthaftpflicht und Software, EDVuR 4/1988, 10 (11); vgl *Kary*, Wenn das Auto unmotiviert bremst, Die Presse 2018/41/07 (8.8.2019, rdb.at); vgl auch *Amtacher/Andréewitch*, Rechtliche Fragen des autonomen Fahrens – Haftung (Teil II), jusIT 2017, 209 (212), nach denen Steuerungssoftware eine „Nähe zu einem ‚*normalen*‘ körperlichen Produkt“ aufweist.

spiel des programmunterstützten Ortungssystems eines Flugzeuges wird klar, dass der Zweck dieses Systems nicht in der bloßen Information des Piloten liegt. Vielmehr erfüllt es die Funktion eines technischen Werkzeuges zur Positionsbestimmung. Es kann jedoch keinen Unterschied machen, ob die Ortungsinstrumente analog (zB Kompass)[641] oder digital funktionieren.

Eine Klärung der heftig umstrittenen Frage nach der Haftung für **fehlerhafte Information in Druckwerken** brachte das Urteil des EuGH vom 10.6. 2021 im Vorabentscheidungsverfahren **C-65/20**[642]. Das zugrunde liegende Vorabentscheidungsersuchen stellte der OGH[643] im Jänner 2020.[644] Im Ausgangsverfahren ging es um die Frage, ob der Medieninhaber und Verleger einer Zeitung verschuldensunabhängig nach PHG für Gesundheitsschäden haftet, die sich aus der Befolgung eines fachlich unrichtigen abgedruckten Gesundheitstipps ergeben.[645] Der EuGH sprach aus, dass ein abgedruckter Ratschlag nicht zu den der Zeitung innewohnenden Faktoren gehöre. Da die Zeitung nur den Träger des Ratschlages bilde, stelle der abgedruckte Ratschlag eine bloße Dienstleistung dar, die nicht in den Anwendungsbereich der PH-RL falle.[646] Dem Judikat des EuGH ist zuzustimmen. Die darin gefällte Rspr zur Frage der Haftung des Herstellers für fehlerhafte Informationen in Druckwerken fügt sich bestens in die hier vertretene Ansicht zur allgemeinen Rechtsfrage der Haftung für fehlerhafte Information ein, wonach der Hersteller nicht nach der verschuldensunabhängigen Haftung einzustehen habe, wenn ein die Information befolgendes menschliches Verhalten zur Schädigung führt. Das Urteil des EuGH wird bedeutsame Auswirkungen haben, nicht nur auf die Haftung für Druckwerke, sondern auf die Haftung für auf Informationsträgern gespeicherte Informationen im Allgemeinen und somit auch auf die Haftung für Software. Freilich wird gerade zur Frage der Produktqualifikation von Software

---

641 Vgl dazu auch die Entscheidung des kalifornischen Berufungsgerichts *Winter v. G.P. Putnam's Sons*, 938 F.2d 1033 (9th Cir. 1991).

642 EuGH 10.6.2021, C-65/20, *VI/KRONE-Verlag GmbH & Co KG*.

643 OGH 1 Ob 163/19f ZIIR 2020, 188 (*Thiele*) = MR 2020, 128 = Zak 2020, 77 (*Welser*).

644 Die Vorlagefrage lautet wie folgt: „Ist Art 2 in Verbindung mit Art 1 und Art 6 der Richtlinie 85/374/EWG des Rates vom 25. Juli 1985 zur Angleichung der Rechts- und Verwaltungsvorschriften der Mitgliedstaaten über die Haftung für fehlerhafte Produkte dahin auszulegen, dass als (fehlerhaftes) Produkt auch ein körperliches Exemplar einer Tageszeitung anzusehen ist, die einen fachlich unrichtigen Gesundheitstipp enthält, dessen Befolgung einen Schaden an der Gesundheit verursacht?“

645 Ein ähnlich gelagerter Fall lag schon dem BGH-Urteil VI ZR 223/68, *Carter-Robbins-Test*, NJW 1970, 1963, zugrunde. Hier ging es um einen Druckfehler in einem medizinischen Fachwerk (25%ige statt 2,5%ige Kochsalzlösung), der zu einer ärztlichen Fehlbehandlung und Gesundheitsschädigung des Patienten führte.

646 EuGH 10.6.2021, C-65/20, *VI/KRONE-Verlag GmbH & Co KG* Rz 36: „Im vorliegenden Fall ist festzustellen, dass sich die fragliche Dienstleistung – d. h. der unrichtige Ratschlag – nicht auf die gedruckte Zeitung bezieht, die ihren Träger bildet. Konkret betrifft diese Dienstleistung weder die Darbietung noch den Gebrauch dieser Zeitung. Folglich gehört diese Dienstleistung nicht zu den der gedruckten Zeitung innewohnenden Faktoren, die als Einzige die Beurteilung ermöglichen, ob dieses Produkt fehlerhaft ist.“

und insb Steuerungssoftware keine Aussage getroffen, weshalb ein mit dieser Frage befasstes nationales letztinstanzliches Gericht ein neuerliches Vorabentscheidungsverfahren einzuleiten hätte. Eine Klarstellung durch den Unionsgesetzgeber wäre in dieser Hinsicht wünschenswert.

d) Integrierte vs isolierte Steuerungssoftware

Nach hL haftet der **Endhersteller** für **Steuerungssoftware** jedenfalls dann, wenn sie integrierender Bestandteil einer körperlichen beweglichen Sache ist („**integrierte Software**"), da sie das „Endprodukt als solches" fehlerhaft mache.[647] Als einer von wenigen geht *Andreewitch* auch auf die Frage der Haftung des Zulieferers der Steuerungssoftware als Teilhersteller sowie die Haftung für separat erworbene Steuerungssoftware ein und lehnt beides ab.[648] Zuzustimmen ist jedoch mE jener Ansicht, wonach Steuerungssoftware der Produkthaftung unabhängig davon unterfällt, ob es sich um den Bestandteil eines Endprodukts oder selbständig erworbene („**isolierte**") **Software** handelt.[649] Es hat daher nicht nur der Endhersteller eines Geräts mit integrierter Steuerungssoftware, sondern auch der **Zulieferer** der Steuerungssoftware als Teilhersteller sowie der Hersteller einer als selbständiges Produkt erworbenen Steuerungssoftware für deren Fehler nach dem PHG einzustehen.[650]

e) Standard- vs Individualsoftware

Für die Frage der Anwendbarkeit des PHG auf Steuerungssoftware spielt es nach der hA keine Rolle, ob es sich dabei um **Standard- oder Individualsoftware** handelt.[651] Dies entspricht der zustimmungswürdigen hL, wonach es

---

[647] *Posch/Terlitza* in *Schwimann/Kodek*, ABGB Praxiskommentar[4] (2016) § 4 PHG Rz 10; vgl auch *Harnoncourt*, Haftungsrechtliche Aspekte des autonomen Fahrens, ZVR 2016/228 (549 f); *Harnoncourt*, Haftungsrechtliche Aspekte des autonomen Fahrens, in *I. Eisenberger ua* (Hrsg), Autonomes Fahren und Recht (2017) 109 (115 f); *Eustacchio*, Automatisiert zum Recht, ZVR 2017/253 (512); *Denkmaier*, 30 Jahre PHG – Software als Produkt? in *Felten ua* (Hrsg), Digitale Transformation im Wirtschafts- & Steuerrecht (2019) 51 (58). Zum dProdHaftG *Oechsler* in Staudinger BGB (2021) § 2 ProdHaftG Rz 64; *G. Wagner* in Münchener Kommentar zum BGB[8] (2020) § 2 ProdHaftG Rz 6, 21 („Kombinationsprodukte aus Hard- und Software"); *G. Wagner*, Produkthaftung für autonome Systeme, AcP 2017, 707 (714 f).

[648] *Andreewitch*, Zur Anwendbarkeit des Produkthaftungsgesetzes für Softwarefehler, EDVuR 1990, 50 (50 ff).

[649] *Welser/Rabl*, PHG[2] (2004)§ 4 Rz 11; ebenso *Fitz/Grau* in *Fitz/Grau/Reindl*, Produkthaftung[2] (2004) § 5 Rz 140; zum dProdHaftG *G. Wagner* in Münchener Kommentar zum BGB[8] (2020) § 2 ProdHaftG Rz 26; *Taeger*, Außervertragliche Haftung für fehlerhafte Computerprogramme (1995) 156, 311.

[650] Vgl *Welser/Rabl*, PHG[2] (2004) § 4 Rz 11; ebenso *Fitz/Grau* in *Fitz/Grau/Reindl*, Produkthaftung[2] (2004) § 5 Rz 140; zum dProdHaftG *Taeger*, Außervertragliche Haftung für fehlerhafte Computerprogramme (1995) 156.

[651] *Welser/Rabl*, PHG[2] (2004)§ 4 Rz 11; *Rabl*, PHG (2017) § 4 Rz 55; *Holzinger*, Produkthaftpflicht und Software, EDVuR 4/1988, 10 (12); *Andreewitch*, Zur Anwendbarkeit des Produkthaftungsgesetzes für Softwarefehler, EDVuR 1990, 50 (52); *Horwath*, Software – ein Pro-

für den Produktbegriff unerheblich ist, ob dieses individuell angefertigt wird oder Teil einer Serienproduktion ist.[652] Nach der Rspr des EuGH sind außerdem auch bewegliche Sachen von der Produkthaftung umfasst, die im Rahmen einer Dienstleistung in Verkehr gebracht werden.[653] *Posch/Terlitza* lehnen dennoch grundsätzlich[654] eine Haftung für Individualprogramme ab, da das Hauptgewicht auf der geistigen Leistung liege.[655] Auch *Fitz/Grau* sehen Individualsoftware nicht vom Produktbegriff erfasst an, da sie „den Charakter einer individuellen Dienstleistung und nicht einer Warenlieferung" haben.[656]

f) Datenträger vs Datenfernübertragung

Zu Recht wird bei der vertragsrechtlichen und damit im Zusammenhang stehenden sachenrechtlichen Einordnung betont, dass Computerprogramme zu ihrer Nutzbarkeit gespeichert sein müssen. Im Normalfall ist das Programm auf einem Datenträger des Nutzers selbst gespeichert. Aber auch andere Nutzungsformen bedürfen einer Speicherung: Bei ASP bzw SaaS etwa liegt das Computerprogramm auf dem Server des Anbieters bereit.[657] In diesen Fällen ist Software mE als körperliche bewegliche Sache zu qualifizieren. Für die vertragsrechtliche Einordnung ist die Übertragungsmodalität[658] irrelevant, weil

dukt? ecolex 2000, 784 (785); *Ondreasova*, Haftung für technische Hilfsmittel de lege ferenda, ÖJZ 2015, 593 (FN 32); *Denkmaier*, 30 Jahre PHG – Software als Produkt? in *Felten ua* (Hrsg), Digitale Transformation im Wirtschafts- & Steuerrecht (2019) 51 (58); *B. Koch*, Produkthaftung für Daten, in *Schurr/Umlauft* (Hrsg), FS Eccher (2017) 551 (562 f). AA *Fitz/Grau* in *Fitz/Grau/Reindl*, Produkthaftung² (2004) § 4 Rz 34, die das PHG nicht für anwendbar halten auf Computerprogramme, die „den Charakter einer individuellen Dienstleistung und nicht einer Warenlieferung" haben. Aus der deutschen Literatur gegen eine Differenzierung *G. Wagner* in Münchener Kommentar zum BGB⁸ (2020) § 2 ProdHaftG Rz 26; *Taeger*, Außervertragliche Haftung für fehlerhafte Computerprogramme (1995) 165 ff, 311; *Marly*, Softwareüberlassungsverträge³ (2000) Rz 1154; *Marly*, Praxishandbuch Softwarerecht⁷ (2018) Rz 1822 mwN; im Grundsatz *Oechsler* in Staudinger BGB (2021) § 2 ProdHaftG Rz 69. Zur PH-RL gegen eine Differenzierung *A.-K. Müller*, Software als „Gegenstand" der Produkthaftung (2020) 150, 154.

652 *Fitz/Grau* in *Fitz/Grau/Reindl*, Produkthaftung² (2004) § 1 Rz 8; *Welser/Rabl*, PHG² (2004) § 4 Rz 4, 11; *Rabl*, PHG (2017) § 3 Rz 22, § 4 Rz 20; vgl auch *Koziol/Apathy/Koch*, Haftpflichtrecht III³ (2014) B Rz 121 f; aus der deutschen Literatur *Taeger*, Außervertragliche Haftung für fehlerhafte Computerprogramme (1995) 167 f.

653 EuGH 10.5.2001, C-203/99, *Veedfald/Århus Amtskommune*.

654 Unklar ist, ob die genannten Autoren diese Ansicht auch für individuelle und in ein Endprodukt integrierte Steuerungssoftware vertreten, vgl *Posch/Terlitza* in *Schwimann/Kodek*, ABGB Praxiskommentar⁴ (2016) § 4 PHG Rz 10 letzter Absatz.

655 *Posch/Terlitza* in *Schwimann/Kodek*, ABGB Praxiskommentar⁴ (2016) § 4 PHG Rz 10.

656 *Fitz/Grau* in *Fitz/Grau/Reindl*, Produkthaftung² (2004) § 4 Rz 34.

657 *Uskenbayeva*, Produkthaftung für Software im Internet (2008) 9 f mwN; *Staudegger*, Rechtsfragen beim Erwerb von IT-Systemen, in *Jahnel/Mader/Staudegger* (Hrsg), IT-Recht⁴ (2020) 191 (Rz 4/42).

658 Freilich macht es für die vertragliche Einordnung einen Unterschied, ob Software vorübergehend oder auf Dauer überlassen wird. Dieser Aspekt soll von dem Schlagwort Übertragungsmodalität nicht erfasst werden.

der Kaufgegenstand oder das zu errichtende Werk Objekt der sachenrechtlichen Beurteilung ist: Dies ist aber entsprechend dem Vertragszweck das *nutzbare* Programm, das daher immer körperlich ist.[659] Bei den sachen- und vertragsrechtlichen Überlegungen des OGH und des dBGH stellt sich das Problem der DFÜ daher nur im Zusammenhang mit der Frage, ob eine wirksame Übergabe erfolgt ist.[660]

Bei der **Produkthaftung** kommt es aber nicht auf den Nutzungszeitpunkt an, sondern es wird auf den **Zeitpunkt des Inverkehrbringens** abgestellt. Zu Recht problematisiert wird daher die Frage der Anwendbarkeit der Produkthaftung auf Steuerungssoftware, die ohne Speicherung auf einem Transportträger **mittels DFÜ** in Verkehr gebracht wird.[661] Denn bei DFÜ erfolgt die Übermittlung der Software durch elektromagnetische Wellen, elektrische Signale oder Lichtimpulse. Diese werden erst beim Empfänger in Daten umgewandelt und als Software auf einem Datenträger gespeichert.

Im Regelfall wird eine identische Programmkopie (und nicht das Stammprogramm selbst) übermittelt, während die Grundversion des Programms auf einem Datenträger beim Übermittler verbleibt.[662] Während also das Stammprogramm beim Übermittler gespeichert bleibt, befindet sich der identische Datensatz im Zeitpunkt der Übertragung nicht auf einem Datenträger, sondern als **optisches, elektrisches oder elektromagnetisches Signal** über das entsprechende Trägermedium auf dem Weg zum Kunden. Ein Teil der Lehre würde Software in dieser Form als unkörperlich begreifen.[663] Dem ist zuzustimmen, da sonst jede derart übertragene Information als körperlich begriffen werden müsste.[664] Jedoch halte ich die von einem Teil der Lehre gezogene Schlussfolgerung, mittels DFÜ übermittelte Automatisierungssoftware nicht in den

---

659 Vgl hierzu auch die Ausführungen von *Taeger*, Außervertragliche Haftung für fehlerhafte Computerprogramme (1995) 163.

660 Vgl zur Frage der Eigentumsübertragung nach deutschem Zivilrecht *Taeger*, Außervertragliche Haftung für fehlerhafte Computerprogramme (1995) 156.

661 Die Anwendbarkeit bejahend *Fitz/Grau* in *Fitz/Grau/Reindl*, Produkthaftung² (2004) § 4 Rz 33; *Koziol/Apathy/Koch*, Haftpflichtrecht III³ (2014) B Rz 137 mwN; *Horwath*, Software – ein Produkt? ecolex 2000, 784 (784 f). Bejahend zum dProdHaftG *G. Wagner* in Münchener Kommentar zum BGB⁸ (2020) § 2 ProdHaftG Rz 26; *G. Wagner*, Produkthaftung für autonome Systeme, AcP 2017, 707 (718); *Taeger*, Außervertragliche Haftung für fehlerhafte Computerprogramme (1995) 311; *Spindler*, Verschuldensunabhängige Produkthaftung im Internet, MMR 1998, 119. (Eher) verneinend *Welser/Rabl*, PHG² (2004) § 4 Rz 11; *Rabl*, PHG (2017) § 4 Rz 57. Verneinend zum dProdHaftG *Oechsler* in Staudinger BGB (2021) § 2 ProdHaftG Rz 64 f.

662 Vgl *Handig*, "Downloads" im World Wide Web – Eine gewerberechtliche Beurteilung, ecolex 2002, 298 (298); *Uskenbayeva*, Produkthaftung für Software im Internet (2008) 10. Denkbar, aber in Hinblick auf die Gefahr des Datenverlustes riskant und daher unwahrscheinlich, ist die DFÜ des Computerprogramms unter gleichzeitiger Löschung auf dem Datenträger des Übermittlers. Vgl zu diesen beiden alternativen Übertragungsvorgängen *Taeger*, Außervertragliche Haftung für fehlerhafte Computerprogramme (1995) 132.

663 So *Rabl*, PHG (2017) § 4 Rz 57.

664 Vgl dazu *Fitz/Grau* in *Fitz/Grau/Reindl*, Produkthaftung² (2004) § 4 Rz 33.

Anwendungsbereich der Produkthaftung miteinzubeziehen, für verfehlt. Es ist zu betonen, dass die **Wortauslegung** nur eine von mehreren Interpretationsmethoden darstellt. Überzeugende **teleologische Argumente** sprechen aber dafür, dass auch mittels DFÜ übertragene Steuerungssoftware der Produkthaftung unterliegt:

Nach *Koziol/Apathy/Koch* dürfe es in Hinblick auf die Produkthaftung keinen Unterschied machen, ob digitale Inhalte auf einem körperlichen Speichermedium oder über eine (rein) digitale Übertragungsart vertrieben werden,[665] da die **Verkehrserwartungen** an die digitalen Inhalte in beiden Fällen gleich gestaltet seien.[666] Eine andere Ansicht sei „aus heutiger Sicht lebensfremd."[667] Die Produkthaftung beziehe sich auch auf „nachfolgend erworbene Updates".[668] In ähnlicher Weise stellen auch *Fitz/Grau* auf den **Verkehr** ab, nach dessen **Anschauung** „Software einen ausgesprochenen Warencharakter" habe, „ungeachtet dessen, ob sie auf Disketten gespeichert ist oder unmittelbar überspielt wird."[669]

Einige Autoren weisen auf die Konsequenz hin, die eine Differenzierung zwischen Übermittlung von Computerprogrammen mittels Datenträger und mittels DFÜ bei der Anwendungsfrage der Produkthaftung mit sich brächte: Der Hersteller könnte sich durch die Nutzung der technischen Möglichkeiten der DFÜ der Produkthaftung entziehen.[670] Dies entspricht aber nicht dem Sinn der Produkthaftung, die den Schutz des **Integritätsinteresses** der Personen, die potentiell durch das Produkt geschädigt werden, bezweckt.[671] Ein durch den Hersteller in Verkehr gebrachtes fehlerhaftes Steuerungsprogramm stellt aber unabhängig von der Übertragungsart eine Gefahrenquelle dar.[672] Für die Wirkung und damit die **Gefährlichkeit** des automatisierenden Computerprogramms ist der Weg der Übertragung irrelevant.[673]

Wie bereits *Rüffler* in anderem Zusammenhang festgehalten hat, sollten „die Regeln, welche für die ‚Offline-Welt' gelten, auch auf die ‚Online-Welt' angewendet werden, wenn gemessen am Maßstab der zugrunde liegenden Kon-

665 Gegen eine Unterscheidung auch *Graul*, Haftung autonomer Fahrzeuge – eine zivilrechtliche Perspektive, EALR 2020, 24 (25).

666 *Koziol/Apathy/Koch*, Haftpflichtrecht III³ (2014) B FN 304, Rz 137.

667 *Koziol/Apathy/Koch*, Haftpflichtrecht III³ (2014) B FN 304.

668 In Bezug auf das digitale Kartenmaterial von Navigationsgeräten *Koziol/Apathy/Koch*, Haftpflichtrecht III³ (2014) B FN 305.

669 *Fitz/Grau* in *Fitz/Grau/Reindl*, Produkthaftung² (2004) § 4 Rz 33.

670 *Taeger*, Außervertragliche Haftung für fehlerhafte Computerprogramme (1995) 161, 165; ebenso *Denkmaier*, 30 Jahre PHG – Software als Produkt? in *Felten ua* (Hrsg), Digitale Transformation im Wirtschafts- & Steuerrecht (2019) 51 (61).

671 *Fitz/Grau* in *Fitz/Grau/Reindl*, PHG² (2004) § 5 Rz 2 mwN; ständige Rspr des OGH RIS-Justiz RS0107605.

672 Vgl dazu *Taeger*, Außervertragliche Haftung für fehlerhafte Computerprogramme (1995) 164 f.

673 Vgl *Spindler*, Verschuldensunabhängige Produkthaftung im Internet MMR, 1998, 119 (121); ebenso *Uskenbayeva*, Produkthaftung für Software im Internet (2008) 15 mwN.

fliktlagen und rechtlichen Wertungen keine relevanten Unterschiede bestehen."[674] Daher sollten auch nach Ansicht von *Manhardt* die neuen technischen Möglichkeiten der Softwarebereitstellung nichts an der rechtlichen Behandlung ändern, wenn doch der Charakter der Software gleich bleibt.[675]

Die angeführten schwerwiegenden teleologischen Erwägungen sprechen daher dafür, mittels DFÜ übertragene Steuerungssoftware unter den Produktbegriff zu subsumieren. Die Grenze jeglicher Auslegung bildet jedoch der **äußerst mögliche Wortsinn**.[676] Nach der hier vertretenen Ansicht kann mittels DFÜ übertragene Software im Zeitpunkt der Übermittlung nicht als körperliche Sache iSd § 4 PHG iVm § 292 ABGB begriffen werden, da sie in der Form von elektromagnetischen Wellen, elektrischen Signalen oder Lichtimpulsen vorliegt. Ein Verständnis von § 4 PHG in dem Sinne, dass er auch heruntergeladene Steuerungssoftware erfasst, widerspräche daher dessen äußerst möglichem Wortsinn. Eine Einbeziehung von mittels DFÜ übertragener Steuerungssoftware in den Anwendungsbereich des PHG kann folglich nicht im Wege einer direkten Anwendung erfolgen.

Zu prüfen ist daher die methodische Möglichkeit einer **analogen Anwendung des PHG** auf mittels DFÜ übertragene Steuerungssoftware. Voraussetzung jeder Analogie ist eine planwidrige Unvollständigkeit, das heißt eine nicht gewollte Lücke.[677] Es ist davon auszugehen, dass sowohl der EU- als auch der nationale Gesetzgeber zum Zeitpunkt der Gesetzeserlassung die technischen Möglichkeiten des relativ neuartigen Phänomens der Digitalisierung nicht berücksichtigt haben. Da es aber dem klaren gesetzgeberischen Plan widerspricht, Geschädigte von mittels DFÜ übermittelten fehlerhaften Steuerungsprogrammen schutzlos zu lassen,[678] liegt mE eine planwidrige Lücke vor, die mittels Analogie zu schließen ist. Dem könnte nur die Lex-lata-Grenze gem § 6 ABGB entgegenstehen, die im Sinne der Gewaltenteilung die Grenze jeglicher zulässiger Rechtsfindung bildet: Diese ist erreicht, wenn der klare Gesetzeswortlaut mit der eindeutig erweislichen Absicht des historischen Gesetzgebers übereinstimmt.[679] Da die ErläutRV zu dem Kriterium der Körperlichkeit des Produktbegriffes schweigen und auch sonst keine diesbezügliche eindeutige Ab-

---

674 *Rüffler*, Ist der Handel mit gebrauchter Software urheberrechtlich zulässig? ÖBl 2008, 52 (59); vgl zu diesem wichtigen Gedanken auch RIS-Justiz RS0115196, wonach zur Vermeidung einer unerträglichen Diskrepanz zwischen dem virtuellen und dem nicht-virtuellen Geschäftsverkehr die im allgemeinen Kennzeichenrecht entwickelten Grundsätze zur Verwechslungsgefahr auch bei der Beurteilung von Kollisionsfällen unter Beteiligung einer Domain oder zwischen Domains heranzuziehen sind.

675 *Manhardt*, Der „Software as a Service"-Vertrag (2012) 217.

676 HA vgl *Weilinger*, Privatrecht[8] (2020) 21; *F. Bydlinski/P. Bydlinski*, Grundzüge der juristischen Methodenlehre[3] (2018) 80 f; vgl auch RIS-Justiz RS0016495.

677 RIS-Justiz RS0098756.

678 Die einzelnen teleologischen Argumente wurden bereits ausgeführt und müssen an dieser Stelle nicht wiederholt werden.

679 *F. Bydlinski/P. Bydlinski*, Grundzüge der juristischen Methodenlehre[3] (2018) 114.

sicht des Gesetzgebers ableitbar wäre, steht die Lex-lata-Grenze einer analogen Anwendung des PHG auf mittels DFÜ übertragene Steuerungssoftware nicht im Wege.[680]

Aufgrund der unionsrechtlichen Determinierung des PHG muss die Einbeziehung von heruntergeladener Steuerungssoftware auch den Vorgaben der PH-RL entsprechen (**Gebot richtlinienkonformer Rechtsfindung**). Wie bereits unter Kap VI.B.5 dargestellt, ist die Wortauslegung der korrespondierenden Richtlinienbestimmung des Art 2 PH-RL nicht eindeutig: Der zugrunde liegende Text der PH-RL erwähnt nämlich nicht das Kriterium der Körperlichkeit, sondern spricht schlicht von einer beweglichen Sache.[681] Auch wenn davon auszugehen ist, dass der Sachbegriff des Art 2 PH-RL ein gewisses Verständnis von Körperlichkeit inkludiert, so bleiben gerade dessen Reichweite und somit Randbereiche unklar. Es ist daher damit zu rechnen, dass der EuGH – sollte er mit der Auslegungsfrage im Wege eines Vorabentscheidungsverfahrens konfrontiert sein – vorrangig aus der Teleologie der PH-RL argumentieren und (mE zu Recht) keinen sachlichen Grund dafür finden wird, über DFÜ übermittelte Steuerungssoftware anders zu behandeln als auf Datenträgern in Verkehr gebrachte Steuerungssoftware. Ein anderes Verständnis würde die **Effektivität der PH-RL im digitalen Bereich** schwächen, was den Zwecken der PH-RL zuwiderlaufen dürfte.[682] In diesem Zusammenhang ist mit *Denkmaier* auch auf ErwGr 2 zu verweisen, wonach „das unserem Zeitalter fortschreitender Technisierung eigene Problem einer gerechten Zuweisung der mit der modernen technischen Produktion verbundenen Risiken" nur bei einer verschuldensunabhängigen Haftung des Herstellers in sachgerechter Weise gelöst werden kann.[683] Daraus ist ableitbar, dass der europäische Gesetzgeber die Problematik der Schaffung neuer Risiken durch den technologischen Fortschritt erkannt hat und die in der PH-RL behandelten haftungsrechtlichen Aspekte auch im Wandel des technischen Forstschritts einer adäquaten Lösung zuführen wollte.[684] Es ist daher stark damit zu rechnen, dass der EuGH entweder mittels extensiver teleologischer Auslegung oder mittels Analogie

---

680 Vgl dazu auch *Denkmaier*, 30 Jahre PHG – Software als Produkt? in *Felten ua* (Hrsg), Digitale Transformation im Wirtschafts- & Steuerrecht (2019) 51 (65), der zumindest eine analoge Anwendung des PHG auf Software für geboten hält, jedoch auch die Möglichkeit einer direkten Anwendung nicht ausschließt.

681 *Koziol/Apathy/Koch*, Haftpflichtrecht III³ (2014) B Rz 116, 137; vgl auch *Horwath*, Software – ein Produkt? ecolex 2000, 784 (785); *Kath*, Auf dem Weg zum autonomen Fahren: haftungs- und versicherungsrechtliche Aspekte (2018) 27; *Denkmaier*, 30 Jahre PHG – Software als Produkt? in *Felten ua* (Hrsg), Digitale Transformation im Wirtschafts- & Steuerrecht (2019) 51 (52, 63); *B. Koch*, Produkthaftung für Daten, in *Schurr/Umlauft* (Hrsg), FS Eccher (2017) 551 (553).

682 Zum Argument des effet utile vgl auch *A.-K. Müller*, Software als „Gegenstand" der Produkthaftung (2020) 170, 181 f.

683 *Denkmaier*, 30 Jahre PHG – Software als Produkt? in *Felten ua* (Hrsg), Digitale Transformation im Wirtschafts- & Steuerrecht (2019) 51 (64).

684 Vgl *Denkmaier*, 30 Jahre PHG – Software als Produkt? in *Felten ua* (Hrsg), Digitale Transformation im Wirtschafts- & Steuerrecht (2019) 51 (64).

heruntergeladene Steuerungssoftware in den Anwendungsbereich des Art 2 PH-RL einbeziehen wird.[685]

Nun kann die Rechtsfindung durch den EuGH freilich nicht mit Sicherheit vorhergesehen werden. Vielmehr ist die Bedeutung des Produktbegriffs der PH-RL in Hinblick auf Computerprogramme immer noch mit erheblichen Zweifeln behaftet. Sollte daher ein national letztinstanzliches Gericht mit der Frage der Produktqualifikation von Software in den unterschiedlichen Übermittlungsformen befasst sein, so muss es diese an den EuGH im Wege des **Vorabentscheidungsverfahrens** nach Art 267 AEUV herantragen.[686] Neben einer Vorabentscheidung des EuGH könnte auch eine **legislative Änderung der PH-RL** Klarheit über die Frage bringen, ob Software als Produkt iSd unionsrechtlichen Produkthaftung zu verstehen ist sowie für welche Produktgefahren gehaftet wird.[687]

Sollte die Vorabentscheidung des EuGH bzw gesetzliche Änderung der PH-RL ergeben, dass auch per DFÜ übermittelte Steuerungssoftware von der Produkthaftung umfasst ist, so muss diese Entscheidung – soweit methodisch zulässig – durch **richtlinienkonforme Rechtsanwendung** der nationalen Umsetzungsgesetze nachvollzogen werden. Nach der Rspr des EuGH sind die Möglichkeiten der jeweiligen nationalen Methodenlehre auszuschöpfen, um zu einem unionsrechtskonformen Ergebnis zu gelangen.[688] Da das österreichische Recht die Methode der Analogie kennt, muss dieses Instrumentarium auch zum Zweck richtlinienkonformer Rechtsfindung genutzt werden.[689] Diese Pflicht besteht freilich nur im Rahmen des methodisch Zulässigen.[690] Die Zulässigkeit der Analogie nach nationaler Methodenlehre, insb das Vorliegen

---

685 Ebenso für Software im Allgemeinen *Denkmaier*, 30 Jahre PHG – Software als Produkt? in *Felten ua* (Hrsg), Digitale Transformation im Wirtschafts- & Steuerrecht (2019) 51 (65).

686 Vgl *Taeger*, Außervertragliche Haftung für fehlerhafte Computerprogramme (1995) 119.

687 *Eustacchio*, Automatisiert zum Recht, ZVR 2017/253 (512).

688 *Baldus* in *Riesenhuber* (Hrsg), Europäische Methodenlehre[3] (2015) § 3 Rz 18; vgl *Roth/Jopen* in *Riesenhuber* (Hrsg), Europäische Methodenlehre[3] (2015) § 13 Rz 24, 31; vgl EuGH 5.10.2004, C-397/01 bis C-403/01, *Pfeiffer ua/Deutsches Rotes Kreuz, Kreisverband Waldshut e. V.* Rz 116 ff; vgl EuGH 4.7.2006, C-212/04, *Adeneler ua/ELOG* Rz 111; vgl OGH 4 Ob 208/10g, *Fußballer des Jahres IV*, wbl 2011, 221 (*Schuhmacher*) = MR 2011, 41 (*Plasser*) = ÖBl-LS 2011/35 = RdW 2011, 149 = EvBl 2011/88 = *Perner*, ÖJZ 2011, 621 = ecolex 2011, 727 (*Horak*) = ÖBl 2011, 115 (*Gamerith*) = *Klamert*, JBl 2011, 738 = RZ 2011, 121 EÜ112 = *Krutzler*, ÖBl 2012, 196 = SZ 2011/17 = *Burgstaller*, ecolex 2014, 538.

689 *Roth/Jopen* in *Riesenhuber* (Hrsg), Europäische Methodenlehre[3] (2015) § 13 Rz 31, die dieses Prinzip als „Methodische Gelichbehandlung" bezeichnen; zust *Perner*, EU-Richtlinien und Privatrecht (2012) 82, 100; zust OGH 4 Ob 208/10g, *Fußballer des Jahres IV*, wbl 2011, 221 (*Schuhmacher*) = MR 2011, 41 (*Plasser*) = ÖBl-LS 2011/35 = RdW 2011, 149 = EvBl 2011/88 = *Perner*, ÖJZ 2011, 621 = ecolex 2011, 727 (*Horak*) = ÖBl 2011, 115 (*Gamerith*) = *Klamert*, JBl 2011, 738 = RZ 2011, 121 EÜ112 = *Krutzler*, ÖBl 2012, 196 = SZ 2011/17 = *Burgstaller*, ecolex 2014, 538; in Bezug auf die teleologische Reduktion vgl auch EuGH 5.10.2004, C-397/01 bis C-403/01, *Pfeiffer ua gegen Deutsches Rotes Kreuz, Kreisverband Waldshut e. V* Rz 116.

690 Vgl dazu Kap III.A.2.

einer planwidrigen Lücke sowie das Einhalten der Lex-lata-Grenze, wurde im Rahmen dieses Kapitels bereits erörtert und bejaht.

Aus den genannten Gründen kommt es mE nur darauf an, *ob* das Computerprogramm, das unmittelbare Auswirkungen auf die Umwelt hat, wie insb ein Steuerungsprogramm, in Verkehr gebracht wurde, jedoch nicht, *wie* es in Verkehr gebracht wurde. Daher ist auch **mittels DFÜ** bezogene Steuerungssoftware von der Produkthaftung umfasst.[691] In gleicher Weise sind auch **Software-Updates**, die der Hersteller des erworbenen automatisierten Kfz zur Verbesserung bzw Aktualisierung der ursprünglichen Steuerungssoftware anbietet und die idR mittels DFÜ bezogen werden, als Produkte zu beurteilen.[692]

Am Rande sei darauf hingewiesen, dass auch fehlerhafte Computerprogramme, die mittels ASP bzw SaaS genutzt werden und unmittelbar einen Schaden verursachen, nach richtiger Ansicht in den Anwendungsbereich der Produkthaftung fallen.[693] Denn nach der Rspr des EUGH zum Begriff des Inverkehrbringens iSd Art 7 PH-RL ist ein Verlassen des Herrschaftsbereichs des Herstellers nicht maßgeblich, wenn die „Verwendung des Produkts […] gerade dadurch gekennzeichnet ist, dass sich die Person, für die es bestimmt ist, selbst in diese Herrschaftssphäre begeben muss".[694] Genau dies geschieht aber im Rahmen des ASP: Durch die Nutzung der auf dem Server des Anbieters gespeicherten Software über ein Netzwerk, setzt der Nutzer seine Rechtsgüter der Herrschaftssphäre des Anbieters aus. Wird durch die mittels ASP verwendete Software unmittelbar ein Schaden verursacht, hat der Anbieter entsprechend der Wertungen des EuGH in seinem Urteil *Veedfald/Århus Amtskommune* hierfür gem der verschuldensunabhängigen Produkthaftung einzustehen.

9. Fazit

Nach hL haftet der Endhersteller für in sein Endprodukt integrierte fehlerhafte Steuerungssoftware, und zwar unabhängig davon, ob sie vom Endher-

691 Zur PH-RL gegen eine Differenzierung nach dem Übertragungsweg *A.-K. Müller*, Software als „Gegenstand" der Produkthaftung (2020) 150, 154.

692 Zur Haftung für Software-Updates vgl auch Kap VI.G.6.

693 Vgl dazu auch *Manhardt*, Der „Software as a Service"-Vertrag (2012) 218 f, die jedoch eine andere als die hier vertretene Begründung heranzieht; vgl aus der deutschen Literatur *G. Wagner* in Münchener Kommentar zum BGB[8] (2020) § 2 ProdHaftG Rz 26; *G. Wagner*, Produkthaftung für autonome Systeme, AcP 2017, 707 (719). AA *B. Koch*, Produkthaftung für Daten, in *Schurr/Umlauft* (Hrsg), FS Eccher (2017) 551 (567), der danach unterscheidet, ob die digitalen Inhalte temporär beim Nutzer zwischengespeichert werden, und nur dann von einem Inverkehrbringen ausgeht. AA aus der deutschen Literatur wohl auch *Spindler*, Verschuldensunabhängige Produkthaftung im Internet, MMR 1998, 119 (121 ff), der als unverzichtbares Merkmal der „Verkörperung" und damit der Produkteigenschaft die dauerhafte Speicherung des Computerprogramms beim Nutzer ansieht; diesem zust *Uskenbayeva*, Produkthaftung für Software im Internet (2008) 16 mwN, der vom Inverkehrbringen einer Dienstleistung und keines verkörperten Produkts ausgeht.

694 EuGH 10.5.2001, C-203/99, *Veedfald/Århus Amtskommune* Rz 17.

steller stammt oder von einem Zulieferer bezogen wurde.[695] Umstritten ist jedoch, ob auch der Zulieferer von Steuerungssoftware als Teilhersteller sowie der Hersteller einer als selbständiges Produkt erworbenen („isolierten“) Steuerungssoftware für deren Fehler nach dem PHG einzustehen haben.[696] Die Beantwortung dieser Frage hängt davon ab, ob **Steuerungssoftware als ein Produkt** iSd § 4 PHG zu qualifizieren ist.

Zur Interpretation des § 4 PHG wurden mehrere Auslegungsmethoden herangezogen und nach ihrer Überzeugungskraft validiert. Nach hL hat die Wortinterpretation von § 4 PHG unter Rückgriff auf die Legaldefinitionen in §§ 285 ff ABGB zu erfolgen.[697] Die Einordnung von Computerprogrammen in das Sachenrecht des ABGB wurde in den letzten Jahrzehnten viel diskutiert und brachte etliche verschiedene Rechtsmeinung hervor: Sie unterscheiden sich in Herangehensweise, gewählten Kriterien, in Ergebnis und Begründung. Im Bereich der Produkthaftung kommt der viel diskutierten Frage der sachenrechtlichen Qualifikation von Computerprogrammen nach nationalem Zivilrecht jedoch letztlich erheblich weniger Bedeutung zu als der **teleologischen Auslegung** von § 4 PHG.[698] Dies liegt im Besonderen daran, dass § 4 PHG **richtlinienkonform** zu interpretieren ist, für die Wortinterpretation der autonom auszulegenden Begrifflichkeit des Art 2 PH-RL jedoch wenig Anhaltspunkte bestehen. Dies erhöht des Gewicht teleologischer Argumente.

Gestützt auf einen Vergleich mit dem Kernbereich der Produkthaftung (mechanische Bauteile einer Maschine) und dem klaren Außenbereich der Produkthaftung (mündlicher Ratschlag) können produkthaftungsrechtliche Wertungen abgeleitet und so Schlüsse für Randbereiche gezogen werden. Aufgrund der **Vergleichbarkeit von Steuerungssoftware mit mechanischen Bautei-**

---

695 *Posch/Terlitza* in *Schwimann/Kodek*, ABGB Praxiskommentar[4] (2016) § 4 PHG Rz 10; *Eustacchio*, Automatisiert zum Recht, ZVR 2017/253 (512); *Kath*, Auf dem Weg zum autonomen Fahren: haftungs- und versicherungsrechtliche Aspekte (2018) 27.

696 Dafür *Welser/Rabl*, PHG[2] (2004)§ 4 Rz 11; ebenso *Fitz/Grau* in *Fitz/Grau/Reindl*, Produkthaftung[2] (2004) § 5 Rz 140; zum dProdHaftG *Taeger*, Außervertragliche Haftung für fehlerhafte Computerprogramme (1995) 156. Dagegen *Andreewitch*, Zur Anwendbarkeit des Produkthaftungsgesetzes für Softwarefehler, EDVuR 1990, 50 (50 ff).

697 So *Fitz/Grau* in *Fitz/Grau/Reindl*, Produkthaftung[2] (2004) § 4 Rz 9 f; *Welser/Rabl*, PHG[2] (2004) § 4 Rz 3; *Rabl*, PHG (2017) § 4 Rz 17 ff; vgl auch *Kisslinger* in *Fenyves/Kerschner/Vonkilch*, Klang[3] (2011) § 292 Rz 3, nach dem der Begriff der körperlichen Sache iSd § 292 ABGB auch in §§ 1 und 4 PHG Bedeutung hat; ebenso *Helmich* in *Kletečka/Schauer*, ABGB-ON[1.04] § 292 Rz 15 (Stand 1.8.2018, rdb.at); ähnlich *Eccher/Riss* in KBB[6] (2020) § 292 ABGB Rz 2 und *Kodek* in *Schwimann/Neumayr* (Hrsg), ABGB Taschenkommentar[5] (2020) § 292 Rz 2, die allerdings nur § 1 PHG ausdrücklich anführen und § 4 PHG unerwähnt lassen; vgl *Preslmayr*, Handbuch der Produkthaftung[2] (2002) 50 f, der §§ 285 ff ABGB aufgrund des Verweises in § 14 PHG für maßgeblich hält.

698 Vgl dazu auch den richtigen Gedanken von *Amlacher/Andréewitch*, Rechtliche Fragen des autonomen Fahrens – Haftung (Teil II), jusIT 2017, 209 (212), wonach „die Qualifizierung von Software als unkörperliche Sache im Rahmen des ABGB […] nicht unmittelbar auf das Regime der Produkthaftung übertragen werden [kann], da gänzlich andere Regelungsziele verfolgt werden.“

len einer Maschine – die zweifelsfrei der Produkthaftung unterfallen – ist auch Steuerungssoftware von der Produkthaftung erfasst. Denn es kann unter Berücksichtigung der Teleologie der Produkthaftung keinen Unterschied machen, ob die Steuerung einer Maschine durch mechanische Bauteile oder software-basiert erfolgt.[699] Da es sich bei Steuerungssoftware aus genannten Gründen um ein Produkt handelt, haben auch der **Zulieferer** der Steuerungssoftware als Teilhersteller[700] sowie der Hersteller einer als selbständiges Produkt erworbenen **(„isolierten") Steuerungssoftware** für deren Fehler nach dem PHG einzustehen.[701]

Obgleich ihrer Bedeutung darf sich teleologische Interpretation freilich nur innerhalb des äußerst möglichen Wortsinns bewegen.[702] Problematisch erscheint daher die Frage der Subsumtion von **mittels DFÜ übermittelter** Steuerungssoftware unter den Produktbegriff des § 4 PHG. Abseits der breiten Diskussion, ob Steuerungssoftware den Begriff der Körperlichkeit nach österreichischem Verständnis erfüllt,[703] ist zu beachten, dass der zugrunde liegende Text der PH-RL nicht von einer körperlichen Sache spricht.[704] Es ist daher davon auszugehen, dass der EuGH – sollte er mit der Auslegungsfrage im Wege eines Vorabentscheidungsverfahrens konfrontiert sein – vorrangig aus der Teleologie der PH-RL argumentieren und (mE zu Recht) keinen sachlichen Grund dafür finden wird, über DFÜ übermittelte Steuerungssoftware anders zu behandeln als auf Datenträgern in Verkehr gebrachte Steuerungssoftware. Ein anderes Verständnis würde die **Effektivität der PH-RL im digitalen Bereich** schwächen.

Sollte der EuGH heruntergeladene Steuerungssoftware entweder mittels extensiver teleologischer Auslegung oder mittels Analogie in den Anwendungsbereich des Art 2 PH-RL einbeziehen, müsste dieses Auslegungsergebnis durch **richtlinienkonforme Rechtsanwendung** der nationalen Umsetzungsgesetze nachvollzogen werden. Dabei ist das Instrumentarium der jeweiligen nationalen Methodenlehre auszuschöpfen.[705] Da auf nationaler Ebene eine planwidri-

---

699 Ebenso *Holzinger*, Produkthaftpflicht und Software, EDVuR 4/1988, 10 (11); vgl auch *Kary*, Wenn das Auto unmotiviert bremst, Die Presse 2018/41/07 (8.8.2019, rdb.at).

700 Ebenso *Amlacher/Andréewitch*, Rechtliche Fragen des autonomen Fahrens – Haftung (Teil II), jusIT 2017, 209 (213).

701 Vgl *Welser/Rabl*, PHG² (2004)§ 4 Rz 11; ebenso *Fitz/Grau* in *Fitz/Grau/Reindl*, Produkthaftung² (2004) § 5 Rz 140; zum dProdHaftG *Taeger*, Außervertragliche Haftung für fehlerhafte Computerprogramme (1995) 156.

702 HA vgl *Weilinger*, Privatrecht⁸ (2020) 21; *F. Bydlinski/P. Bydlinski*, Grundzüge der juristischen Methodenlehre³ (2018) 80 f; vgl auch RIS-Justiz RS0016495.

703 Vgl dazu Kap VI.B.2.

704 *Koziol/Apathy/Koch*, Haftpflichtrecht III³ (2014) B Rz 116, 137; vgl auch *Horwath*, Software – ein Produkt? ecolex 2000, 784 (785); *Kath*, Auf dem Weg zum autonomen Fahren: haftungs- und versicherungsrechtliche Aspekte (2018) 27; *Denkmaier*, 30 Jahre PHG – Software als Produkt? in *Felten ua* (Hrsg), Digitale Transformation im Wirtschafts- & Steuerrecht (2019) 51 (52, 63).

705 *Baldus* in *Riesenhuber* (Hrsg), Europäische Methodenlehre³ (2015) § 3 Rz 18; vgl *Roth/Jopen* in *Riesenhuber* (Hrsg), Europäische Methodenlehre³ (2015) § 13 Rz 24, 31; vgl EuGH

ge Lücke vorliegt und die analoge Anwendung der produkthaftungsrechtlichen Bestimmungen auf mittels DFÜ übertragene Steuerungssoftware die Lex-lata-Grenze nicht überschreitet, wäre diese unionsrechtlich geboten.

Verneint man – entgegen der hier vertretenen Ansicht – jedoch eine Haftung des Herstellers für Schäden durch Steuerungssoftware nach PHG,[706] muss auf die Konstruktion des **Vertrages mit Schutzwirkungen zugunsten Dritter** zurückgegriffen werden, die freilich ein Verschulden voraussetzt[707]. Der Endabnehmer ist von den Schutzwirkungen des Vertrages zwischen Softwareproduzent und Händler erfasst, weshalb ihm die Erfüllungsgehilfenhaftung nach § 1313a und die Beweislastumkehr nach § 1298 ABG zugutekommen.[708] Außerhalb des Schutzbereiches des Vertrages zwischen Hersteller und Händler, wie insb bei **außenstehenden Dritten („innocent bystanders")**,[709] verbleibt nur noch die **deliktische Haftung des Herstellers** mit all ihren Nachteilen, insb der engen Gehilfenzurechnung nach § 1315 ABGB[710] und der fehlenden Beweislastumkehr[711]. Dies ist selbstverständlich ein unbefriedigendes Ergebnis in Anbetracht der **fortschreitenden Digitalisierung** sowie der immerzu wachsenden Bedeutung von Steuerungssoftware im Alltag und ihrem Einsatz in schadensgeneigten Bereichen, wie zB dem Straßenverkehr. Gerade im Straßenverkehr ist die Gefahr von Personen- und Sachschäden außenstehender Dritter besonders hoch.

5.10.2004, C-397/01 bis C-403/01, *Pfeiffer ua/Deutsches Rotes Kreuz, Kreisverband Waldshut e. V.* Rz 116 ff; vgl EuGH 4.7.2006, C-212/04, *Adeneler ua/ELOG* Rz 111; vgl OGH 4 Ob 208/10g, *Fußballer des Jahres IV*, wbl 2011, 221 (*Schuhmacher*) = MR 2011, 41 (*Plasser*) = ÖBl-LS 2011/35 = RdW 2011, 149 = EvBl 2011/88 = *Perner*, ÖJZ 2011, 621 = ecolex 2011, 727 (*Horak*) = ÖBl 2011, 115 (*Gamerith*) = *Klamert*, JBl 2011, 738 = RZ 2011, 121 EÜ112 = *Krutzler*, ÖBl 2012, 196 = SZ 2011/17 = *Burgstaller*, ecolex 2014, 538.

706 So wohl *Ertl*, Allgemeine Geschäftsbedingungen der Softwareverträge, EDVuR 1994, 19 (32).

707 Ua *Preslmayr*, Handbuch der Produkthaftung² (2002) 6; *Koziol/Apathy/Koch*, Haftpflichtrecht III³ (2014) B. Rz 4; eingehend zum Vertrag mit Schutzwirkungen zugunsten Dritter *F. Bydlinski*, Vertragliche Sorgfaltspflichten zugunsten Dritter, JBl 1960, 359; *Koziol*, Haftpflichtrecht II³ (2018) A.2 Rz 356 ff.

708 *Gruber*, Computerviren und Schadenersatz, EDVuR 1990, 122 (125); vgl zum Vertrag mit Schutzwirkungen zugunsten Dritter im Allgemeinen *Grau*, Produktfehler (2002) 15; *Preslmayr*, Handbuch der Produkthaftung² (2002) 6; *Welser/Rabl*, PHG² (2004) Vorbem Rz 7; *Koziol/Apathy/Koch*, Haftpflichtrecht III³ (2014) B Rz 4; *Posch/Terlitza* in *Schwimann/Kodek*, ABGB Praxiskommentar⁴ (2016) Einl PHG Rz 3; *Rabl*, PHG (2017) Vorbem Rz 14.

709 Vgl *Koziol*, Grundfragen der Produkthaftung (1980) 24; vgl *Preslmayr*, Handbuch der Produkthaftung² (2002) 6 f; *Welser/Rabl*, PHG² (2004) Vorbem Rz 12; *Koziol/Apathy/Koch*, Haftpflichtrecht III³ (2014) B. Rz 4; *Posch/Terlitza* in *Schwimann/Kodek*, ABGB Praxiskommentar⁴ (2016) Einl PHG Rz 4. Zur Möglichkeit eines Haftungsausschlusses vgl *Koziol*, Grundfragen der Produkthaftung (1980) 20.

710 Vgl *Koziol*, Grundfragen der Produkthaftung (1980) 13; *Grau*, Produktfehler (2002) 15; *Preslmayr*, Handbuch der Produkthaftung² (2002) 5.

711 Vgl *Koziol*, Grundfragen der Produkthaftung (1980) 14; vgl *Preslmayr*, Handbuch der Produkthaftung² (2002) 6; Bei Schutzgesetzverletzungen bejaht ein Teil der Lehre die Anwendbarkeit des § 1298 ABGB, vgl *Welser/Rabl*, PHG² (2004) Vorbem Rz 9; *Rabl*, PHG (2017) Vorbem Rz 21.

C. Fehlerbegriff

1. Allgemeines

Wesentliche Grundlage der Ersatzpflicht nach dem PHG ist ein Produktfehler. Dem Begriff des Fehlers kommt daher im System der Produkthaftung eine zentrale Bedeutung zu.[712] Gem § 5 PHG, der Art 6 der EG-RL nahezu wortgleich übernimmt,[713] ist ein Produkt fehlerhaft, wenn es nicht die Sicherheit bietet, die man unter Berücksichtigung aller Umstände zu erwarten berechtigt ist. Diese Definition enthält viele unbestimmte Gesetzesbegriffe,[714] die in der Folge erläutert und hinsichtlich des Bereichs des automatisierten Fahrens konkretisiert werden sollen.

2. Berechtigte Sicherheitserwartungen

Maßstab für die Beurteilung der Fehlerhaftigkeit sind die **berechtigten Sicherheitserwartungen** an das Produkt. Dessen **Gefährlichkeit** an sich ist nicht ausreichend.[715] So birgt das Fahren mit einem Kfz zwar aufgrund der Bewegung großer Massen mit hoher Geschwindigkeit erhebliche Risiken für Eigentum und die körperliche Unversehrtheit;[716] die Gefährlichkeit allein begründet jedoch noch keinen Fehler iSd PHG.[717] Entscheidend ist vielmehr, ob berechtigte Sicherheitserwartungen enttäuscht wurden.[718] Gem dem im Rahmen einer richtlinienkonformen Interpretation zu berücksichtigenden ErwGr 6 zur EG-RL ist „auf einen Mangel an Sicherheit abzustellen, die von der Allgemeinheit berechtigterweise erwartet werden darf."

Die Frage der genauen Ausgestaltung dieses Maßstabes wird in der Literatur jedoch nicht einhellig beantwortet. Strittig ist zunächst die genaue **Vorgangsweise der Fehlerprüfung**. Von einem Teil der Lehre wird eine zweistu-

---

712 *Grau*, Produktfehler (2002) 71; *Preslmayr*, Handbuch der Produkthaftung² (2002) 62; *Welser/Rabl*, PHG² (2004) § 5 Rz 1; *Posch/Terlitza* in *Schwimann/Kodek*, ABGB Praxiskommentar⁴ (2016) Einl PHG Rz 23, § 5 Rz 2; *Rabl*, PHG (2017) § 5 Rz 1; OGH stRspr zuletzt OGH 5 Ob 108/04z ZfRV-LS 2005/2 = RdW 2005, 290 (*Eustacchio*) = ecolex 2005, 370 = Zak 2011/608 (*Kolmasch*, Judikaturübersicht).

713 *Preslmayr*, Handbuch der Produkthaftung² (2002) 62; *Fitz/Grau* in *Fitz/Grau/Reindl*, Produkthaftung² (2004) § 5 Rz 1; *Welser/Rabl*, PHG² (2004) § 5 Rz 1; *Koziol/Apathy/Koch*, Haftpflichtrecht III³ (2014) B Rz 146; *Rabl*, PHG (2017) § 5 Rz 1.

714 *Grau*, Produktfehler (2002) 75; *Preslmayr*, Handbuch der Produkthaftung² (2002) 62; *Welser/Rabl*, PHG² (2004) § 5 Rz 1; *Rabl*, PHG (2017) § 5 Rz 1.

715 Vgl *Grau*, Produktfehler (2002) 233; *Koziol/Apathy/Koch*, Haftpflichtrecht III³ (2014) B. Rz 148; vgl auch OGH 2 Ob 197/97b, *Tuberkuloseimpfstoff*, RdM 1998/18.

716 Laut dem Bericht des European Road Safety Observatory, Annual statistical report on road safety in the EU 2020 (2021) 8, sind im Jahr 2019 in der EU insgesamt 22.700 Menschen durch Straßenverkehrsunfälle ums Leben gekommen.

717 Vgl *Fitz/Grau* in *Fitz/Grau/Reindl*, Produkthaftung² (2004) § 4 Rz 5.

718 *Welser/Rabl*, PHG² (2004) § 5 Rz 2; *Rabl*, PHG (2017) § 5 Rz 2, 6.

fige[719] bzw dreistufige[720] Prüfung vertreten: zunächst seien die Sicherheitserwartungen zu bestimmen, die sodann auf ihre **Berechtigung** hin zu überprüfen seien.[721] Damit einher geht freilich eine Filterfunktion, denn was nicht erwartet wird, kann auch nicht als Maßstab für die Fehlerhaftigkeit herangezogen werden. Ein derart ermittelter Maßstab kann nach den Regeln der Logik daher nur greifen, wenn tatsächlich Erwartungen bestehen;[722] auch können die berechtigten Sicherheitserwartungen nie höher sein als die tatsächlichen.

Nach anderer Ansicht sei **allein** die **Berechtigung** zu einer Sicherheitserwartung maßgeblich; auf eine tatsächlich bestehende Sicherheitserwartung komme es hingegen nicht an.[723] Der so ermittelte, letztlich vom Gericht festgelegte rein normative[724] Maßstab kann unter sowie über den tatsächlichen Erwartungen liegen und ist auch anwendbar, wenn Sicherheitserwartungen fehlen.

Fitz und *Grau*[725] gehen davon aus, dass bei „**komplizierten technischen Produkten**" die Anknüpfung an tatsächliche Sicherheitserwartungen scheitern müsse, da hier konkrete Erwartungen oftmals nicht bestünden oder auf Unkenntnis beruhten. Die Beurteilung der Fehlerhaftigkeit habe aber „in Kenntnis aller relevanten Tatsachen" zu erfolgen. Diese Argumentation ist mE nicht gänzlich überzeugend, denn der Umgang des Menschen mit Produkten ist immer durch gewisse Sicherheitserwartungen geprägt.[726] Auch beim Umgang mit komplexer Technik, wie automatisierten Fahrzeugen, wird eine bestimmte Sicherheit vorausgesetzt. Mangelnde Kenntnis und ihre Gründe (zB ungenügende Instruktion) sind bei der Prüfung der Berechtigung der Sicherheitserwartungen zu berücksichtigen, stehen der Ermittlung von tatsächlichen Sicherheiterwartungen aber nicht im Wege.

---

719 Vgl *Welser/Rabl*, PHG² (2004) § 5 Rz 4; vgl *Rabl*, PHG (2017) § 5 Rz 8 f; wohl auch *Preslmayr*, Handbuch der Produkthaftung² (2002) 63 f.

720 *Koziol/Apathy/Koch*, Haftpflichtrecht III³ (2014) B Rz 146. An anderer Stelle (Rz 162) führen *Koziol/Apathy/Koch* jedoch (insofern widersprüchlich) aus, dass es auf tatsächliche Erwartungen nicht ankommen kann, sondern es um „Anforderungen der Rechtsordnung an das Produkt" geht, „die ihrerseits natürlich durch dessen Einsatz in der Wirklichkeit bestimmt werden."

721 Vgl *Welser/Rabl*, PHG² (2004) § 5 Rz 4; vgl auch *Koziol/Apathy/Koch*, Haftpflichtrecht III³ (2014) B. Rz 146, die jedoch im Sinne von „drei Filterstufen" diesen beiden Prüfschritten noch die Frage nach einem „Sicherheitsdefizit" vorlagern.

722 ME ist diese Problematik jedoch vernachlässigbar, da mit einer vollkommenen Erwartungslosigkeit wohl nicht zu rechnen ist; so auch *Welser/Rabl*, PHG² (2004) § 5 Rz 4; *Rabl*, PHG (2017) § 5 Rz 9; aA *Fitz/Grau* in *Fitz/Grau/Reindl*, Produkthaftung² (2004) § 5 Rz 8.

723 *Grau*, Produktfehler (2002) 117 f, 123; *Fitz/Grau* in *Fitz/Grau/Reindl*, PHG² (2004) § 5 Rz 7 f.

724 *Grau*, Produktfehler (2002) 117; *Fitz/Grau* in *Fitz/Grau/Reindl*, PHG² (2004) § 5 Rz 6, 14.

725 *Grau*, Produktfehler (2002) 118; *Fitz/Grau* in *Fitz/Grau/Reindl*, PHG² (2004) § 5 Rz 7.

726 So wohl auch *Welser/Rabl*, PHG² (2004) § 5 Rz 4 und *Rabl*, PHG (2017) § 5 Rz 9, denen zufolge Sicherheitserwartungen zweifelsfrei bestünden, „mögen sie auch den Betroffenen nicht immer bewusst sein."

Problematisch ist die zweistufige Prüfung jedoch, wenn tatsächlich weniger erwartet wird, als man zu erwarten berechtigt ist. Dies hätte zur Folge, dass eine mögliche und zumutbare sicherere Konstruktionsweise vom Hersteller nicht gewählt werden müsste, wenn die dadurch erreichte Sicherheit die tatsächlichen Erwartungen übersteigt.[727] Gleichsam könnte der Hersteller, ohne eine Haftung nach dem PHG befürchten zu müssen, unter dem Stand der Wissenschaft und Technik produzieren, wenn der mit einer Standarderhöhung einhergehende Sicherheitsgewinn nicht erwartet wird. Diese Konsequenzen widersprechen jedoch dem telos der PH-RL, nämlich dem Schutz des **Integritätsinteresses** der Personen, die potentiell durch das Produkt geschädigt werden[728]. Daher ist mE der Meinung der Vorzug zu geben, die allein auf die Berechtigung zu einer Sicherheitserwartung abstellt.

Die **Rspr des OGH** lässt sich in gewissem Maße zur Stützung beider Ansichten heranziehen: Bei der Frage, was im Einzelfall an Produktsicherheit erwartet werden darf, handle es sich *auch* um eine Rechtsfrage.[729] Zwar sei kein gesellschaftlicher Befund iS einer Demoskopie zu erheben,[730] dennoch seien die Rechtsüberzeugung und die Verkehrssitte der beteiligten Kreise über ein Sachverständigengutachten zu ermitteln und zur Konkretisierung des unbestimmten Fehlerbegriffs heranzuziehen.[731] Die Analyse der zitierten Entscheidungen zeigt aber, dass der OGH in fast allen Fällen nicht etwa die Feststellung von tatsächlichen Sicherheitserwartungen meint, sondern der Umstände, die für die normative Beurteilung der Fehlerhaftigkeit erforderlich sind (wie etwa des Standes der Wissenschaft und Technik im Zeitpunkt des Inverkehrbringens[732] oder der Bekanntheit der Gefahr im Kreis der idealtypischen Benützer bzw des tatsächlichen Wissens der maßgeblichen Verkehrskrei-

[727] Ähnlich *Grau*, Produktfehler (2002) 117 f. Der bewusste Verzicht auf eine mögliche und zumutbare sicherere Konstruktion begründet allerdings in aller Regel eine Verschuldenshaftung des Herstellers.

[728] *Fitz/Grau* in *Fitz/Grau/Reindl*, PHG² (2004) § 5 Rz 2 mwN; ständige Rspr des OGH RIS-Justiz RS0107605.

[729] Ua OGH 9 Ob 60/09b Zak 2010, 318 = Jus-Extra OGH-Z 4872 = EvBl 2010/146 = JBl 2010, 795 = ecolex 2010, 1051 = RdW 2010, 718 = Zak 2011, 327 (*Kolmasch*, Judikaturübersicht) = RZ 2011, 17 = RZ 2011, 19 = ZVR 2011, 75 (*Danzl*, tabellarische Übersicht) = SZ 2010/77 = HS 41.305 = HS 41.306 = Zak 2018, 388 (*Kolmasch*, Judikaturübersicht); OGH 2 Ob 253/01x, *Farbidentifizierungsspray*, ecolex 2003, 97 = JBl 2003, 249 = PHi 2003, 246.

[730] RIS-Justiz RS0008767; OGH 1 Ob 644/92, *Kalksack*, NRsp 1993, 70, 71 = ecolex 1993, 237 (*Mohr*) = RdW 1993, 179 = EvBl 1993/125 = SZ 65/149 = HS 22.323 = HS 22.679.

[731] OGH 1 Ob 644/92, *Kalksack*, NRsp 1993, 70, 71 = ecolex 1993, 237 (*Mohr*) = RdW 1993, 179 = EvBl 1993/125 = SZ 65/149 = HS 22.323 = HS 22.679; OGH 6 Ob 535/94, *Wandhydrant*, SZ 67/105 = RdW 1994, 347 = ecolex 1994, 674; OGH 4 Ob 94/04h, *Feuerwerkskörper*, ecolex 2005, 120 = ZVR 2005, 82 (*Danzl*) = SZ 2004/81 = PHI 2005, 230; nur hinsichtlich der Verkehrssitte OGH 6 Ob 157/98a, *Küchenofen*, ecolex 1998, 914; OGH 6 Ob 626/95, *Gewindeschneidöl*, ecolex 1996, 166; krit zu dieser Judikatur zu Recht *Grau*, Produktfehler (2002) 120 ff, insb FN 34 mwN.

[732] OGH 6 Ob 157/98a, *Küchenofen*, ecolex 1998, 914.

se[733]).[734] Die Unschärfe der Judikatur des OGH ergibt sich – wie *Grau* zutreffend feststellt – aus einer Vermischung von rechtlichem Beurteilungsmaßstab und zu berücksichtigenden Umständen im Tatsachenbereich.[735]

Offen bleibt jedoch, nach welchen Kriterien das Gericht berechtigte Sicherheitserwartungen zu identifizieren hat, ohne auf tatsächliche Erwartungen Rückgriff zu nehmen.[736] Weder das PHG noch die aufgrund von richtlinienkonformer Auslegung heranzuziehende PH-RL bestimmen, welche Sicherheit erwartet werden darf; der unbestimmte Fehlerbegriff lässt den **Gerichten** somit bei der Auslegung einen erheblichen Spielraum.[737] Auch lässt die Formel „unter Berücksichtigung aller Umstände" darauf schließen, dass jede Gerichtsentscheidung notwendig **einzelfallbezogen** sein muss.[738] Das Gesetz gibt dem Ausleger aber noch ein paar Umstände an die Hand, die bei der Beurteilung jedenfalls zu berücksichtigen sind: die Darbietung des Produkts, der Gebrauch des Produkts, mit dem billigerweise gerechnet werden kann, und der Zeitpunkt, zu dem das Produkt in den Verkehr gebracht worden ist. Aus diesen – demonstrativ[739] – aufgezählten Umständen sowie den ErläutRV zum PHG und den ErwGr zur PH-RL lassen sich zudem Ziele ableiten, die im Rahmen einer teleologischen Auslegung schlagend werden.[740]

Im engen Zusammenhang mit der erörterten Problematik steht die Frage, auf welchen **Personenkreis** bei der Ermittlung der berechtigten Sicherheitserwartungen abzustellen ist. Nach der hier vertretenen Meinung geht es dabei nicht um das Subjekt der tatsächlichen Sicherheitserwartungen,[741] sondern um die Perspektive[742], aus der heraus die Rechtsfrage der Berechtigung zur Sicher-

---

[733] OGH 1 Ob 644/92, *Kalksack*, NRsp 1993, 70, 71 = ecolex 1993, 237 (*Mohr*) = RdW 1993, 179 = EvBl 1993/125 = SZ 65/149 = HS 22.323 = HS 22.679; OGH 6 Ob 535/94, *Wandhydrant*, SZ 67/105 = RdW 1994, 347 = ecolex 1994, 674; OGH 6 Ob 626/95, *Gewindeschneidöl*, ecolex 1996, 166.

[734] Vgl dazu die Entscheidung OGH 1 Ob 644/92, *Kalksack*, NRsp 1993, 70, 71 = ecolex 1993, 237 (*Mohr*) = RdW 1993, 179 = EvBl 1993/125 = SZ 65/149 = HS 22.323 = HS 22.679, in der der Unterinstanz ein Sachverständigengutachten „zur Feststellung jener Tatsachen, die zur Konkretisierung dieses allgemeinen Rechtsbegriffes erforderlich sind," aufgetragen wird, vgl aber auch das Urteil OGH 6 Ob 157/98a, *Küchenofen*, ecolex 1998, 914, dessen Formulierungen in die andere Richtung weisen, da die Frage für entscheidend betrachtet wird, ob der „maßgebliche Verkehrskreis" zum Zeitpunkt der Auslieferung des Küchenofens „keine Sicherheitserwartung in Richtung der von der Klägerin vermißten Warneinrichtung hatte."

[735] *Grau*, Produktfehler (2002) 119.

[736] Zu Recht kritisch *Koziol/Apathy/Koch*, Haftpflichtrecht III³ B. FN 328.

[737] Dazu eingehend *Fitz/Grau* in *Fitz/Grau/Reindl*, PHG² (2004) § 5 Rz 10.

[738] *Koziol/Apathy/Koch*, Haftpflichtrecht III³ (2014) B Rz 152.

[739] *Grau*, Produktfehler (2002) 135; *Welser/Rabl*, PHG² (2004) § 5 Rz 2.

[740] Vgl *Grau*, Produktfehler 135 ff, 159.

[741] Dies wäre, wie *Fitz/Grau* in *Fitz/Grau/Reindl*, PHG² (2004) § 5 Rz 14 zutreffend ausführen, verfehlt; vgl auch *Grau*, Produktfehler (2002) 126 ff mwN.

[742] *Koziol* stellt in ähnlicher Weise bereits zum RL-Vorschlag 1979 (ABl C 1979/271, 3) die Frage, „von welchem Standpunkt aus die Berechtigung der Erwartungen zu prüfen ist", *Koziol*, Grundfragen der Produkthaftung (1980) 41.

heitserwartung zu beantworten ist. In der Formulierung nach *Grau* geht es um die Frage, „welche Sicherheit man unter Berücksichtigung des Benützerkreises, mit dem billigerweise gerechnet werden kann, zu erwarten berechtigt ist.“[743] Aus der Verwendung des unpersönlichen Pronomens „man“ in § 5 Abs 1 PHG ist zu schließen, dass es bei Bestimmung der berechtigten Sicherheitserwartungen nicht auf den individuellen Blickwinkel des konkret Geschädigten ankommt, sondern ein **objektiver Maßstab** anzulegen ist.[744]

Nach ständiger Rspr des **OGH** soll die Perspektive eines **idealtypischen durchschnittlichen Produktbenützers** entscheidend sein.[745] Gibt es mehrere Benützerkreise, so ist nach der Judikatur der Maßstab jedoch an der am **wenigsten informierten und damit gefährdetsten Benutzergruppe** auszurichten.[746] Dass es dabei aber nicht allein auf die bestimmungsgemäße Benutzergruppe ankommen kann, geht aus einigen Judikaten hervor, in denen der OGH die „vorhersehbaren Verbraucherkreise[747] bzw – entsprechend den ErläutRV[748] – die „**voraussichtlichen Benützerkreise**“[749] für maßgebend hielt. Nach *Fitz* und *Grau* komme es darauf an, mit welchem Benützerkreis „billigerweise“ gerechnet werden kann, und sei die Fragestellung somit als ein Sonderproblem des „Gebrauches, mit dem billigerweise gerechnet werden kann,“ (§ 5 PHG Abs 1 Z 2, Art 6 PHG Abs 1 lit b) zu qualifizieren.[750]

Dem höchstgerichtlichen Maßstab eines idealtypischen durchschnittlichen Produktbenützers ist insoweit zuzustimmen, als ein Abstellen auf den durchschnittlichen Endabnehmer zu eng gefasst wäre und auch sonstige Benützer miteinzubeziehen sind.[751] Wendet man diese Formel jedoch streng an, so bleibt

[743] *Grau*, Produktfehler (2002) 134.

[744] *Grau*, Produktfehler (2002) 123; *Welser/Rabl*, PHG² (2004) § 5 Rz 3; *Fitz/Grau* in *Fitz/Grau/Reindl*, PHG² (2004) § 5 Rz 12; *Koziol/Apathy/Koch*, Haftpflichtrecht III³ (2014) B Rz 150; *Posch/Terlitza* in *Schwimann*, ABGB Praxiskommentar⁴ (2016) § 5 PHG Rz 4; *Rabl*, PHG (2017) § 5 Rz 11; so auch die stRspr OGH RIS-Justiz RS0107605; ua OGH 6 Ob 215/11b Zak 2012, 376 = JBl 2012, 722 = ZTR 2012, 229 = EvBl 2013/16 (*Rohrer/Spitzer*) = AnwBl 2013, 189 = PHi 2013, 51 = ZTR 2013, 56 (*Karollus*) = RdW 2013, 23 = ZVR 2013, 76 (*Danzl*, tabellarische Übersicht).

[745] RIS-Justiz RS0071543, jüngst OGH 3 Ob 168/14y, *Bodenpoliermaschine*, ZTR 2014, 190 = Zak 2015, 19 = EvBl-LS 2015/33 = ZVR 2015, 75 (*Danzl*, tabellarische Übersicht); mwN *Rabl*, PHG (2017) § 5 Rz 12.

[746] Ua OGH 6 Ob 215/11b Zak 2012, 376 = JBl 2012, 722 = ZTR 2012, 229 = EvBl 2013/16 (*Rohrer/Spitzer*) = AnwBl 2013, 189 = PHi 2013, 51 = ZTR 2013, 56 (*Karollus*) = RdW 2013, 23 = ZVR 2013, 76 (*Danzl*, tabellarische Übersicht); *Rabl*, PHG (2017) mwN § 5 Rz 13.

[747] OGH 6 Ob 560/93 ecolex 1993, 810 = RdW 1993, 332 = JBl 1994, 183 = EvBl 1994/27; OGH 10 Ob 19/01v ecolex 2002, 352 = RdW 2002, 340 (*Eustacchio*) = PHi 2003, 246 = Zak 2011, 327 (*Kolmasch*, Judikaturübersicht).

[748] ErläutRV 272 BlgNR 17. GP 10.

[749] OGH 6 Ob 535/94, *Wandhydrant*, SZ 67/105 = RdW 1994, 347 = ecolex 1994, 674.

[750] *Grau*, Produktfehler (2002) 133 f; *Fitz/Grau* in *Fitz/Grau/Reindl*, PHG² (2004) § 5 Rz 15.

[751] Vgl zB OGH 1 Ob 644/92, *Kalksack*, NRsp 1993, 70, 71 = ecolex 1993, 237 (*Mohr*) = RdW 1993, 179 = EvBl 1993/125 = SZ 65/149 = HS 22.323 = HS 22.679; vgl auch *Koziol/Apathy/Koch*, Haftpflichtrecht III³ (2014) B Rz 157.

die Perspektive unbeteiligter Dritter (**innocent bystanders**) unberücksichtigt. Ob auch die Sicherheitsinteressen des **innocent bystander** in den Maßstab zur Prüfung der Fehlerhaftigkeit einfließen, wurde in der Literatur zunächst unterschiedlich beantwortet, wird aber nunmehr weitgehend bejaht: *Koziol/Apathy/Koch* befürworten die Einbeziehung der Sicherheitserwartungen von Personen, die „potentiell in den Nah- und Gefahrenbereich des Produkts geraten können."[752] Nach Ansicht von *Grau*, der wohl auch *Posch/Terlitza* folgen,[753] seien innocent bystanders bei Produkten zu berücksichtigen, deren Verwendung Gefahren für Dritte mit sich bringt.[754] Wenn also mit der Gefährdung von außenstehenden Dritten „billigerweise gerechnet werden kann", müssen Maßnahmen zu ihrem Schutz getroffen werden.[755] Den referierten Meinungen, die sich im Ergebnis decken, ist zuzustimmen: Da der Schutzbereich des PHG nach dem klaren Wortlaut seines § 1 grundsätzlich alle Personen erfasst, die durch ein Produkt einen Personen- oder Sachschaden erleiden,[756] müssen auch all diese Personen bei der Beurteilung der Fehlerhaftigkeit Berücksichtigung finden. Nur so kann den Sicherheitsinteressen des geschützten Personenkreises[757] und somit dem Gesetzeszweck entsprechend Rechnung getragen werden. *Fitz/Grau* bringen es treffend auf den Punkt, wenn sie ausführen, dass die „**Sicherheitsinteressen aller (potentiell) betroffenen Personen**, einschließlich der „innocent bystanders", in die Abwägung einzubeziehen" sind.[758] Daneben spielt aber auch der Gebrauch, mit dem billigerweise zu rechnen ist, eine wesentliche Rolle: So darf die Schädigung eines unbeteiligten Dritten durch missbräuchliche Produktverwendung nicht zur Haftung nach PHG führen.[759] Auch spielt es eine Rolle, mit welchem Benützerkreis (zB Laien oder Fachleute) der Hersteller billigerweise rechnen konnte.[760] So darf der Hersteller eines Kfz wohl billigerweise davon ausgehen, dass dieses im öffentlichen Straßenverkehr nur durch Personen mit entsprechender Lenkberechtigung genutzt wird. Wirkt sich allein der Mangel an erlernten Fähigkeiten und Wissen bei der Schädigung eines Passanten aus, stellt dies keinen Grund für die Annahme einer Fehlerhaftigkeit des Kfz dar.

Die Fehlerhaftigkeit automatisierter Fahrzeuge ist somit nach richtiger Ansicht nicht nur an den Sicherheitsinteressen der Benützer (Endabnehmer und

752 *Koziol/Apathy/Koch*, Haftpflichtrecht III³ (2014) B Rz 159.

753 Vgl *Posch/Terlitza* in *Schwimann/Kodek*, ABGB Praxiskommentar⁴ (2016) § 5 PHG Rz 7.

754 *Grau*, Produktfehler (2002) 133 f.

755 *Grau*, Produktfehler (2002) 123.

756 Schäden an überwiegend unternehmerisch genutzten Sachen und am Produkt selbst sind jedoch nicht ersatzfähig, vgl § 1 Abs 1 und § 2 Z 1 PHG.

757 Vgl auch die Ausführungen von *Fitz/Grau* in *Fitz/Grau/Reindl*, PHG² (2004) § 5 Rz 2 mwN, wonach „schutzauslösendes Moment (…) das sowohl den Körper als auch den Sachschaden umfassende Integritätsinteresse jeder durch das Produkt geschädigten Person" ist; ebenso OGH stRspr RIS-Justiz RS0107605.

758 *Fitz/Grau* in *Fitz/Grau/Reindl*, PHG² (2004) § 5 Rz 12.

759 *Fitz/Grau* in *Fitz/Grau/Reindl*, PHG² (2004) § 5 Rz 13.

760 Vgl *Fitz/Grau* in *Fitz/Grau/Reindl*, PHG² (2004) § 5 Rz 15, 22.

sonstige Benützer), sondern jedenfalls auch an den Sicherheitsinteressen der Beifahrer und aller anderen Verkehrsteilnehmer wie Fußgänger, Fahrradfahrer oder Benutzer von konventionellen, nicht automatisierten Kfz zu messen.

3. Berücksichtigung aller Umstände

Bei der Bestimmung der Berechtigung der Sicherheitserwartungen sind **alle Umstände** zu berücksichtigen. Die Fehlerbeurteilung ist daher „notwendigerweise **einzelfallbezogen**".[761] Sie ist das Ergebnis einer **Gesamtbetrachtung** aller relevanten Umstände.[762] Das Gesetz führt demonstrativ[763] drei zu berücksichtigende Aspekte an: die Darbietung des Produkts, den billigerweise zu erwartenden Gebrauch und den Zeitpunkt des Inverkehrbringens. Die Relevanz der sonstigen Umstände ist durch teleologische Auslegung des PHG und – im Zuge der richtlinienkonformen Interpretation – der PH-RL zu ermitteln.[764]

a) Darbietung des Produkts

i. Allgemeines

Unter Darbietung ist die Art und Weise der Produktpräsentation in der **Öffentlichkeit** zu verstehen.[765] Darunter fällt insb die Werbung, die Aufmachung des Produktes und der Anschluss von Beipackzetteln sowie die mündlichen Informationen beim Verkaufsgespräch.[766] Es sind alle Tätigkeiten erfasst, „durch die das Produkt der Allgemeinheit oder dem konkreten Benutzer vorgestellt" wird.[767] Darunter fallen nicht nur Tätigkeiten des Herstellers, sondern auch **dritter Personen**, die mit seiner **Billigung** handeln.[768] Zur Bestimmung

---

761 *Koziol/Apathy/Koch*, Haftpflichtrecht III[3] (2014) B Rz 152; ebenso die Rspr des OGH RS0107605.

762 *Grau*, Produktfehler (2002) 160.

763 *Grau*, Produktfehler (2002) 159, 233; *Welser/Rabl*, PHG[2] (2004) § 5 Rz 2; *Posch/Terlitza* in *Schwimann/Kodek*, ABGB Praxiskommentar[4] (2016) Einl PHG Rz 23, § 5 Rz 8; *Rabl*, PHG (2017) § 5 Rz 6.

764 *Grau*, Produktfehler (2002) 159; *Rabl*, PHG (2017) § 5 Rz 7.

765 StRspr OGH, RIS-Justiz RS0071552.

766 ErläutRV 272 BlgNR 17. GP 10; stRspr OGH, RIS-Justiz RS0071547.

767 *Feger*, Darbietung und Produktfehler: die Haftung des Herstellers für die Präsentation seines Produkts im Vergleich mit dem US-amerikanischen Recht (1990) 8; ähnlich *Preslmayr*, Handbuch der Produkthaftung[2] (2002) 64; *Welser/Rabl*, PHG[2] (2004) § 5 Rz 15; *Posch/Terlitza* in *Schwimann/Kodek*, ABGB Praxiskommentar[4] (2016) § 5 PHG Rz 12; *Rabl*, PHG (2017) § 5 Rz 56.

768 *Feger*, Darbietung und Produktfehler: die Haftung des Herstellers für die Präsentation seines Produkts im Vergleich mit dem US-amerikanischen Recht (1990) 8; *Posch/Terlitza* in *Schwimann/Kodek*, ABGB Praxiskommentar[4] (2016) § 5 Rz 12; ähnlich *Welser/Rabl*, PHG[2] (2004) § 5 Rz 19 und *Rabl*, PHG (2017) § 5 Rz 66, die auf eine wissentliche Duldung des Herstellers abstellen; ebenso *Preslmayr*, Handbuch der Produkthaftung[2] (2002) 65; aA *Grau*, Produktfehler (2002) 173 f, der die Zurechnung des Verhaltens Dritter auf den „Herstellerbereich" eingrenzt; zweifelnd *Fitz/Grau* in *Fitz/Grau/Reindl*, PHG[2] (2004) § 5 Rz 29 ff.

der berechtigten Sicherheitserwartungen ist auf die Darbietung des Produkts zum Zeitpunkt des Inverkehrbringens abzustellen.[769]

Auf Produktpräsentation ist ein besonderes Augenmerk zu legen. Sie kann auf vielfache Weise zu einem Produktfehler führen: Wenn zB in der Werbung eine Sicherheit angepriesen wird, die das Produkt nicht gewährleistet (sog „**überschießende Werbung**"[770] bzw „over-promoting"[771]). Grundsätzlich gehen Übertreibungen zulasten des Herstellers;[772] es sei denn, es mangelt (offensichtlich)[773] an der Ernstlichkeit („marktschreierische Werbung")[774]. Warnhinweise in Gebrauchsanleitungen können uU für eine ausreichende Klarstellung sorgen,[775] stellen aber keinen Freibrief für überschießende Werbung dar. Vielmehr sind im Sinne der gebotenen Gesamtbetrachtung die überschießende Werbung und die Warnhinweise gegeneinander abzuwägen.

Auch in **Produktbezeichnungen**[776] (zB Parkassistent, Autobahnpilot)[777] und der **Zweckbestimmung**[778] (zB Verwendung zum Parken, auf der Autobahn, im Stadtverkehr usw) sind Sicherheitsaussagen enthalten: Denn man darf davon ausgehen, dass ein Produkt die für den bestimmungsgemäßen Gebrauch zu erwartende Sicherheit bietet.[779] Wird diese Sicherheit nicht gewährleistet, ist das Produkt fehlerhaft.[780] Ein Beispiel hierfür wäre ein automati-

---

769 *Preslmayr*, Handbuch der Produkthaftung² (2002) 65; *Welser/Rabl*, PHG² (2004) § 5 Rz 18; *Rabl*, PHG (2017) § 5 Rz 64.

770 *Fitz/Grau* in *Fitz/Grau/Reindl*, PHG² (2004) § 5 Rz 35.

771 *Grau*, Produktfehler (2002) 181; *Fitz/Grau* in *Fitz/Grau/Reindl*, PHG² (2004) § 5 Rz 35.

772 *Rabl*, PHG (2017) § 5 Rz 59; vgl auch *Grau*, Produktfehler (2002) 182.

773 *Rabl*, PHG (2017) § 5 Rz 59; vgl auch *Fitz/Grau* in *Fitz/Grau/Reindl*, PHG² (2004) § 5 Rz 40, die in diesem Zusammenhang auf die Erkennbarkeit der mangelnden Ernstlichkeit und das Fehlen einer Irreführungsgefahr abstellen; ähnlich *Posch/Terlitza* in *Schwimann/Kodek*, ABGB Praxiskommentar⁴ (2016) § 5 PHG Rz 13.

774 *Preslmayr*, Handbuch der Produkthaftung² (2002) 68; vgl auch *Posch/Terlitza* in *Schwimann/Kodek*, ABGB Praxiskommentar⁴ (2016) § 5 PHG Rz 13; *Koziol/Apathy/Koch*, Haftpflichtrecht III³ (2014) B Rz 194.

775 Eingehend *Fitz/Grau* in *Fitz/Grau/Reindl*, PHG² (2004) § 5 Rz 35.

776 *Fitz/Grau* in *Fitz/Grau/Reindl*, PHG² (2004) § 5 Rz 41.

777 So wurde zB die Bezeichnung „Autopilot" für das teilautomatisierte System von Tesla immer wieder als irreführend kritisiert, da die Bezeichnung mehr an Sicherheit verspreche, als das System tatsächlich biete; vgl dazu *Bruckmüller/Schumann*, Automatisiertes und Autonomes Fahren: Strafrechtliche Rahmenbedingungen in Österreich, in *I. Eisenberger ua* (Hrsg), Autonomes Fahren und Recht (2017) 123 (128); *Kath*, Auf dem Weg zum autonomen Fahren: haftungs- und versicherungsrechtliche Aspekte (2018) 9 f. Wettbewerbsrechtlich beurteilte jüngst das LG München I (Urteil vom 14.07.2020, 33 O 14041/19) Werbeaussagen von Tesla wie „Autopilot" etc als irreführend, solange der rechtliche Rahmen für derartige Funktionen nicht freigegeben und das mit solchen Funktionen beworbene Fahrzeug nicht vollkommen autonom zu fahren in der Lage ist. Zur Relevanz der richtigen Bezeichnung des Produkts im Produkthaftungsrecht vgl auch OGH 7 Ob 2224/96a SZ 70/15.

778 *Fitz/Grau* in *Fitz/Grau/Reindl*, PHG² (2004) § 5 Rz 23, 41; zust *Welser/Rabl*, PHG² (2004) § 5 Rz 15; vgl auch *Grau*, Produktfehler (2002) 181; *Rabl*, PHG (2017) § 5 Rz 58.

779 Vgl *Fitz/Grau* in *Fitz/Grau/Reindl*, PHG² (2004) § 5 Rz 42, 68.

780 *Rabl*, PHG (2017) § 5 Rz 79; *Fitz/Grau* in *Fitz/Grau/Reindl*, PHG² (2004) § 5 Rz 59, 63.

siertes Fahrzeug, das Fahrradfahrer oder Fußgänger unzureichend erkennt und daher nur für den Autobahnverkehr geeignet ist, jedoch in der Werbung im Stadtverkehr gezeigt wird.

Des Weiteren können fehlende bzw **ungenügende Gefahrenhinweise oder „Anleitungen zur Gefahrenvermeidung“**[781] das Produkt fehlerhaft machen. Die Notwendigkeit einer Aufklärung bestimmt sich wesentlich danach, ob mit der **Bekanntheit** der Gefahr bzw der Maßnahmen zur Gefahrenvermeidung **billigerweise gerechnet werden darf**.[782] Dabei spielt wiederum der Benützerkreis, von dem billigerweise ausgegangen werden kann, eine wichtige Rolle.[783] Nach gesicherter Judikatur muss das, was im Erfahrungswissen der in Betracht kommenden Abnehmer und Benützer liegt, nicht zum Inhalt einer Warnung gemacht werden.[784] Der OGH wendet in ständiger Rspr als Beurteilungsmaßstab den Idealtypus des durchschnittlichen Produktbenutzers an,[785] wobei er Inhalt und Umfang der Instruktionen nach der am wenigsten informierten und damit gefährdetsten Benutzergruppe ausrichtet.[786] Auf die Fachkunde von **Spezialisten** ist nach der Rspr hingegen nur dann abzustellen, wenn andere Benützerkreise nicht in Betracht kommen.[787] Eine Warnpflicht besteht nur insoweit, als dass der Hersteller damit rechnen muss, dass das Produkt in die Hände von Personen gerät, die mit den Produktgefahren nicht vertraut sind.[788]

Unter Umständen muss selbst vor **widmungswidrigem Gebrauch** gewarnt werden.[789] Von besonderer Bedeutung ist in diesem Zusammenhang die sog **Folgenwarnung**[790]: Kann billigerweise nicht davon ausgegangen werden, dass

781 *Fitz/Grau* in *Fitz/Grau/Reindl*, PHG² (2004) § 5 Rz 46.

782 *Grau*, Produktfehler (2002) 193; *Fitz/Grau* in *Fitz/Grau/Reindl*, PHG² (2004) § 5 Rz 48, 50 mwN.

783 *Grau*, Produktfehler (2002) 192; *Fitz/Grau* in *Fitz/Grau/Reindl*, PHG² (2004) § 5 Rz 48; ähnlich *Welser/Rabl*, PHG² (2004) § 5 Rz 37.

784 RIS-Justiz RS0071543, jüngst OGH 3 Ob 8/14v, *Streckblasmaschine*, PHi 2014, 143 = ZTR 2014, 95 = Zak 2014, 238 = RZ-EÜ 2014/160 = RdW 2014, 517 = ecolex 2014, 776 (*Schoditsch*) = ZVR 2015, 75 (*Danzl*, tabellarische Übersicht).

785 RIS-Justiz RS0071543.

786 Ua OGH 6 Ob 215/11b Zak 2012, 376 = JBl 2012, 722 = ZTR 2012, 229 = EvBl 2013/16 (*Rohrer/Spitzer*) = AnwBl 2013, 189 = PHi 2013, 51 = ZTR 2013, 56 (*Karollus*) = RdW 2013, 23 = ZVR 2013, 76 (*Danzl*, tabellarische Übersicht).

787 *Fitz/Grau* in *Fitz/Grau/Reindl*, PHG² (2004) § 5 Rz 15; *Rabl*, PHG (2017) § 5 Rz 14 ff; vgl OGH 6 Ob 535/94, *Wandhydrant*, SZ 67/105 = RdW 1994, 347 = ecolex 1994, 674; Spezialkenntnisse des konkreten Benutzers können bei der Mitverschuldensprüfung nach § 11 PHG Berücksichtigung finden, vgl *Koziol/Apathy/Koch*, Haftpflichtrecht III³ (2014) B Rz 160.

788 RIS-Justiz RS0026022 (T2).

789 StRspr OGH, jüngst OGH 3 Ob 8/14v, *Streckblasmaschine*, PHi 2014, 143 = ZTR 2014, 95 = Zak 2014, 238 = RZ-EÜ 2014/160 = RdW 2014, 517 = ecolex 2014, 776 (*Schoditsch*) = ZVR 2015, 75 (*Danzl*, tabellarische Übersicht); *Fitz/Grau* in *Fitz/Grau/Reindl*, PHG² (2004) § 5 Rz 70; *Welser/Rabl*, PHG² (2004) § 5 Rz 37; *Rabl*, PHG (2017) § 5 Rz 148.

790 *Fitz/Grau* in *Fitz/Grau/Reindl*, PHG² (2004) § 5 Rz 51.

die Folgen einer widmungswidrigen Benützung bekannt sind, dann muss auch darüber informiert werden.[791]

ii. Anforderungen an die Instruktion

Die Aufklärung hat umso **deutlicher** zu erfolgen, „je größer das Ausmaß der potentiellen Schadensfolgen und je versteckter die Gefährlichkeit ist".[792] Die Rspr fordert, dass Warnhinweise geeignet sind, das Risiko einer Rechtsgutverletzung zu beseitigen,[793] und konkretisiert dieses abstrakte Erfordernis anhand von einzelnen Kriterien. Verlangt wird zunächst eine **formelle** Deutlichkeit:[794] Bei erheblicher Gefahr für die körperliche Unversehrtheit dürfen Gefahrenhinweise nicht im sonstigen Text „versteckt" werden[795]. In **inhaltlicher** Hinsicht muss die Art der drohenden Gefahr deutlich herausgestellt und in seiner ganzen Tragweite möglichst eindrucksvoll geschildert werden.[796] Des Weiteren müssen Funktionszusammenhänge klargemacht werden, sodass erkennbar wird, warum das Produkt gefährlich ist.[797] Der Hersteller hat sich darüber hinaus **klarer** und **allgemein verständlicher Formulierungen** zu bedienen.[798]

Da die **Nutzung automatisierter Fahrzeuge** mit einer erheblichen Gefahr für das Leben und die körperliche Unversehrtheit einhergeht, sind hier hohe Ansprüche an die Art der Instruktion zu stellen. Warnhinweise sind deutlich als solche zu kennzeichnen. In verständlicher Sprache ist zu erklären, wie Gefahren vermieden werden (Anleitung zur Gefahrenvermeidung)[799]. Dabei ist das Risiko bei Nicht-Befolgung in seinem ganzen Ausmaß darzustellen (Folgenwarnung). Auch vor widmungswidrigem Gebrauch – wie etwa der Benutzung eines teilautomatisierten Systems ohne ständige Überwachung durch den Lenker oder die Benutzung eines hochautomatisierten Systems in einem Zustand, in dem der Lenker die Steuerung nicht übernehmen kann, zB aufgrund von Alkoholisierung – muss aufgrund der hohen Gefährlichkeit für die Gesundheit deutlich und unter Darstellung der Folgen gewarnt werden. Wichtig

---

791 Vgl OGH 1 Ob 644/92, *Kaltsack*, NRsp 1993, 70, 71 = ecolex 1993, 237 (*Mohr*) = RdW 1993, 179 = EvBl 1993/125 = SZ 65/149 = HS 22.323 = HS 22.679; zust *Grau*, Produktfehler (2002) 195 f.

792 *Fitz/Grau* in *Fitz/Grau/Reindl*, PHG² (2004) § 5 Rz 53; zust OGH 1 Ob 53/98w, *Kamillentee*, RdW 1999, 203 = ecolex 1999, 315 (*Wilhelm*) = EFSlg 86.974 = EFSlg 86.983 = HS 29.704 = Zak 2011, 327 (*Kolmasch*, Judikaturübersicht); ähnlich *Welser/Rabl*, PHG² (2004) § 5 Rz 37.

793 RIS-Justiz RS0071554.

794 In der Literatur ist von „Übersichtlichkeit" die Rede, vgl *Welser/Rabl*, PHG² (2004) § 5 Rz 39; *Rabl*, PHG (2017) § 5 Rz 63, 149.

795 RIS-Justiz RS111166.

796 RIS-Justiz RS111166; RIS-Justiz RS0071554; zust *Grau*, Produktfehler (2002) 195.

797 RIS-Justiz RS111166.

798 RIS-Justiz RS0071554.

799 *Fitz/Grau* in *Fitz/Grau/Reindl*, PHG² (2004) § 5 Rz 46.

erscheint außerdem eine deutliche Instruktion über die Bedeutsamkeit der zeitnahen Durchführung angebotener Sicherheits-Updates sowie über die Folgen ihrer Nichtdurchführung. Dabei ist eindrücklich darauf hinzuweisen, dass durch die Unterlassung der Durchführung von Sicherheits-Updates Sicherheitslücken bestehen bleiben können, die Einfallstore für Hackerangriffe und damit Ausgangspunkte für Manipulationen und folgenschwere Unfälle sein können. Weiters ist über eine etwaige Wartungsbedürftigkeit der Sensoren, die Wartungsintervalle sowie die potentiellen Folgen einer unterlassenen Wartung aufzuklären.

Nach *Grau* und *Fitz* müsse der Hersteller umso **genauer** aufklären, je schwerer die Informationsbeschaffung für den Benützer und je leichter diese für den Hersteller selbst ist.[800] Gerade bei hochkomplizierter Technik wird der Hersteller den Benützer besonders genau anleiten müssen. Zwischen Genauigkeit und nötiger Übersichtlichkeit und Deutlichkeit besteht freilich ein schmaler Grat.[801] **Neue Formen der Instruktion**, wie insb **digitale anlassbezogene Warnhinweise**, können zur Verdeutlichung besonders wichtiger Instruktionen führen.[802] So können elektronische Warnhinweise audiovisuell über Bildschirm und Ton in das Bordsystem des Fahrzeuges integriert werden.[803] Der Hersteller ist hier in Hinblick auf die Komplexität der Technik automatisierter Fahrzeuge gefordert, das Potential ausschöpfen, um die Gefahrenwahrnehmung durch den Nutzer zu unterstützen.

iii. Steuerung berechtigter Sicherheitserwartungen durch Darbietung

Der Hersteller kann berechtigte **Sicherheitserwartungen** und somit sein Haftungsrisiko durch entsprechende Darbietung, insb Warnungen und Gefahrenhinweise, bis zu einem gewissen Grad **beschränken**.[804] Eine wesentliche Grenze bildet das Verbot der Haftungsfreizeichnung nach § 9 PHG sowie seiner Umgehung.[805] Unwirksam sind daher Klauseln, die einer Freizeichnung gleichkommen, wie etwa „Verwendung auf eigene Gefahr“[806].

---

800 *Grau*, Produktfehler (2002) 194 f; *Fitz/Grau* in *Fitz/Grau/Reindl*, PHG² (2004) § 5 Rz 52.

801 *Fitz/Grau* in *Fitz/Grau/Reindl*, PHG² (2004) § 5 Rz 55.

802 Vgl dazu *Hartmann*, Big Data und Produkthaftung – Produkthaftungsrechtliche Chancen und Risiken des Einsatzes von Big Data-Technologien im Automobil, DAR 2015, 122 (123 f).

803 Maßgeblicher Zeitpunkt der Beurteilung der Fehlerhaftigkeit der Instruktion ist der Zeitpunkt des Inverkehrbringens des Produkts. Bei elektronischen Warnsystemen ist darauf abzustellen, ob die Warnfunktion im Zeitpunkt des Inverkehrbringens funktioniert, vgl *Oechsler* in Staudinger BGB (2021) § 3 ProdHaftG Rz 51.

804 *Preslmayr*, Handbuch der Produkthaftung² (2002) 66; *Fitz/Grau* in *Fitz/Grau/Reindl*, PHG² (2004) § 5 Rz 37; *Welser/Rabl*, PHG² (2004) § 5 Rz 20; *Rabl*, PHG (2017) § 5 Rz 68; vgl auch ErläutRV 272 BlgNR 17. GP 10, 13.

805 *Fitz/Grau* in *Fitz/Grau/Reindl*, PHG² (2004) § 5 Rz 56; *Welser/Rabl*, PHG² (2004) § 5 Rz 20 mwN, § 9 Rz 5; *Posch/Terlitza* in *Schwimann/Kodek*, ABGB Praxiskommentar⁴ (2016) § 5 PHG Rz 18; *Rabl*, PHG (2017) § 5 Rz 69, § 9 Rz 8.

806 *Grau*, Produktfehler 184; *Fitz/Grau* in *Fitz/Grau/Reindl*, PHG² (2004) § 5 Rz 56, § 9 Rz 6.

Da die Beurteilung der berechtigten Sicherheitserwartungen das Ergebnis einer Gesamtbetrachtung ist, können andere Umstände – auch Teilaspekte der Darbietung, wie die beworbene Verwendung – schwerer ins Gewicht fallen und Warnhinweise demgegenüber zurücktreten. Wird etwa in der Werbung ein Fahrer eines teilautomatisierten Kfz gezeigt, der während der Fahrt Zeitung liest, so kann ein Gefahrenhinweis auf die erforderliche ständige Überwachung der Berechtigung der Sicherheitserwartung nicht schaden („widersprüchliche Darbietung")[807].

Jenseits der Grenze möglicher Einschränkungen von berechtigten Sicherheitserwartungen durch Warnhinweise liegen auch Konstellationen, in denen der Hersteller billigerweise nicht davon ausgehen kann, dass die Warnungen **befolgt** werden.[808]

Bsp: Der Benützer eines hochautomatisierten Kfz wird in der Gebrauchsanweisung darauf hingewiesen, dass er innerhalb von 10 Sekunden nach Aufforderung in der Lage sein muss, die Steuerung des Autos zu übernehmen. Um die Aufforderung nicht zu überhören, wird er davor gewarnt, lautstark Musik zu hören. Genau dies ermöglicht aber das Kfz-interne Entertainmentsystem. Hier darf der Hersteller billigerweise nicht davon ausgehen, dass der Gefahrenhinweis beachtet wird. Er wäre vielmehr gefordert, das Auto derart zu konstruieren, dass das akustische Signal nicht durch Töne aus dem Entertainmentsystem überlagert und der Fahrer auch durch optische und haptische Signale zur Übernahme aufgefordert wird.[809]

Etwas anders gelagert wäre der Fall, wenn der Fahrer über ein getrenntes System Musik hört. Da dies aber aufgrund der Sozialüblichkeit wohl als billigerweise zu erwartender Fehlgebrauch zu qualifizieren wäre, würde auch in diesem Fall in Anbetracht der hohen Gefahr für die körperliche Unversehrtheit ein Warnhinweis nicht ausreichen und der Hersteller müsste seine Konstruktion durch optische und haptische Signale ergänzen.

Unabhängig von Warnungen muss jedenfalls eine gewisse **Mindestsicherheit** gewährleistet sein.[810] Nach der hL ist ein Produkt grundsätzlich auch dann fehlerhaft, wenn der Hersteller statt einer **möglichen sicheren Konstruktion**

---

807 *Grau*, Produktfehler (2002) 179 f.

808 *Fitz/Grau* in *Fitz/Grau/Reindl*, PHG² (2004) § 5 Rz 60; vgl dazu auch *Grau*, Produktfehler (2002) 190.

809 Vgl zu dem „Zusammenspiel" von Infotainment- und betriebsnotwendigen Funktionen *Cacilo ua*, in *Frauenhofer-Institut für Arbeitswirtschaft und Organisation IAO* (Hrsg), Hochautomatisiertes Fahren auf Autobahnen – Industriepolitische Schlussfolgerungen (2015) 79 ff, 82, 130 ff; *Kunnert*, „Autonomes Fahren" aus datenschutzrechtlicher Sicht, in *I. Eisenberger ua* (Hrsg), Autonomes Fahren und Recht (2017) 169 (185).

810 *Fitz/Grau* in *Fitz/Grau/Reindl*, PHG² (2004) § 5 Rz 59; *Welser/Rabl*, PHG² (2004) § 5 Rz 20; *Rabl*, PHG (2017) § 5 Rz 72.

eine Warnung vornimmt.[811] Von diesem Grundsatz könne nur dann eine Ausnahme bestehen, wenn mit dem bestimmungsgemäßen Gebrauch keine Gefahr für die körperliche Unversehrtheit einhergeht.[812] Anders als die hL misst der OGH in diesem Zusammenhang auch dem Kriterium der Zumutbarkeit eine gewisse Bedeutung zu,[813] indem er ausspricht, dass sich der Hersteller der Pflicht zu einer möglichst ungefährlichen Konstruktionsweise nicht dadurch entziehen kann, dass er eine technisch mögliche und **zumutbare konstruktive Maßnahme** durch Warnungen an den Gefährdeten ersetzt.[814] Da freilich davon auszugehen ist, dass der OGH in die Zumutbarkeitsprüfung auch den Rang des Rechtsgutes einfließen lässt, decken sich die Rspr und die Lehre im Ergebnis.[815] Je größer die Gefahr und je höher der Rang des gefährdeten Rechtsgutes, desto eher sind auch konstruktionelle Absicherungen gegen billigerweise zu erwartenden Fehlgebrauch und Unachtsamkeiten trotz entsprechender Warnung geboten.[816]

b) Gebrauch des Produkts, mit dem billigerweise gerechnet werden kann

i. Allgemeines

Der **Gebrauch des Produkts**, mit dem billigerweise gerechnet werden kann, beschränkt sich nicht auf den **bestimmungsgemäßen** Gebrauch,[817] also jene Verwendung, welche sich aus der „vorgenommenen Widmung im Rahmen der Darbietung des Produkts" ergibt.[818] Sonst könnte der Hersteller durch eine den Lebenserfahrungen widersprechende Gebrauchsanweisung seine Haftung umgehen.[819] Auch ein bestimmungswidriger Gebrauch (sog „**Fehlgebrauch**")[820], mit dem billigerweise gerechnet werden kann, ist darunter zu

---

811 *Rabl*, PHG (2017) § 5 Rz 73; *Grau*, Produktfehler 190 ff, hält auch die Auffassung für vertretbar, wonach Instruktion und Konstruktion grundsätzlich gleichwertige Mittel darstellen; differenzierend *Fitz/Grau* in *Fitz/Grau/Reindl*, PHG² (2004) § 5 Rz 63, die auf eine „ausreichende [...] Effektivität von Instruktionen und Warnungen" abstellen.

812 *Rabl*, PHG (2017) § 5 Rz 73; differenzierend *Fitz/Grau* in *Fitz/Grau/Reindl*, PHG² (2004) § 5 Rz 61.

813 Vgl *Rabl*, PHG (2017) § 5 Rz 75.

814 RIS-Justiz RS0113702; OGH 8 Ob 192/99i, *Häcksler*, RdW 2000, 661 = PHI 2002, 190 = SZ 73/78 = Zak 2011, 327 (*Kolmasch*, Judikaturübersicht); OGH 6 Ob 317/02i RdW 2004, 152; vgl dazu *Grau*, Produktfehler (2002) 191 f, der auf die Verhältnismäßigkeit in Hinblick auf den Produktnutzen abstellt.

815 Vgl auch *Rabl*, PHG (2017) § 5 Rz 75.

816 Vgl auch *Fitz/Grau* in *Fitz/Grau/Reindl*, PHG² (2004) § 5 Rz 61; vgl dazu auch aus der deutschen Literatur *Spickhoff* zu BGH VI ZR 1/12, *Wasserkocher*, LMK 2013, 345600.

817 *Welser*, Das neue Produkthaftungsgesetz, WBl 1988, 165 (172); *Preslmayr*, Handbuch der Produkthaftung² (2002) 68; *Welser/Rabl*, PHG² (2004) § 5 Rz 22; *Rabl*, PHG (2017) § 5 Rz 78.

818 *Rabl*, PHG (2017) § 5 Rz 79; vgl auch *Welser/Rabl*, PHG² (2004) § 5 Rz 23; ähnlich *Grau*, Produktfehler (2002) 205; *Fitz/Grau* in *Fitz/Grau/Reindl*, PHG² (2004) § 5 Rz 68.

819 Vgl ErläutRV 272 BlgNR 17. GP 10; vgl auch *Fitz/Grau* in *Fitz/Grau/Reindl*, PHG² (2004) § 5 Rz 70; *Rabl*, PHG (2017) § 5 Rz 83.

820 *Fitz/Grau* in *Fitz/Grau/Reindl*, PHG² (2004) § 5 Rz 70.

verstehen.[821] Kann mit Fehlgebrauch billigerweise nicht mehr gerechnet werden, so wird er als „**Missbrauch**" bezeichnet.[822] Während billigerweise vorhersehbarer Fehlgebrauch uU (Gesamtbetrachtung, insb Darbietung des Produktes) von berechtigten Sicherheitserwartungen erfasst sein kann, kann Sicherheit für missbräuchliche Verwendung billigerweise nicht erwartet werden (und muss durch das Produkt daher auch nicht geboten werden)[823]. Für die Produkthaftung entscheidend ist daher die Grenzziehung zwischen billigerweise vorhersehbarem Fehlgebrauch und Missbrauch. Hierfür haben sich in der Literatur und Rspr bestimmte Kriterien herausgebildet.

ii. Relevante Kriterien

Der Hersteller haftet nicht für Schäden durch „unvorhersehbare oder geradezu absurde Gebrauchsarten".[824] Mit **sozial-üblichem** Fehlverhalten kann hingegen sehr wohl gerechnet werden.[825] Auch unterhalb der Schwelle der Sozialüblichkeit sei mit bestimmten Verbrauchergewohnheiten zu rechnen, so lange es sich nicht nur um einen theoretisch denkbaren, sondern um einen **naheliegenden Abusus** handelt.[826]

Vorhersehbarkeit[827] reicht als Kriterium jedoch nicht aus. Aus dem Wortlaut „mit dem **billigerweise** gerechnet werden kann" ergibt sich, dass nicht jeder vorhersehbare Gebrauch automatisch von der Berechtigung einer Sicherheitserwartung erfasst ist. Auch die **Eigenverantwortung** des Benutzers spielt eine Rolle.[828] Bestimmungswidriger Gebrauch, der erkennbar auf eigene Gefahr erfolgt oder völlig unvernünftig[829] ist, stellt Missbrauch dar.[830] Ist die Grenze zum Missbrauch nicht überschritten, musste also mit dem Fehlgebrauch billigerweise gerechnet werden, kann die Sorglosigkeit des Geschä-

821 Vgl *Rabl*, PHG (2017) § 5 Rz 78.

822 Vgl *Grau*, Produktfehler (2002) 201 f, 205.

823 *Fitz/Grau* in *Fitz/Grau/Reindl*, PHG² (2004) § 5 Rz 71.

824 StRspr OGH RIS-Justiz RS0107610; zust *Fitz/Grau* in *Fitz/Grau/Reindl*, PHG² (2004) § 5 Rz 74; *Koziol/Apathy/Koch*, Haftpflichtrecht III³ (2014) B Rz 158.

825 StRspr OGH RIS-Justiz RS0107610, vgl auch *Welser/Rabl*, PHG² (2004) § 5 Rz 24 mwN, die den Begriff „Sozialadäquanz" verwenden; ähnlich *Preslmayr*, Handbuch der Produkthaftung² (2002) 68 mwN, der von einer „sozialadäquat[en]" Verwendung bzw einer Verwendung „in sozial angemessener Art und Weise" spricht.

826 *Fitz/Grau* in *Fitz/Grau/Reindl*, PHG² (2004) § 5 Rz 74; stRspr OGH RIS-Justiz RS0107610.

827 Gegen das Kriterium der Vorhersehbarkeit im Allgemeinen *Grau*, Produktfehler (2002) 201 ff.

828 Die Anforderungen an die Eigenverantwortung werden vom OGH in stRspr betont, OGH RIS-Justiz RS0107610; ebenso *Fitz/Grau* in *Fitz/Grau/Reindl*, PHG² (2004) § 5 Rz 66; vgl auch *Welser*, Das neue Produkthaftungsgesetz, WBl 1988, 165 (172), nach dem der Hersteller eine „gewisse Sorgfalt" des Benützers erwarten darf; ähnlich *Welser/Rabl*, PHG² (2004) § 5 Rz 22; *Rabl*, PHG (2017) § 5 Rz 78.

829 ErläutRV 272 BlgNR 17. GP 10; ErwGr 6 PH-RL; ebenso *Posch/Terlitza* in *Schwimann/Kodek*, ABGB Praxiskommentar⁴ (2016) § 11 Rz 3.

830 Vgl *Fitz/Grau* in *Fitz/Grau/Reindl*, PHG² (2004) § 5 Rz 74 ff.

digten unter Umständen im Rahmen eines Mitverschuldens gem § 11 PHG iVm § 1304 ABGB veranschlagt werden.[831]

Auch die **Darbietung des Produktes** ist bei der Frage, ob mit einem Gebrauch billigerweise gerechnet werden kann, zu berücksichtigen. So kann der Hersteller die berechtigten Sicherheitserwartungen durch Erklärungen, dass ein Produkt für eine bestimmte Nutzung nicht geeignet ist, bis zu einem gewissen Grad lenken.[832] Jedoch gibt es Gebrauchsarten, mit denen trotz Warnung oder entsprechender Anleitungen zur Gefahrenvermeidung billigerweise gerechnet werden muss, wie „feste Verhaltensgewohnheiten“ oder „statistisch unvermeidbar Versehen“.[833] Denn der Hersteller kann seine Haftung nicht durch eine „den Lebenserfahrungen widersprechende Gebrauchsanweisung“ einschränken.[834] Des Weiteren ist die Grenze zur Umgehung des Verbots der Haftungsfreizeichnung zu beachten. Der Hersteller muss daher konstruktive Absicherungen gegen **Unachtsamkeiten** vorsehen, mit denen billigerweise gerechnet werden muss.[835] Im Bereich der Autobranche muss er daher Absicherungen gegen Unfallszenarien vorsehen, die auf der Unachtsamkeit der Benützer beruhen.[836] Je größer die Gefahr, desto höhere Anforderungen sind an derartige Absicherungen zu stellen.[837]

Der billigerweise zu erwartende Gerbrauch ist **objektiv** und **ex-ante** (vom Zeitpunkt des Inverkehrbringens des konkreten schadenstiftenden Produkts gesehen) zu bestimmen.[838] Bei Serienproduktion muss der Hersteller auf Änderungen im Nutzerverhalten gegebenenfalls durch konstruktionelle oder instruktionelle Anpassungen reagieren,[839] um eine Fehlerhaftigkeit weiterer in Verkehr gebrachter Stücke dieser Serie zu verhindern.

iii. Anwendungsfall: Teilautomatisiertes Fahren

Teilautomatisierte Fahrzeuge sind bereits heute auf dem Markt erhältlich. Ihre bestimmungsgemäße Verwendung sieht vor, dass der Fahrer das Verkehrs-

---

831 Vgl *Welser/Rabl*, PHG² (2004) § 5 Rz 26, § 11 Rz 4; *Fitz/Grau* in *Fitz/Grau/Reindl*, PHG² (2004) § 5 Rz 86; 11 Rz 5; *Koziol/Apathy/Koch*, Haftpflichtrecht III³ (2014) B Rz 250; *Posch/Terlitza* in *Schwimann/Kodek*, ABGB Praxiskommentar⁴ (2016) § 5 PHG Rz 18; *Rabl*, PHG (2017) § 5 Rz 92, § 11 Rz 16.

832 *Fitz/Grau* in *Fitz/Grau/Reindl*, PHG² (2004) § 5 Rz 37; *Rabl*, PHG (2017) § 5 Rz 68.

833 *Fitz/Grau* in *Fitz/Grau/Reindl*, PHG² (2004) § 5 Rz 78.

834 ErläutRV 272 BlgNR 17. GP 10; zust *Welser/Rabl*, PHG² (2004) § 5 Rz 24.

835 Vgl OGH 8 Ob 192/99i, *Häcksler*, RdW 2000, 661 = PHI 2002, 190 = SZ 73/78 = Zak 2011, 327 (*Kolmasch*, Judikaturübersicht).

836 Vgl *Grau*, Produktfehler (2002) 206; *Fitz/Grau* in *Fitz/Grau/Reindl*, PHG² (2004) § 5 Rz 70, 78.

837 *Fitz/Grau* in *Fitz/Grau/Reindl*, PHG² (2004) § 5 Rz 78.

838 *Welser/Rabl*, PHG² (2004) § 5 Rz 25 mwN; *Rabl*, PHG (2017) § 5 Rz 90 f.

839 *Welser/Rabl*, PHG² (2004) § 5 Rz 25 mwN; *Rabl*, PHG (2017) § 5 Rz 91; vgl auch OGH 6 Ob 215/11b Zak 2012, 376 = JBl 2012, 722 = ZTR 2012, 229 = EvBl 2013/16 (*Rohrer/Spitzer*) = AnwBl 2013, 189 = PHi 2013, 51 = ZTR 2013, 56 (*Karollus*) = RdW 2013, 23 = ZVR 2013, 76 (*Danzl*, tabellarische Übersicht).

geschehen ständig beobachtet und jederzeit in der Lage ist einzugreifen. Wendet sich der Fahrer von der **Überwachungsaufgabe** ab, so liegt ein Fehlgebrauch vor, der durchaus vorhersehbar ist. Ob mit diesem Fehlgebrauch billigerweise gerechnet werden kann oder aber ein haftungsausschließender Missbrauch vorliegt, hängt von mehreren Kriterien ab: Neben der **Größe** der damit verbundenen Gefahr, die als hoch einzuschätzen ist, und der von der **Darbietung** abhängigen **Erkennbarkeit** des Risikos spielt es nach *Fitz/Grau* eine Rolle, ob der Fehlgebrauch bewusst oder versehentlich erfolgt.[840] Misst man dem Kriterium der Bewusstheit bzw Versehentlichkeit mit *Fitz/Grau* eine wesentliche Bedeutung zu, wäre zwischen zwei Fallvarianten zu unterscheiden:

1. Das **bewusste Abwenden von der Überwachungsaufgabe** und **gezielte Zuwenden zu anderen Tätigkeiten**, wie zB Zeitunglesen, Spiele am Handy etc, wäre als grob unvernünftig und darüber hinaus nach derzeitig geltendem Straßenverkehrsrecht als **rechtswidrig** zu betrachten: Denn auch wenn der Lenker gem § 11 Abs 5 AutomatFahrV während der Aktivierung des Autobahn-Assistenten von der Verpflichtung, während des Fahrens mit mindestens einer Hand die Lenkvorrichtung festzuhalten, enthoben ist, hat er in kritischen Situationen die Notfallvorrichtung unverzüglich zu betätigen und die übertragenen Fahraufgaben zu übernehmen.[841] Dies setzt freilich voraus, dass er das Fahrgeschehen und die Verkehrsumgebung ständig beobachtet. **Bei entsprechender Instruktion und Darbietung** durch den Hersteller, aus denen die **Gefahr** des Abwendens von der Überwachungsaufgabe **offenkundig** wird,[842] läge daher ein die Produkthaftung ausschließender missbräuchlicher Gebrauch vor, der in die **Eigenverantwortung** des Lenkers fällt.

2. Anders zu beurteilen wären **Unachtsamkeiten** der Lenker, da mit ihnen billigerweise gerechnet werden muss. So ist es wahrscheinlich, dass während der Übertragung der Fahrfunktionen an ein automatisiertes Systems der Grad der Aufmerksamkeit der Lenker tendenziell nachlässt. Wird aus Unachtsamkeit des Lenkers eine Fehlentscheidung des teilautomatisierten Systems nicht übersteuert, läge ein Fehlgebrauch vor, mit dem billigerweise gerechnet werden kann. Freilich wäre der Mangel der Aufmerksamkeit des Lenkers im Rahmen des Mitverschuldens zu veranschlagen.

Da diese Unterscheidung auf rein subjektiven Umständen des Geschädigten im konkreten Einzelfall beruht, steht sie jedoch in einem Widerspruch zu der ebenfalls von *Fitz/Grau* geforderten **generell-abstrakten Betrachtung**:[843] Danach soll nicht auf die konkreten Umstände des Gebrauchs durch den Ge-

---

[840] Zur Beachtlichkeit dieser Kriterien vgl *Fitz/Grau* in *Fitz/Grau/Reindl*, PHG² (2004) § 5 Rz 76 ff.

[841] § 11 Abs 5 AutomatFahrV.

[842] Vgl dazu *Fitz/Grau* in *Fitz/Grau/Reindl*, PHG² (2004) § 5 Rz 77.

[843] *Fitz/Grau* in *Fitz/Grau/Reindl*, PHG² (2004) § 5 Rz 81; *Grau*, Produktfehler (2002) 208 f.

schädigten abgestellt werden, sondern darauf, ob damit gerechnet werden muss, dass „das Produkt einem derartigen Geschehen unterworfen wird.“[844] Bei genereller Beurteilung spielt es aber keine Rolle, ob die Abwendung von der Fahraufgabe bewusst oder aus Unachtsamkeit erfolgt.[845] Weiters kann der konkreten im Schadenszeitpunkt vorliegenden inneren Einstellung des Benützers auch deshalb keine Relevanz zukommen, da der Fehler zum Zeitpunkt des Inverkehrbringens vorhanden sein muss.[846] Im Einzelnen bereitet die Abgrenzung außerdem erhebliche Schwierigkeiten und bringt Beweisprobleme mit sich. So ist es zB fraglich, wie der Fall zu beurteilen wäre, dass sich der Lenker Tätigkeiten zuwendet, die sozial üblich neben dem Autofahren durchgeführt werden, wie zB Gespräche mit dem Beifahrer, Musikhören etc. Erfolgt dies unter bewusster Abwendung von der Überwachungsaufgabe, läge bei entsprechender Instruktion und Folgenwarnung eine auf eigene Gefahr erfolgende missbräuchliche Verwendung vor. Wird der Lenker durch die „Nebentätigkeiten“ hingegen nur abgelenkt und führt dies zur Unachtsamkeit, wäre dies hingegen als Fehlgebrauch zu beurteilen, mit dem billigerweise gerechnet werden kann.

Aus genannten Gründen ist mE der generell-abstrakten Betrachtung der Vorrang einzuräumen und dem Kriterium der Bewusstheit bzw Versehentlichkeit bei ein und demselben Fehlverhalten keine Relevanz zuzumessen.[847] Es ist abstrakt betrachtet nur darauf abzustellen, ob mit der Abwendung von der Fahraufgabe (aus welchem Grund auch immer) billigerweise gerechnet werden kann. Dies ist zu bejahen, da es immer zu Unachtsamkeiten bei der Überwachung des automatisierten Systems kommen kann. Zum Tragen kommt die generell-abstrakte Betrachtungsweise vor allem bei Schädigung eines innocent bystanders:[848] Denn der Hersteller kann sich gegenüber dem innocent bystander nicht auf ein konkret missbräuchliches Verhalten des Benützers berufen, wenn die verwirklichte Produktgefahr auch bei billigerweise zu erwartbarem Gebrauch (zB Unachtsamkeiten) eintreten kann und daher bei der Herstellung zu berücksichtigen ist.[849] Mit anderen Worten: Ist mit einem Risiko nicht nur bei bewusstem Gebrauch auf eigene Gefahr, sondern auch bei Unachtsamkeit zu rechnen, sind entsprechende Vorkehrungen zu treffen. Der Umstand der Bewusstheit des Fehlgebrauchs ist jedoch im Rahmen des Mitverschuldens zu

---

844 *Fitz/Grau* in *Fitz/Grau/Reindl*, PHG² (2004) § 5 Rz 81; in diesem Sinne schon *Grau*, Produktfehler (2002) 208 f.

845 Überzeugend zur Irrelevanz einer Unterscheidung nach den Kriterien der Absichtlichkeit und Versehentlichkeit im Allgemeinen vgl *Grau*, Produktfehler (2002) 208 f.

846 *Grau*, Produktfehler (2002) 208 f.

847 Vgl zur Irrelevanz der „inneren Verfassung“ des Benützers schon *Grau*, Produktfehler (2002) 208 f; aA zum dProdHaftG wohl *Hinze*, Haftungsrisiken des automatisierten und autonomen Fahrens (2021) 107.

848 *Fitz/Grau* in *Fitz/Grau/Reindl*, PHG² (2004) § 5 Rz 81; *Grau*, Produktfehler (2002) 209.

849 Richtig *Fitz/Grau* in *Fitz/Grau/Reindl*, PHG² (2004) § 5 Rz 81.

berücksichtigen.[850] Krasses Mitverschulden kann auch zum gänzlichen Entfall der Haftung führen.[851]

c) Zeitpunkt des Inverkehrbringens

Maßgeblicher Zeitpunkt für die Bestimmung der berechtigten Sicherheitserwartungen ist das **Inverkehrbringen** des Produktes.[852] Dabei kommt es auf den Zeitpunkt des Inverkehrbringens des **konkreten, den Schaden verursachenden Produkts** an.[853] Bei Serienerzeugung ist daher nicht etwa auf den Zeitpunkt abzustellen, in dem die Produktserie erstmals auf den Markt gebracht wurde.[854] Werden Produkte einer Serie trotz gestiegenen berechtigten Sicherheitserwartungen (etwa durch die Erhöhung des Stands der Technik) unverändert in Verkehr gebracht, sind diese daher fehlerhaft.[855]

Bei Beurteilung der Fehlerhaftigkeit eines Produktes ist auf den **Stand der Technik im Zeitpunkt des Inverkehrbringens** abzustellen.[856] Erhöhte berechtigte Sicherheitserwartungen aufgrund nachträglich gestiegener technischer Standards sind daher bei der Beurteilung der Fehlerhaftigkeit von bereits in Verkehr gebrachten Produkten unberücksichtigt zu lassen. In diesem Zusammenhang stellen § 5 Abs 2 PHG sowie Art 6 Abs 2 PH-RL klar[857], dass ein

---

850 *Grau*, Produktfehler (2002) 209.

851 Vgl OGH 1 Ob 62/00z, *Sandbeton*, SZ 73/151; OGH 1 Ob 169/02p, *Raumteiler*, JBl 2003, 247; *Fitz/Grau* in *Fitz/Grau/Reindl*, PHG² (2004) § 8 Rz 43, § 11 Rz 8; *Grau*, Produktfehler (2002) 209; vgl auch Art 8 Abs 2 PH-RL, wonach die Haftung des Herstellers unter Berücksichtigung aller Umstände gemindert werden oder *entfallen* kann, wenn der Schaden durch einen Fehler des Produkts und zugleich durch Verschulden des Geschädigten oder einer Person, für die der Geschädigte haftet, verursacht worden ist.

852 § 5 Abs 1 Z 3 PHG, Art 6 Abs 1 lit c PH-RL; *Preslmayr*, Handbuch der Produktshaftung² (2002) 69 f; *Welser/Rabl*, PHG² (2004) § 5 Rz 27; *Koziol/Apathy/Koch*, Haftpflichtrecht III³ (2014) B Rz 147, 179; *Posch/Terlitza* in *Schwimann/Kodek*, ABGB Praxiskommentar⁴ (2016) § 5 PHG Rz 19; *Rabl*, PHG (2017) § 5 Rz 94; ua OGH 7 Ob 49/01h RdW 2001, 533 = EvBl 2001/145 = ZVR 2001, 279 = ecolex 2001, 671 (*Rabl*) = ZfRV 2002, 149 (*Posch*) = SZ 74/62.

853 *Grau*, Produktfehler (2002) 224; *Preslmayr*, Handbuch der Produktshaftung² (2002) 70, *Welser/Rabl*, PHG² (2004) § 5 Rz 28; *Posch/Terlitza* in *Schwimann/Kodek*, ABGB Praxiskommentar⁴ (2016) § 5 PHG Rz 19; *Rabl*, PHG (2017) § 5 Rz 94.

854 *Preslmayr*, Handbuch der Produktshaftung² (2002) FN 270; *Welser/Rabl*, PHG² (2004) § 5 Rz 28; *Koziol/Apathy/Koch*, Haftpflichtrecht III³ (2014) B Rz 216; *Posch/Terlitza* in *Schwimann/Kodek*, ABGB Praxiskommentar⁴ (2016) § 5 PHG Rz 19; *Rabl*, PHG (2017) § 5 Rz 97; ebenso die Rspr OGH 6 Ob 215/11b Zak 2012, 376 = JBl 2012, 722 = ZTR 2012, 229 = EvBl 2013/16 (*Rohrer/Spitzer*) = AnwBl 2013, 189 = PHi 2013, 51 = ZTR 2013, 56 (*Karollus*) = RdW 2013, 23 = ZVR 2013, 76 (*Danzl*, tabellarische Übersicht).

855 Vgl *Welser/Rabl*, PHG² (2004) § 5 Rz 28; *Koziol/Apathy/Koch*, Haftpflichtrecht III³ (2014) B Rz 216; *Rabl*, PHG (2017) § 5 Rz 98; mN aus der deutschen Lehre OGH 6 Ob 215/11b Zak 2012, 376 = JBl 2012, 722 = ZTR 2012, 229 = EvBl 2013/16 (*Rohrer/Spitzer*) = AnwBl 2013, 189 = PHi 2013, 51 = ZTR 2013, 56 (*Karollus*) = RdW 2013, 23 = ZVR 2013, 76 (*Danzl*, tabellarische Übersicht).

856 *Grau*, Produktfehler (2002) 216; *Koziol/Apathy/Koch*, Haftpflichtrecht III³ (2014) B Rz 147.

857 Zum „klarstellenden" Charakter vgl *Fitz/Grau* in *Fitz/Grau/Reindl*, PHG² (2004) § 5 Rz 10.

Produkt nicht allein deshalb als fehlerhaft angesehen werden kann, weil später ein verbessertes Produkt in Verkehr gebracht worden ist.

Bei technologischen Neuentwicklungen wie hoch- oder vollautomatisierten Fahrzeugen ist davon auszugehen, dass in raschem Tempo neue Modelle mit verbesserter Hard- und/oder Software auf den Markt kommen werden. Der mit dem **Nachfolgemodell** einhergehende **Sicherheitsgewinn** allein macht die bereits in Verkehr gebrachten Kfz des Vorgängermodells jedoch nicht fehlerhaft.[858] Dies gilt im Übrigen auch bei Inverkehrbringen von **Updates**: allein der Umstand der Zurverfügungstellung verbesserter Programmversionen führt nicht zur Fehlerhaftigkeit der Vorversion.[859] Sind aber die berechtigten **Sicherheitserwartungen** bereits aufgrund eines verbesserten Modells bzw einer verbesserten Programmversion gestiegen, so sind ab diesem Zeitpunkt in Verkehr gebrachte Kfz des Vorgängermodells an dem erhöhten Maßstab zu messen.[860] Um einer Produkthaftung zu entgehen, sollte daher der Hersteller das Modell der Serie an den erhöhten Stand der Technik anpassen.

Von der Beurteilung der Fehlerhaftigkeit nach PHG sind **Produktbeobachtungspflichten** zu unterscheiden, die dem Hersteller auftragen, auf erkennbare Gefahren seiner Produkte in angemessener Weise zu reagieren (zB durch Software-Updates).[861] Hierbei kommt es nicht darauf an, ob das Produkt bereits im Zeitpunkt des Inverkehrbringens hinter den berechtigten Sicherheitserwartungen zurückgeblieben ist; die Haftung aus der Verletzung einer Produktbeobachtungpflicht setzt im Gegensatz zur Haftung nach PHG jedoch Verschulden voraus.[862]

d) Sonstige Umstände

i. Mindestsicherheit, gesetzliche Sicherheitsvorschriften und Industriestandards

Eine gewisse **Mindestsicherheit** darf jedenfalls erwartet werden.[863] Nach *Koziol/Apathy/Koch* bestimmt sich dieser Mindeststandard „insbesondere durch die ausdrücklich oder konkludent angepriesenen **Basisfunktionen** des Produktes in Relation zu den bei diesbezüglichen Mängeln **potentiell drohenden**

858 Vgl *Koziol/Apathy/Koch*, Haftpflichtrecht III³ (2014) B. Rz 147.

859 Vgl im Allgemeinen zu Computerprogrammen aus der deutschen Literatur *Taeger*, Außervertragliche Haftung für fehlerhafte Computerprogramme (1995) 176; *Uskenbayeva*, Produkthaftung für Software im Internet (2008) 20.

860 Vgl *Koziol/Apathy/Koch*, Haftpflichtrecht III³ (2014) B. Rz 147.

861 Vgl hierzu Kap VI.K.

862 *Preslmayr*, Handbuch der Produkthaftung² (2002) FN 296.

863 *Koziol/Apathy/Koch*, Haftpflichtrecht III³ (2014) B. Rz 165 („Mindeststandard"); *Grau*, Produktfehler (2002) 186, 240 f („Basissicherheit"); *Fitz/Grau* in *Fitz/Grau/Reindl*, PHG² (2004) § 5 Rz 42, 59 („Basissicherheit"); *Rabl*, PHG (2017) § 5 Rz 28, 47, 54, 72 („Basissicherheit").

Schäden".[864] Bei einer Gefahr für die körperliche Unversehrtheit, wie sie mit dem automatisierten Fahren einhergeht, ist der Mindeststandard entsprechend hoch anzusetzen. Nach einem Urteil des OLG Innsbruck muss ein **Fahrzeug** (hier: Fahrrad) ungeachtet seines Preises die **funktionsnotwendigen Einrichtungen betriebssicher** aufweisen.[865] Dies gilt bei einem automatisierten Kfz selbstverständlich auch für Software zur Steuerung des Kfz, weil diese zu dessen funktionsnotwendigen Einrichtungen gehört.

Weiters darf von der Einhaltung aller **gesetzlichen Sicherheitsvorschriften** ausgegangen werden.[866] Der Verstoß gegen Produktsicherheitsvorschriften begründet daher in jedem Fall einen Produktfehler.[867] Die gesetzlichen Sicherheitsvorschriften bilden jedoch nur einen Mindeststandard; ihre Einhaltung schließt die Fehlerhaftigkeit des Produktes nicht automatisch aus.[868] Dies auch deshalb, weil der Gesetzgeber nicht sämtliche Risiken lückenlos erfassen kann.[869] Entspricht ein Produkt zwar im Zeitpunkt des Inverkehrbringens den gesetzlichen Sicherheitsnormen, aber nicht den zu diesem Zeitpunkt bestehenden höheren berechtigten Sicherheitserwartungen, ist es fehlerhaft. Die Haftung kann jedoch uU gem § 8 Z 1 PHG durch den Nachweis ausgeschlossen werden, dass der Fehler gerade auf eine Rechtsvorschrift oder behördliche Anordnung zurückzuführen ist, der das Produkt zu entsprechen hatte.[870]

Wesentlich ist in diesem Zusammenhang, dass die behördliche Genehmigung oder Typisierung von Produkten die Haftung des Herstellers nicht ausschließt.[871] Eine Genehmigung einer Type bzw eines Kfz nach KFG befreit den Hersteller also nicht von einer etwaigen Produkthaftung.

Neben den Produktsicherheitsvorschriften darf auch die Einhaltung von **Industriestandards** und **technischen Standards (zB ÖNORMEN)**[872] erwar-

---

[864] *Koziol/Apathy/Koch*, Haftpflichtrecht III³ (2014) B. Rz 165; vgl auch *Grau*, Produktfehler (2002) 186, 240 f und *Fitz/Grau* in *Fitz/Grau/Reindl*, PHG² (2004) § 5 Rz 42, 59, 103 f, die auf den Verwendungszweck verweisen.

[865] OLG Innsbruck 4 R 331/91 ZVR 1994/91; ebenso *Fitz/Grau* in *Fitz/Grau/Reindl*, PHG² (2004) § 5 Rz 103; *Posch/Terlitza* in *Schwimann/Kodek*, ABGB Praxiskommentar⁴ (2016) § 5 PHG Rz 9.

[866] *Grau*, Produktfehler (2002) 144; *Fitz/Grau* in *Fitz/Grau/Reindl*, PHG² (2004) § 5 Rz 112; *Koziol/Apathy/Koch*, Haftpflichtrecht III³ (2014) B. Rz 166 f; *Rabl*, PHG (2017) § 5 Rz 37.

[867] *Grau*, Produktfehler (2002) 144 mwN; *Fitz/Grau* in *Fitz/Grau/Reindl*, PHG² (2004) § 5 Rz 44, 112; *Rabl*, PHG (2017) § 5 Rz 37; RIS-Justiz RS0107606 (T15); OGH 9 Ob 59/15. Zak 2015, 439 = ecolex 2016, 21 = ZVR 2016, 75 (*Danzl*, tabellarische Übersicht).

[868] *Grau*, Produktfehler (2002) 143; *Fitz/Grau* in *Fitz/Grau/Reindl*, PHG² (2004) § 5 Rz 113; *Rabl*, PHG (2017) § 5 Rz 38.

[869] *Koziol/Apathy/Koch*, Haftpflichtrecht III³ (2014) B. Rz 166.

[870] Vgl dazu ua *Welser/Rabl*, PHG² (2004) § 8 Rz 3 ff; *Rabl*, PHG (2017) § 5 Rz 45.

[871] *Fitz/Grau* in *Fitz/Grau/Reindl*, PHG² (2004) § 5 Rz 117.

[872] Diese sind nur rechtlich bindend, wenn Rechtsquellen sie für verbindlich erklären, vgl *Grau*, Produktfehler (2002) 145.

tet werden.[873] Hier gilt wiederum, dass die Einhaltung der Industriestandards das Produkt nicht automatisch fehlerfrei macht, da sonst die Branche selbst den Sicherheitsstandard vorgeben könnte.[874] Die berechtigten Sicherheitserwartungen können auch über dem aktuellen Stand der Technik liegen.[875]

Die Rspr und hL geht jedoch davon aus, dass die normgerechte oder anderen technischen Standards entsprechende übliche Herstellungsart die Fehlerfreiheit des Produkts indiziert.[876]

ii. Produktpreis und Entscheidungsfreiheit des Benützers

Der Preis des Produkts spielt bei der Beurteilung der berechtigten Sicherheitserwartungen nur eine untergeordnete Rolle.[877] Von einem teureren Produkt kann in der Regel mehr erwartet werden als von einem günstigeren Produkt;[878] doch muss auch dieses eine gewisse **Mindestsicherheit** aufweisen.[879]

Nach *Grau* müsse die bewusste Entscheidung des Benützers, produktinhärente Risiken in Kauf zu nehmen, grundsätzlich akzeptiert werden.[880] Eine Grenze sieht er dort verwirklicht, wo die Gefahr „in einem krassen Mißverhältnis [sic!] zum Nutzen steht", etwa ein schwerer Schaden für Leib und Leben äußerst wahrscheinlich ist.[881] Primär sei jedoch die **Risiko-Nutzenabwä-**

---

873 *Koziol/Apathy/Koch*, Haftpflichtrecht III³ (2014) B Rz 167; differenzierend *Grau*, Produktfehler (2002) 147, 157; *Fitz/Grau* in *Fitz/Grau/Reindl*, PHG² (2004) § 5 Rz 44, 116; *Welser/Rabl*, PHG² (2004) § 5 Rz 10; *Rabl*, PHG (2017) § 5 Rz 39, 42.

874 Vgl *Grau*, Produktfehler (2002) 145 mwN; *Fitz/Grau* in *Fitz/Grau/Reindl*, PHG² (2004) § 5 Rz 115; *Welser/Rabl*, PHG² (2004) § 5 Rz 10 mwN; *Koziol/Apathy/Koch*, Haftpflichtrecht III³ (2014) B Rz 167; *Rabl*, PHG (2017) § 5 Rz 43.

875 Vgl OGH 6 Ob 157/98a, *Küchenofen*, ecolex 1998, 914; etwa aufgrund der Darbietung vgl OGH 7 Ob 2414/96t, *Nulleiter*, SZ 70/65= JBl 1997, 739 = ecolex 1997, 748 = RdW 1997, 531.

876 RIS-Justiz RS0110464; jüngst OGH 9 Ob 59/15i Zak 2015, 439 = ecolex 2016, 211 = ZVR 2016, 75 (*Danzl*, tabellarische Übersicht); *Preslmayr*, Handbuch der Produkthaftung² (2002) 72; vgl auch zu vorschriftskonformen Produkten *Fitz/Grau* in *Fitz/Grau/Reindl*, PHG² (2004) § 5 Rz 113; *Rabl*, PHG (2017) § 5 Rz 38.

877 Vgl *Welser/Rabl*, PHG² (2004) § 5 Rz 12; *Rabl*, PHG (2017) § 5 Rz 47.

878 *Grau*, Produktfehler (2002) 186; *Fitz/Grau* in *Fitz/Grau/Reindl*, PHG² (2004) § 5 Rz 102; *Welser/Rabl*, PHG² (2004) § 5 Rz 12; *Posch/Terlitza* in *Schwimann/Kodek*, ABGB Praxiskommentar⁴ (2016) § 5 PHG Rz 9; *Rabl*, PHG (2017) § 5 Rz 47; vgl OGH 6 Ob 157/98a, *Küchenofen*, ecolex 1998, 914; OGH 2 Ob 249/02k, *Aluminiumleiter*, ecolex 2003/138 (*Rabl*) = RdW 2003/306 (*Eustacchio*) = PHi 2003, 154 = Zak 2011, 327 (*Kolmasch*, Judikaturübersicht) = Zak 2018, 388 (*Kolmasch*, Judikaturübersicht); vgl auch *Preslmayr*, Handbuch der Produkthaftung² (2002) 71; *Koziol/Apathy/Koch*, Haftpflichtrecht III³ (2014) B Rz 170.

879 *Preslmayr*, Handbuch der Produkthaftung² (2002) 71 f; *Fitz/Grau* in *Fitz/Grau/Reindl*, PHG² (2004) § 5 Rz 103; *Welser/Rabl*, PHG² (2004) § 5 Rz 12; *Posch/Terlitza* in *Schwimann/Kodek*, ABGB Praxiskommentar⁴ (2016) § 5 PHG Rz 9; *Rabl*, PHG (2017) § 5 Rz 47.

880 *Grau*, Produktfehler (2002) 236 f; vgl auch *Fitz/Grau* in *Fitz/Grau/Reindl*, PHG² (2004) § 5 Rz 119, 123.

881 *Grau*, Produktfehler (2002) 236 f; *Fitz/Grau* in *Fitz/Grau/Reindl*, PHG² (2004) § 5 Rz 123 erachten eine „gerichtliche Korrektur" nur in „Extremfällen" als geboten.

gung[882] Sache des jeweiligen Benützers.[883] Dieser müsse aber vor den mit den Produkt verbundenen Gefahren gewarnt werden, um eine informierte Entscheidung treffen zu können.[884] Ähnlich argumentieren *Koziol/Apathy/Koch*, nach denen nicht bei allen Produkten die höchste technisch mögliche Sicherheit unabhängig von den damit verbundenen Kosten verlangt werden könne, da dies die Produktvielfalt und die Leistbarkeit von Produkten (insb Konsumgütern) für die Allgemeinheit einschränke.[885]

Wenn jedoch mit der Benutzung eines Produktes erhebliche Risiken für **innocent bystanders** einhergehen, wie etwa bei automatisierten Fahrzeugen, kann mE die Entscheidungsfreiheit des Einzelnen nicht ins Treffen geführt werden.[886]

iii. Kosten-/Nutzenabwägung des Herstellers und Zumutbarkeit

Nach der österreichischen hL[887] kommt es auf die wirtschaftliche Zumutbarkeit für den Hersteller nicht an.[888] Mit anderen Worten ist dem Hersteller der Kosten-Nutzen-Einwand abgeschnitten.[889] Dies spielt gerade bei technischen Neuentwicklungen eine große Rolle, da hier die Konzeption eines sicheren kostendeckenden Produkts regelmäßig erst nach längerer Zeit der Produktentwicklung gelingt. Wesentlich ist in diesem Zusammenhang, dass der Hersteller sich nach hA nicht darauf berufen kann, dass für ein sicheres Produkt kein kostendeckender Preis zu erzielen sei oder das sicherere, aber teurere Modell keinen Absatz finde.[890]

Der OGH hat demgegenüber auf das Kriterium der Zumutbarkeit in seiner Rspr zum PHG mehrfach Bezug genommen:[891] Der Hersteller müsse diejeni-

---

882 Der Produktpreis fließt nach *Fitz/Grau* auf Seiten des Nutzens in die Abwägung mit ein, vgl *Fitz/Grau* in *Fitz/Grau/Reindl*, PHG² (2004) § 5 Rz 107.

883 *Grau*, Produktfehler (2002) 236 f; *Fitz/Grau* in *Fitz/Grau/Reindl*, PHG² (2004) § 5 Rz 123.

884 *Fitz/Grau* in *Fitz/Grau/Reindl*, PHG² (2004) § 5 Rz 123.

885 *Koziol/Apathy/Koch*, Haftpflichtrecht III³ (2014) B Rz 169, 184 f mit dem Bespiel des Kraftfahrzeuges, das zwar eine Mindestsicherheit aufweisen, aber nicht mit allen technisch möglichen sicherheitserhöhenden Zusatzausstattungen versehen sein müsse.

886 Vgl auch *Welser/Rabl*, PHG² (2004) § 5 Rz 12, nach denen ein gewisser Mindeststandard zum „Schutz des innocent bystander" gewährleistet sein muss; ebenso *Rabl*, PHG (2017) § 5 Rz 47.

887 AA ist die deutsche hL und Rspr, vgl *Oechsler* in Staudinger BGB (2021) § 3 ProdHaftG Rz 85 ff mwN; *G. Wagner* in Münchener Kommentar zum BGB⁸ (2020) § 3 ProdHaftG Rz 6 f; ua BGH VI ZR 176/08, *Kirschtaler*, LMK 2009, 284096.

888 *Grau*, Produktfehler (2002) 239; *Fitz/Grau* in *Fitz/Grau/Reindl*, PHG² (2004) § 5 Rz 108 ff; *Welser/Rabl*, PHG² (2004) § 5 Rz 13; *Rabl*, PHG (2017) § 5 Rz 51; aA *Koziol/Apathy/Koch*, Haftpflichtrecht III³ (2014) B Rz 169, die das Kriterium der „wirtschaftlichen Machbarkeit" anführen.

889 *Welser/Rabl*, PHG² (2004) § 5 Rz 13; *Rabl*, PHG (2017) § 5 Rz 51.

890 *Welser/Rabl*, PHG² (2004) § 5 Rz 13; *Rabl*, PHG (2017) § 5 Rz 51; krit *Grau*, Produktfehler (2002) 242.

891 Siehe OGH-E in den FN 880–882; OGH 1 Ob 53/98w, *Kamillentee*, RdW 1999, 203 = ecolex 1999, 315 (*Wilhelm*) = EFSlg 86.974 = EFSlg 86.983 = HS 29.704 = Zak 2011, 327 (*Kolmasch*, Judikaturübersicht); vgl dazu auch *Rabl*, PHG (2017) § 5 Rz 75 f.

gen **konstruktiven Maßnahmen** treffen, die zur Vermeidung einer Gefahr objektiv erforderlich und nach objektiven Maßstäben **zumutbar** sind.[892] Er könne sich seiner Pflicht zu einer möglichst ungefährlichen Konstruktionsweise nicht dadurch entziehen, dass er eine technisch mögliche und zumutbare konstruktive Maßnahme durch Warnungen an den Gefährdeten ersetzt.[893] Ob eine (weitere) Sicherungsmaßnahme nach objektiven Maßstäben zumutbar ist, lasse sich nur unter Berücksichtigung sämtlicher Umstände des Einzelfalls im Rahmen einer Gesamtbetrachtung beurteilen.[894]

iv. Unvermeidbare Risiken

Ob der Hersteller in der Lage war, den Fehler zu vermeiden und/oder rechtzeitig zu entdecken, ist für die verschuldensunabhängige Produkthaftung ohne Bedeutung.[895] Denn da es auf ein Verschulden des Herstellers nicht ankommt, ist ihm der Einwand sorgfältiger Produktion und Kontrolle abgeschnitten.[896] Es besteht demgemäß auch die Haftung, wenn ein sogenannter „**Ausreißer**" vorliegt, das heißt ein fehlerhaftes Produkt, dessen Fehler auch bei der den Fertigungsvorgang abschließenden Kontrolle nicht entdeckt wurde.[897]

Auch der Umstand, dass ein Risiko zwar bekannt ist, aber nach dem Stand von Wissenschaft und Technik nicht vermieden werden kann („**Entwicklungslücke**)"[898], führt nicht automatisch zur Fehlerfreiheit des in Verkehr gebrachten Produkts.[899] Zum einen ist vor nicht allgemein bekannten Gefahren zu

892 RIS-Justiz RS0107606 (T10); OGH 8 Ob 126/09a EvBl 2010/118 (*Spitzer*) = ZfRV-LS 2010/54 (*Ofner*) = ecolex 2010, 860 = ZVR 2011, 75 (*Danzl*, tabellarische Übersicht); OGH 8 Ob 21/11p Zak 2012, 117 = PHi 2012, 146 = ZTR 2012, 130 = EvBl-LS 2012/118 = ecolex 2012, 479 = RdW 2012, 334 = ZVR 2013, 76 (*Danzl*, tabellarische Übersicht) = ZVR 2013, 371 (*Huber*); OGH 3 Ob 168/14y, *Bodenpoliermaschine*, ZTR 2014, 190 = Zak 2015, 19 = EvBl-LS 2015/33 = ZVR 2015, 75 (*Danzl*, tabellarische Übersicht).

893 RIS-Justiz RS0113702; OGH 8 Ob 192/99i, *Häcksler*, RdW 2000, 661 = PHI 2002, 190 = SZ 73/78 = Zak 2011, 327 (*Kolmasch*, Judikaturübersicht); OGH 6 Ob 317/02i RdW 2004, 152.

894 OGH 8 Ob 126/09a EvBl 2010/118 (*Spitzer*) = ZfRV-LS 2010/54 (*Ofner*) = ecolex 2010, 860 = ZVR 2011, 75 (*Danzl*, tabellarische Übersicht); OGH 3 Ob 168/14y, *Bodenpoliermaschine*, ZTR 2014, 190 = Zak 2015, 19 = EvBl-LS 2015/33 = ZVR 2015, 75 (*Danzl*, tabellarische Übersicht).

895 OGH 4 Ob 87/97s, *Mineralwasserflasche*, ecolex 1997, 749 = ZVR 1998, 49 = SZ 70/61 = HS 28.639 = HS 28.642 = Zak 2011, 327 (*Kolmasch*, Judikaturübersicht); OGH 9 Ob 238/01t, *Mineralwasserflasche II*, Zak 2011, 327 (*Kolmasch*, Judikaturübersicht); OGH 10 Ob 98/02p, *Kaffeemaschine*, ecolex 2003, 98 (*Rabl*); zust *Fitz/Grau* in *Fitz/Grau/Reindl*, PHG^2 (2004) § 5 Rz 20.

896 RIS-Justiz RS0114120; OGH 9 Ob 20/00g, *Bordscheibe*, ZVR 2001, 127 = bbl 2001, 26.

897 RIS-Justiz RS0114120; OGH 9 Ob 20/00g, *Bordscheibe*, ZVR 2001, 127 = bbl 2001, 26; *Fitz/Grau* in *Fitz/Grau/Reindl*, PHG^2 (2004) § 5 Rz 150.

898 *Fitz/Grau* in *Fitz/Grau/Reindl*, PHG^2 (2004) § 5 Rz 98; *Welser/Rabl*, PHG^2 (2004) § 8 Rz 14 mwN aus der deutschen Literatur; *Koziol/Apathy/Koch*, Haftpflichtrecht III^3 (2014) B Rz 238, FN 557; vgl *Rabl*, PHG (2017) § 8 Rz 37 mwN.

899 *Grau*, Produktfehler (2002) 147 f; *Welser/Rabl*, PHG^2 (2004) § 8 Rz 14; vgl auch *Koziol/Apathy/Koch*, Haftpflichtrecht III^3 (2014) B Rz 180, FN 557; zum Teil aA offenbar *Fitz/Grau* in *Fitz/Grau/Reindl*, PHG^2 (2004) § 8 Rz 22.

warnen, auch wenn sie unvermeidbar sind.[900] So hat beispielsweise der Hersteller eines Medikaments in der Packungsbeilage auf dessen Neben- und Wechselwirkungen deutlich hinzuweisen. Geschieht dies nicht, liegt ein haftungsbegründender **Instruktionsfehler** vor.[901]

Zum anderen kann nach ständiger Rspr eine Gesamtbetrachtung ergeben, dass das Produkt aufgrund des unvermeidbaren Risikos erst gar nicht hätte in Verkehr gebracht werden dürfen. Der OGH führt hierzu aus: „Sind bestimmte mit der Produktnutzung einhergehende Risiken nach dem maßgebenden Stand von Wissenschaft und Technik nicht zu vermeiden, so ist unter Abwägung von Art und Umfang der Risiken, der Wahrscheinlichkeit ihrer Verwirklichung und des mit dem Produkt verbundenen Nutzens zu prüfen, ob das gefahrträchtige Produkt überhaupt in den Verkehr gebracht werden darf [...].“[902] Es kommt daher auf das **gefährdete Rechtsgut**, das **Ausmaß** der potentiellen Rechtsgutverletzung, die **Wahrscheinlichkeit** der Risikoverwirklichung sowie den **Produktnutzen** an.[903] *Welser/Rabl* sprechen in diesem Zusammenhang von einer „**Toleranzgrenze**“.[904] Innerhalb dieser Grenze würden die Gefahren wegen des Produktnutzens in Kauf genommen („**sozialadäquate Schädigungen**“), was freilich von einer Instruktionspflicht nicht entbindet.[905] Ein gut gewähltes Beispiel sind „gewisse schädliche Nebenwirkungen lebensrettender oder lebenserhaltender Medikamente“.[906]

Die in der Rspr gewählten Formulierungen legen eine Verhaltenspflicht des Herstellers nahe, nämlich, dass unter bestimmten Umständen ein Produkt nicht in Verkehr gebracht werden darf. In Wahrheit geht es aber nicht um das Aufstellen einer Verhaltenspflicht, sondern darum, dass sich die berechtigten Sicherheitserwartungen bei bestimmten Produkten trotz Unvermeidbarkeit eines Risikos auf die Sicherheit gegenüber dieser Gefahr beziehen. Kann der Hersteller dieses Sicherheitsniveau nicht erreichen und bringt er das Produkt trotzdem in Verkehr, so haftet er für die durch das fehlerhafte Produkt verursachten Schäden. In diesem Sinne führen *Welser/Rabl* aus, dass bei bestimmten Produkten die berechtigte Erwartung auf eine **vollkommene Sicherheit** des Produktes gerichtet ist.[907] Ob vollkommene Sicherheit erwartet werden

[900] Vgl *Koziol/Apathy/Koch*, Haftpflichtrecht III[3] (2014) B Rz 180; vgl *Grau*, Produktfehler (2002) 148.

[901] *Grau*, Produktfehler (2002) 148.

[902] RIS-Justiz RS0107606 (T10); OGH 8 Ob 126/09a EvBl 2010/118 (*Spitzer*) = ZfRV-LS 2010/54 (*Ofner*) = ecolex 2010, 860 = ZVR 2011, 75 (*Danzl*, tabellarische Übersicht); BGH VI ZR 107/08 = ZVR 2009/234 mwN.

[903] Ähnlich *Welser/Rabl*, PHG[2] (2004) § 5 Rz 6; *Rabl*, PHG (2017) § 5 Rz 30. Nach *Grau*, Produktfehler (2002) 149 f ist eine „Nutzen-Risiko-Abwägung“ vorzunehmen.

[904] *Welser/Rabl*, PHG[2] (2004) § 5 Rz 6 ff; *Rabl*, PHG (2017) § 5 Rz 28 ff.

[905] *Welser/Rabl*, PHG[2] (2004) § 5 Rz 6 f; *Rabl*, PHG (2017) § 5 Rz 30 f; siehe oben.

[906] *Welser/Rabl*, PHG[2] (2004) § 5 Rz 7; *Rabl*, PHG (2017) § 5 Rz 31.

[907] *Welser/Rabl*, PHG[2] (2004) § 5 Rz 6; *Rabl*, PHG (2017) § 5 Rz 28; ähnlich zum dProdHaftG *Taeger*, Außervertragliche Haftung für fehlerhafte Computerprogramme (1995) 189, der von einer „uneingeschränkten Sicherheitserwartung“ spricht.

kann, richtet sich nach den oben genannten, in Lit und Rspr erarbeiteten Kriterien. *Welser/Rabl* nennen als Produktbeispiele für eine uneingeschränkte Sicherheitserwartung Bremsen, Alarmanlagen und Herzschrittmacher.[908]

Automatisiertes Fahren ist zweifelsfrei mit nicht unbedeutenden Vorteilen verbunden. Dennoch treten diese eindeutig hinter die Gefährlichkeit von Automatisierungsfehlern für Leib und Leben und Eigentum zurück. Aufgrund der Bewegung von großen Massen mit hoher Geschwindigkeit kann fehlerhafte Software zur Steuerung von Kfz zu erheblichen Personen- und Sachschäden führen.[909] Die berechtigten Sicherheitserwartungen sind bei Systemen der Automatisierung von Fahrzeugen daher grundsätzlich auf die **vollkommene Sicherheit** gerichtet.[910]

Bei der **Markteinführung** automatisierter Fahrzeuge ist folglich der **Stand der Wissenschaft und Technik** ein **limitierender Faktor**. Ist dieser noch nicht so weit fortgeschritten, dass ein sicheres Modell hergestellt werden kann („Entwicklungslücke"), sollte der Hersteller aufgrund der erheblichen Haftungsrisiken die Markteinführung unterlassen.[911] Bringt er ein Modell mit Sicherheitsdefiziten auf den Markt, hat er für dadurch verursachte Schäden verschuldensunabhängig aufgrund der Produkthaftung einzustehen.

Insofern ist die in der Literatur öfters vertretene Argumentation, dass nicht realisierbare Sicherheit nicht erwartet werden darf und unvermeidbare Risiken in Kauf genommen werden müssen, in ihrer Pauschalität abzulehnen. In diesem Zusammenhang ist auch der in der Literatur zur Produkthaftung für Steuerungsprogramme angeführte Einwand zu erörtern, dass **ab einem gewissen Komplexitätsgrad Steuerungsabläufe nicht mehr fehlerfrei programmiert werden können** und deshalb für Fehler in Steuerungsprogrammen nur eingeschränkt einzustehen sei.[912]

Zunächst ist in **technischer Hinsicht** anzumerken, dass zahlreiche konstruktive und analytische Maßnahmen zur **Qualitätssicherung** im Bereich des

---

908 *Welser/Rabl*, PHG^2 (2004) § 5 Rz 6; *Rabl*, PHG (2017) § 5 Rz 28.

909 Vgl zu selbststeuernden Systemen mit großem Schädigungspotential auch *Taeger*, Außervertragliche Haftung für fehlerhafte Computerprogramme (1995) 188.

910 AA *G. Wagner* in Münchener Kommentar zum BGB^8 (2020) § 3 ProdHaftG Rz 32; ebenfalls aA *Hinze*, Haftungsrisiken des automatisierten und autonomen Fahrens (2021) 113 f.

911 Davon zu unterscheiden ist das Entwicklungsrisiko, das nach dem Stand der Wissenschaft und Technik zum Zeitpunkt des Inverkehrbringens nicht erkannt werden konnte, vgl dazu Kap VI.E.

912 *Welser*, PHG (1988) § 5 Rz 5; vgl dazu aus der deutschen Literatur *Oechsler* in Staudinger BGB (2021) § 3 ProdHaftG Rz 126. Zu Recht krit *Lehmann*, Produkt- und Produzentenhaftung für Software, NJW 1992, 1721 (1725); *Uskenbayeva*, Produkthaftung für Software im Internet (2008) 17 f. Ebenfalls krit *Denkmaier*, 30 Jahre PHG – Software als Produkt? in *Felten ua* (Hrsg), Digitale Transformation im Wirtschafts- & Steuerrecht (2019) 51 (64 f), der sogar den gegenteiligen Schluss zieht: Aufgrund der sich aus der „Fehleranfälligkeit" ergebenden besonderen Gefährlichkeit von Software müsse diese gerade in den Anwendungsbereich der verschuldensunabhängigen Produkthaftung miteinbezogen werden.

Software Engineering zur Verfügung stehen: Während konstruktive Maßnahmen das Ziel verfolgen, Software bereits auf einem hohen Qualitätsstandard zu konstruieren, geht es bei analytischen Maßnahmen darum, Softwarefehler aufzudecken.[913] Je größer der Testumfang, desto geringer ist die Wahrscheinlichkeit, dass das betreffende Computerprogramm mit Fehlern behaftet ist. Nichtsdestotrotz bleibt unbestritten, dass die Wahrscheinlichkeit von Fehlern mit der Anzahl der Codezeilen wächst. Große Computerprogramme, wie Automatisierungssoftware für Kfz, weisen daher mit an Sicherheit grenzender Wahrscheinlichkeit Fehler auf und können daher praktisch nicht fehlerfrei sein.[914] Bei der Fahrzeugautomatisierung wäre die Testung der Software anhand jeder erdenklichen Verkehrssituation aufgrund der unendlichen Anzahl von Einzelsituation, die das reale Leben mit sich bringt, schlicht unmöglich.

Wenngleich der Einwand der **Unmöglichkeit der fehlerfreien Programmierung komplexer Steuerungsabläufe** somit auf technisch richtigen Grundlagen beruht, ist ihm jedoch in rechtlicher Hinsicht entgegenzuhalten, dass – wie bereits ausgeführt – die technische Unvermeidbarkeit eines Risikos nicht zwangsläufig zur Haftungsfreiheit des Herstellers führt. Vielmehr ist bei der Frage, ob die Unvermeidbarkeit eines Risikos der Produkthaftung entgegensteht, auf folgende Kriterien abzustellen: die Höhe des gefährdeten Rechtsgutes, das Ausmaß der potentiellen Beeinträchtigung des Rechtsgutes, die Wahrscheinlichkeit der Risikoverwirklichung sowie den Produktnutzen.[915] Gerade bei Produkten wie automatisierten Fahrzeugen bzw für Kfz konzipierte Steuerungssoftware überwiegen aber die erheblichen Gefahren für Leib und Leben sowie Eigentum den bestehenden Produktnutzen, weshalb die berechtigten Sicherheitserwartungen auf vollkommene Sicherheit gerichtet sind.[916] Warnhinweise auf mögliche Fehlsteuerungen vermögen diese Haftung nicht zu beschränken.[917] Nutzer von automatisierten Fahrzeugen und innocent bystanders dürfen daher trotz Unmöglichkeit fehlerfreier Programmierung grundsätzlich davon ausgehen, dass ihre sowohl den Körper- als auch den Sachschaden umfassenden Integritätsinteressen nicht verletzt werden.[918]

913 *Sonntag*, Informationstechnologie: Grundlagen, in *Jahnel/Mader/Staudegger* (Hrsg), IT-Recht[4] (2020) 1 (Rz 1/67 ff).

914 Vgl zu Vorstehendem *Sonntag*, Informationstechnologie: Grundlagen, in *Jahnel/Mader/Staudegger* (Hrsg), IT-Recht[4] (2020) 1 (Rz 1/70).

915 Zu weitgehend und wenig ausdifferenziert wohl *Taeger*, Außervertragliche Haftung für fehlerhafte Computerprogramme (1995) 189, der bereits bei potentieller Verletzung eines jeglichen absolut geschützten Rechtsgutes von einer „uneingeschränkten Sicherheitserwartung" ausgeht und den Produktnutzen nicht in die Abwägung miteinbezieht.

916 AA wohl *B. Koch*, Produkthaftung für Daten, in *Schurr/Umlauft* (Hrsg), FS Eccher (2017) 551 (564), nach dem „Fehlerfreiheit nur insoweit erwartet werden [kann], als sie technisch machbar und leistbar ist." Ebenso aA zum dProdHaft G *Hinze*, Haftungsrisiken des automatisierten und autonomen Fahrens (2021) 118 f.

917 Vgl *Taeger*, Außervertragliche Haftung für fehlerhafte Computerprogramme (1995) 190.

918 Vgl *Marly*, Praxishandbuch Softwarerecht[7] (2018) Rz 1823.

v. Allgemein bekannte Risiken

Wenngleich die allgemeine Bekanntheit eines Risikos den Hersteller **von einer Instruktion entbindet**, so führt sie nach *Grau* nicht notwendigerweise dazu, dass eine sichere – die Gefahr vermeidende **Konstruktion** – nicht erwartet werden darf.[919] Bekannte Gefahren müssen also nicht „generell in Kauf genommen werden".[920] Folgt man – wie hier vertreten – der Ansicht, dass bei der Fehlerbeurteilung alleine auf die Berechtigung zu einer Sicherheitserwartung abzustellen ist,[921] so ist der Ansicht von *Grau* vollends zuzustimmen: aus der allgemeinen Bekanntheit einer Gefahr kann lediglich auf das Fehlen von diesbezüglichen *tatsächlichen* Sicherheitserwartungen, jedoch nicht auf das Fehlen einer *Berechtigung* zur Sicherheitserwartung geschlossen werden. Denn bei der Beurteilung der Berechtigung sind weitere Umstände, wie zB eine **mögliche sicherere Konstruktionsweise**, zu berücksichtigen.

In der Literatur wird häufig die **bekannte „Fehleranfälligkeit"**[922] bzw die **bekannten „hohe[n] Fehlerquoten"**[923] **bei Computerprogrammen** als Beispiel herangezogen. Diese Fehleranfälligkeit hat jedoch nicht zur Folge, dass überhaupt nicht gehaftet würde.[924] Nach *Welser/Rabl* könne die Bekanntheit dieses Risikos die **Sicherheitserwartungen zwar reduzieren**; sie gehen jedoch davon aus, dass eine Berufung auf die „Üblichkeit der Fehler" ausgeschlossen ist, wenn Personenschäden oder große Sachschäden drohen.[925] Werden sie dennoch in Verkehr gebracht, hat dies daher mE zur Folge, dass die berechtigten Sicherheitserwartungen die tatsächlichen übersteigen. Auch in diesem Zusammenhang ist daher die „Toleranzgrenze"[926], die sich durch eine Gesamtabwägung des bedrohten Rechtsgutes, des Ausmaßes des drohenden Schadens, der Wahrscheinlichkeit der Risikoabwägung sowie des Produktnutzens ergibt, zu beachten. Es sind somit die gleichen Kriterien heranzuziehen wie bei unvermeidbaren Risiken.

4. Fehlerkategorien

Der PH-RL und dem PHG liegt ein einheitlicher Fehlerbegriff zugrunde.[927] Lehre und Judikatur haben eine Fehlertypologie eingeführt und unterscheiden

919 *Grau*, Produktfehler (2002) 193 f.

920 *Grau*, Produktfehler (2002) 193 f.

921 Vgl dazu Kap VI.C.2.

922 *Grau*, Produktfehler (2002) 194; *Oechsler* in Staudinger BGB (2021) § 3 ProdHaftG Rz 126.

923 *Welser/Rabl*, PHG² (2004) § 5 Rz 9.

924 *Grau*, Produktfehler (2002) 194; zum dProdHaftG *Oechsler* in Staudinger BGB (2021) § 3 ProdHaftG Rz 126.

925 *Welser/Rabl*, PHG² (2004) § 5 Rz 9; *Rabl*, PHG (2017) § 5 Rz 36.

926 *Welser/Rabl*, PHG² (2004) § 5 Rz 6 ff; *Rabl*, PHG (2017) § 5 Rz 28 ff.

927 *Fitz/Grau* in *Fitz/Grau/Reindl*, PHG² (2004) § 5 Rz 145; *Posch/Terlitza* in *Schwimann/Kodek*, ABGB Praxiskommentar⁴ (2016) Einl PHG Rz 23, § 5 PHG Rz 2; vgl auch *Koziol/*

zwischen Konstruktionsfehlern, Produktionsfehlern und Instruktionsfehlern.[928] Die Fehlerkategorien sind jedoch „deskriptive Begriffe ohne normativen Wert".[929] Der OGH führt zur Charakterisierung und Differenzierung dieser Fehlerkategorien in ständiger Rspr aus: „Bei den Konstruktionsfehlern ist die Enttäuschung der Sicherheitserwartung im **technischen Konzept**, eben in der ‚Konstruktion' des Produkts, begründet. Beim Produktionsfehler (Fabrikationsfehler) entspricht zwar das Konzept und das danach hergestellte ‚idealtypische Produkt' den Erwartungen, nicht aber einzelne Stücke, weil der **Produktionsprozess** nicht normgerecht war. Beim Instruktionsfehler macht nur die **unzureichende Darbietung** das Produkt fehlerhaft.' [930]

Im Bereich der Computerprogramme können Konstruktionsfehler zB bei der Programmkonzeption oder der Programmierung (Erstellung des Programmcodes) entstehen.[931] Produktionsfehler von Software haben typischerweise ihren Ursprung in fehlerhaften Kopier- oder Übertragungsvorgängen.[932]

5. Fehlerbegriff und automatisierte Fahrzeuge

Für die Sicherheit automatisierter Fahrzeuge sind mehrere Aspekte relevant: Ein vorrangig beachteter Aspekt ist, wie Steuerungsfunktionen ausgeführt werden („**funktionale Sicherheit**"[933]). Daneben ist aber ebenfalls besonders sicherheitsrelevant, wie die Software- und Hardwarekomponenten des Systems vor Beeinträchtigungen durch äußere Umwelteinflüsse (zB Magnetisierung, Steinschlag) sowie vor Eindringen von Malware und Hackerangriffen geschützt sind („**Systemsicherheit**"[934]). Neben dem Schutz vor mechanischen oder digitalen Beeinträchtigungen von außen muss das System auch eine gewisse **Ausfallssicherheit** aufweisen, die durch Fehlererkennungs- und Fehlerkompensationsmechanismen gewährleistet werden kann.

Zunächst ist fraglich, welche Erwartungen berechtigterweise an die Steuerungsfunktionen eines automatisierten Fahrzeuges gestellt werden dürfen

---

Apathy/Koch, Haftpflichtrecht III³ (2014) B Rz 182; zur PH-RL *Grau*, Produktfehler (2002) 243 mwN; zum PHG *Rabl*, PHG (2017) § 5 Rz 129.

928 *Preslmayr*, Handbuch der Produkthaftung² (2002) 77; *Welser/Rabl*, PHG² (2004) § 5 Rz 31; *Rabl*, PHG (2017) § 5 Rz 129; RIS-Justiz RS0107606.

929 Zum PHG *Rabl*, PHG (2017) § 5 Rz 129; vgl auch *Fitz/Grau* in *Fitz/Grau/Reindl*, PHG² (2004) § 5 Rz 144 mwN.

930 RIS-Justiz RS0107606; ebenso die hA, vgl *Welser/Rabl*, PHG² (2004) § 5 Rz 32 ff; *Fitz/Grau* in *Fitz/Grau/Reindl*, PHG² (2004) § 5 Rz 146 ff.

931 *Marly*, Softwareüberlassungsverträge³ (2000) Rz 1156; *Marly*, Praxishandbuch Softwarerecht⁷ (2018) Rz 1824.

932 *Marly*, Softwareüberlassungsverträge³ (2000) Rz 1156; *Marly*, Praxishandbuch Softwarerecht⁷ (2018) Rz 1824; *Uskenbayeva*, Produkthaftung für Software im Internet (2008) 21.

933 *Eustacchio*, Automatisiert zum Recht, ZVR 2017/253 (513).

934 *Eustacchio*, Automatisiert zum Recht, ZVR 2017/253 (513).

(„**funktionale Sicherheit**“[935]): *Eustacchio* führt aus, dass von automatisierten Fahrzeugen berechtigterweise erwartet werden darf, dass sie eine der jeweiligen Verkehrssituation angemessene Fahrstrategie wählen.[936] Nach welchen Kriterien ist jedoch die Angemessenheit der Fahrstrategie zu beurteilen? Sowohl der österreichische als auch der deutsche Gesetzgeber haben festgelegt, dass sich automatisierte Fahrsysteme dem Straßenverkehrsrecht entsprechend verhalten müssen.[937] So sieht die AutomatFahrV in deren § 1 Abs 2 vor, dass Assistenzsysteme oder automatisierte oder vernetzte Fahrsysteme so ausgeführt sein müssen, dass die **Einhaltung der Bestimmungen der StVO 1960**, der Eisenbahnkreuzungsverordnung 2012 und des Immissionsschutzgesetz-Luft jedenfalls gewährleistet ist.[938] Nach § 1a und §°1e dStVG dürfen hoch-, vollautomatisierte und autonome Fahrfunktionen nur verwendet werden, wenn sie in der Lage sind, den an die Fahrzeugführung gerichteten Verkehrsvorschriften zu entsprechen. Produkthaftungsrechtlich hat dies die Konsequenz, dass von einem automatisierten Fahrzeug berechtigterweise erwartet werden darf, dass es sich entsprechend dem Straßenverkehrsrecht verhält. Hierzu ist erforderlich, dass es die Verkehrsumgebung sowie die darin befindlichen Objekte und Verkehrsteilnehmer **richtig identifiziert**.[939]

Ob über die Einhaltung der Straßenverkehrsregeln hinausgehende Erwartungen an hoch- bzw vollautomatisierte Fahrzeuge zu Recht bestehen, ist fraglich. Der Maßstab sollte nicht überspannt werden. Aus sozialwissenschaftlicher Sicht stellt sich zB die Frage, ob automatisierte Fahrzeuge menschenähnliches Verhalten an den Tag legen sollten, um sich „möglichst ‚natürlich‘ in die soziale Umgebung einfügen zu können“ und „sozialtauglich“ zu sein.[940] Dies ist aus rechtlicher Sicht freilich abzulehnen, wenn es einen Verstoß der Verkehrsregeln, der in bestimmten Situationen durchaus „menschlich“ sein kann, zur Folge hätte. Aber auch bei Einhaltung der Verkehrsregeln wäre die Erwartung eines menschenähnlichen Verhaltens – zumindest nach derzeitigem Stand – mE wohl nicht berechtigt.

Als Vergleichsmaßstab für die funktionale Sicherheit von automatisierten Fahrzeugen zieht *Gomille* die im Verkehr notwendige Sorgfalt heran, die vom menschlichen Lenker gefordert wird.[941] Der Sorgfaltsmaßstab sei jedoch durch

---

935 *Eustacchio*, Automatisiert zum Recht, ZVR 2017/253 (513).

936 *Eustacchio*, Automatisiert zum Recht, ZVR 2017/253 (512).

937 Krit *Gstöttner/Lachmayer*, Digitalisierung des Straßenverkehrsrechts im Zusammenhang mit automatisiertem Fahren, ZVR 2021, 478 (insb 480, 482).

938 Dazu mit verfassungsrechtlichen Bedenken *Lachmayer*, Verkehrsrecht: Rechtsstaatliche Defizite der Regelungen zu Testfahrten, in *I. Eisenberger ua* (Hrsg), Autonomes Fahren und Recht (2017) 147 (162).

939 Vgl auch *Eustacchio*, Automatisiert zum Recht, ZVR 2017/253 (512).

940 *Rief*, Soziale und gesellschaftliche Dimensionen des automatisierten Fahrens, in *FSV* (Hrsg), Automatisiertes Fahren (2017) 61 (62 f).

941 Zum deutschen Recht *Gomille*, Herstellerhaftung für automatisierte Fahrzeuge, JZ 2016, 76 (77) mwN; zust *Schrader*, Haftungsfragen für Schäden beim Einsatz automatisierter Fahr-

biologische Grenzen, zB Schnelligkeit der Gefahrenerfassung und Reaktion, determiniert. Demgegenüber könne ein automatisiertes Kfz in der Lage sein, das Verkehrsgeschehen rascher zu erfassen und schneller zu reagieren. Dieses **Potential der Maschine** könne die berechtigten Sicherheitserwartungen erhöhen.[942] *Gomille* ist insofern zuzustimmen, als dass berechtigte Sicherheitserwartungen an automatisierte Fahrzeuge denkbar sind, die über jene hinausgehen, die gegenüber konventionellen Fahrzeugen mit menschlichen Lenkern bestehen. Welche das sind, hängt maßgeblich von der Darbietung des selbstfahrenden Kfz sowie dem zum Zeitpunkt des Inverkehrbringens bestehenden Stand der Technik ab.

In Hinblick auf die **Systemsicherheit** ist auszuführen, dass sich die berechtigten Sicherheitserwartungen auch auf ein bestimmtes Sicherheitsniveau gegenüber äußeren Umwelteinflüssen (zB Magnetisierung, Steinschlag) sowie vor Eindringen von Malware und Hackerangriffen beziehen.[943] Gem den von der Europäischen Kommission anerkannten ethischen Leitlinien für vertrauenswürdige KI-Anwendungen müssen diese „hinreichend sicher sein, sodass sie sowohl offenen Angriffen als auch subtileren Manipulationsversuchen an ihren Daten oder eigenen Algorithmen standhalten, und sie müssen für den Fall von Problemen eine Rückfallstrategie haben" (Technische Robustheit und Sicherheit).[944] Welcher Grad an Systemsicherheit konkret von den berechtigten Sicherheitserwartungen umfasst ist, hängt freilich von den Umständen des Einzelfalles ab. Dem **Stand der Technik** kommt dabei eine erhebliche Bedeutung zu, da nach der Rspr des OGH die normgerechte oder anderen technischen Standards entsprechende übliche Herstellungsart die Fehlerfreiheit des Produkts indiziert.[945] Gleiches gilt auch für die Frage, welchen Grad an **Ausfallssicherheit** das System aufweisen muss (siehe dazu Kap VI.F.5).

---

zeuge im Straßenverkehr, DAR 2016, 242 (246); ebenso *Hinze*, Haftungsrisiken des automatisierten und autonomen Fahrens (2021) 115 ff, 206; krit gegenüber einem derartigen „anthropozentrische[n] Sorgfaltsmaßstab" *G. Wagner*, Produkthaftung für autonome Systeme, AcP 2017, 707 (733 f).

942 Vgl *Gomille*, Herstellerhaftung für automatisierte Fahrzeuge, JZ 2016, 76 (77); *Schrader*, Haftungsfragen für Schäden beim Einsatz automatisierter Fahrzeuge im Straßenverkehr, DAR 2016, 242 (246). AA *Greger*, Haftungsfragen beim automatisierten Fahren, NZV 2018, 1 (4), nach dem ausschließlich die Einhaltung der Verkehrsvorschriften als Maßstab für den Fehlerbegriff dienen soll.

943 Zu Sicherheitsvorkehrungen gegen Hackerangriffe *G. Wagner* in Münchener Kommentar zum BGB[8] (2020) § 3 ProdHaftG Rz 34; *Hartmann*, Big Data und Produkthaftung – Produkthaftungsrechtliche Chancen und Risiken des Einsatzes von Big Data-Technologien im Automobil, DAR 2015, 122 (123). Offenlassend *Marly*, Praxishandbuch Softwarerecht[7] (2018) Rz 1824; vgl auch *Gomille*, Herstellerhaftung für automatisierte Fahrzeuge, JZ 2016, 76 (78) mwN.

944 *Europäische Kommission*, Mitteilung – Schaffung von Vertrauen in eine auf den Menschen ausgerichtete künstliche Intelligenz, COM(2019) 168 final, 5.

945 OGH 6 Ob 157/98a, *Küchenofen*, ecolex 1998, 914. Zu den technischen Standards betreffend IT-Security im Detail vgl *Böck/Theurer*, Herstellerpflichten und Haftungsrisiken bei IT-Sicherheitslücken vernetzter Produkte, BB 2021, 520 (522 f).

D. Inverkehrbringen

1. PHG

Gem § 1 PHG setzt die Haftpflicht das Inverkehrbringen des Produkts voraus. Nach der Beweislastumkehr des § 7 Abs 1 PHG obliegt aber dem Hersteller oder Importeur der Beweis, die Sache nicht in den Verkehr gebracht zu haben.[946] Anders als die PH-RL enthält das PHG eine **Legaldefinition** des Begriffs des Inverkehrbringens: Gem § 6 PHG ist ein Produkt in den Verkehr gebracht, sobald es der Unternehmer, gleich aufgrund welchen Titels, einem anderen in dessen Verfügungsmacht oder zu dessen Gebrauch übergeben hat, wobei die Versendung an den Abnehmer genügt. Nach den ErläutRV ist dafür erforderlich, dass „das Produkt mit dem Willen desjenigen, dessen Haftung in Frage steht, aus seinem Verfügungsbereich herausgetreten ist und er dadurch jede auch nur theoretische Möglichkeit verloren hat, die potentiell in dem Produkt steckende Gefahr zu beherrschen."[947]

Voraussetzung ist zunächst, dass das Inverkehrbringen vom **Willen** des Haftpflichtigen getragen ist.[948] Wird etwa ein Kfz aus dem Geschäft des Autohändlers gestohlen, muss der Händler für Fehler des entwendeten Fahrzeugs mangels Inverkehrbringens nicht nach PHG einstehen, sehr wohl jedoch der Hersteller, der es bereits durch die Lieferung an den Händler in Verkehr gebracht hat. Auch haftet der Hersteller von Automatisierungssoftware nicht, wenn von seiner Software Raubkopien erstellt und diese illegalerweise vertrieben werden.[949] Dieses subjektive Erfordernis ist richtlinienkonform.[950]

Fraglich ist, wie der Einschub „gleich auf Grund welchen **Titels**" zu verstehen ist. Die Mat legen nahe, dass mit Titel eine rechtsgeschäftliche Grundlage gemeint ist, indem sie ausführen, dass ein Produkt nicht nur durch Verkauf, sondern beispielsweise auch durch Werkvertrag, Miete oder Leasing in Verkehr gebracht wird.[951] Die Mat sind jedoch zu eng und werden dadurch der Teleologie des PHG und der PH-RL nicht gerecht: Zunächst sind auch „unentgeltliche Zuwendungen im Rahmen unternehmerischer Tätigkeit", wie etwa Werbegeschenke, erfasst,[952] da nicht ersichtlich ist, warum diese vom

---

946 Zur Beweislast vgl Kap VI.H.

947 ErläutRV 272 BlgNR 17. GP 10.

948 ErläutRV 272 BlgNR 17. GP 10; *Grau*, Produktfehler (2002) 223; *Fitz/Grau* in *Fitz/Grau/Reindl*, PHG² (2004) § 6 Rz 11; *Welser/Rabl*, PHG² (2004) § 6 Rz 12; *Rabl*, PHG (2017) § 6 Rz 42.

949 Vgl dazu *Uskenbayeva*, Produkthaftung für Software im Internet (2008) 31.

950 *Rabl*, PHG (2017) § 6 Rz 42; vgl auch *Fitz/Grau* in *Fitz/Grau/Reindl*, PHG² (2004) § 6 Rz 11.

951 ErläutRV 272 BlgNR 17. GP 10. Zum Leasing von EDV-Anlagen vgl *Fischer-Czermak/Weilinger*, Gewährleistung für geleaste EDV-Anlagen (Hard- und Software) EDVuR 1989, 84.

952 *Welser/Rabl*, PHG² (2004) § 6 Rz 13, zust *Preslmayr*, PHG² (2002) FN 302; *Rabl*, PHG (2017) § 6 Rz 50; vgl auch *Grau*, Produktfehler (2002) 223 mwN; vgl auch *Fitz/Grau* in *Fitz/Grau/Reindl*, PHG² (2004) § 6 Rz 14.

Anwendungsbereich ausgenommen sein sollten. Überhaupt reicht aber aufgrund der gebotenen richtlinienkonformen Interpretation die Überlassung „aus was für immer einem Grund“,[953] solange dieser unternehmerisch und nicht privat ist. Ein mangelfreier Willensentschluss muss daher nicht vorliegen.[954]

Die ErläutRV führen als weiteres objektives Kernelement des Begriffs des Inverkehrbringens an, dass das Produkt den **Verfügungsbereich** des Haftpflichtigen **verlassen** hat, und folgen damit dem **Werktorprinzip**.[955] „**Verfügungsmacht**“ ist im Sinne einer **tatsächlichen**, nicht rechtlichen Macht zu verstehen.[956] Es genügt daher die Überlassung der Gewahrsame ohne Rechtsübertragung oder Gebrauchserlaubnis.[957]

2. PH-RL

Die strikte Anwendung des Werktorprinzips wurde jedoch in der Rspr des EuGH zu **Art 7 lit a PH-RL** abgelehnt:[958] Die PH-RL enthält im Gegensatz zum PHG keine Definition des Begriffs des Inverkehrbringens, weshalb dieser nach der Rspr des EuGH unter Berücksichtigung der Zielsetzung der Richtlinie und des mit ihr verfolgten Zwecks auszulegen ist.[959] In *Veedfald/Århus Amtskommune* sprach der EuGH aus, dass die Ausnahmen vom Inverkehrbringen eng und der Begriff des Inverkehrbringens iSd Art 7 lit a PH-RL somit **weit zu verstehen** ist.[960] Dies diene den **Interessen der Geschädigten**.[961] Fälle von mangelndem Inverkehrbringen seien gegeben bei Herausnahme des Produkts aus dem Herstellungsprozess durch eine andere Person als den Hersteller, bei der Verwendung des Produkts gegen den Willen des Herstellers

953 *Rabl*, PHG (2017) § 6 Rz 51; vgl auch *Fitz/Grau* in *Fitz/Grau/Reindl*, PHG² (2004) § 6 Rz 12, die kein Titelgeschäft, sondern nur einen „auf dem natürlichen Handlungswillen des in Anspruch Genommenen beruhende[n] Realakt“ für erforderlich halten; *Welser/Rabl*, PHG² (2004) § 6 Rz 13; anders noch die Vorauflage *Welser*, PHG (1988) § 6 Rz 6; aA auch die Rspr, nach der Inverkehrbringen „die aufgrund eines Rechtsverhältnisses vorgenommene freiwillige Übertragung der selbständigen Gewahrsame an einem Produkt und die sonstige Einräumung des Gebrauchs daran“ bedeute, vgl RIS-Justiz RS0071557, OGH 6 Ob 636/94 JBl 1995, 456.

954 *Fitz/Grau* in *Fitz/Grau/Reindl*, PHG² (2004) § 6 Rz 13.

955 Vgl dazu *Welser/Rabl*, PHG² (2004) § 6 Rz 6, 13 mwN; *Rabl*, PHG (2017) § 6 Rz 49.

956 *Preslmayr*, Handbuch der Produkthaftung² (2002) 81 f.

957 *Welser/Rabl*, PHG² (2004) § 6 Rz 13; zust *Preslmayr*, Handbuch der Produkthaftung² (2002) 81 f.

958 EuGH 10.5.2001, C-203/99, *Veedfald/Århus Amtskommune*; vgl dazu *Welser/Rabl*, PHG² (2004) § 6 Rz 7 ff; *Rabl*, PHG (2017) § 6 Rz 6 ff.

959 EuGH 10.5.2001, C-203/99, *Veedfald/Århus Amtskommune* Rz 14; ebenso *Welser/Rabl*, PHG² (2004) § 6 Rz 5; *Rabl*, PHG (2017) § 6 Rz 3 f, 22.

960 EuGH 10.5.2001, C-203/99, *Veedfald/Århus Amtskommune* Rz 15. In der PH-RL ist das Inverkehrbringen nicht wie im PHG als Haftungsvoraussetzung mit Beweislastumkehr, sondern das mangelnde Inverkehrbringen als Haftungsbefreiungsgrund normiert. Ausnahmen (hier: von der Haftung) werden nach ständiger Rspr des EuGH eng ausgelegt, vgl Kap III B.2.

961 EuGH 9.2.2006, C-127/04, *O'Byrne/Sanofi Pasteur MSD Ltd ua* Rz 25.

(etwa wenn der Herstellungsprozess noch nicht abgeschlossen ist), bei Benutzung des Produkts zu privaten Zwecken sowie bei ähnlichen Situationen.[962] Ein Verlassen des Herrschaftsbereichs des Herstellers sei nicht maßgeblich, wenn die „Verwendung des Produkts [...] gerade dadurch gekennzeichnet ist, dass sich die Person, für die es bestimmt ist, selbst in diese Herrschaftssphäre begeben muss" (wie im vorliegenden Fall bei der Anwendung einer fehlerhaften Spülflüssigkeit zur Vorbereitung eines menschlichen Organs zur Transplantation in einem Krankenhaus).[963] Ob ein im Rahmen einer Dienstleistung verwendetes Produkt von einem Dritten oder vom Dienstleistungserbringer selbst hergestellt wird, könne für sich genommen keine Auswirkungen auf die Tatsache haben, dass es in den Verkehr gebracht wurde.[964]

In der später ergangenen Entscheidung des EuGH *O'Byrne/Sanofi Pasteur MSD Ltd ua*[965] aus dem Jahr 2006, war der EuGH mit der Auslegung des Begriffs des Inverkehrbringens iSd **Art 11 PH-RL** (Zehnjahresfrist) befasst. Überraschenderweise sprach der EuGH aus, dass der Begriff des Inverkehrbringens iSd Art 11 PH-RL – anders als jener iSd Art 7 lit a PH-RL – **neutral** auszulegen sei, weil die Zehnjahresfrist im Interesse aller Beteiligten dem Zweck der **Rechtssicherheit** diene. Art 11 PH-RL sei dahin auszulegen, dass ein Produkt in den Verkehr gebracht ist, wenn es den vom Hersteller eingerichteten Prozess der Herstellung verlassen hat und in einen Prozess der Vermarktung eingetreten ist, in dem es in ge- oder verbrauchsfertigem Zustand öffentlich angeboten wird. Der Begriff des Inverkehrbringens ist daher nicht einheitlich auszulegen, sondern **differenziert** nach dem Zweck der jeweiligen Bestimmung.[966] Offen bleibt, wie die anderen auf ein Inverkehrbringen abstellenden Regelungen der PH-RL zu interpretieren sind.[967]

3. Richtlinienkonforme Interpretation

Die dargestellten Entscheidungen des EuGH haben aufgrund der gebotenen **richtlinienkonformen Interpretation** auch für das Verständnis des Inverkehrbringens dem österreichischen PHG Bedeutung.[968] Aufgrund der er-

---

962 EuGH 10.5.2001, C-203/99, *Veedfald/Århus Amtskommune* Rz 16; best EuGH 9.2.2006, C-127/04, *O'Byrne/Sanofi Pasteur MSD Ltd ua.*

963 EuGH 10.5.2001, C-203/99, *Veedfald/Århus Amtskommune* Rz 17.

964 EuGH 10.5.2001, C-203/99, *Veedfald/Århus Amtskommune* Rz 17; zust *Grau*, Produktfehler (2002) 229.

965 EuGH 9.2.2006, C-127/04, *O'Byrne/Sanofi Pasteur MSD Ltd ua.*

966 *Rabl*, PHG (2017) § 6 Rz 23.

967 *Rabl*, PHG (2017) § 6 Rz 24 ff, unterscheidet in Hinblick auf die differenzierte Auslegung des Begriffs des Inverkehrbringens zwischen zwei Kategorien von Bestimmungen: Jene, die ausschließlich der Interessenabwägung zwischen Hersteller und Geschädigtem dienen (Art 6 und 7 PH-RL), seien zugunsten des Geschädigten auszulegen, während jene, die Rechtssicherheit bezwecken (Art 11 und Art 17 PHG-RL), neutral zu interpretieren seien.

968 Vgl *Rabl*, PHG (2017) § 6 Rz 33; *Fitz/Grau* in *Fitz/Grau/Reindl*, PHG^2 (2004) § 6 Rz 30.

läuterten Rspr des EuGH ist § 6 PHG differenziert „in systematischer Verbindung mit dem jeweiligen Tatbestand“ auszulegen.[969]

Der Begriff des Inverkehrbringens iSd § 1 iVm § 7 Abs 1 PHG ist unter Anwendung der Grundsätze der EuGH-Entscheidung *Veedfald/Århus Amtskommune*[970] **weit** zu verstehen. Fraglich ist, ob eine mit der Rspr des EuGH übereinstimmende Rechtslage innerhalb der Grenzen des methodisch Zulässigen durch richtlinienkonforme Rechtsanwendung erreicht werden kann oder aber § 6 PHG als richtlinienwidrig einzustufen ist.[971] Zu Recht wird an der Richtlinienkonformität der Definition des Inverkehrbringens in § 6 PHG gezweifelt.[972] Nach richtiger Ansicht ist der Wortlaut des § 6 PHG nicht eindeutig,[973] sondern lässt dem Anwender an mehreren Stellen einen nicht unerheblichen Interpretationsspielraum. Aufgrund des unklaren Wortlauts ist das in den ErläutRV genannte Verständnis nicht zwingend und eine davon abweichende Anwendung von § 6 PHG methodisch möglich. In Abkehr vom Ergebnis der historischen Interpretation ist einer teleologischen Auslegung nach Sinn und Zweck der einzelnen Bestimmungen der PH-RL der Vorrang zu geben. Allerdings darf der äußerste Wortsinn nicht überstrapaziert werden; bei dessen Verlassen müssen die Voraussetzungen einer Analogie, insb eine planwidrige Lücke, vorliegen. Dies ist relevant beim bloßen Zugänglichmachen des Produkts.

Welser und *Rabl* leiten aus dem Judikat *Veedfald/Århus Amtskommune*[974] folgende Definition des Inverkehrbringens ab: Ein Produkt sei in Verkehr gebracht, „wenn es **nach der Beendigung der Herstellung** vom Hersteller der **Außenwelt zugänglich** gemacht wird.“[975] Erfasst seien daher nicht nur die „Übertragung der selbständigen Gewahrsame“ an einem Produkt und die „sons-

---

969 *Rabl*, PHG (2017) § 6 Rz 33.

970 EuGH 10.5.2001, C-203/99, *Veedfald/Århus Amtskommune*.

971 *Welser/Rabl*, PHG² (2004) § 6 Rz 10 ff, die an der Richtlinienkonformität von § 6 PHG zweifeln, befürworten dessen ersatzlose Streichung, unternehmen aber dennoch einen Versuch einer richtlinienkonformen Interpretation; ebenfalls eine ersatzlose Streichung befürwortend *Koziol/Apathy/Koch*, Haftpflichtrecht III³ (2014) B FN 472; *Posch/Terlitza* in *Schwimann/Kodek*, ABGB Praxiskommentar⁴ (2016) § 6 PHG Rz 13. In 7 Ob 82/15g, *Keramikhüftkopf*, Zak 2015, 278 = VbR 2015, 159 = JBl 2015, 664 = RdM 2015, 306 (*Kresbach/Pomorski*) = ZTR 2015, 277 = RdW 2015, 778 = ecolex 2016, 126 = PHi 2016, 12 = *Leitner*, ZfG 2016, 16 (Rechtsprechungsübersicht) = ZVR 2016, 75 (*Danzl*, tabellarische Übersicht) = SZ 2015/56 ließ der OGH die Frage der richtlinienkonformen Auslegung des § 6 PHG ausdrücklich offen.

972 *Welser/Rabl*, PHG² (2004) § 6 Rz 10; *Posch/Terlitza* in *Schwimann/Kodek*, ABGB Praxiskommentar⁴ (2016) § 6 Rz 11 ff.

973 *Welser/Rabl*, PHG² (2004) § 6 Rz 13; *Rabl*, PHG (2017) § 6 Rz 31.

974 EuGH 10.5.2001, C-203/99, *Veedfald/Århus Amtskommune*.

975 *Welser/Rabl*, PHG² (2004) § 6 Rz 9; *Rabl*, PHG (2017) § 6 Rz 27, 59; zust *Posch/Terlitza* in *Schwimann/Kodek*, ABGB Praxiskommentar⁴ (2016) § 6 PHG FN 29; vgl auch *Koziol/Apathy/Koch*, Haftpflichtrecht III³ (2014) B 213, die einen „risikobehafteten Kontakt mit der Außenwelt“ voraussetzen.

tige Einräumung eines Gebrauchs daran“, sondern auch der Fall, dass das Produkt nach Beendigung des Produktionsprozesses einem „Kontakt mit der Außenwelt ausgesetzt“ wird.[976] Diese Ansicht vertreten auch *Fitz* und *Grau*.[977] *Posch/Terlitza* ziehen aus der EuGH-Entscheidung die gleiche Konsequenz: Es komme nicht auf die „Übertragung in die Verfügungsgewalt eines anderen“ an, sondern darauf, „dass das fehlerhafte Produkt mit potenziellen Schadensopfern in Berührung kommt.“[978] Voraussetzung ist freilich auch nach diesem weiten Verständnis, dass der Hersteller das Produkt zu wirtschaftlichen Zwecken einsetzt.[979]

Problematisch ist jedoch die Einpassung eines derart weiten Verständnisses in den Wortlaut des § 6 PHG, der nur zwei Tatbestandsvarianten nennt: die Übergabe in die Verfügungsmacht eines anderen und die Übergabe zu dessen Gebrauch. *Fitz/Grau* sehen vom Wortlaut noch die Zugänglichmachung zum Gebrauch oder die Zugänglichmachung, um „zum Zwecke eines allfälligen späteren Gebrauches begutachtet zu werden“ (zB im Geschäft aufgestellte Produkte), erfasst.[980] Die Verwendung durch den Hersteller im eigenen Betrieb unter Ermöglichung des Kontakts mit Außenstehenden liege jedoch außerhalb der Wortlautgrenze des § 6 PHG.[981] Zur Herbeiführung der Richtlinienkonformität sei eine analoge Anwendung vorzunehmen, zumal nicht danach unterschieden werden sollte, ob das Produkt zugekauft oder durch den Unternehmer selbst hergestellt wurde.[982]

4. Anwendungsfälle beim automatisierten Fahren

a) Probefahrten zu Verkaufs- und Werbezwecken

Unter **Übergabe zum Gebrauch** iSd § 6 PHG ist auch die Überlassung eines Produkts **zur Probe** zu verstehen,[983] etwa an einen Kaufinteressenten,[984] oder zu Werbezwecken auf einer Messe oder einer sonstigen Werbeveranstaltung. Gestattet daher ein Autohändler einem Kunden eine **Probefahrt**, so stellt

[976] *Welser/Rabl*, PHG² (2004) § 6 Rz 9; *Rabl*, PHG (2017) § 6 Rz 27.

[977] *Grau*, Produktfehler (2002) 224, 227 f; *Fitz/Grau* in *Fitz/Grau/Reindl*, PHG² (2004) § 6 Rz 18.

[978] *Posch/Terlitza* in *Schwimann/Kodek*, ABGB Praxiskommentar⁴ (2016) § 6 PHG Rz 12.

[979] So ausdrücklich *Koziol/Apathy/Koch*, Haftpflichtrecht III³ (2014) B Rz 212 f.

[980] *Fitz/Grau* in *Fitz/Grau/Reindl*, PHG² (2004) § 6 Rz 32, nach denen der Begriff „Übergabe“ nicht im sachenrechtlichen Sinn verstanden werden muss.

[981] *Grau*, Produktfehler (2002) 232; *Fitz/Grau* in *Fitz/Grau/Reindl*, PHG² (2004) § 6 Rz 32.

[982] Vgl dazu *Grau*, Produkthaftung (2002) 232; *Fitz/Grau* in *Fitz/Grau/Reindl*, PHG² (2004) § 6 Rz 32.

[983] *Preslmayr*, Handbuch der Produkthaftung² (2002) 81; *Welser/Rabl*, PHG² (2004) § 6 Rz 15; *Rabl*, PHG (2017) § 6 Rz 52; vgl auch *Posch/Terlitza* in *Schwimann/Kodek*, ABGB Praxiskommentar⁴ (2016) § 6 PHG Rz 7; aus der Rspr OGH 3 Ob 71/02s ecolex 2003, 100 (*Rabl*), wonach die Legaldefinition des § 6 PHG zweifelsfrei auch den Probebetrieb umfasst, bei dem faktisch wie bei einem normalen Betrieb gearbeitet wurde.

[984] *Preslmayr*, Handbuch der Produkthaftung² (2002) 81.

dies ein Inverkehrbringen iSd PHG dar, selbst wenn das Probefahren „im Bereich des potentiell Haftpflichtigen" erfolgt.[985] Wird dabei fehlerbedingt der Kunde selbst oder ein innocent bystander verletzt oder eine andere Sache beschädigt, hat der Händler für diese Schäden einzustehen, sofern er seiner Benennungsobliegenheit[986] nicht nachkommt. Ebenso liegt ein Inverkehrbringen vor, wenn der Kfz-Hersteller Besuchern einer Automesse oder eines sonstigen Werbe-Events seine automatisierten Fahrzeuge für Probefahrten überlässt.

b) Testfahrten im Rahmen des technischen Entwicklungs- und Produktionsvorgangs

Ist der **Herstellungsprozess noch nicht abgeschlossen**, liegt noch **kein Produkt** vor, das in Verkehr gebracht werden könnte.[987] Daher unterliegen Testfahrten zur Entwicklung der Technologie der Fahrzeugautomatisierung ebenso wenig der verschuldensunabhängigen Produkthaftung wie den Produktionsvorgang abschließende Kontrollfahrten automatisierter Fahrzeuge, und zwar unabhängig davon, ob diese auf dem Betriebsgelände oder auf öffentlichen Straßen erfolgen.[988] Dies gilt auch bei der Prüfung durch externe Institute.[989] Im Bereich der automatisierten Fahrzeuge ist die sich daraus im Allgemeinen ergebende Schutzlücke[990] durch die **Gefährdungshaftung des EKHG** geschlossen: Der Hersteller bzw das prüfende externe Institut ist diesfalls als Halter des getesteten Fahrzeuges anzusehen.[991]

c) Ausstellung bei Messen und in Geschäftsräumen

Nach Teilen der Lehre reicht für das Inverkehrbringen bereits die **Zugänglichmachung** des Produkts gegenüber der Öffentlichkeit aus.[992] Die **Ausstellung** des Produkts bei Messen durch den Hersteller oder die Aufstellung des Produkts im Geschäft durch den Händler erfülle daher den Begriff des Inver-

---

985 *Welser*, Lücken und Tücken des Produkthaftungsgesetzes, WBl 1988, 281 (285); vgl auch *Welser/Rabl*, PHG² (2004) § 5 Rz 15; *Rabl*, PHG (2017) § 6 Rz 53.

986 *Welser/Rabl*, PHG² (2004) § 1 Rz 60; *Rabl*, PHG (2017) § 1 Rz 70.

987 *Welser/Rabl*, PHG² (2004) § 6 Rz 18; *Rabl*, PHG (2017) § 6 Rz 65; vgl auch *Fitz/Grau* in *Fitz/Grau/Reindl*, PHG² (2004) § 6 Rz 23.

988 Vgl zu konventionellen Fahrzeugen *Grau*, Produktfehler (2002) 228; *Fitz/Grau* in *Fitz/Grau/Reindl*, PHG² (2004) § 6 Rz 24; *Preslmayr*, Handbuch der Produkthaftung² (2002) 31; *Welser/Rabl*, PHG² (2004) § 6 Rz 18; *Rabl*, PHG (2017) § 6 Rz 65 mwN aus der deutschen Literatur.

989 *Grau*, Produktfehler (2002) 225; *Welser/Rabl*, PHG² (2004) § 6 Rz 18; *Koziol/Apathy/Koch*, Haftpflichtrecht III³ (2014) B FN 483; *Rabl*, PHG (2017) § 6 Rz 65.

990 Vgl *Welser/Rabl*, PHG² (2004) § 6 Rz 18; *Rabl*, PHG (2017) § 5 Rz 65; zust *P. Bydlinski*, Bemerkungen zu aktueller Produkthaftungsliteratur, ZVR 1989, 33 (34).

991 Siehe zum Halterbegriff Kap V.C.

992 *Grau*, Produktfehler (2002) 223 ff; *Fitz/Grau* in *Fitz/Grau/Reindl*, PHG² (2004) § 6 Rz 18; *Welser/Rabl*, PHG² (2004) § 6 Rz 17; *Koziol/Apathy/Koch*, Haftpflichtrecht III³ (2014) B 212 f; *Rabl*, PHG (2017) § 6 Rz 60.

kehrbringens iSd § 1 iVm § 7 PHG.[993] Wird etwa bei der **Vorführung** einer automatisierten Funktion (zB Einparkassistent) des Kfz durch einen Mitarbeiter des Herstellers bzw Händlers ein Zuschauer verletzt, so sei der Begriff des Inverkehrbringens iSd § 1 iVm § 7 PHG erfüllt und der Hersteller bzw Händler hafte bei Vorliegen der weiteren Anspruchsvoraussetzungen nach PHG.[994] Die Zugänglichmachung zum Zwecke der Begutachtung durch potentielle Kunden lasse sich im Wege einer extensiven Auslegung unter den Begriff des Inverkehrbringens subsumieren.[995] Nicht ausreichend ist jedoch auch nach dieser Ansicht die bloße Lagerhaltung.[996]

d) Verwendung im eigenen Betrieb

Ein Inverkehrbringen wird hingegen wiederum angenommen, wenn das Produkt nach Beendigung des Herstellungsvorgangs **im eigenen Betrieb verwendet** wird und der Außenwelt zugänglich gemacht wird.[997] Die Verwendung durch den Hersteller im eigenen Betrieb ist jedoch schwer unter den Wortlaut des § 6 PHG zu subsumieren.[998] Eine analoge Anwendung erscheint jedoch aus dem Zweck der Produkthaftung geboten: Wie der EuGH in der Entscheidung *Veedfald/Århus Amtskommune* ausführt, soll der Hersteller nicht deshalb von der Haftung frei sein, weil er das fehlerhafte Produkt selbst hergestellt hat.[999]

E. Haftungsausschluss für Entwicklungsrisiken

1. Begrifflichkeit

§ 8 Z 2 PHG und Art 7 lit e PH-RL normieren den Haftungsausschluss für sog „**Entwicklungsrisiken**“[1000], „Entwicklungsgefahren“[1001] bzw „Entwick-

993 *Grau*, Produktfehler (2002) 227 mwN; *Welser/Rabl*, PHG² (2004) § 6 Rz 17; *Rabl*, PHG (2017) § 6 Rz 60; *Fitz/Grau* in *Fitz/Grau/Reindl*, PHG² (2004) § 6 Rz 18, 21; aA *Preslmayr*, Handbuch der Produkthaftung² (2002) 81, FN 299.

994 Vgl zu konventionellen Kfz *Koziol/Apathy/Koch*, Haftpflichtrecht III³ (2014) B Rz 212.

995 *Grau*, Produktfehler (2002) 231 f.

996 *Grau*, Produktfehler (2002) 225; *Welser/Rabl*, PHG² (2004) § 6 Rz 18; *Rabl*, PHG (2017) § 6 Rz 90; differenzierend *Fitz/Grau* in *Fitz/Grau/Reindl*, PHG² (2004) § 6 Rz 21, die ein Inverkehrbringen bejahen, wenn das Lager für Außenstehende wie beispielsweise potentielle Geschäftspartner zugänglich gemacht wird.

997 *Welser/Rabl*, PHG² (2004) § 6 Rz 17; *Rabl*, PHG (2017) § 6 Rz 63 f; vgl *Fitz/Grau* in *Fitz/Grau/Reindl*, PHG² (2004) § 6 Rz 18; vgl auch *Koziol/Apathy/Koch*, Haftpflichtrecht III³ (2014) B 213, die allerdings auf einen „risikobehafteten Kontakt mit der Außenwelt“ abstellen. AA *Preslmayr*, Handbuch der Produkthaftung² (2002) 81; ErläutRV 272 BlgNR 17. GP 10.

998 *Grau*, Produktfehler (2002) 232; *Fitz/Grau* in *Fitz/Grau/Reindl*, PHG² (2004) § 6 Rz 32.

999 Vgl dazu *Grau*, Produkthaftung (2002) 232; *Fitz/Grau* in *Fitz/Grau/Reindl*, PHG² (2004) § 6 Rz 32.

1000 *Welser*, Das neue Produkthaftungsgesetz, WBl 1988, 165 (174); *Welser/Rabl*, PHG² (2004) § 8 Rz 10; *Koziol/Apathy/Koch*, Haftpflichtrecht III³ (2014) B Rz 237; *Rabl*, PHG (2017) § 8 Rz 22.

1001 *Preslmayr*, Handbuch der Produkthaftung² (2002) 77.

lungsschäden"[1002]. Gem § 8 Z 2 PHG kann die Haftung durch den Nachweis ausgeschlossen werden, dass die Eigenschaften des Produktes nach dem Stand der Wissenschaft und Technik zum Zeitpunkt, zu dem es der in Anspruch Genommene in den Verkehr gebracht hat, nicht als Fehler erkannt werden konnten. § 8 Z 2 PHG setzt Art 7 lit e PH-RL um, wonach der Hersteller nicht haftet, wenn er beweist, dass der vorhandene Fehler nach dem Stand der Wissenschaft und Technik zu dem Zeitpunkt, zu dem er das betreffende Produkt in den Verkehr brachte, nicht erkannt werden konnte.

Der Wortlaut des § 8 Z 2 PHG weicht vom Text der PH-RL ab, indem er explizit fordert, dass eine **Eigenschaft** des Produktes nicht als Fehler erkannt werden konnte. Damit wollte der österreichische Gesetzgeber verdeutlichen, dass nur die Unmöglichkeit, eine Eigenschaft des Produkts als Fehler zu erkennen, zu einem Haftungsausschluss führt, nicht jedoch die Unmöglichkeit, einen Ausreißer zu erkennen.[1003] Dazu wird in der österreichischen Literatur und Judikatur vertreten, dass § 8 Z 2 PHG nicht den Fall behandle, dass eine bestimmte Eigenschaft des Produktes nicht erkannt werden konnte, sondern die Unmöglichkeit, die Gefährlichkeit einer Produkteigenschaft festzustellen.[1004] Denn es sei Wesenselement des Entwicklungsrisikos, dass die **Gefährlichkeit einer bestimmten Produkteigenschaft** nach dem Stand der Wissenschaft und Technik im Zeitpunkt des Inverkehrbringens **nicht erkennbar** war.[1005] Unter Entwicklungsrisiken werden daher die „im Zuge des technischen und wissenschaftlichen Fortschritts neuentdeckten Gefahren und Kausalzusammenhänge [verstanden], die zur Zeit des In-Verkehr-Bringens des Produktes noch unbekannt waren."[1006] Fraglich ist, ob dieses in der österreichischen Rechtswissenschaft und -praxis vorherrschende Verständnis des Haftungsausschlusses für Entwicklungsrisiken mit dem Wortlaut und Zweck von Art 7 lit e PH-RL vereinbar ist.[1007] In den EU-Mitgliedstaaten bestehen Unklarheiten über den genauen Anwendungsbereich des Entwicklungsrisiko-Einwandes.[1008]

[1002] ErwGr 6 des RL-Vorschlags 1976, ABl C 1976/241, 9 (9); ErwGr 6 des geänderten RL-Vorschlags 1979, ABl C 1979/271, 3 (4).

[1003] ErläutRV 272 BlgNR 17. GP 12.

[1004] *Fitz/Grau* in *Fitz/Grau/Reindl*, PHG² (2004) § 8 Rz 24; vgl zu dieser Abgrenzung auch OGH 4 Ob 87/97s, *Mineralwasserflasche*, ecolex 1997, 749 = ZVR 1998, 49 = SZ 70/61 = HS 28.639 = HS 28.642 = Zak 2011, 327 (*Kolmasch*, Judikaturübersicht); OGH 9 Ob 238/01t, *Mineralwasserflasche II*, Zak 2011, 327 (*Kolmasch*, Judikaturübersicht); OGH 10 Ob 98/02p, *Kaffeemaschine*, ecolex 2003, 98 (*Rabl*).

[1005] *Grau*, Produktfehler (2002) 149; *Fitz/Grau* in *Fitz/Grau/Reindl*, PHG² (2004) § 8 Rz 23 f; so auch die stRspr OGH RIS-Justiz RS0107611. Vgl auch *Koziol/Apathy/Koch*, Haftpflichtrecht III³ (2014) B. Rz 238; *Rabl*, PHG (2017) §8 Rz 25. Vgl zum dProdHaftG *Oechsler* in Staudinger BGB (2021) § 1 ProdHaftG Rz 120.

[1006] *Fitz/Grau* in *Fitz/Grau/Reindl*, PHG² (2004) § 8 Rz 18.

[1007] Für die Vereinbarkeit *Grau*, Produktfehler (2002) 153; *Fitz/Grau* in *Fitz/Grau/Reindl*, PHG² (2004) § 8 Rz 24; *Rabl*, PHG (2017) § 8 Rz 24.

[1008] Vgl dazu *Europäische Kommission*, Dritter Bericht, KOM(2006) 496 endgültig, 7, 11.

Vom Begriff des „Entwicklungsrisikos" ist nach der hA jener der **„Entwicklungslücke"**[1009] zu unterscheiden. Während das Entwicklungsrisiko durch die Nichterkennbarkeit der Gefährlichkeit einer bestimmten Produkteigenschaft charakterisiert ist, geht es bei der Problematik von Entwicklungslücken darum, dass eine erkennbare Gefährlichkeit nach dem Stand der Wissenschaft und Technik nicht vermieden oder behoben werden kann,[1010] weil zB mangels Testverfahrens die Eigenschaft nicht erkannt werden kann (vgl Hepatitis C-Viren in Blutkonserven)[1011]. Auf Fälle von Entwicklungslücken ist der Haftungsausschluss nach § 8 Z 2 PHG nicht anwendbar.[1012]

2. Hintergrund

Im RL-Vorschlag 1976[1013] und im geänderten RL-Vorschlag 1979[1014] wurde das Risiko von „Entwicklungsschäden"[1015] noch dem Hersteller zugewiesen,[1016] denn der „Verbraucher wäre dem Risiko, daß [sic] die Fehlerhaftigkeit eines Produktes erst während des Gebrauchs erkannt wird, schutzlos ausgeliefert."[1017] Die Belastung mit den Entwicklungsgefahren war jedoch schon bei den Vorarbeiten zur Richtlinie umstritten.[1018] Dies zeigt sich deutlich in der Stellungnahme des europäischen Wirtschafts- und Sozialausschusses[1019], der sich bezüglich dieses Punktes nicht einigen konnte: Einerseits sei die Haftung für Entwicklungsrisiken im Sinne des Verbraucherschutzes geschuldet und entspreche der verschuldensunabhängigen Haftung, andererseits könne sie **Innovationen behindern** und die europäische Wirtschaft am Weltmarkt be-

1009 *Fitz/Grau* in *Fitz/Grau/Reindl*, PHG^2 (2004) § 5 Rz 98, § 8 Rz 22; *Welser/Rabl*, PHG^2 (2004) § 8 Rz 14 mwN aus der deutschen Literatur; *Koziol/Apathy/Koch*, Haftpflichtrecht III^3 (2014) B. Rz 238, FN 557; *Rabl*, PHG (2017) § 8 Rz 38 mwN.

1010 *Welser/Rabl*, PHG^2 (2004) § 8 Rz 14 mwN aus der deutschen Literatur; *Koziol/Apathy/Koch*, Haftpflichtrecht III^3 (2014) B. Rz 238; vgl *Rabl*, PHG (2017) § 8 Rz 37 mwN.

1011 England and Wales High Court in A e.a.v. The National Blood Authority (2001) EWHC QB 446 – Hepatitis C.

1012 *Grau*, Produktfehler (2002) 149; *Welser/Rabl*, PHG^2 (2004) § 8 Rz 14; *Rabl*, PHG (2017) § 8 Rz 38.

1013 Vorschlag einer Richtlinie des Rates zur Angleichung der Rechts- und Verwaltungsvorschriften der Mitgliedstaaten über die Haftung für fehlerhafte Produkte, ABl C 1976/241, 9.

1014 Änderungen zum Vorschlag einer Richtlinie des Rates zur Angleichung der Rechts- und Verwaltungsvorschriften der Mitgliedstaaten über die Haftung für fehlerhafte Produkte, ABl C 1979/271, 3.

1015 ErwGr 6 des RL-Vorschlags 1976, ABl C 1976/241, 9 (9); ErwGr 6 des geänderten RL-Vorschlags 1979, ABl C 1979/271, 3 (4).

1016 Art 1 Abs 2 des RL-Vorschlages 1976, ABl C 1976/241, 9 (11); Art 1 Abs 2 des geänderten RL-Vorschlags 1979, ABl C 1979/271, 3 (7 f).

1017 ErwGr 6 des RL-Vorschlags 1976, ABl C 1976/241, 9 (9); ErwGr 6 des geänderten RL-Vorschlags 1979, ABl C 1979/271, 3 (4).

1018 *Welser/Rabl*, PHG^2 (2004) § 8 Rz 10; *Rabl*, PHG (2017) § 8 Rz 23.

1019 Stellungnahme Wirtschafts- und Sozialausschuss, ABl C 1979/114, 15.

nachteiligen, da die **Versicherungskosten** aufgrund der Unvorhersehbarkeit der Risiken als hoch einzuschätzen seien.[1020]

Der europäische Gesetzgeber entschied sich letztlich, einen Haftungsausschluss für Entwicklungsrisiken zu normieren, es aber den Mitgliedstaaten freizustellen, diesen nicht ins nationale Recht umzusetzen.[1021] Österreich hat so wie die meisten Mitgliedstaaten[1022] den durch die PH-RL zur Wahl gestellten Haftungsausschluss für Entwicklungsrisiken ins nationale Recht übernommen.

Durch Berichte der Europäischen Kommission gem Art 15 Abs 3 und Art 21 PH-RL wird die Auswirkung der Zuweisung des Entwicklungsrisikos auf den Verbraucherschutz und das Funktionieren des Binnenmarktes sowie die Anwendung der Richtlinie im Allgemeinen beobachtet. Die Europäische Kommission sieht in ihrem Bericht aus 2011[1023] trotz weiterhin bestehender Meinungsverschiedenheiten (insb von Verbrauchervertretern einerseits und Vertretern der Industrie und der Versicherungswirtschaft andererseits) im Allgemeinen ein Gleichgewicht zwischen Verbraucher- und Herstellerinteressen gewährleistet und verneint mangels ausreichender Tatsachengrundlage einen Änderungsbedarf.[1024]

3. Bedeutung und Zielsetzung

Art 7 lit e PH-RL weist Risiken eines Produktes, die erst nach Inverkehrbringen im Laufe des wissenschaftlichen und technischen Fortschrittes erkennbar werden, dem Geschädigten zu.[1025]

Der Haftungsausschluss für Entwicklungsrisiken ist vor dem Hintergrund der Zielsetzung der PH-RL zu sehen, eine **möglichst gute Entschädigung** der durch fehlerhafte Produkte Geschädigten sowie die Verbesserung der Produktsicherheit zu gewährleisten, ohne jedoch die **Innovationskapazität** der Industrie zu beinträchtigen.[1026] Zwischen dem Interesse auf Ausgleich der Geschädigten und dem Interesse an Innovationsförderung soll ein angemessenes Gleichgewicht geschaffen werden.[1027] Bei Tragung der Entwicklungsrisiken durch den Hersteller sei aber mit **hohen Versicherungskosten** zu rechnen, die

---

[1020] Stellungnahme Wirtschafts- und Sozialausschuss, ABl C 1979/114, 15 (17).

[1021] Vgl Art 15 Abs 1 lit b PH-RL; *Welser/Rabl*, PHG² (2004) § 8 Rz 10.

[1022] Vgl zu den Ausnahmen *Rabl*, PHG (2017) § 8 FN 43.

[1023] *Europäische Kommission*, Vierter Bericht über die Anwendung der Richtlinie 85/374/EWG des Rates zur Angleichung der Rechts- und Verwaltungsvorschriften der Mitgliedstaaten über die Haftung für fehlerhafte Produkte, geändert durch die Richtlinie 1999/34/EG des Europäischen Parlaments und des Rates vom 10. Mai 1999, KOM(2011) 547 endgültig.

[1024] *Europäische Kommission*, Vierter Bericht, KOM(2011) 547 endgültig, 12 f.

[1025] Die Mitgliedstaaten haben aber die Möglichkeit, diesen Haftungsausschlussgrund nicht umzusetzen, vgl Art 15 Abs 1 lit b PH-RL.

[1026] *Europäische Kommission*, Grünbuch, KOM(1999) 396 final, 2.

[1027] *Europäische Kommission*, Dritter Bericht, KOM(2006) 496 endgültig, 7.

sich **innovationshemmend** auswirken könnten.[1028] Die im Auftrag der Europäischen Kommission durchgeführte *Fondazione Rosselli*-Studie[1029] über die wirtschaftlichen Auswirkungen der Entwicklungsrisiko-Klausel kommt zu dem Schluss, dass diese häufig angeführte Argumentation begründet ist: Der Haftungsausschluss für Entwicklungsrisiken schütze Innovationsanreize für die Hersteller und halte die Versicherungskosten für die Produkthaftung relativ stabil.[1030] Bei Streichung des Haftungsausschlusses hätten Unternehmen in Hightech- bzw Highrisk-Sektoren Probleme, zu vernünftigen Konditionen Versicherungspolizzen zur Abdeckung ihrer Entwicklungsrisiken zu erhalten.[1031] Der Haftungsausschluss für Entwicklungsrisiken spiele daher eine wichtige Rolle zur Herstellung eines angemessenen Gleichgewichts zwischen Verbraucherschutz und Innovation in Europa.[1032]

Zum Teil wird aufgrund der **Unkalkulierbarkeit** der Entwicklungsrisiken ihre **Versicherungsfähigkeit** an sich in Zweifel gezogen.[1033] Zu dieser Schlussfolgerung gelangt auch die *Fondazione Rosselli*-Studie in Hinblick auf Sektoren, in denen Entwicklungsrisiken besonders hoch sind. Fehlt jedoch die Versicherbarkeit, so entfalle eine wesentliche Prämisse der Produkthaftung, nämlich die gleichmäßige Kostenverteilung auf die Risikogemeinschaft der Verbraucher.[1034]

Europäische Verbraucherorganisationen betonen demgegenüber den Grundsatz, dass Personen, die Vorteile aus einer gefährlichen Tätigkeit ziehen, auch die daraus resultierenden Nachteile anderer zu tragen haben, dementsprechend sollten die Hersteller auch für Entwicklungsrisiken haften.[1035]

4. Systematik

Da ein Haftungsausschluss nach systematischen und logischen Gesichtspunkten die grundsätzliche Haftung und im Regime der Produkthaftung daher einen **Fehler voraussetzt**,[1036] kann aus der Bestimmung des Art 7 lit e PH-RL

1028 Stellungnahme Wirtschafts- und Sozialausschuss, ABl C 1979/114, 15 (17); vgl *Koziol*, Grundfragen der Produkthaftung (1980) 63 mwN.

1029 *Fondazione Rosselli*, Analysis of the Economic Impact of the Development Risk Clause as provided by Directive 85/374/EEC on Liability for Defective Products – Final Report (2004).

1030 *Fondazione Rosselli*, Analysis of the Economic Impact of the Development Risk Clause, 4.

1031 *Fondazione Rosselli*, Analysis of the Economic Impact of the Development Risk Clause, 4.

1032 *Fondazione Rosselli*, Analysis of the Economic Impact of the Development Risk Clause, 3.

1033 So die Stellungnahmen der Versicherer laut Zweitem Bericht der Europäischen Kommission zur PH-RL, KOM(2001) 893 endgültig, 19; *Fondazione Rosselli*, Analysis of the Economic Impact of the Development Risk Clause, 3 f; Vgl *Koziol*, Grundfragen der Produkthaftung (1980) 63.

1034 *Fondazione Rosselli*, Analysis of the Economic Impact of the Development Risk Clause, 3 f.

1035 *Europäische Kommission*, Zweiter Bericht, KOM(2001) 893 endgültig, 19.

1036 Vgl *Fitz/Grau* in *Fitz/Grau/Reindl*, PHG^2 (2004) § 5 Rz 98, § 8 Rz 21; vgl *Koziol/Apathy/Koch*, Haftpflichtrecht III^3 (2014) B Rz 238.

abgeleitet werden, dass die Nichterkennbarkeit von Gefahren nach dem Stand der Wissenschaft und Technik der Fehlerhaftigkeit nicht entgegensteht.[1037] Ein anderes Verständnis würde Art 7 lit e PH-RL seines Anwendungsbereichs berauben, was wohl der Intention des europäischen Gesetzgebers zuwiderlaufen dürfte. Die mangelnde Erkennbarkeit des Risikos schadet somit der Berechtigung der Sicherheitserwartung nicht.[1038]

Von der mangelnden Erkennbarkeit des Fehlers ist die mangelnde Fehlerhaftigkeit des Produktes zu unterscheiden, das zum Zeitpunkt des Inverkehrbringens noch den berechtigten Sicherheitserwartungen entsprochen hat.[1039] Die Fehlerhaftigkeit setzt voraus, dass die vorhandene Produkteigenschaft bereits zum Zeitpunkt des Inverkehrbringens gefährlich war und die Gefahr daher bereits zu diesem Zeitpunkt bestanden hat. Ist nämlich das Risiko erst nachträglich entstanden, war das Produkt zum Zeitpunkt des Inverkehrbringens noch fehlerfrei. Dieser nachträgliche Umstand wäre bei der Fehlerprüfung nicht zu berücksichtigen.[1040]

5. Erfasste Fehlerkategorien

Der hauptsächliche Anwendungsfall des § 8 Z 2 PHG liegt im Bereich der **Konstruktionsfehler**.[1041] Ob § 8 Z 2 PHG neben Konstruktionsfehlern auch **Produktions-** und **Instruktionsfehler** umfasst, ist zum Teil strittig.

Einigkeit besteht darüber, dass sich der Haftungsausschluss nicht auf **Ausreißer** erstreckt.[1042] Für Ausreißer wird daher bei Enttäuschung berechtigter Sicherheitserwartungen immer gehaftet.[1043] Dies ergibt sich eindeutig aus dem Wortlaut des § 8 Z 2 PHG. Dieser fordert – anders als der Text der PH-RL – explizit, dass eine **Eigenschaft** des Produktes nicht als Fehler erkannt werden konnte. Damit wollte der österreichische Gesetzgeber verdeutlichen, dass nur die Unmöglichkeit, eine Eigenschaft des Produkts als Fehler zu erkennen, zu einem Haftungsausschluss führt, nicht jedoch die Unmöglichkeit, einen Aus-

---

[1037] Vgl *Grau*, Produktfehler, (2002) 148 f; *Fitz/Grau* in *Fitz/Grau/Reindl*, PHG² (2004) § 8 Rz 21; *Rabl*, PHG (2017) § 8 Rz 22 mwN; ähnlich bereits zum RL-Vorschlag 1979 (ABl C 1979/271, 3) *Koziol*, Grundfragen der Produkthaftung (1980) 42.

[1038] Vgl dazu eingehend *Fitz/Grau* in *Fitz/Grau/Reindl*, PHG² (2004) § 8 Rz 21.

[1039] ErläutRV 272 BlgNR 17. GP 12.

[1040] Zur Beweislastverteilung vgl Kap VI.H.

[1041] *Rabl*, PHG (2017) § 8 Rz 24.

[1042] *Sack*, Probleme des Produkthaftungsgesetzes unter Berücksichtigung der Produkthaftungs-Richtlinie der EG, JBl 1989, 695 (702); *Grau*, Produktfehler (2002) 150 ff, 244; *Welser/Rabl*, PHG² (2004) § 8 Rz 13; *Fitz/Grau* in *Fitz/Grau/Reindl*, PHG² (2004) § 5 Rz 151, § 8 Rz 24; *Koziol/Apathy/Koch*, Haftpflichtrecht III³ (2014) B Rz 240; *Rabl*, PHG (2017) § 5 Rz 138 mwN.

[1043] *Fitz/Grau* in *Fitz/Grau/Reindl*, PHG² (2004) § 5 Rz 151, § 8 Rz 24; *Rabl*, PHG (2017) § 5 Rz 138, § 8 Rz 32 mwN; vgl auch *Welser/Rabl*, PHG² (2004) § 8 Rz 13; einschränkend *Koziol/Apathy/Koch*, Haftpflichtrecht III³ (2014) B. Rz 240.

reißer zu erkennen.[1044] Denn § 8 Z 2 PHG behandelt nicht den Fall, dass eine bestimmte Eigenschaft des Produktes nicht erkannt werden konnte, sondern die Unmöglichkeit, die Gefährlichkeit einer Produkteigenschaft festzustellen.[1045]

Nach hA bezieht sich der Haftungsausschluss für Entwicklungsrisiken auch auf **sonstige** (von Ausreißern abgesehen) **Produktionsfehler** und **Instruktionsfehler**, sofern die Gefährlichkeit der Produkteigenschaft nach dem Stand der Wissenschaft und Technik nicht erkennbar war.[1046]

6. Zeitpunkt

Maßgebend ist der Stand von Wissenschaft und Technik zum Zeitpunkt des Inverkehrbringens des konkreten, den Schaden verursachenden Produktes.[1047] Bei Serienprodukten kommt es daher nicht auf den Zeitpunkt an, in dem die Produktserie erstmals auf den Markt gebracht wurde.[1048]

7. Maßstab

Der EuGH hat die Wortfolge „Stand der Wissenschaft und Technik“ des Art 7 lit e PH-RL im Vertragsverletzungsverfahren *Kommission/Vereinigtes Königreich*[1049] ausgelegt. Nach Ansicht des Gerichtshofes bezieht sich die Verweisung nicht auf die üblichen Sicherheitspraktiken und -standards in dem Industriesektor, in dem der Hersteller tätig ist, sondern auf den **höchsten Stand** der Wissenschaft und Technik.[1050] Es komme nicht darauf an, ob der Hersteller konkret oder subjektiv informiert war oder sein konnte, sondern auf den **objektiven Stand** der Wissenschaft und Technik, über den der Hersteller als informiert gilt.[1051] Die relevanten wissenschaftlichen und technischen Kenntnisse müssen jedoch im Zeitpunkt des Inverkehrbringens **zugänglich** gewesen sein.[1052] Diese vom EuGH vorgenommene Konkretisierung des Maßstabes nach

---

1044 ErläutRV 272 BlgNR 17. GP 12.

1045 *Fitz/Grau* in *Fitz/Grau/Reindl*, PHG^2 (2004) § 8 Rz 24; vgl zu dieser Abgrenzung auch OGH 4 Ob 87/97s, *Mineralwasserflasche*, ecolex 1997, 749 = ZVR 1998, 49 = SZ 70/61 = HS 28.639 = HS 28.642 = Zak 2011, 327 (*Kolmasch*, Judikaturübersicht); OGH 9 Ob 238/01t, *Mineralwasserflasche II*, Zak 2011, 327 (*Kolmasch*, Judikaturübersicht).

1046 *Fitz/Grau* in *Fitz/Grau/Reindl*, PHG^2 (2004) § 8 Rz 25; *Rabl*, PHG (2017) § 8 Rz 24, 25 mwN.

1047 ErläutRV 272 BlgNR 17. GP 11; *Fitz/Grau* in *Fitz/Grau/Reindl*, PHG^2 (2004) § 8 Rz 30; *Welser/Rabl*, PHG^2 (2004) § 8 Rz 11; vgl *Rabl*, PHG (2017) § 8 Rz 26.

1048 *Welser/Rabl*, PHG^2 (2004) § 8 Rz 11; *Rabl*, PHG (2017) § 8 Rz 26; *Eustacchio*, Automatisiert zum Recht, ZVR 2017/253 (513).

1049 EuGH 29.5.1997, C-300/95, *Kommission/Vereinigtes Königreich*.

1050 EuGH 29.5.1997, C-300/95, *Kommission/Vereinigtes Königreich* Rz 26, 29.

1051 EuGH 29.5.1997, C-300/95, *Kommission/Vereinigtes Königreich* Rz 27.

1052 EuGH 29.5.1997, C-300/95, *Kommission/Vereinigtes Königreich* Rz 28.

Art 7 lit e PH-RL ist aufgrund der gebotenen **richtlinienkonformen Interpretation** auch für die Auslegung von § 8 Z 2 PHG relevant.[1053]

In den **ErläutRV** wird ausgeführt, dass der Maßstab am ehesten mit § 9 Abs 2 EKHG vergleichbar sei, der die Beachtung jeder nach den Umständen des Falles gebotenen Sorgfalt fordert.[1054] Auch *Preslmayr* stellt auf einen Sorgfaltsmaßstab ab: Er zählt daher zum Stand von Wissenschaft und Technik „nur jene Kenntnisse, die man – wenn auch nur mit höchstmöglicher Anstrengung und Sorgfalt, aber doch auf noch *zumutbare* Weise und mit *wirtschaftlich vernünftigen Mitteln* – erlangen kann […].“[1055]

Ein derartiges Verständnis widerspricht jedoch der Auslegung des EuGH, der gerade nicht auf die Einhaltung eines Sorgfaltsmaßstabes abstellt,[1056] und muss daher aufgrund der klaren Richtlinienwidrigkeit unterbleiben.[1057] Der Hersteller kann sich daher nicht darauf berufen, alle erdenkliche Sorgfalt im Produktionsprozess aufgewendet zu haben.[1058] In diesem Sinne scheitert auch eine etwaige Argumentation, der Hersteller hätte alle ihm möglichen und zumutbaren Prüfverfahren durchgeführt. Denn auf subjektive Möglichkeiten und Zumutbarkeit kommt es gerade nicht an. Um sich von der Haftung zu befreien, müsste der Hersteller vielmehr beweisen, dass die Gefährlichkeit der Produkteigenschaft unter Anwendung aller nach dem Stand der Wissenschaft und Technik bekannten Testverfahren objektiv nicht entdeckt werden konnte.[1059]

Der EuGH hat durch seine Auslegung erheblich zur Rechtsklarheit beigetragen. Detailfragen des Maßstabes, zu denen der Gerichtshof keine Stellung genommen hat, sind jedoch weiterhin strittig.[1060]

So ist fraglich, ob bloß theoretisches, **nicht experimentell gesichertes Gefahrenwissen** ausreicht. In diesem Punkt ist den Ausführungen von *Fitz/Grau*

1053 Implizit *Welser/Rabl*, PHG² (2004) § 8 Rz 12; *Rabl*, PHG (2017) § 8 Rz 29.

1054 ErläutRV 272 BlgNR 17. GP 12; den ErläutRV folgend *Welser*, Das neue Produkthaftungsgesetz, WBl 1988, 165 (174); *Welser*, PHG (1988) § 8 Rz 12; *Welser/Rabl*, PHG² (2004) § 8 Rz 1. Dagegen *Fitz/Grau* in *Fitz/Grau/Reindl*, PHG² (2004) § 8 Rz 26; *Rabl*, PHG (2017) § 8 Rz 31.

1055 *Preslmayr*, Handbuch der Produkthaftung² (2002) 122 mwN; ähnlich *Posch/Terlitza* in *Schwimann/Kodek*, ABGB Praxiskommentar⁴ (2016) § 8 PHG Rz 10.

1056 EuGH 29.5.1997, C-300/95, *Kommission/Vereinigtes Königreich*.

1057 Vgl dazu *Fitz/Grau* in *Fitz/Grau/Reindl*, PHG² (2004) § 8 Rz 26. Die ErläutRV sind im Übrigen zu dieser Frage in sich widersprüchlich, denn an anderer Stelle (ErläutRV 272 BlgNR 17. GP 12) wird ausgeführt, dass es nicht darauf ankomme, ob „der konkrete Hersteller Zugang zu diesem letzten Stand von Wissenschaft und Technik gehabt hat oder ob er […] alle Anstrengungen unternommen hat, um diesem Stand zu entsprechen.“

1058 Vgl RIS-Justiz RS0114120; OGH 9 Ob 20/00g, *Bordscheibe*, ZVR 2001, 127 = bbl 2001, 26.

1059 Vgl *Preslmayr*, Handbuch der Produkthaftung² (2002) 77.

1060 Zu den Auslegungsschwierigkeiten in den EU-Mitgliedstaaten vgl *Europäische Kommission*, Vierter Bericht, KOM(2011) 547 endgültig, 9 f.

zuzustimmen, wonach es der jeweiligen wissenschaftlichen Disziplin zu überlassen ist, welche **wissenschaftlichen Qualitätskriterien** sie aufstellt.[1061]

Des Weiteren wird nicht einhellig beantwortet, ob auch **Einzelerkenntnisse**, die inhaltlich **keine allgemeine Anerkennung** genießen, vom Stand der Wissenschaft und Technik mitumfasst sind.[1062] Ein Teil der Lehre bezieht in den Maßstab nur allgemein anerkanntes Wissen mit dem Argument mit ein, dass dem Hersteller nicht die Verantwortung der Überprüfung von Einzelmeinungen obliege.[1063] ME sind jedoch auch **Einzelerkenntnisse**, die inhaltlich auf keine allgemeine Anerkennung stoßen, vom Stand der Wissenschaft und Technik mitumfasst, sofern sie die **wissenschaftlichen Qualitätskriterien ihrer Disziplin** erfüllen. Insofern ist jenem Teil der Lehre zuzustimmen, nach dem bereits eine „wissenschaftlich begründete Stimme" zur Erkennbarkeit der Gefährlichkeit ausreicht.[1064]

Umstritten ist außerdem das Kriterium der „**Zugänglichkeit**". Nach Auslegung des EuGH in *Kommission/Vereinigtes Königreich* müssen die relevanten wissenschaftlichen und technischen Kenntnisse im Zeitpunkt des Inverkehrbringens **zugänglich** gewesen sein.[1065] Der EuGH erteilt einem subjektiven Verständnis der Verfügbarkeit von Informationen eine Absage, indem er ausführt, dass es nicht darauf ankomme, ob der Hersteller konkret oder subjektiv informiert sein konnte, sondern auf den objektiven Stand der Wissenschaft und Technik, über den der Hersteller als informiert gilt.[1066] In die gleiche Richtung weisen die ErläutRV, die den Zugang des konkreten Herstellers für unerheblich halten.[1067] Die Zugänglichkeit ist daher unabhängig von subjektiven Möglichkeiten des konkreten Herstellers **objektiv** zu beurteilen.[1068]

1061 Vgl *Fitz/Grau* in *Fitz/Grau/Reindl*, PHG² (2004) § 8 Rz 27.

1062 Bejahend GA *Tesauro* in den Schlussanträgen im Verfahren C-300/95, *Kommission/Vereinigtes Königreich* Rz 21 f; *Welser/Rabl*, PHG² (2004) § 8 Rz 12; *Rabl*, PHG (2017) § 8 Rz 30; einschränkend noch *Welser*, PHG (1988) § 8 Rz 12; verneinend *Grau*, Produktfehler (2002) 154 f; *Preslmayr*, Handbuch der Produkthaftung² (2002) 123; *Fitz/Grau* in *Fitz/Grau/Reindl*, PHG² (2004) § 8 Rz 28.

1063 *Grau*, Produktfehler (2002) 154 f; vgl auch *Preslmayr*, Handbuch der Produkthaftung² (2002) 123; *Fitz/Grau* in *Fitz/Grau/Reindl*, PHG² (2004) § 8 Rz 28; die „allgemein" anerkannt als in den „führenden Fachkreisen" anerkannt verstehen.

1064 *Welser/Rabl*, PHG² (2004) § 8 Rz 12 mwN; *Rabl*, PHG (2017) § 8 Rz 30; ebenso *Koziol/Apathy/Koch*, Haftpflichtrecht III³ (2014) B Rz 239; in diesem Sinne auch der Schlussantrag des GA Tesauro 23.1.1997, C-300/95, *Kommission/Vereinigtes Königreich* Rz 22; *Sack*, Probleme des Produkthaftungsgesetzes unter Berücksichtigung der Produkthaftungs-Richtlinie der EG, JBl 1989, 695 (702 f).

1065 EuGH 29.5.1997, C-300/95, *Kommission/Vereinigtes Königreich* Rz 28.

1066 EuGH 29.5.1997, C-300/95, *Kommission/Vereinigtes Königreich* Rz 27.

1067 ErläutRV 272 BlgNR 17. GP 12.

1068 Vgl auch *Welser*, Das neue Produkthaftungsgesetz, WBl 1988, 165 (174); OGH 9 Ob 60/09b Zak 2010, 318 = Jus-Extra OGH-Z 4872 = EvBl 2010/146 = JBl 2010, 795 = ecolex 2010, 1051 = RdW 2010, 718 = Zak 2011, 327 (*Kolmasch*, Judikaturübersicht) = RZ 2011, 17 = RZ 2011, 19 = ZVR 2011, 75 (*Danzl*, tabellarische Übersicht) = SZ 2010/77 = HS 41.305 = HS 41.306 = Zak 2018, 388 (*Kolmasch*, Judikaturübersicht).

Welche Kriterien bei der objektiv zu beurteilenden Zugänglichkeit eine Rolle spielen, bereitet jedoch Auslegungsschwierigkeiten.[1069] Richtigerweise ist darauf abzustellen, ob die betreffende neue Erkenntnis den **einschlägig tätigen Wissenschaftlern und Technikern** zugänglich ist.[1070] Ob dies eine **Publikation** erfordert, ist strittig.[1071] Zum Teil wird es als ausreichend angesehen, dass neue Meinungen auf Fachkongressen diskutiert werden.[1072] GA *Tesauro* stellt in seinen Schlussanträgen zur Rechtssache *Kommission/Vereinigtes Königreich* darauf ab, ob die Informationen „in den wissenschaftlichen Kreisen insgesamt zirkulieren,[1073] wobei jedoch nach Maßgabe eines Vernunftkriteriums die konkreten Möglichkeiten für ein Zirkulieren der Informationen zu berücksichtigen sind."[1074] Diese Rechtsfrage kann an dieser Stelle nicht weiter vertieft werden.

Zusammenfassend kann daher festgehalten werden, dass der „Stand der Wissenschaft und Technik" iSd § 8 Z 2 PHG bzw Art 7 lit e PH-RL den höchsten Stand inkludiert. Mitumfasst sind auch Einzelerkenntnisse, die inhaltlich auf keine allgemeine Anerkennung stoßen, sofern sie die wissenschaftlichen Qualitätskriterien ihrer Disziplin erfüllen. Der Hersteller gilt im Sinne einer objektiven Betrachtungsweise als über den Stand von Wissenschaft und Technik informiert. Die relevanten Sicherheitserkenntnisse müssen aber zugänglich gewesen sein.

[1069] Auslegungsschwierigkeiten sieht in diesem Zusammenhang auch der EUGH, EuGH 29.5 1997, C-300/95, *Kommission/Vereinigtes Königreich* Rz 29. Diese müssten durch die nationalen Gerichte – gegebenenfalls im Wege des Vorabentscheidungsverfahrens – geklärt werden. Bisher ist diese Auslegungsfrage noch nicht an den EuGH herangetragen worden.

[1070] ErläutRV 272 BlgNR 17. GP 12; ähnlich *Koziol/Apathy/Koch*, Haftpflichtrecht III³ (2014) B. Rz 239; vgl auch die Schlussanträge des GA *Tesauro* 23.1.1997, C-300/95, *Kommission/Vereinigtes Königreich* Rz 24; vgl OGH 3 Ob 547/95, *Hubarbeitsbühne*, ecolex 1995, 798, der nach dem „allgemein zugänglichen Stand der Technik oder Wissenschaft" fragt.

[1071] Bejahend ErläutRV 272 BlgNR 17. GP 12; *Grau*, Produktfehler (2002) 48; *Fitz/Grau* in *Fitz/Grau/Reindl*, PHG² (2004) § 8 Rz 29. Verneinend *Welser/Rabl*, PHG² (2004) § 8 Rz 12; *Koziol/Apathy/Koch*, Haftpflichtrecht III³ (2014) B FN 563; *Rabl*, PHG (2017) § 8 Rz 30; vgl auch *Preslmayr*, Handbuch der Produkthaftung² (2002) 123, der die Notwendigkeit einer Publikation verneint, jedoch allgemein auf die „Zumutbarkeit der Kenntnis" abstellen will. Zum Kriterium der Zumutbarkeit vgl auch *Sack*, Probleme des Produkthaftungsgesetzes unter Berücksichtigung der Produkthaftungs-Richtlinie der EG, JBl 1989, 695 (702).

[1072] *Koziol/Apathy/Koch*, Haftpflichtrecht III³ (2014) B FN 563.

[1073] Die Wortfolge der im Original auf Italienisch verfassten Schlussanträge kann inhaltlich treffender übersetzt werden mit „alle Informationen im Informationskreislauf der wissenschaftlichen Gemeinschaft als Ganzes" (vgl die Stelle im Original: „[...] tutti i dati inseriti nel circuito informativo della collettività scientifica nel suo complesso [...]"; vgl auch die englische Übersetzung: „[...] all data in the information circuit of the scientific community as a whole [...]").

[1074] Schlussanträge des GA *Tesauro* 23.1.1997, C-300/95, *Kommission/Vereinigtes Königreich* Rz 24.

F. Anwendungsfall: Sicherheitslücken

1. Allgemeines

Viele Automatisierungsrisiken ergeben sich durch Mängel in der Software-Sicherheit. Durch Sicherheitslücken kann Malware oder ein Angreifer („Hacker“) in das Fahrzeugsystem eindringen und einen enormen Personen- und Sachschaden durch Manipulation der Fahrfunktionen verursachen. Sicherheitslücken können sich aufgrund von mangelhafter Sicherheitssoftware (Security Software) sowie aufgrund von Programmierfehlern der Softwareanwendung ergeben.

Um der praktischen Relevanz des Themas der Cyber-Security gerecht zu werden, sollen in der Folge produkthaftungsrechtliche Fragen der Software-Sicherheit einer eingehenden Erörterung unterzogen werden. Hierbei wird zunächst die Frage gestellt, ob für die **mangelnde Wirksamkeit von Sicherheitssoftware** nach dem PHG gehaftet wird. Anschließend werden **Fallvarianten** untersucht, die sich insb in der zeitlichen Achse (Bestehen der Sicherheitslücke bei oder nach Inverkehrbringen) und in der Erkennbarkeit der Sicherheitslücke nach dem Stand der Wissenschaft und Technik iSd § 8 PHG unterscheiden. Anschließend wird der Frage nachgegangen, ob in einer zu kurzen Lebensdauer von Software (Stichwort „Obsoleszenz“)[1075] oder in mangelnden Fehlererkennungs- und Fehlerkompensationsmechanismen der Software (Stichwort „Redundanz“) produkthaftungsrechtliche Fehler erblickt werden können.

2. Mangelnde Wirksamkeit von Sicherheitssoftware (Security Software)

Systeme der Security Software (zB Firewall, Application Level Gateway – ALG)[1076] sind unverzichtbare Bestandteile einer sicheren Automatisierungssoftware und somit eines automatisierten Fahrzeuges. Zeitigen diese nicht die gewünschten Wirkungen, kann dies zu verheerenden Personen- und Sachschäden führen.

Die Frage der Fehlerhaftigkeit wirkungsloser Produkte war lange Zeit heftig umstritten. Einigkeit dürfte auch damals darüber bestanden haben, dass Produkte, die aufgrund von unwirksamen Bestandteilen Sicherheitsdefizite aufweisen, (zB ein Auto mit unwirksamen Bremsen) als fehlerhaft anzusehen sind.[1077] Übertragen auf den Bereich des automatisierten Fahrens kann daher Folgendes geschlossen werden: Weisen integrierte Systeme der Software-Se-

---

1075 Vgl dazu *Koziol*, Obsoleszenzen im österreichischen Recht (2016).

1076 Vgl dazu *Sonntag*, Informationstechnologie: Grundlagen, in *Jahnel/Mader/Staudegger* (Hrsg), IT-Recht^4 (2020) 1 (Rz 1/85).

1077 *Musger*, Zur Anwendung des PHG auf wirkungslose Produkte, WBl 1990, 289 (290 f); *Grau*, Produktfehler (2002) 100; vgl auch *Fitz/Grau* in *Fitz/Grau/Reindl*, PHG^2 (2004) § 5 Rz 128.

curity mangelnde Wirksamkeit auf, ist das Gesamtprodukt Steuerungssoftware bzw automatisiertes Kfz als fehlerhaft anzusehen.[1078] Die zustimmungswürdige hL qualifiziert auch das unwirksame Teilprodukt selbst sowie ein selbständig erworbenes unwirksames Produkt (Endprodukt) als fehlerhaft.[1079] Bei zugelieferter bzw separat erworbener Security Software[1080] stellt sich jedoch ein anderes Problem: Da sie nicht Teil einer Steuerungssoftware ist, die unmittelbare Wirkungen auf die Umwelt hat, erhebt sich die Frage der Produktqualifikation bzw der haftungsbegründenden Risiken[1081]. ME hat jedoch auch Security Software eine unmittelbare Wirkung auf die Umwelt da sie Malware und damit Beeinträchtigungen des geschützten Systems abwehrt. Umgekehrt ausgedrückt, kann es bei nicht ausreichender Wirksamkeit der Security Software zu Beschädigungen der Steuerungssoftware, der Hardware oder sogar zur Fremdsteuerung durch den Hacker mit nachfolgenden Personen- oder Sachschäden kommen. Derartige Beeinträchtigungen des Systems passieren direkt, dh ohne Dazwischentreten eines die Information befolgenden Verhaltens. Dass die Beschädigung durch die Unwirksamkeit der Security Software verursacht wird, spielt für die Anwendbarkeit der Produkthaftung – wie bereits ausgeführt – keine Rolle.[1082] Fraglich bleibt allerdings, ob nur die Beschädigung von Hardware sowie nachfolgende Sach- oder Personenschäden infolge Fremdsteuerung oder auch die Beschädigung eines Software-Systems einen ersatzfähigen Schaden nach PHG darstellen.

3. Rechtliche Analyse von Fallvarianten

a) Fallvariante 1: Sicherheitslücke gegenüber bekannter Malware bzw bekanntem Angriffsweg

Fallvariante 1: Die Software eines automatisierten Kfz weist eine Sicherheitslücke gegenüber einer Malware auf, die in ihrer **Funktionsweise** zum Zeitpunkt des Inverkehrbringens in Wissenschaft und Technik **bekannt** war.

[1078] Vgl dazu im Allgemeinen *Musger*, Zur Anwendung des PHG auf wirkungslose Produkte, WBl 1990, 289 (290 f); zust *Grau*, Produktfehler (2002) 100; *Fitz/Grau* in *Fitz/Grau/Reindl*, PHG² (2004) § 5 Rz 128.

[1079] *Musger*, Zur Anwendung des PHG auf wirkungslose Produkte, WBl 1990, 289 (290 f); zust *Grau*, Produktfehler (2002) 101; *Fitz/Grau* in *Fitz/Grau/Reindl*, PHG² (2004) § 5 Rz 128 ff.

[1080] Dies ist vom heutigen Standpunkt als unwahrscheinlich zu betrachten, da davon auszugehen ist, dass die Hersteller aus offensichtlichen Gründen der höheren Kompatibilität und infolgedessen höherer Sicherheit ausschließlich Gesamtpackages anbieten werden.

[1081] Vgl dazu Kap VI.B.8.

[1082] Vgl das Bsp von *Fitz/Grau* in *Fitz/Grau/Reindl*, PHG² (2004) § 5 Rz 142 über ein Virenschutzprogramm, dessen hinter der Darbietung zurückbleibende Wirksamkeit zu „Virenbefall" und infolge dessen zu „körperlichen Schäden (zB an der Festplatte) führt." *Fitz/Grau* bejahen in diesem Fall die Haftung, da das Virenschutzprogramm nicht die Sicherheit bietet, die von ihm erwartet werden durfte. Da *Fitz/Grau* eine Haftung für fehlerhafte Information grundsätzlich bejahen und keine Differenzierung nach (Un)mittelbarkeit der Wirkung vornehmen, deckt sich zwar das Ergebnis mit der Meinung der Autorin, nicht jedoch die Begründung.

Die meisten Sicherheitslücken kommen erst nach Jahren (oder gar nicht hervor), obwohl sie zum Zeitpunkt des Inverkehrbringens nach dem Stand der Wissenschaft und Technik hätten erkannt werden können, weil die Funktionsweise der Malware bzw der Angriffsweg, um in das System einzudringen, in Wissenschaft und Technik bekannt war. Aufgrund der Komplexität von Software gestaltet sich das Auffinden derartiger Sicherheitslücken regelmäßig als sehr schwierig und zeitintensiv (sprichwörtliche „Suche einer Nadel im Heuhaufen"). Selbst großen IT-Unternehmen bereitet die Suche nach Sicherheitslücken Schwierigkeiten.[1083] Manche Unternehmen bieten sogar exorbitante Belohnungen für das Auffinden von gravierenden Schwachstellen an, wie etwa der Handy- und Softwareriese Apple.[1084]

Ein Testen anhand sämtlicher in Wissenschaft und Technik bekannter Malware und bekannten Angriffswegen wäre theoretisch möglich, ist aber wohl aufgrund des außerordentlichen Zeitaufwands praktisch unzumutbar. Eine **Verschuldenshaftung** des Herstellers für Fehlverhalten bei der Produktion scheidet daher bei Einhaltung von dem Stand der Technik entsprechenden Prüfprozessen aus. Nach dem Inverkehrbringen treffen den Hersteller jedoch Produktbeobachtungspflichten, deren schuldhafte Verletzung eine Haftung nach sich ziehen kann.[1085]

Anders als bei der Verschuldenshaftung kommt es bei der verschuldensunabhängigen **Produkthaftung** gerade nicht auf Zumutbarkeitskriterien an. Eine im Zeitpunkt des Inverkehrbringens vorhandene Sicherheitslücke stellt daher grundsätzlich einen beachtlichen Fehler iSd PHG dar. Die Einwände der Unvermeidbarkeit von Sicherheitslücken sowie der Bekanntheit des Risikos ihres Bestehens greifen aufgrund der hohen Gefährlichkeit der Technologie des automatisierten Fahrens für Leib und Leben im Verhältnis zu ihrem Nutzen nicht.[1086]

Der Haftungsausschluss für Entwicklungsrisiken gem Art 8 Z 2 PHG ist im vorliegenden Fallbeispiel nicht einschlägig: Da die Funktionsweise der Malware im Zeitpunkt des Inverkehrbringens in Wissenschaft und Technik bekannt war, hätte der betreffende Programmcode nach dem Stand der Wissenschaft und Technik zum Zeitpunkt des Inverkehrbringens als Sicherheitslücke erkannt werden können. Der Hersteller haftet daher nach der verschuldensunabhängigen Produkthaftung.

1083 So wurde zB 2018 eine gravierende Sicherheitslücke der Intel-Chips bekannt, vgl *Steinbrenner*, Bitdefender entdeckt gravierende Sicherheitslücke bei Intel-Chips (Die Presse 2018, https://diepresse.com/home/techscience/5670562/Bitdefender-entdeckt-gravierende-Sicherheitsluecke-bei-IntelChips).

1084 *Die Presse*, Apple belohnt das Auffinden von Sicherheitslücken mit bis zu einer Million Dollar (https://www.diepresse.com/5671534/apple-belohnt-das-auffinden-von-sicherheits lucken-mit-bis-zu-einer-million-dollar).

1085 Vgl dazu Kap VI.K.

1086 Vgl dazu Kap VI.C.3.

b) Fallvariante 2: Sicherheitslücke gegenüber unbekannter Malware bzw unbekanntem Angriffsweg

Fallvariante 2: Die Funktionsweise der Malware wurde schon vor Inverkehrbringen entwickelt, war aber im Zeitpunkt des Inverkehrbringens in Wissenschaft und Technik **unbekannt**.

Im vorliegenden Fallbeispiel stellt sich die Frage, ob trotz Nichterkennbarkeit der Gefahr nach dem Stand der Wissenschaft und Technik überhaupt ein **Produktfehler** gegeben ist. Wie bereits im Kapitel zum Haftungsausschluss für Entwicklungsrisiken ausgeführt, ergibt sich aus systematischen und logischen Gesichtspunkten, dass die mangelnde Erkennbarkeit des Risikos der Berechtigung der Sicherheitserwartung und somit der Fehlerhaftigkeit nicht entgegensteht.[1087] Ein anderes Verständnis würde den Haftungsausschluss für Entwicklungsrisiken gem § 8 Z 2 PHG bzw Art 7 lit e PH-RL seines Anwendungsbereichs berauben.

Für den Produktfehler wird jedoch gem dem **Haftungsausschluss für Entwicklungsrisiken** nach § 8 Z 2 PHG nicht gehaftet, denn mangels Bekanntheit der Funktionsweise der Malware in Wissenschaft und Technik hätte der betreffende Programmcode im Zeitpunkt des Inverkehrbringens nach dem Stand der Wissenschaft und Technik nicht als Sicherheitslücke erkannt werden können. Die nach dem Inverkehrbringen gewonnenen Erkenntnisse über das Vorhandensein einer Sicherheitslücke und somit der Gefährlichkeit des Produktes sind für die Haftung nach PHG irrelevant.[1088] Allerdings könnte der Hersteller im Rahmen seiner Produktbeobachtungspflichten zu Maßnahmen der Gefahrenvermeidung verpflichtet sein.[1089]

c) Fallvariante 3: Entwicklung neuartiger Malware bzw Angriffswege nach Inverkehrbringen

Fallvariante 3: **Nach Inverkehrbringen** des automatisierten Kfz wird eine in ihrer Funktionsweise neue Malware entwickelt, der gegenüber die Software keine ausreichende Sicherheit bietet.

Da die Funktionsweise der Malware zum Zeitpunkt des Inverkehrbringens noch nicht entwickelt war, bestand zu diesem Zeitpunkt auch keine sicherheitsrelevante Schwachstelle des Systems. Die Sicherheitslücke ist daher erst **nachträglich** eingetreten. Voraussetzung der Produkthaftung ist jedoch das Vorliegen der **Fehlerhaftigkeit im Zeitpunkt des Inverkehrbringens**.[1090] **Nachträglich auftretende Sicherheitsrisiken** berühren daher grundsätzlich nicht

---

1087 Vgl *Grau*, Produktfehler, (2002) 148 f; *Fitz/Grau* in *Fitz/Grau/Reindl*, PHG² (2004) § 8 Rz 21; *Rabl*, PHG (2017) § 8 Rz 22 mwN; ähnlich bereits zum RL-Vorschlag 1979 (ABl C 1979/271, 3) *Koziol*, Grundfragen der Produkthaftung (1980) 42.

1088 Vgl *Fitz/Grau* in *Fitz/Grau/Reindl*, PHG² (2004) § 8 Rz 31.

1089 Vgl dazu Kap VI.K.

1090 Zur Beweislastverteilung vgl Kap VI.H.

die Fehlerfreiheit des Produktes im Zeitpunkt des Inverkehrbringens, denn zu diesem Zeitpunkt bot das Produkt die Sicherheit, die man zu erwarten berechtigt war. Im Folgenden soll jedoch die Frage erörtert werden, ob in einer zu kurzen Lebensdauer von Software oder in mangelnden Fehlererkennungs- und Fehlerkompensationsmechanismen der Software produkthaftungsrechtliche Fehler erblickt werden können.

4. Lebensdauer von Software und die Bedeutung von Sicherheits-Updates

Wie das Fallbeispiel 3 zeigt, können durch die Entwicklung neuartiger Malware **nachträglich Sicherheitslücken** auftreten, für die der Hersteller grundsätzlich nicht nach PHG einzustehen hat, da die Software im Zeitpunkt des Inverkehrbringens dieses Sicherheitsdefizit nicht aufwies. Bei Software stellt sich jedoch das Problem, dass sich gewöhnlich nachträglich Sicherheitsrisiken ergeben und Software ohne Durchführung von Sicherheits-Updates idR innerhalb kurzer Zeit unsicher wird.[1091] Häufig wird das nachträgliche Auftreten von Sicherheitslücken in der Automatisierungssoftware eines Fahrzeuges zu erheblichen Risiken für Sach- und Personenschäden bei Nutzung der automatisierten Fahrfunktionen führen. Dies hat zur Folge, dass automatisierte Fahrfunktionen aufgrund des hohen Schadenspotentials nicht mehr sicher genutzt werden können und somit ihre Lebensdauer endet. Diesem Problem kann nur durch Sicherheits-Updates abgeholfen werden. Fraglich ist daher, ob in einer zu kurzen Lebensdauer von Software mangels Durchführbarkeit von Sicherheits-Updates ein Produktfehler gesehen werden kann.

Die geschilderte Problematik iZm Software ist ein spezieller Fall der sog **Obsoleszenz**, die in der rechtswissenschaftlichen Literatur va von *Koziol*[1092] einer eingehenden Betrachtung unterzogen wurde. Von Obsoleszenz wird dann gesprochen, „wenn ein Produkt vorzeitig, also vor Ablauf der vom Erwerber berechtigterweise erwarteten Lebensdauer oder Nutzungsdauer unbrauchbar wird."[1093] Zu den klassischen Fällen der Obsoleszenz zählt die frühzeitig eintretende Gebrauchsunfähigkeit von Waren aufgrund von nicht austauschbaren Verschleißteilen, aufgrund der mangelnden Verfügbarkeit von Ersatzteilen oder aufgrund von sonstiger Reparaturunfähigkeit. Können nachträglich auftretende Sicherheitslücken der Automatisierungssoftware eines Fahrzeuges mangels Durchführbarkeit von Sicherheitsupdates nicht behoben werden, so stellt dies ebenfalls einen Fall der Reparaturunfähigkeit dar. Die sich iZm Obsoleszenzen erhebenden Rechtsfragen sind vielschichtig: Sie reichen von der Frage, ob der Endabnehmer Informationsrechte gegenüber dem Händler oder dem

1091 Ein wesentliches Sicherheitselement stellt daher ein rasch aktualisierbares Security-System dar, vgl *Weimerskirch*, Cybersecurity für vernetzte und automatisierte Fahrzeuge, ATZ elektronik 3/2016, 26 (27).

1092 *Koziol*, Obsoleszenzen im österreichischen Recht (2016).

1093 *Koziol*, Obsoleszenzen im österreichischen Recht (2016) Rz 18.

Hersteller über die Lebensdauer bzw Reparaturfähigkeit der Ware hat, über die gewährleistungsrechtliche Handhabung bis zu etwaigen Schadenersatzansprüchen gegen Händler oder Hersteller.[1094] Für die hier zu erörternde Rechtsfrage ist vor allem die Behandlung von Obsoleszenzen im **Gewährleistungsrecht** interessant, da (ähnlich dem Produkthaftungsrecht) auf den Zustand der Sache im Zeitpunkt der Übergabe abgestellt wird. Nach hA liegt ein latenter und somit gewährleistungsrechtlich relevanter Mangel vor, wenn „die Ware oder einer ihrer Bestandteile im Zeitpunkt der Übergabe nicht so beschaffen [ist], dass die berechtigt erwartete Lebensdauer erreicht wird".[1095]

Dieser Gedanke findet sich auch in der produkthaftungsrechtlichen Literatur, wobei es im Bereich der Produkthaftung freilich weniger auf den Verlust der Gebrauchsfähigkeit als vielmehr auf den **Eintritt eines Sicherheitsdefizits vor Ablauf der vom Erwerber berechtigterweise erwartbaren Lebensdauer** ankommt. *Fitz* und *Grau* bejahen eine Produkthaftung des Herstellers, wenn „die Abnützungserscheinungen die Folge einer auf zu wenig Dauerhaftigkeit angelegten Konstruktion (oder entsprechender Fabrikationsmängel) sind," weil diesfalls auch schon im Zeitpunkt des Inverkehrbringens ein **(Konstruktions- oder Fabrikations-)Fehler** vorlag.[1096] *Welser* und *Rabl* schließen zwar grundsätzlich aus, dass die „Abnützbarkeit" des Produkts („Altern', „Verschleiß") und die damit einhergehenden Störungsanfälligkeiten und Gefahren Produktfehler begründen, führen aber ebenfalls an, dass nachträglich eintretende Umstände, wie zB eine überdurchschnittliche Abnützung der Sache, Rückschlüsse auf den Zeitpunkt des Inverkehrbringens zuließen.[1097] Die besondere Problematik bei Software, insb bei internetfähigen Dingen wie vernetzten Fahrzeugen (Stichwort „Internet der Dinge"[1098]), ist, dass sich *gewöhnlich* nachträglich Sicherheitsrisiken ergeben, die Software daher naturgemäß nicht auf Dauerhaftigkeit angelegt sein kann und nur eine sehr beschränkte „Lebensdauer" aufweist. Bei nachträglich auftretenden Sicherheitsrisiken verwirklicht sich daher grundsätzlich kein „Konstruktionsfehler", sondern ein allgemeines Lebensrisiko[1099] (gewöhnlicher Lauf der Dinge).

Jedoch muss die Fragestellung bei automatisierten und vernetzten Dingen wie Kfz mE von einem anderen Blickwinkel aus betrachtet werden: Um Si-

---

1094 Vgl dazu *Koziol*, Obsoleszenzen im österreichischen Recht (2016).

1095 *Koziol*, Obsoleszenzen im österreichischen Recht (2016) Rz 22; OGH 1 Ob 71/15w Zak 2015/464 VbR 2015, 157 = ZVR 2015, 368 (*Huber*) = ecolex 2015, 946 (*Schoditsch*) = RdW 2015, 710 = EvBl 2016, 925 (zust *Karner*) = SZ 2015/36.

1096 *Grau*, Produktfehler (2002) 217; *Fitz/Grau* in *Fitz/Grau/Reindl*, PHG² (2004) § 5 Rz 97.

1097 *Welser/Rabl*, PHG² (2004) § 5 Rz 27 mwN; *Rabl*, PHG (2017) § 5 Rz 95 mwN.

1098 Das Schlagwort „Internet der Dinge" bezeichnet die „zunehmende Vernetzung von Alltagsgegenständen und industriellen Maschinen über das Internet"; vgl *Gorzala*, Connected Cars: Smarte Fahrzeuge als potenzielle Vertragspartner? RdW 2019, 73 (73).

1099 Wird vor potentiellen nachträglichen Sicherheitsrisiken aufgrund von Veraltung der Software nicht gewarnt, liegt freilich ein Instruktionsfehler vor, weil nicht von der allgemeinen Bekanntheit der Gefahr ausgegangen werden kann; vgl dazu auch *Fitz/Grau* in *Fitz/Grau/Reindl*, PHG² (2004) § 5 Rz 97 mwN.

cherheitslücken zu schließen, sind **regelmäßige Software-Updates** erforderlich. Sind Software-Updates bereits **aufgrund der Konstruktion nicht möglich**, ist das Produkt mE nicht auf ausreichende Dauerhaftigkeit angelegt und daher fehlerhaft (angelegter Fehler, Konstruktionsfehler).[1100] Eine nicht updatebare Software in einem automatisierten Kfz ist vergleichbar mit einem sicherheitsrelevanten Verschleißteil in einem konventionellen Fahrzeug, das bereits nach einigen wenigen Monaten aufgrund von Abnützung funktionsunfähig wird, jedoch nicht ausgetauscht werden kann, weil es fest verbaut ist.

Genauer zu untersuchen ist außerdem der Fall, dass der Hersteller **keinerlei Sicherheits-Updates plant**. Ein vergleichbares Beispiel aus der „analogen" Welt wäre der Fall, dass der Hersteller keine Ersatzteile für sicherheitsrelevante Verschleißteile zur Verfügung stellt. Grundsätzlich darf davon ausgegangen werden, dass das Produkt für die „berechtigterweise erwartbare Lebensdauer ausreichend sicher" ist.[1101] In diesem Sinne darf berechtigterweise erwartet werden, dass die Steuerungssoftware eines automatisierten Fahrzeuges für die gewöhnliche Lebensdauer des Kfz ausreichend sicher ist und in diesem Zeitraum gegebenenfalls Sicherheits-Updates zur Verfügung gestellt werden. Plant der Hersteller, über einen kürzeren Zeitraum Sicherheits-Updates zur Verfügung zu stellen, so muss er auf diesen Umstand und die sich daraus ergebenden Sicherheitsrisiken deutlich, klar und verständlich hinweisen.[1102] Anderenfalls liegt ein die Produkthaftung begründender **Instruktionsfehler** vor. Gibt der Hersteller ein **„Mindesthaltbarkeitsdatum"** der Automatisierungssoftware an, dann darf idR berechtigterweise davon ausgegangen werden, dass die Software bis zu dessen Ablauf keine Sicherheitsrisiken aufweist.

Im Zusammenhang mit der Problematik der nachträglich auftretenden Sicherheitsrisiken ist die Lehre von den **Produktbeobachtungspflichten**[1103] des Herstellers von erheblicher Bedeutung. Danach trifft den Hersteller die Pflicht, seine bereits in Verkehr gebrachten Produkte auf Gefahren[1104] und ihre Bewährung am Markt[1105] hin zu beobachten und gegebenenfalls angemessene

---

1100 Vgl dazu *G. Wagner* in Münchener Kommentar zum BGB^{8} (2020) § 3 ProdHaftG Rz 36, § 823 BGB Rz 1008, nach dem die „Konstruktion des Produkts, insbesondere des Computerprogramms für die Steuerung, [...] von Anfang an so konstruiert sein [muss], dass Software-Updates bei im Feld befindlichen Produkten technisch möglich und wirtschaftlich zu geringen Kosten durchführbar sind." Vgl auch *Hartmann*, Here come the robots – Produkthaftung und Robotik am Beispiel des automatisierten und autonomen Fahrens (Teil 1), PHi 2017, 2 (9), nach dem „konstruktiv-konzeptionell die ‚Andockpunkte' für nachträgliche Änderungen bereits bei Inverkehrbringen im Design von Soft- und/oder Hardware anzulegen" sind.

1101 *Grau*, Produktfehler (2002) 218; *Fitz/Grau* in *Fitz/Grau/Reindl*, PHG^{2} (2004) § 5 Rz 97.

1102 Vgl dazu *Grau*, Produktfehler (2002) 218.

1103 Vgl dazu Kap VI.K.

1104 *Welser/Rabl*, PHG^{2} (2004) § 5 Rz 57; *Rabl*, PHG (2017) Vorbem Rz 39; *Preslmayr*, Handbuch der Produkthaftung^{2} (2002) FN 296.

1105 *Welser/Rabl*, PHG^{2} (2004) § 5 Rz 58; *Rabl*, PHG (2017) Vorbem Rz 42.

Maßnahmen zur Schadensverhütung zu setzen.[1106] Die schuldhafte Nichteinhaltung der Produktbeobachtungspflichten begründet eine Verschuldenshaftung des Herstellers. Die Produktbeobachtungspflicht gebietet es grundsätzlich, dass der Hersteller von der Möglichkeit eines **Software-Updates** Gebrauch macht, wenn es zur Beseitigung des Sicherheitsdefizits geeignet ist.[1107] Allerdings nimmt die Intensität der Produktbeobachtungspflichten mE im Laufe der Zeit ab. Die aus der Produktbeobachtungspflicht ableitbare Anforderung an den Hersteller, Sicherheits-Updates zur Beseitigung von Sicherheitslücken zur Verfügung zu stellen, besteht mE daher nur bis zum Ablauf der gewöhnlichen Lebensdauer eines Kfz;[1108] danach kann es in Hinblick auf den Verhältnismäßigkeitsgrundsatz ausreichend sein, eine Warnung auszusprechen.

Obzwar nach der geltenden Rechtslage bedeutsame Instrumente zur Verfügung stehen, um mit der Kurzlebigkeit von digitalen und vernetzten Produkten umzugehen, wie etwa die Bestimmungen der Produkthaftung nach PHG und die Produktbeobachtungspflichten, wäre die Schaffung von klaren und transparenten Regeln mE wünschenswert. Denkbar wäre zB die gesetzliche Verankerung einer **Informationspflicht des Herstellers**[1109] über den Zeitraum, in dem Sicherheits-Updates angeboten werden, sowie über die Sicherheitsrisiken danach. Zu erwägen wäre außerdem die ausdrückliche Normierung einer **Pflicht des Herstellers zur Zurverfügungstellung** von Sicherheits-Updates über eine der gewöhnlichen Nutzung des Produktes entsprechende Dauer. Diese Dauer sollte durch den Gesetzgeber ausdrücklich festgelegt werden.

Der europäische Gesetzgeber hat die Problematik der kurzen Lebensdauer von digitalen Funktionen von Waren erkannt und im neuen europäischen Gewährleistungsrecht Regeln zu Aktualisierungen (Updates) vorgesehen.[1110] Das neue europäische Gewährleistungsrecht basiert auf der **Digitale Inhalte-RL**

1106 *Linder*, Produktbeobachtung, Rückruf und Versicherungsschutz, wbl 2004, 449 (449).

1107 Vgl auch *Eustacchio*, Automatisiert zum Recht, ZVR 2017, 509 (513). Zum deutschen Recht vgl *G. Wagner* in Münchener Kommentar zum BGB[8] (2020) § 823 Rz 1008 f mwN; *Gomille*, Herstellerhaftung für automatisierte Fahrzeuge, JZ 2016, 76 (80 f) mwN; *Freise*, Rechtsfragen des automatisierten Fahrens, VersR 2019, 65 (70); vgl auch *Hartmann*, Here come the robots – Produkthaftung und Robotik am Beispiel des automatisierten und autonomen Fahrens (Teil 2), PHi 2017, 42 (49).

1108 Ähnlich zum deutschen Recht *G. Wagner* in Münchener Kommentar zum BGB[8] (2020) § 823 Rz 1009; *Schrader*, Haftungsfragen für Schäden beim Einsatz automatisierter Fahrzeuge im Straßenverkehr, DAR 2016, 242 (244).

1109 Nach *Koziol*, Obsoleszenzen im österreichischen Recht (2016) Rz 69 ff, 217, bestehen bereits nach geltender Rechtslage Informationspflichten des Herstellers über Lebensdauer und Reparaturfähigkeit seiner Waren. Für den Fall, dass der Hersteller nicht Vertragspartner des Endabnehmers ist, ergebe sich dies aus eigenständigen objektiv-rechtlichen Schutzpflichten.

1110 Vgl dazu eingehend *Wendehorst*, Aktualisierungen und andere digitale Dauerleistungen, in *Stabentheiner/Wendehorst/Zöchling-Jud* (Hrsg), Das neue europäische Gewährleistungsrecht (2019) 111.

(DI-RL)[1111] sowie der **Warenkauf-RL (WK-RL)**[1112], die im Frühjahr 2019 verabschiedet wurden und bis 1. Juli 2021 durch die Mitgliedstaaten umzusetzen waren.[1113] Nach der WK-RL hat der Verkäufer von Waren mit digitalen Elementen[1114] dafür zu sorgen, dass der Verbraucher über Aktualisierungen, einschließlich Sicherheitsaktualisierungen, die für den Erhalt der Vertragsmäßigkeit dieser Waren erforderlich sind, informiert wird und solche erhält (Art 7 Abs 3 WK-RL). Eine parallele Verpflichtung des Unternehmers, der digitale Inhalte bzw digitale Dienstleistungen bereitstellt, findet sich in Art 8 Abs 2 DI-RL. Diese Regelungen zu Aktualisierungen (Updates) richten sich aufgrund der gewährleistungsrechtlichen Einbettung gegen den unmittelbaren Vertragspartner[1115] und sind mit gewährleistungsrechtlichen Rechtsbehelfen verknüpft. Eine einklagbare Verpflichtung des Herstellers zur Zurverfügungstellung von Sicherheits-Updates wurde in den Richtlinien nicht normiert.

In diesem Zusammenhang ist jedoch zu beachten, dass der österreichische Gesetzgeber bei Umsetzung der neuen Gewährleistungsrichtlinien den Anwendungsbereich der **Aktualisierungspflicht** auf den **B2B-Bereich** ausgedehnt hat. Denn gem § 1 Abs 2 Verbrauchergewährleistungsgesetz (VGG)[1116] gilt die Aktualisierungspflicht nach § 7 VGG auch für Verträge, die zwischen Unternehmern geschlossen wurden. Dies dient laut den Gesetzesmaterialien der Effektuierung der Aktualisierungspflicht gegenüber dem Verbraucher, da der Händler einen eigenen Anspruch gegen seinen Vertragspartner auf die Zurverfügungstellung von Aktualisierungen hat und dieser sich wiederum an seinen Vertragspartner wenden kann.[1117] Der Aktualisierungsanspruch besteht daher in der Vertragskette grundsätzlich bis zum **Hersteller**. Eine Schwächung erfährt die Aktualisierungspflicht jedoch dadurch, dass sie (im Verbrauchergeschäft unter gewissen Umständen) abbedungen werden kann: Zwischen Un-

1111 Richtlinie (EU) 2019/770 des Europäischen Parlaments und des Rates vom 20. Mai 2019 über bestimmte vertragsrechtliche Aspekte der Bereitstellung digitaler Inhalte und digitaler Dienstleistungen, ABl L 2019/136, 1.

1112 Richtlinie (EU) 2019/771 des Europäischen Parlaments und des Rates vom 20. Mai 2019 über bestimmte vertragsrechtliche Aspekte des Warenkaufs, zur Änderung der Verordnung (EU) 2017/2394 und der Richtlinie 2009/22/EG sowie zur Aufhebung der Richtlinie 1999/44/EG, ABl L 2018/136, 28.

1113 Art 24 DI-RL und Art 24 WK-RL.

1114 Als „Waren mit digitalen Elementen" werden bewegliche körperliche Gegenstände definiert, die in einer Weise digitale Inhalte oder digitale Dienstleistungen enthalten oder mit ihnen verbunden sind, dass die Waren ihre Funktionen ohne diese digitalen Inhalte oder digitalen Dienstleistungen nicht erfüllen könnten (Art 2 Z 5 lit b WK-RL sowie Art 2 Z 3 DI-RL). Automatisierte Fahrzeuge stellen zweifelsohne Waren mit digitalen Elementen iSd WK-RL und der DI-RL dar.

1115 *Wendehorst*, Aktualisierungen und andere digitale Dauerleistungen, in *Stabentheiner/Wendehorst/Zöchling-Jud* (Hrsg), Das neue europäische Gewährleistungsrecht (2019) 111 (113).

1116 Bundesgesetz über die Gewährleistung bei Verbraucherverträgen über Waren oder digitale Leistungen (Verbrauchergewährleistungsgesetz – VGG) BGBl I 2021/175.

1117 ErläutRV 949 BlgNR 27. GP 15.

ternehmer und Verbraucher gilt die Aktualisierungspflicht gem § 7 Abs 1 VGG nicht, soweit der Verbraucher bei Vertragsabschluss einer Abweichung von der Aktualisierungspflicht ausdrücklich und gesondert zustimmt, nachdem er von dieser Abweichung eigens in Kenntnis gesetzt wurde. Im Vertragsverhältnis zwischen Unternehmern kann die gesetzliche Aktualisierungspflicht auch in den AGB abbedungen werden.[1118] ME reicht daher die gewährleistungsrechtliche Aktualisierungspflicht nach VGG bei Produkten mit hohem Schädigungspotential für Leib und Leben wie etwa automatisierten Fahrzeugen nicht aus, um den Schutz der Integritätsinteressen von potentiell Geschädigten angemessen zu gewährleisten. Vielmehr sollte der Gesetzgeber bei derartigen Produkten einen **zwingenden** Anspruch auf Zurverfügungstellung von Sicherheitsupdates-Updates normieren. Dabei sollte es sich um einen **direkten Anspruch gegen den Hersteller** handeln, da der Umweg über die Absatzkette die Wirksamkeit der Aktualisierungspflicht und dadurch letztlich die Sicherheit der Produkte beeinträchtigt.

Zu beachten ist jedoch nicht nur die Herstellerseite: Software-Updates sind auch vom Handeln der **Eigentümer bzw Nutzer** abhängig. Software-Updates können nicht vom Hersteller „aufoktroyiert" werden, sondern hängen vom Einverständnis der Eigentümer ab.[1119] Dies ist grundsätzlich einsichtig, da die Updates in die Software eingreifen und daher das Eigentumsrecht betreffen. Stellt Software **kein Risiko für andere** dar, liegt es in der eigenverantwortlichen Entscheidung des Eigentümers, ob er Sicherheits-Updates durchführt; das Unterlassen von Sicherheits-Updates, die zu einer Schädigung der Rechtsgüter des Softwareeigentümers führen, muss sich dieser gegebenenfalls im Rahmen des Mitverschuldens als Obliegenheitsverletzung entgegenhalten lassen.[1120] Bei automatisierten Produkten, die im Falle ihrer Veraltung ein **Sicherheitsrisiko für andere** darstellen, muss die Abhängigkeit vom Zutun der Eigentümer jedoch problematisch gesehen werden. De lege ferenda sind daher öffentlich-rechtliche Vorschriften geboten, die die Durchführung von Software-Updates vorschreiben.[1121]

Zusammenfassend kann festgehalten werden, dass die Nichtdurchführbarkeit von Software-Updates für Steuerungssoftware von automatisierten Fahrzeugen erhebliche Sicherheitsrisiken für Benutzer und innocent bystanders birgt und eine weitere sichere Verwendung von Automatisierungsfunktionen verunmöglicht. Um einer **Produkthaftung** zu entgehen, reicht es nicht aus, dass

[1118] Nach den Materialien kommt die Wirksamkeitsbeschränkung des § 3 VGG zwischen Unternehmern nicht zum Tragen, ErläutRV 949 BlgNR 27. GP 15.

[1119] Ebenso *Kath*, Auf dem Weg zum autonomen Fahren: haftungs- und versicherungsrechtliche Aspekte (2018) 31.

[1120] *Uskenbayeva*, Produkthaftung für Software im Internet (2008) 30 mwN.

[1121] *Kath*, Auf dem Weg zum autonomen Fahren: haftungs- und versicherungsrechtliche Aspekte (2018) 31 f, hält eine derartige Verpflichtung des Halters zur Vornahme von Sicherheits-Updates zumindest für erwägenswert und gesetzliche Regelungen dazu im Sinne der Rechtssicherheit für geboten.

der Hersteller – wie von *Kaltenegger* gefordert – für die Sicherheit des automatisierten Systems zum Zeitpunkt des Inverkehrbringens verantwortlich ist.[1122] Aufgrund der besonderen Gefahren des Internets der Dinge hat der Hersteller auch dafür einzustehen, dass die **konstruktionellen Voraussetzungen für Sicherheits-Updates** vorliegen. Plant der Hersteller, über einen kürzeren Zeitraum als die gewöhnliche Lebensdauer eines Kfz Sicherheits-Updates zur Verfügung zu stellen, so muss er auf diesen Umstand und die sich daraus ergebenden Sicherheitsrisiken deutlich, klar und verständlich hinweisen,[1123] widrigenfalls ein **Instruktionsfehler** vorliegt. Aufgrund der **Produktbeobachtungspflichten** kann der Hersteller angehalten sein, Sicherheits-Updates zur Verfügung zu stellen. Wenngleich über die Produkthaftung und das Rechtsinstitut der Produktbeobachtungspflichten zumindest teilweise adäquate Lösungen herbeigeführt werden können, sind ausdrückliche gesetzliche Regeln zu Informationspflichten des Herstellers über die Dauer der Zurverfügungstellung von Sicherheits-Updates im Sinne von Rechtssicherheit und Transparenz zu befürworten. Zu erwägen ist auch die Normierung von Pflichten des Herstellers zur Zurverfügungstellung von Sicherheits-Updates sowie des Zulassungsbesitzers zur Durchführung der angebotenen Sicherheits-Updates.

5. Fehlererkennungs- und Fehlerkompensationsfähigkeit

Auch wenn eine Sicherheitslücke erst nachträglich entstanden ist und daher keine Haftung nach PHG begründet, kann ein produkthaftungsrechtlich relevanter Fehler in derartigen Fällen in mangelnden Fehlererkennungs- und Fehlerkompensationsmechanismen liegen. Dies setzt freilich voraus, dass deren Vorhandensein berechtigterweise erwartet werden darf.

Technisch denkbar sind insb **Warnmechanismen**, die fehlerhafte Funktionen erkennen, vor der Inbetriebnahme deutlich warnen und zur umgehenden Überprüfung durch Fachpersonen auffordern. In einem im Jahr 1998 entschiedenen Fall hat der OGH zu einem Küchenofen ohne Warneinrichtung zur Feststellung von Defekten an Heizelementen ausgesprochen, dass die fehlende Warneinrichtung hinsichtlich eines in der Zukunft etwa wegen altersbedingten Verschleißes eintretenden Defekts eines Bestandteils eines Produkts […] einen Konstruktionsfehler darstellen" könne.[1124] Wesentlich ist in diesem Zusammenhang die Rspr des OGH zur Beweislastverteilung, wonach die normgerechte oder anderen **technischen Standards** entsprechende übliche Herstellungsart die Fehlerfreiheit des Produkts indiziere[1125] und der Beweis dafür, dass trotz Einhaltung gesetzlicher und technischer Normen ein Fehler vorlag, dem

1122 *Kaltenegger*, Zehn Grundsätze zur Entwicklung des autonomen Fahrens, ZVR 2018/232 (419).

1123 Vgl dazu *Grau*, Produktfehler (2002) 218.

1124 OGH 6 Ob 157/98a, *Küchenofen*, ecolex 1998, 914.

1125 OGH 6 Ob 157/98a, *Küchenofen*, ecolex 1998, 914.

Geschädigten obliege.[1126] Da der Geschädigte im zitierten Fall *„Küchenofen“* diesen Beweis nicht erbringen konnte, wurde die Haftung des Herstellers verneint. Auf der Grundlage dieser Rspr des OGH kann festgehalten werden, dass bei der Beantwortung der Frage, ob Warnmechanismen berechtigterweise erwartet werden dürfen, der Stand der Technik eine erhebliche Rolle spielt.

Neben Warnmechanismen ist auch an die technische Ausstattung mit **Mechanismen zur Fehlerkompensation** zu denken, die bei Programmstörungen das Fahrzeug in einen risikominimalen Zustand bringen. Gem den von der Europäischen Kommission anerkannten ethischen Leitlinien für vertrauenswürdige KI-Anwendungen müssen diese „für den Fall von Problemen eine **Rückfallstrategie** haben“ (Technische Robustheit und Sicherheit).[1127] Dies verdeutlicht, dass eine gewisse **Ausfallssicherheit** bei automatisierten Produkten wie selbstfahrenden Kfz berechtigterweise erwartet werden darf. Welcher Grad an Ausfallsicherheit konkret von den berechtigten Sicherheitserwartungen umfasst ist, hängt freilich von den Umständen des Einzelfalles ab. Dem **Stand der Technik** kommt dabei eine erhebliche Bedeutung zu, da nach der Rspr des OGH die normgerechte oder anderen technischen Standards entsprechende übliche Herstellungsart die Fehlerfreiheit des Produkts indiziert.[1128]

G. Unfallbedingte Beschädigung des fehlerhaften automatisierten Fahrzeuges selbst – Die Problematik der „Weiterfresserschäden“

1. Allgemeines

Gem § 1 PHG und Art 9 PH-RL umfasst die Haftung des Herstellers für Sachschäden nur die Beschädigung oder Zerstörung einer **anderen Sache** als des fehlerhaften Produktes.[1129] Als „Weiterfresserschäden“ werden Sachschäden an einem Endprodukt bezeichnet, die durch fehlerhafte Teilprodukte dieses Endprodukts verursacht worden sind.[1130] Während (bis auf einige wenige

[1126] OGH 6 Ob 157/98a, *Küchenofen*, ecolex 1998, 914. Gegen eine derartige nur durch einen Gegenbeweis zu widerlegende Vermutung *Grau*, Produktfehler (2002) 144.

[1127] *Europäische Kommission*, Mitteilung – Schaffung von Vertrauen in eine auf den Menschen ausgerichtete künstliche Intelligenz, COM(2019) 168 final, 5.

[1128] OGH 6 Ob 157/98a, *Küchenofen*, ecolex 1998, 914.

[1129] In den ErläutRV (RV 272 BlgNR 17. GP 8) wird dies wie folgt begründet: „Die Wertminderung des Produkts selbst durch den Fehler ist als Erfüllungsinteresse an der Lieferung einer fehlerfreien Sache im Rahmen des Vertragsrechts (besonders der Gewährleistung) zu beurteilen. Bei der Produkthaftung hingegen geht es um das Integritätsinteresse, daß die mangelhafte Sache nicht auf das übrige Vermögen schädigend einwirkt.“ Vgl auch die Erläut zum Entwurf des dProdHaftG (BT-Drs. 11/2447 11. WP, 13).

[1130] *Preslmayr*, Handbuch der Produkthaftung² (2002) 10 mwN; *Fitz/Grau* in *Fitz/Grau/Reindl*, PHG 2 (2004) §1 Rz 22; *Koziol/Apathy/Koch*, Haftpflichtrecht III³ (2014) B. Rz 96; *Posch/Terlitza* in *Schwimann/Kodek*, ABGB Praxiskommentar⁴ (2016) § 1 PHG Rz 7.

Gegenstimmen)[1131] Einigkeit darüber besteht, dass der Hersteller des Endproduktes (**Endhersteller**) für derartige Schäden nicht einzustehen hat,[1132] ist es jedoch umstritten, ob Hersteller fehlerhafter „funktionell abgrenzbare[r] Einzelteil[e]“[1133] des Endprodukts (**Teilhersteller**) für die dadurch verursachten Schäden an anderen Teilen dieses Endprodukts verschuldensunabhängig nach dem PHG haften.[1134]

2. Schäden am Produkt selbst durch fehlerbedingten Unfall

Das geschilderte Rechtsproblem stellt sich in besonderer Weise auch im Bereich der automatisierten Kfz, die durch Software auf der Grundlage von Daten aus Sensoren, wie Kamera, Lidar und Radar, gesteuert werden, da die Software häufig von einem vom Endhersteller verschiedenen Teilhersteller stammt. Regelmäßig werden Unfälle aufgrund von integrierter fehlerhafter Software oder integrierten fehlerhaften Sensoren (auch) zu **Beschädigungen am automatisierten Kfz** (insb der Karosserie) **selbst** führen. Auch wenn diese Schäden nicht unmittelbar durch den Softwarefehler oder den fehlerhaften Sensor, sondern erst **indirekt über den verursachten Unfall** eintreten, so betreffen sie doch das gleiche Rechtsproblem wie klassische Fälle von „Weiterfresserschäden“ (zB ein schadhafter Wasserschlauch führt zu einem Motorschaden des erworbenen PKW[1135]). Denn auch in dem Fall, dass integrierte fehlerhafte Steuerungssoftware eines automatisierten Kfz einen Unfall und infolgedessen einen Schaden am Kfz selbst verursacht, führt ein fehlerhaftes Teilprodukt – wenn auch mittelbar über den Unfall – zu einer Beschädigung oder Zerstörung des Endprodukts selbst.

Der Entscheidung des OGH 6 Ob 151/12t[1136] lag ein vergleichbarer Sachverhalt aus der „analogen Welt“ zugrunde: Der Kläger erwarb ein Motorrad, das bereits zum Zeitpunkt der Auslieferung eine zu schwach angezogene Schraube eines Schlauchbinders aufwies. Aufgrund der unzureichenden Befestigung der Schraube löste sich die Schlauchverbindung des Kühlmittel-

---

1131 Zum dProdHaftG *Taeger*, Außervertragliche Haftung für fehlerhafte Computerprogramme (1995) 198.

1132 *Koziol/Apathy/Koch*, Haftpflichtrecht III^3 (2014) B. Rz 96; *Rabl*, PHG (2017) § 1 Rz 172 f, 177.

1133 Kriterium nach der BGH-Entscheidung VIII ZR 137/75, *Schwimmerschalter*, NJW 1977, 379; *Welser/Rabl*, PHG^2 (2004) § 1 Rz 21; *Preslmayr*, Handbuch der Produkthaftung^2 (2002) 10.

1134 *Rabl*, PHG (2017) § 1 Rz 176.

1135 Vgl OGH 8 Ob 536/93, *Wasserschlauch*, ecolex 1994, 384.

1136 OGH 6 Ob 151/12t Zak 2013/504 = EvBl-LS 2013/153 = JBl 2013, 654 = RdW 2013, 599 = *Bydlinski*, Zak 2013, 267. Ähnlich gelagert ist das sowohl von *Sack* als auch von *Eustacchio* angeführte Beispiel des schadhaften Autoreifens, der infolge eines Reifenplatzers zu einem Unfall mit Beschädigung des Kfz führt, *Sack*, Die Anwendbarkeit des Produkthaftungsgesetzes auf sog „Weiterfresserschäden“, WBl 1989, 8 (9) sowie *Eustacchio*, Produkthaftung (2002) 74.

schlauches und das austretende Kühlmittel benetzte die Hinterreifen. Dadurch erhielt das Motorrad einen Drehimpuls, rutschte in die Leitplanke und erlitt einen Totalschaden. Da der Käufer gewährleistungsrechtlichen Austausch gegenüber dem Händler, und nicht etwa verschuldensunabhängigen Schadenersatz nach PHG vom Hersteller begehrte, wurde der Fall nur gewährleistungsrechtlich behandelt.

3. Exkurs: Vergleich zu gewährleistungsrechtlichen „Weiterfressermängeln" und Begrifflichkeiten

Trotz der Ähnlichkeit der verwendeten Schlagworte „Weiterfresserschaden" und „Weiterfressermangel" und der zugrundeliegenden Sachverhalte sind damit doch anders gelagerte Rechtsprobleme angesprochen. Weiterfressermangel bezeichnet die gewährleistungsrechtliche Problematik der Abgrenzung zwischen Mangel und Mangelfolgeschaden, wenn ein im Zeitpunkt der Übergabe angelegter Mangel „weiterfrisst" und zu Schäden an der Sache selbst führt.[1137] Die spätere Ausweitung eines bei Übergabe bereits vorhandenen Mangels (zB mangelbedingter Totalschaden) wird unter gewissen Umständen von einem Teil der Lehre und der Judikatur als „**Weiterfressermangel**" qualifiziert, für den der Verkäufer gewährleistungsrechtlich einzustehen habe.[1138] Dabei ist bedeutsam, dass die Rspr nicht jeden Schaden, der durch den Mangel an der Kaufsache selbst verursacht wurde, als Weiterfressermangel ansieht. Bedurfte es zur Schadensherbeiführung an der Kaufsache selbst auch eines „externen Einflusses" geht der OGH nämlich von einem Mangelfolgeschaden aus.[1139]

Fraglich ist, wie die Rspr den Fall des **mangelbedingten Unfalls** gewährleistungsrechtlich einordnen würde. Im oben beschriebenen Fall 6 Ob 151/12t[1140] (Unfall wegen unzureichend befestigtem Kühlmittelschlauch) bejahte der OGH die Statthaftigkeit des gewährleistungsrechtlichen Austauschbegehrens des Klägers und stützte sich dabei auf zwei Begründungslinien: Zum einen sei es am Übergeber, sich auf die Unverhältnismäßigkeit der mit dem vom Übernehmer gewählten Rechtsbehelf verbundenen Kosten zu berufen. Der Beklagte habe aber keine Unverhältnismäßigkeitseinrede erhoben, und die Unverhältnismäßigkeit des Austauschbegehrens sei auch nicht offenkundig. Auch in materieller Hinsicht hielt der OGH den Austausch für sachgerecht, da der „(möglich-

1137 OGH 9 Ob 3/09w Zak 2009, 133 (*Bydlinski*) = EvBl 2009/105 = RZ 2009, 199 = RdW 2009, 520 (Motorschaden aufgrund eines lockeren Befestigungsbolzens).

1138 *Welser/Zöchling-Jud*, Bürgerliches Recht II[14] (2015) Rz 366; *P. Bydlinski*, Gewährleistungsrechtlicher Austauschanspruch nach mangelbedingtem Totalschaden, Zak 2013, 267; OGH 9 Ob 3/09w Zak 2009, 133 (*Bydlinski*) = EvBl 2009/105 = RZ 2009, 199 = RdW 2009, 520 (Motorschaden aufgrund eines lockeren Befestigungsbolzens).

1139 OGH 7 Ob 103/14v Zak 2015, 235 = bau aktuell 2015, 149 = ecolex 2015, 760 = bbl 2015, 222 = ZRB 2016, 24 (*Wenusch*) (Wasserschaden aufgrund mangelhafter Fuge).

1140 OGH 6 Ob 151/12t Zak 2013/504 = EvBl-LS 2013/153 = JBl 2013, 654 = RdW 2013, 599 = *Bydlinski*, Zak 2013, 267.

erweise) für den Übergeber mit dem Austausch verbundene unverhältnismäßig hohe Aufwand [...] nicht zufällig [bestünde] und [...] auch nicht etwa durch ein Verschulden des Übernehmers, sondern gerade durch den Mangel, für den der Übergeber einstehen muss, verursacht worden [wäre]." Dem OGH ist im Ergebnis zuzustimmen, doch wäre eine Auseinandersetzung mit der Dogmatik zum Weiterfressermangel wünschenswert gewesen.[1141] Der OGH äußert sich jedoch nicht zum Abgrenzungsproblem zwischen Mangel und Mangelfolgeschaden, sondern behandelt den Fall als Problem des Verhältnisses der primären Gewährleistungsbehelfe zueinander. Implizit scheint er aber davon auszugehen, dass der Mangel im vorliegenden Fall (nur) in der unzureichenden Befestigung der Schraube liegt, da vom alternativen gewährleistungsrechtlichen Rechtsbehelf der Verbesserung in Gestalt der Wiederherstellung und festen Verschraubung der Schlauchverbindung die Rede ist. Außerdem würde sich bei Qualifizierung des Totalschadens als Weiterfressermangel das Problem der Unverhältnismäßigkeit der Kosten des Austausches gegenüber jenen der Verbesserung nicht stellen.[1142] Anders als offenbar der OGH qualifiziert *P. Bydlinski* den Totalschaden im vorliegenden Fall sehr wohl als Weiterfressermangel, da es „von den gewährleistungsrechtlichen Wertungen her [...] selbstverständlich keinen Unterschied" mache, „ob etwa ein Befestigungsbolzen am Zahnriemenantrieb locker war, der schließlich herausfiel, was zum Riss des Zahnriemens und zu einem gravierenden Motorschaden führte [...],[1143] oder ob – wie hier – die mangelhafte Fixierung eines Schlauchbinders einen Unfall auslöst, bei dem die gesamte gekaufte Sache schwer beschädigt oder gar zerstört wird."[1144] An dieser Stelle sei nochmals darauf hingewiesen, dass die Rspr nicht jeden Schaden, der durch den Mangel an der Kaufsache selbst verursacht wurde, als Weiterfressermangel ansieht. Bedurfte es zur Schadensverursachung an der Kaufsache selbst auch eines „externen Einflusses", wird der Schaden als Mangelfolgeschaden qualifiziert.[1145] ME kann bei Beschädigung der Kaufsache durch einen mangelbedingten Unfall nicht mehr von einem bloßen Weiterfressen des bereits bei Übergabe angelegten Mangels gesprochen werden, da sich bei einem Unfall neben dem Mangel externe für den

---

[1141] Vgl dazu *P. Bydlinski*, Gewährleistungsrechtlicher Austauschanspruch nach mangelbedingtem Totalschaden, Zak 2013, 267 (267), der dem Ergebnis ebenfalls zustimmt, zur Begründung jedoch die Dogmatik zum Weiterfressermangel heranzieht.

[1142] Vgl dazu *P. Bydlinski*, Gewährleistungsrechtlicher Austauschanspruch nach mangelbedingtem Totalschaden, Zak 2013, 267 (268): „Im Vergleich zur Reparatur des Totalschadens (sofern überhaupt möglich) ist der verlangte Austausch ja keinesfalls unverhältnismäßig."

[1143] *P. Bydlinski* bezieht sich hier auf OGH 9 Ob 3/09w Zak 2009, 133 (*Bydlinski*) = EvBl 2009/105 = RZ 2009, 199 = RdW 2009, 520.

[1144] *P. Bydlinski*, Gewährleistungsrechtlicher Austauschanspruch nach mangelbedingtem Totalschaden, Zak 2013, 267 (267); vgl auch *Welser/Zöchling-Jud*, Bürgerliches Recht II[14] (2015) Rz 366, die einen Totalschaden aufgrund eines durch defekte Bremsen ausgelösten Unfalls als Weiterfressermangel qualifizieren, für den gewährleistungsrechtlich einzustehen sei.

[1145] OGH 7 Ob 103/14v Zak 2015, 235 = bau aktuell 2015, 149 = ecolex 2015, 760 = bbl 2015, 222 = ZRB 2016, 24 (*Wenusch*) (Wasserschaden aufgrund mangelhafter Fuge).

Unfallhergang und die Unfallschwere relevante, jedoch im hohen Maße unberechenbare Zufallselemente auswirken (dazu gleich unten).[1146]

Terminologisch könnte man erwägen, die Abgrenzung zwischen Weiterfressermangel und Mangelfolgeschaden an der Kaufsache selbst aus dem Gewährleistungsrecht auf die verschuldensunabhängige Produkthaftung zu übertragen und zwischen Weiterfresserschäden auf der einen Seite und sonstigen durch den Fehler verursachten Schäden an der Sache selbst auf der anderen Seite zu unterscheiden.[1147] Im Produkthaftungsrecht hat eine derartige begriffliche Unterscheidung jedoch keinerlei rechtliche Konsequenzen, da die Rechtsfrage – wie bereits ausgeführt – eine andere ist: Das PHG nimmt Schäden am Produkt selbst von der Ersatzpflicht aus. Dabei macht es keinen Unterschied, ob der Schaden rein durch ein „Weiterfressen" des Fehlers oder im Zusammenspiel mit externen Einflüssen entstanden ist. Es ist mE – wie bereits angesprochen – in der Tat begrifflich zutreffender, im Fall, dass ein fehlerhafter Algorithmus einen Unfall und dadurch eine Beschädigung des automatisierten Kfz selbst verursacht, nicht von einem „Weiterfresserschaden" zu sprechen, da der Fehler nicht bloß „weiterfrisst", sondern über eine – wenn auch adäquate[1148] – **Verkettung verschiedener externer Umstände** (Geschwindigkeit im Unfallzeitpunkt, Verkehrsdichte, örtliche Verhältnisse, Wetterlage etc) zu einem Schaden führt. Abseits derartiger terminologischer Feinheiten ist das betreffende Rechtsproblem aber dasselbe wie bei den in der Literatur bereits behandelten Weiterfresserschäden und daher auch in gleicher Weise zu lösen.

4. Keine Ersatzfähigkeit von Weiterfresserschäden nach PHG

Bei der Klärung der Rechtsfrage nach der Ersatzfähigkeit von Weiterfresserschäden nach dem PHG kommt es entscheidend auf die Auslegung des § 1 PHG an, der eine Haftung für Sachschäden eingrenzt auf solche, die an einer **von dem Produkt verschiedenen** körperlichen Sache eingetreten sind. § 1 PHG setzt Artikel 9 PH-RL um, wonach die Haftung für Sachschäden nur die Beschädigung oder Zerstörung einer **anderen Sache** als des fehlerhaften Produktes umfasst. Das Auslegungsproblem kann auf die Frage reduziert wir-

[1146] Aufgrund dieser hohen Unvorhersehbarkeit des Unfallhergangs und -ausgangs kann auch nicht von einem „zwingende[n] ‚Weiterfressen' gesprochen werden, wie dies der OGH im Fall des Motorschadens aufgrund eines lockeren Befestigungsbolzens tut, vgl OGH 9 Ob 3/09w Zak 2009, 133 (*Bydlinski*) = EvBl 2009/105 = RZ 2009, 199 = RdW 2009, 520.

[1147] Als „Weiterfresserschäden" wären dann nur solche Schäden zu verstehen, die durch „Weiterfressermängel" im gewährleistungsrechtlichen Sinn verursacht wurden; vgl zu dieser Definition *Sack*, Die Anwendbarkeit des Produkthaftungsgesetzes auf sog „Weiterfresserschäden", WBl 1989, 8 (8).

[1148] Fehlt der Adäquanzzusammenhang zwischen Fehler und Schaden, dann scheidet ein Ersatzanspruch nach PHG aus, vgl *Rabl*, PHG (2017) § 1 Rz 223 f; *Fitz/Grau* in *Fitz/Grau/Reindl*, PHG² (2004) § 1 Rz 52; *Koziol/Apathy/Koch*, Haftpflichtrecht III³ (2014) B Rz 207; differenzierend *Welser/Rabl*, PHG² (2004) § 1 Rz 37, die das Kriterium der Adäquanz nur bei Folgeschäden, nicht jedoch bei Erstschäden anwenden wollen

den, was unter „**Produkt**" iSd § 1 Abs 1 PHG bzw Art 9 PH-RL zu verstehen ist.

Ein Teil der Lehre versteht darunter „**Endprodukt**" und lehnt daher eine Haftung des Teilherstellers für Weiterfresserschäden ab, da diese ja gerade dadurch charakterisiert sind, dass sie am Endprodukt selbst eintreten.[1149] Besonders hervorgehoben wird dabei das Argument, dass das Teilprodukt oder der Grundstoff gegenüber dem geschädigten Erwerber des Endprodukts nicht als Produkte in Erscheinung getreten sind.[1150]

Ein anderer Teil der Lehre subsumiert unter „Produkt" iSd § 1 Abs 1 PHG bzw Art 9 PH-RL **auch Teilprodukte** und Grundstoffe.[1151] Nach dieser Auffassung kann daher der Hersteller des fehlerhaften Teilprodukts für Schäden haftbar gemacht werden, die an anderen Teilen des Endprodukts verursacht wurden.[1152] Es sei darauf abzustellen, „welches Produkt der in Anspruch genommene Haftungsadressat hergestellt (oder importiert) *und* in Verkehr gebracht hat."[1153]

Nach einer Mindermeinung muss für die Beschädigung des Endprodukts durch ein funktional abgrenzbares Teilprodukt sowohl der End- als auch der Teilhersteller nach dem dProdHaftG einstehen.[1154] Diese Ansicht geht auf die sog „Schwimmschalter-Entscheidung"[1155] des BGH zurück. In diesem Urteil

---

1149 *Welser*, Lücken und Tücken des Produkthaftungsgesetzes, WBl 1988, 281 (283); *Preslmayr*, Handbuch der Produkthaftung[2] (2002) 13; *Fitz/Grau* in *Fitz/Grau/Reindl*, PHG[2] (2004) § 1 Rz 22; *Welser/Rabl*, PHG[2] (2004) § 1 Rz 24; *Rabl*, PHG (2017) § 1 Rz 182; *Kresbach*, Produkthaftung für „Weiterfresserschäden"? ecolex 1990, 469 (470); zust OGH 8 Ob 536/93, *Wasserschlauch*, ecolex 1994, 384; vgl zum dProdHaftG *G. Wagner* in Münchener Kommentar zum BGB[8] (2020) § 1 ProdHaftG Rz 8 ff; *G. Wagner*, Produkthaftung für autonome Systeme, AcP 2017, 707 (723).

1150 *Welser*, Lücken und Tücken des Produkthaftungsgesetzes, WBl 1988, 281 (283); *Preslmayr*, Handbuch der Produkthaftung[2] (2002) 14; *Welser/Rabl*, PHG[2] (2004) § 1 Rz 24; *Rabl*, PHG (2017) § 1 Rz 182.

1151 *Sack*, Probleme des Produkthaftungsgesetzes unter Berücksichtigung der Produkthaftungs-Richtlinie der EG, JBl 1989, 695 (698 f); *Sack*, Die Anwendbarkeit des Produkthaftungsgesetzes auf sog „Weiterfresserschäden", WBl 1989, 8 (10 ff); *Terlitza*, Die Haftung für Weiterfresserschäden, in FS Posch (1996) 441 (458 ff); *Eustacchio*, Produkthaftung (2002) 76 ff; *Koziol/Apathy/Koch*, Haftpflichtrecht III[3] (2014) B Rz 97.

1152 *Sack*, Probleme des Produkthaftungsgesetzes unter Berücksichtigung der Produkthaftungs-Richtlinie der EG, JBl 1989, 695 (698 f); *Sack*, Die Anwendbarkeit des Produkthaftungsgesetzes auf sog. „Weiterfresserschäden", WBl 1989, 8 (10 ff); *Terlitza*, Die Haftung für Weiterfresserschäden, in FS Posch (1996) 441 (458 ff); *Posch/Terlitza* in *Schwimann/Kodek*, ABGB Praxiskommentar[4] (2016) § 1 PHG Rz 10; *Eustacchio*, Produkthaftung (2002) 76 ff; *Koziol/Apathy/Koch*, Haftpflichtrecht III[3] (2014) B Rz 97 ff.

1153 *Posch/Terlitza* in *Schwimann/Kodek*, ABGB Praxiskommentar[4] (2016) § 1 PHG Rz 10; vgl auch *Koziol/Apathy/Koch*, Haftpflichtrecht III[3] (2014) B Rz 97 ff.

1154 *Taeger*, Außervertragliche Haftung für fehlerhafte Computerprogramme (1995) 197 f.

1155 BGH-Entscheidung VIII ZR 137/75, *Schwimmerschalter*, NJW 1977, 379; vgl dazu krit *Spickhoff* in *Soergel*, Kommentar zum BGB XII[13] (2005) § 823 Rz 80 ff.

sprach der BGH zur verschuldensabhängigen Produzentenhaftung aus, dass der Hersteller und Verkäufer einer industriellen Anlage aus unerlaubter Handlung für einen Schaden hafte, der durch einen schadhaften Sicherheitsschalter an der Anlage selbst entsteht. Dieser Anspruch stehe in echter Konkurrenz zu den vertraglichen Ansprüchen des Käufers gegen den Hersteller und Verkäufer. Die Mindermeinung überträgt diese vom BGH zur verschuldensabhängigen Produzentenhaftung entwickelte Doktrin in vollem Umfang auf den Bereich der verschuldensunabhängigen Produkthaftung.[1156] Auf integrierte Computerprogramme umgelegt vertritt *Taeger*, dass sowohl der Endhersteller als auch der Teilhersteller einer integrierten Steuerungssoftware für Schäden am gesteuerten Endprodukt (zB Fahrzeug) nach dem dProdHaftG haften.[1157]

In der Entscheidung **8 Ob 536/93**[1158] verneinte der OGH die Haftung des Erzeugers eines fehlerhaften **Wasserschlauchs** für am Motor des gekauften Personenkraftwagens entstandene Schäden. Der Gerichtshof schloss sich der erstgenannten Ansicht der Lehre an, wonach ein Teilhersteller nicht für Schäden haftet, die das von ihm hergestellte fehlerhafte Einzelteil im Endprodukt verursacht. Da es um den Ersatz von Schäden des Erwerbers des Endprodukts geht, komme es bei der Auslegung des § 1 Abs 1 PHG auf dessen Perspektive an:[1159] Dieser erwerbe aber „ein Produkt (zB den PKW) und nicht eine Summe von Produkten (Schrauben, Räder, Schläuche usw).“[1160] Überzeugend entkräftet der OGH die Argumente der Gegenansicht[1161] und weist überdies auf eine unsachliche Differenzierung hin, die die Gegenansicht mit sich brächte: Die Haftung würde unterschiedlich beurteilt, je nachdem ob der Hersteller des Endproduktes die Teilprodukte und Grundstoffe selbst erzeuge (keine Haftung nach PHG) oder von einem Zulieferer beziehe (Haftung des Zulieferers). Diese Unterscheidung sei sachlich nicht gerechtfertigt, weil das PHG die Haftung nicht an die Person des Herstellers, sondern an die Fehlerhaftigkeit des Produkts knüpfe.[1162] Zusammenfassend kann daher gesagt werden, dass der OGH die Ersatzfähigkeit von Weiterfresserschäden nach PHG – in mittlerweile ständiger Rspr[1163] – zu Recht ablehnt.

1156 Krit *Oechsler* in Staudinger BGB (2021) § 1 ProdHaftG Rz 19.

1157 *Taeger*, Außervertragliche Haftung für fehlerhafte Computerprogramme (1995) 198.

1158 OGH 8 Ob 536/93, *Wasserschlauch*, ecolex 1994, 384.

1159 Zust *Grau*, Produktfehler (2002) 87 f; *Fitz/Grau* in *Fitz/Grau/Reindl*, PHG² (2004) § 1 Rz 22.

1160 So bereits *Kresbach*, Produkthaftung für „Weiterfresserschäden“? ecolex 1990, 469 (470) mwN.

1161 Die Gegenansicht gründet sich auf eine systematische Interpretation des § 1 iVm den §§ 3, 4, und 8 Z 3 PHG, die jedoch – wie der OGH im Anschluss an *Kresbach* richtig ausführt – auf einem Fehlverständnis beruht. Für Näheres dazu vgl *Kresbach*, Produkthaftung für „Weiterfresserschäden“? ecolex 1990, 469 (470 ff).

1162 So auch schon *Kresbach*, Produkthaftung für „Weiterfresserschäden“? ecolex 1990, 469 (470) mwN.

1163 RIS-Justiz RS0071502; OGH 8 Ob 536/93, *Wasserschlauch*, ecolex 1994, 384; best OGH 1 Ob 555/95, *Ventil*, ecolex 1996, 356 = SZ 69/17; OGH 2 Ob 188/97i ÖJZ 1999/126 (EvBl).

5. Abgrenzung zwischen Teil- und Endprodukt nach der Verkehrsauffassung

Entscheidend für diese Rspr und daher genauer zu untersuchen ist die Abgrenzung zwischen Teilprodukt und Endprodukt, also die Frage, ob die beschädigte Sache ein eigenes Endprodukt oder nur einen Teil eines Gesamtproduktes darstellt. Es ist danach zu unterscheiden, ob die beschädigte Sache **als selbständiges Produkt erworben** wurde.[1164] Dies ist nach *Welser* und *Rabl* nach der **Verkehrsauffassung** zu beurteilen.[1165] Maßgeblich sei der „typische[…] Eindruck eines Abnehmers des Produkts".[1166] Die Rspr und ein anderer Teil der Lehre stellen jedoch primär auf die vertragliche Vereinbarung und erst sekundär auf die Verkehrsauffassung ab.[1167] Auf die sachenrechtliche Zuordnung komme es jedenfalls nicht an.[1168] In 7 Ob 175/16k führt der OGH im Zusammenhang mit der Abgrenzung zwischen dem Endprodukt und dem Verpackungsmaterial zum Zwecke des Vertriebs aus, dass ein Endprodukt „das mitunter sehr komplexe und aus vielen Einzelteilen zusammengesetzte ‚fertige' Produkt [ist], wie es [nach der Verkehrsauffassung] für den Vertrieb bestimmt ist und vom Konsumenten üblicherweise zum Ge- oder Verbrauch erworben wird.[1169]

6. Anwendungsfall: Automatisiertes Fahren

Für den **Anwendungsfall des automatisierten Fahrens** bedeutet dies, dass der Erwerber eines automatisierten Kfz Schäden, die durch die integrierte fehlerhafte Steuerungssoftware oder durch eingebaute fehlerhafte Sensoren – sei es direkt oder indirekt durch einen Unfall – an anderen Teilen des Fahrzeuges verursacht werden, nicht nach dem PHG geltend machen kann: Denn weder die Steuerungssoftware noch die Sensoren werden in diesem Fall nach der Verkehrsauffassung als selbständige Produkte erworben.

1164 OGH 8 Ob 536/93, *Wasserschlauch*, ecolex 1994, 384; ebenfalls auf die Selbständigkeit abstellend *Welser*, Lücken und Tücken des Produkthaftungsgesetzes, WBl 1988, 281 (282); ihm folgend *Kresbach*, Produkthaftung für „Weiterfresserschäden"? ecolex 1990, 469 (471); *Welser/Rabl*, PHG² (2004) § 1 Rz 27; *Rabl*, PHG (2017) § 1 Rz 186; vgl auch *Fitz/Grau* in *Fitz/Grau/Reindl*, PHG² (2004) § 3 Rz 29; dagegen zum dProdHaftG *Hinze*, Haftungsrisiken des automatisierten und autonomen Fahrens (2021)143 f.

1165 *Welser*, Lücken und Tücken des Produkthaftungsgesetzes, WBl 1988, 281 (282); *Welser/Rabl*, PHG² (2004) § 1 Rz 27; *Rabl*, PHG (2017) § 1 Rz 186.

1166 *Welser/Rabl*, PHG² (2004) § 1 Rz 27.

1167 OGH 8 Ob 536/93, *Wasserschlauch*, ecolex 1994, 384; *Kresbach*, Produkthaftung für „Weiterfresserschäden"? ecolex 1990, 469 (471); zust *Preslmayr*, Handbuch der Produkthaftung² (2002) 13 f.

1168 *Welser*, Lücken und Tücken des Produkthaftungsgesetzes, WBl 1988, 281 (282); zust *Preslmayr*, Handbuch der Produkthaftung² (2002) 14; *Welser/Rabl*, PHG² (2004) § 1 Rz 27; *Rabl*, PHG (2017) § 1 Rz 186.

1169 OGH 7 Ob 175/16k ecolex 2017, 507 = VbR 2017, 61; vgl zur Abgrenzung zwischen End- und Teilprodukt nach dProdHaftG *Spickhoff* in *Gsell ua* (Hrsg), Beck'scher Online-Großkommentar zum BGB § 4 ProdHaftG Rz 5 ff (Stand 1.5.2021, beck-online.beck.de).

Anders wäre der (praktisch wohl wenig bis gar nicht relevante)[1170] Fall zu beurteilen, dass der Erwerber eines Kfz die Steuerungssoftware separat von einem anderen Hersteller bezieht. Diesfalls wäre sie nach der Verkehrsauffassung als selbständiges Produkt erworben und würde daher ein vom Fahrzeug verschiedenes Endprodukt darstellen.

Von größerer praktischer Relevanz könnte der Fall sein, dass sich Käufer von Fahrzeugen nachträglich entscheiden, Sensoren und Steuerungssoftware vom selben Hersteller **nachzurüsten**. Wird einem bereits in Verkehr gebrachten Produkt nachträglich eine körperliche bewegliche Sache angefügt, ist nach *Welser* und *Rabl* danach zu unterscheiden, ob nach der **Verkehrsauffassung** ein neues Gesamtprodukt erzeugt wird.[1171] Zur verwandten Frage der Abgrenzung zwischen „Assembling“ und „Finishing“ bzw „Make-Ready-Service“ führte der OGH im Anschluss an *Fitz/Grau*[1172] aus, dass in die Verkehrsauffassung im Sinne einer **Gesamtbetrachtung** verschiedene Kriterien einfließen, wie etwa die **wirtschaftliche Wertveränderung** bei der Zusammenstellung, der Umfang der dadurch bewirkten Änderung des **Gebrauchszwecks** des Produktes oder seiner charakteristischen (insb **sicherheitsrelevanten**) **Eigenschaften** und ein über die Gestaltung der gelieferten Teile hinaus erforderliches **Konstruktions- und Fachwissen** für die Zusammenstellung.[1173] *Rabl* hält diese Kriterien auch im Zusammenhang mit der Abgrenzung zwischen Endhersteller und Teilhersteller bzw Händler bei Montage von Zusatzteilen und Umbauten für maßgebend.[1174]

Bei Beantwortung der Frage, ob beim Nachrüsten eines Kfz mit Systemen zur Fahrzeugautomatisierung ein neues Produkt entsteht, sollte mE der Automatisierungsgrad Berücksichtigung finden. **Fahrerassistenzsysteme** stellen ihrer Funktion nach eher Zusatzteile zum Kfz dar, weshalb nach der Verkehrs-

---

1170 Es ist davon auszugehen, dass Hersteller ihre Fahrzeuge bereits mit installierter Steuerungssoftware ausliefern und das nachträgliche Aufspielen von Steuerungssoftware aus anderer Quelle (soweit möglich) durch entsprechende Konstruktion und Warnungen unterbinden. Dies mag wettbewerbsrechtlich problematisch erscheinen, ist aber aus sicherheitstechnischer Perspektive im Bereich der Fahrzeugautomatisierung sinnvoll, da die Kompatibilität von Hardware und Software in diesem Bereich besonders komplex ist und Inkompatibilitäten folgenschwer sein können. Außerdem macht es auch aus Erwerbersicht wenig Sinn, ein zur Automatisierung geeignetes Auto nicht mit der passenden Software und den passenden Sensoren auszurüsten. Abseits davon stellt sich selbstverständlich auch das öffentlich-rechtliche Problem der Zulassung.

1171 *Welser/Rabl*, PHG² (2004) § 1 Rz 28, § 3 Rz 22; *Rabl*, PHG (2017) § 1 Rz 188.

1172 *Fitz/Grau* in *Fitz/Grau/Reindl*, Produkthaftung² (2004) § 3 Rz 10 f.

1173 RIS-Justiz RS0121636; OGH 8 Ob 136/06t ecolex 2007, 250 (zust *B. Huber*) = EvBl 2007/53 (krit *Leitner*); OGH 3 Ob 171/09g Zak 2010, 19 = PHi 2010, 55 = ecolex 2010, 246 = AnwBl 2010, 158 = RdW 2010, 82; vgl zum dProdHaftG *Spickhoff* in *Gsell ua* (Hrsg), Beck'scher Online-Großkommentar zum BGB § 4 ProdHaftG Rz 18 (Stand 1.5.2021, beck-online.beck.de).

1174 *Rabl*, PHG (2017) § 3 Rz 40. AA *Leitner* zu OGH 5 Ob 217/04d, ecolex 2005, 447 sowie zu OGH 8 Ob 136/06t, EvBl 2007/53, nach dem die Veränderung des Sicherheitsrisikos allein maßgeblich sei; wie dieser OLG Düsseldorf 22 U 208/99 NJW-RR 2001, 458.

auffassung wohl kein neues Produkt hergestellt wird.[1175] In diesem Fall sind die nach Inverkehrbringen angefügten Teile sowie das Kfz als zwei selbständige Endprodukte zu betrachten:[1176] Beschädigen die nachträglich eingebauten Teile das Kfz, liegt daher ein Schaden an einer vom Produkt verschiedenen Sache vor und die Problematik der Weiterfresserschäden stellt sich somit nicht.[1177] Dies gilt auch dann, wenn die fehlerhaften Sensoren oder die fehlerhafte Steuerungssoftware unfallbedingt Schäden am sonstigen Kfz verursachen. Im Fall der Nachrüstung von Fahrerassistenzsystemen hätte daher der Hersteller der nachträglich eingebauten fehlerhaften Teile für Schäden am übrigen Fahrzeug einzustehen.[1178]

Der Umbau eines konventionellen Fahrzeugs in ein **hoch- oder vollautomatisiertes Fahrzeug** könnte hingegen aufgrund der Komplexität und der Ganzheitlichkeit des Ansatzes nach der **Verkehrsauffassung** die Herstellung eines neuen Produkts darstellen. Dafür spricht auch, dass sich sowohl der **Gebrauchszweck** als auch die „**sicherheitsrelevanten Eigenschaften**" der ursprünglichen Sache durch den Umbau erheblich ändern.[1179] Dies ist im Einzelfall zu prüfen, wird jedoch bei der nachträglichen Hoch- oder Vollautomatisierung regelmäßig der Fall sein. Ergibt die Gesamtbetrachtung, dass eine neue Sache hergestellt wurde, ist der Montageunternehmer Hersteller der neuen Sache und der Hersteller des konventionellen Kfz wird zum Teilhersteller.[1180] Stammen die im Zuge des Umbaus hinzugefügten Teile nicht vom Montageunternehmer, sondern von einem anderen Unternehmer, ist dieser ebenfalls Teil-

---

1175 Vgl dazu die Beispiele des nachträglich eingebauten Autoradios oder der neu montierten Reifen bei *Welser/Rabl*, PHG^2 (2004) § 3 Rz 13 und *Rabl*, PHG (2017) § 3 Rz 36; vgl auch das Beispiel des im Zuge einer Reparatur in den PKW eingebauten Wasserschlauchs bei *Fitz/Grau* in *Fitz/Grau/Reindl*, PHG^2 (2004) § 1 Rz 23.

1176 Vgl dazu im Allgemeinen *Welser/Rabl*, PHG^2 (2004) § 1 Rz 28, § 3 Rz 22; *Rabl*, PHG (2017) § 1 Rz 189, § 3 Rz 37; vgl zum gewährleistungsrechtlichen Austausch OGH 9 Ob 20/00g, *Bordscheibe*, ZVR 2001, 127 = bbl 2001, 26. Im Verhältnis der gemeinsam nachgerüsteten „Teile" Steuerungssoftware und Sensoren untereinander wird hingegen nach der Verkehrsauffassung regelmäßig Unselbständigkeit bestehen.

1177 Vgl dazu im Allgemeinen *Welser/Rabl*, PHG^2 (2004) § 3 Rz 22; *Rabl*, PHG (2017) § 1 Rz 189, § 3 Rz 37.

1178 Vgl dazu im Allgemeinen *Welser/Rabl*, PHG^2 (2004) § 1 Rz 28. Der unternehmerisch tätige Monteur, der die Teile nachgerüstet, aber nicht hergestellt hat, haftet als Händler gem § 1 Abs 2 PHG, vgl *Welser/Rabl*, PHG^2 (2004) § 3 Rz 13; *Rabl*, PHG (2017) § 3 Rz 37.

1179 ME muss der Veränderung des Sicherheitsrisikos deshalb ein besonderes Gewicht gegeben werden, weil sich sonst eine dem telos der Produkthaftung widersprechende Rechtsschutzlücke ergeben könnte: Entsteht durch einen Umbau nach der Verkehrsauffassung zwar kein neues Produkt, ändern sich aber die sicherheitsrelevanten Eigenschaften des bearbeiteten Produkts in erheblicher Weise, würde der Monteur nicht als Endhersteller iSd PHG haften. Für die nach Inverkehrbringen eingetretenen Änderungen haftet aber auch nicht der Endhersteller der bearbeiteten Sache (vgl dazu *Welser/Rabl*, PHG^2 [2004] § 5 Rz 28). In Betracht käme lediglich eine Verschuldenshaftung des Bearbeiters.

1180 Vgl dazu im Allgemeinen *Welser/Rabl*, PHG^2 (2004) § 1 Rz 28; *Rabl*, PHG (2017) § 1 Rz 188, § 3 Rz 40.

hersteller nach PHG.[1181] Bei Beschädigung der ursprünglichen Teile des Kfz durch die nachgerüsteten Teile zur Vollautomatisierung liegt ein nicht ersatzfähiger Schaden vor, da dieser am Produkt selbst eingetreten ist.

Letztlich ist die Frage zu beantworten, wie mit **Software-Updates** umzugehen ist, die der Hersteller des erworbenen automatisierten Kfz zur Verbesserung bzw Aktualisierung der ursprünglichen Steuerungssoftware anbietet. Dabei stellt sich zunächst die Vorfrage der Produktqualifikation von idR mittels DFÜ übermittelten Software-Updates.[1182] Nach der hier vertretenen Ansicht sind Software-Updates für Steuerungssoftware, auch wenn sie über DFÜ in Verkehr gebracht werden, als Produkte iSd PH-RL anzusehen und durch unionsrechtlich gebotene Analogie den Regeln des PHG zu unterwerfen.

Weiters ist fraglich, ob durch das Software-Update ein neues Produkt hergestellt wird, was Konsequenzen für die Bestimmung der Haftpflichtigen und die Problematik der Weiterfresserschäden hat. Hierbei ist zu differenzieren: Ein Software-Update zur Schließung einer Sicherheitslücke („**Sicherheitsupdate**“) ist mit einer Reparatur oder Wartung zu vergleichen, da die „Funktionstauglichkeit eines schon bestehenden Produktes“ wiederhergestellt wird[1183]. Regelmäßig wird es sich dabei nicht um die Herstellung eines neuen Produkts handeln.[1184] Fraglich bleibt jedoch, ob es sich bei dem Software-Update um ein *selbständig* erworbenes Produkt und damit Endprodukt handelt. Dagegen scheint zunächst zu sprechen, dass ein Software-Update keineswegs selbständig ist, sondern das Vorhandensein der vorherigen Programmversion erfordert.[1185] Es wurde jedoch selbständig *erworben*, genauso wie ein Ersatzteil, das nur für einen ganz speziellen Fahrzeugtyp geeignet und daher für restliche Modelle unbrauchbar ist, selbständig erworben werden kann. Folglich entsteht durch das Sicherheitsupdate zwar kein neues Produkt, der Hersteller des Sicherheitsupdates haftet aber hierfür als Endhersteller. Lässt sich daher eine Schädigung des Kfz auf einen Fehler des Sicherheitsupdates zurückführen, haftet dessen Hersteller für die Schädigung am Fahrzeug, da voneinander verschiedene Endprodukte vorliegen.

Anders ist der Fall zu beurteilen, wenn durch ein Software-Update die **Funktionalität** des automatisierten Fahrzeuges **weitreichend ausgebaut** wird.[1186] *Harnoncourt* führt als treffendes Beispiel das Software-Update von

---

1181 *Welser/Rabl*, PHG² (2004) § 1 Rz 28; *Rabl*, PHG (2017) § 1 Rz 88.

1182 Vgl dazu Kap VI.B.8.

1183 Zu Reparatur und Wartung eines Produkts *Fitz/Grau* in *Fitz/Grau/Reindl*, Produkthaftung² (2004) § 3 Rz 12; vgl auch *Welser/Rabl*, PHG² (2004) § 3 Rz 15; *Rabl*, PHG (2017) § 3 Rz 50 ff.

1184 Ebenso *Windsteiger*, Autonomes Fahren (2018) 57.

1185 Davon zu unterscheiden sind das Überschreiben einer Vorversion durch eine vollständige aktuelle Programmversion.

1186 Vgl dazu *Harnoncourt*, Haftungsrechtliche Aspekte des autonomen Fahrens, ZVR 2016/228 (551); *Harnoncourt*, Haftungsrechtliche Aspekte des autonomen Fahrens, in *I. Eisenberger*

Tesla im Oktober 2015 an, durch das vorhandene Fahrerassistenzsysteme zu einem teilautomatisierten System verbunden wurden.[1187] Durch eine erhebliche Änderung der Funktionalität wird der Gebrauchszweck des Kfz in beträchtlicher Weise geändert und die sicherheitsrelevanten Eigenschaften wandeln sich, weshalb ein **neues Endprodukt** hergestellt wird. Hochproblematisch ist jedoch mE die Folgefrage, **wer als Hersteller des neuen Kfz** anzusehen ist bzw, mit anderen Worten, worin der Herstellungsvorgang besteht. Anders als bei einem physischen Umbau eines Kfz, installiert sich das Software-Update ja praktisch per Knopfdruck selbst. *Harnoncourt* qualifiziert im oben geschilderten Beispiel Tesla als Endhersteller.[1188] Wie aber lässt sich dies begründen und wie kann eine Unterscheidung zu einem Händler getroffen werden, der Software-Updates vertreibt? Diese Fragen müssen an dieser Stelle unbeantwortet bleiben und bieten Anhaltspunkte für weitere wissenschaftliche Vertiefungen. Klar ist, dass der Hersteller des Teilproduktes Software-Update als Teilhersteller haftet; das Gleiche gilt für den Anscheinshersteller des Software-Updates.[1189] Die Haftung des Teilherstellers greift aber nicht bei Schädigung des Kfz selbst, da keine vom Endprodukt „automatisiertes Fahrzeug" verschiedene Sache vorliegt.

7. Notwendigkeit eines Vorabentscheidungsverfahrens

Obgleich es in Österreich eine ständige Rspr des OGH gibt, wonach den Teilhersteller keine Ersatzpflicht für Weiterfresserschäden trifft, wurde dadurch keine abschließende Klärung dieser Rechtsfrage herbeigeführt. Dies liegt daran, dass das Auslegungsproblem ihren Ursprung in der unionsrechtlichen Vorgabe des Art 9 PH-RL hat und das Monopol zur Klärung von Auslegungsfragen unionsrechtlicher Bestimmungen dem EuGH zukommt.[1190] Da zur Frage der Ersatzfähigkeit von Weiterfresserschäden weder gesicherte Rspr des EuGH besteht noch die Anwendung des Unionsrechts derart offenkundig ist, dass für einen vernünftigen Zweifel keinerlei Raum bleibt,[1191] ist diese Frage dem

ua (Hrsg), Autonomes Fahren und Recht (2017) 109 (119 f); zust *Windsteiger*, Autonomes Fahren (2018) 57 f.

1187 *Harnoncourt*, Haftungsrechtliche Aspekte des autonomen Fahrens, ZVR 2016/228 (551); *Harnoncourt*, Haftungsrechtliche Aspekte des autonomen Fahrens, in *I. Eisenberger ua* (Hrsg), Autonomes Fahren und Recht (2017) 109 (119 f).

1188 *Harnoncourt*, Haftungsrechtliche Aspekte des autonomen Fahrens, ZVR 2016/228 (551); *Harnoncourt*, Haftungsrechtliche Aspekte des autonomen Fahrens, in *I. Eisenberger ua* (Hrsg), Autonomes Fahren und Recht (2017) 109 (119 f).

1189 Vgl auch *Harnoncourt*, Haftungsrechtliche Aspekte des autonomen Fahrens, ZVR 2016/228 (551); *Harnoncourt*, Haftungsrechtliche Aspekte des autonomen Fahrens, in *I. Eisenberger ua* (Hrsg), Autonomes Fahren und Recht (2017) 109 (119 f).

1190 Vgl Kap III.B.1.

1191 Vgl *Welser/Rabl*, PHG² (2004) § 1 Rz 25 und *Rabl*, PHG (2017) § 1 Rz 178, nach denen die EG-RL in der Frage der Ersatzpflicht des Teilherstellers für Weiterfresserschäden nicht eindeutig ist; zu den Kriterien der „gesicherten Rspr" des EuGH und der „Offenkundigkeit" vgl EuGH 6.10.1982, 283/81, *C.I.L.F.I.T./Ministero della Sanità* Rz 16, 21.

EuGH im Wege des **Vorabentscheidungsverfahrens** nach Art 267 AEUV vorzulegen.[1192] Dass dies bisher nicht geschehen ist, mag damit zusammenhängen, dass die Leitentscheidung des OGH[1193] zum Weinterfresserschaden aus 1994 stammt, als Österreich noch nicht Mitglied der EU war und daher der Weg zum EuGH mittels Vorabentscheidungsersuchen noch nicht offen stand.

H. Beweislast

1. Allgemeines

Im österreichischen Beweisrecht gilt der **allgemeine Grundsatz**, dass jede Verfahrenspartei die für sie günstigen Tatsachen zu beweisen hat. Aus der Systematik des PHG folgt daher, dass dem Geschädigten grundsätzlich der Beweis der haftungsbegründenden Umstände und dem Beklagten der Beweis etwaiger Haftungsausschlüsse obliegt.

Abweichend davon sieht **§ 7 PHG** hinsichtlich drei haftungsbegründender Umstände[1194] eine **Beweislastumkehr** zulasten des Beklagten vor:

„(1) Behauptet ein Hersteller oder ein Importeur, die Sache **nicht in den Verkehr gebracht** oder **nicht als Unternehmer gehandelt** zu haben, so obliegt ihm der Beweis.“

„(2) Behauptet ein in Anspruch Genommener, dass das Produkt den **Fehler**, der den Schaden verursacht hat, **noch nicht** hatte, **als er es in den Verkehr gebracht hat**, so hat er dies als unter Berücksichtigung der Umstände wahrscheinlich darzutun.“

Dem **Kläger** obliegt somit der Beweis des **Schadens**, des **Produktfehlers** und des **Kausalzusammenhangs** zwischen Produktfehler und Schaden.[1195] Dies entspricht der Vorgabe des Art 4 PH-RL, der ausdrücklich normiert, dass der Geschädigte den Schaden, den Fehler und den ursächlichen Zusammenhang zwischen Fehler und Schaden zu beweisen hat. Den **Beklagten** hingegen trifft die Beweislast für die Haftungsausschlüsse nach § 8 PHG.[1196] Bei Inanspruchnahme des Teilherstellers bzw Grundstoffproduzenten hat der Kläger die Fehlerhaftigkeit des zugelieferten Teilprodukts bzw Grundstoffs zu beweisen.[1197]

[1192] Ebenfalls die Notwendigkeit der Vorlage an den EuGH bejahend *Welser/Rabl*, PHG² (2004) § 1 Rz 25; *Rabl*, PHG (2017) § 1 Rz 178; *Eustacchio*, Produkthaftung (2002) 74, 79; *Windsteiger*, Autonomes Fahren (2018) 57; vgl auch *Posch/Terlitza* in *Schwimann/Kodek*, ABGB Praxiskommentar⁴ (2016) § 1 PHG Rz 11; die Vorlage befürwortend *Koziol/Apathy/Koch*, Haftpflichtrecht III³ (2014) B Rz 99.

[1193] OGH 8 Ob 536/93, *Wasserschlauch*, ecolex 1994, 384.

[1194] ErläutRV 272 BlgNR 27. GP 10.

[1195] ErläutRV 272 BlgNR 27. GP 11; *Fitz/Grau* in *Fitz/Grau/Reindl*, Produkthaftung² (2004) § 1 Rz 107, § 7 Rz 2; *Preslmayr*, Handbuch der Produkthaftung² (2002) 84; *Koziol/Apathy/Koch*, Haftpflichtrecht III³ (2014) B Rz 217; *Posch/Terlitza* in *Schwimann/Kodek*, ABGB Praxiskommentar⁴ (2016) § 7 PHG Rz 1.

[1196] *Welser/Rabl*, PHG² § 8 Rz 2; *Fitz/Grau* in *Fitz/Grau/Reindl*, Produkthaftung² (2004) § 1 Rz 108, § 7 Rz 3, § 8 Rz 3.

[1197] *Welser/Rabl*, PHG² § 7 Rz 3; *Rabl*, PHG (2017) § 7 Rz 13.

Das geforderte **Beweismaß** richtet sich nach den allgemeinen Regeln der ZPO[1198] (ausgenommen § 7 Abs 2 PHG): Erforderlich ist daher die hohe Wahrscheinlichkeit.[1199] Nach den Mat, Lehre und Rspr steht den Beweispflichtigen der **Anscheinsbeweis** (prima facie-Beweis) zur Verfügung,[1200] wonach anhand von allgemein gültigen Erfahrungssätzen im Sinne eines typischen Geschehensablaufes auf bestimmte tatbestandsrelevante Tatsachen geschlossen wird.[1201]

2. Die Beweislastumkehr nach § 7 Abs 1 PHG

Die Beweislast hinsichtlich der **Passivlegitimation des Beklagten** ist zwischen Geschädigtem und Hersteller (End-, Teil- oder Scheinhersteller gem § 3 PHG) bzw Importeur aufgeteilt: Aufgrund der Beweislastumkehr des § 7 Z 1 PHG hat nämlich der beklagte **Hersteller** oder **Importeur** zu beweisen, dass er das Produkt nicht in den Verkehr gebracht oder nicht als Unternehmer gehandelt hat. Dem Geschädigten obliegt daher nur der Beweis, dass der vermeintliche Hersteller das Produkt erzeugt, der vermeintliche Scheinhersteller sein Erkennungszeichen auf dem Produkt angebracht bzw der vermeintliche Importeur das Produkt zum Vertrieb in den EWR eingeführt hat. Das Inverkehrbringen und das Tätigwerden als Unternehmer muss der Kläger hingegen nicht beweisen. Anders stellt sich die Beweislastverteilung nach dem PHG bei Inanspruchnahme des **Händlers** dar: Da der Händler vom Wortlaut der Beweislastumkehr des § 7 Abs 1 PHG eindeutig nicht erfasst ist, muss der Kläger in diesem Fall auch beweisen, dass der Händler das Produkt als Unternehmer in den Verkehr gebracht hat.[1202] Diese Besserstellung des Händlers gegenüber Hersteller und Importeur nach PHG entspricht jedoch nicht den Vorgaben der PH-RL[1203] und ist daher als richtlinienwidrig zu betrachten.[1204]

1198 *Fitz/Grau* in *Fitz/Grau/Reindl*, PHG² (2004) § 7 Rz 4.

1199 *Fitz/Grau* in *Fitz/Grau/Reindl*, PHG² (2004) § 7 Rz 4; RIS-Justiz RS0110701.

1200 ErläutRV 272 BlgNR 17. GP 11; *Welser/Rabl*, PHG² § 7 Rz 15 f; *Rabl*, PHG (2017) § 7 Rz 41; *Fitz/Grau* in *Fitz/Grau/Reindl*, PHG² (2004) § 7 Rz 5; *Koziol/Apathy/Koch*, Haftpflichtrecht III³ (2014) B Rz FN 501; ua OGH 3 Ob 139/16m ZfG 2016, 129 = VbR 2017, 60 = RdM-LS 2017/88.

1201 Vgl RIS-Justiz RS0039895; RIS-Justiz RS0040266; vgl auch mit einem Beispiel aus dem Bereich der Verkehrsunfälle *Amlacher/Andréewitch*, Rechtliche Fragen des autonomen Fahrens – Haftung (Teil II), jusIT 2017, 209 (210, FN 59).

1202 Vgl zu vorstehendem Absatz ErläutRV 272 BlgNR 17. GP 10 f; *Preslmayr*, Handbuch der Produkthaftung² (2002) 85; *Welser/Rabl*, PHG² § 7 Rz 6 ff; vgl auch *Welser*, Das neue Produkthaftungsgesetz, WBl 1988, 165 (174), nach dem § 7 Abs 1 PHG nur für den Hersteller und den Importeur gilt; differenzierend *Fitz/Grau* in *Fitz/Grau/Reindl*, PHG² (2004) § 7 Rz 7 ff.

1203 *Welser/Rabl*, PHG² § 7 Rz 9 und *Rabl*, PHG (2017) § 7 Rz 27, die jedoch eine richtlinienkonforme analoge Anwendung des § 7 PHG entgegen dessen Wortlaut und die damit übereinstimmenden Mat für zulässig halten. ME scheitert hier jedoch eine analoge Anwendung am Fehlen einer planwidrigen Lücke, da Wortlaut und die historische Absicht des Gesetzgebers klar übereinstimmen; so im Ergebnis wohl auch *Koziol/Apathy/Koch*, Haftpflichtrecht III³ (2014) B Rz 219. AA *Fitz/Grau* in *Fitz/Grau/Reindl*, PHG² (2004) § 7 Rz 8 f.

3. Die Beweislastumkehr nach § 7 Abs 2 PHG

Weitere haftungsbegründende Voraussetzung ist neben Schaden, Produktfehler und Kausalität das Vorliegen der **Fehlerhaftigkeit im Zeitpunkt des Inverkehrbringens.** § 7 Abs 2 PHG befreit den Geschädigten von der Beweislast für dieses Tatbestandsmerkmal, indem er vorsieht, dass der Beklagte das Nichtvorliegen des Fehlers im Zeitpunkt des Inverkehrbringens als unter Berücksichtigung der Umstände wahrscheinlich darzutun hat. § 7 Abs 2 PHG normiert somit eine Beweislastumkehr, die durch eine Beweiserleichterung für den Beklagten abgeschwächt wird:

Der in Anspruch Genommene hat bloß **als wahrscheinlich darzutun**, dass das Produkt zur Zeit, zu der es in Verkehr gebracht worden war, noch nicht den schadenskausalen Fehler hatte.[1205] Nach der korrespondierenden Bestimmung des Art 7 lit b PH-RL haftet der Hersteller iSd PH-RL (Endhersteller, Teilhersteller, Scheinhersteller, Importeur) nicht, wenn er *beweist*, dass unter Berücksichtigung der Umstände *davon auszugehen ist*, dass der Fehler, der den Schaden verursacht hat, nicht vorlag, als das Produkt von ihm in den Verkehr gebracht wurde, oder dass dieser Fehler später entstanden ist. Unklar bleibt nach dem deutschen (aber zB auch französischen)[1206] Wortlaut der Richtlinie, welches Beweismaß damit gemeint sein soll. Die englische Fassung[1207] ist aufschlussreicher, da sie ausdrücklich das Wort „probable“ verwendet. Damit ähnelt sie auch der österreichischen Umsetzungsbestimmung.

Die hL und die Rspr gehen von dem Beweismaß der **überwiegenden Wahrscheinlichkeit** aus.[1208] Der OGH spricht von einem „**erleichterte[n] Beweis**“.[1209] Er sieht ihn insb dann als erbracht an, wenn das Produkt dem

---

[1204] Ebenso *Koziol/Apathy/Koch*, Haftpflichtrecht III[3] (2014) B Rz 219; aA *Fitz/Grau* in *Fitz/Grau/Reindl*, PHG[2] (2004) § 7 Rz 8 f.

[1205] RIS-Justiz RS0110463; OGH 6 Ob 157/98a, *Küchenofen*, ecolex 1998, 914.

[1206] „Le producteur n'est pas responsable en application de la présente directive s'il prouve [...] b) que, compte tenu des circonstances, il y a lieu d'estimer que le défaut ayant causé le dommage n'existati pas au moment où le produit a été mis en circulation par lui ou que ce défaut est né postérieurement [...].“

[1207] "The producer shall not be liable as a result of this Directive if he proves: [...] (b) that, having regard to the circumstances, it is probable that the defect which caused the damage did not exist at the time when the product was put into circulation by him or that this defect came into being afterwards [...]."

[1208] *Fitz/Grau* in *Fitz/Grau/Reindl*, PHG[2] (2004) § 7 Rz 14; *Welser/Rabl*, PHG[2] § 7 Rz 11; *Koziol/Apathy/Koch*, Haftpflichtrecht III[3] (2014) B Rz 220 mwN; *Rabl*, PHG (2017) § 7 Rz 33. OGH 8 Ob 91/13k, *Weintemperierschrank*, PHi 2014, 92 = EvBl-LS 2014/93 = VbR 2014, 137 = Zak 2014, 158 = JBl 2014, 460 = ZTR 2014, 96 = RdW 2014, 454 = ZVR 2015, 22 (*Kathrein*) = ecolex 2014, 695 = ZVR 2015, 75 (*Danzl*, tabellarische Übersicht) = Zak 2018, 388 (*Kolmasch*, Judikaturübersicht).

[1209] RIS-Justiz RS0110463; OGH 6 Ob 157/98a, *Küchenofen*, ecolex 1998, 914. *Kath* bezeichnet die Regelung des § 7 Abs 2 PHG treffend als „halbe Umkehr der Beweislast“, *Kath*, Auf dem Weg zum autonomen Fahren: haftungs- und versicherungsrechtliche Aspekte (2018) 26.

Stand der Technik entsprach und das technische Prüfzeichen einer für die Prüfung anerkannten Anstalt aufwies.[1210] Die normgerechte oder anderen technischen Standards entsprechende übliche Herstellungsart indiziere nämlich die Fehlerfreiheit des Produkts.[1211] Der Beweis dafür, dass trotz Einhaltung gesetzlicher und technischer Normen ein Fehler vorlag, obliege dem Geschädigten.[1212] In einer darauffolgenden Entscheidung stellte er dazu klar, dass bei behaupteten *Produktions*fehlern die Zertifizierung des Produkt*typs* bzw der Produkt*serie* nicht ausreiche, weil sie nur die dem Stand der Technik entsprechende Konstruktion des Produkts dokumentiere, über den Produktionsvorgang hingegen nichts aussage.[1213] Vielmehr müsste das konkrete Produkt von einem anerkannten Prüfinstitut geprüft worden sein (Ausgangskontrolle).[1214] Die Anforderungen an den „erleichterten Beweis" sind daher unterschiedlich, je nachdem um welche Art von Produktfehler es geht: Konstruktions-, Produktions- oder Instruktionsfehler. Nach hA sind darüber hinaus die Art des Produkts, die Intensität des Gebrauchs und die zwischen dem Zeitpunkt des Inverkehrbringens und des Schadenseintritts liegende Zeitspanne zu berücksichtigen.[1215]

4. Beweisprobleme beim automatisierten Fahren

Auf dem Gebiet des automatisierten Fahrens stellen sich besondere Beweisprobleme, die im Folgenden genauer beleuchtet werden sollen. Die im Rahmen der 17. Europäischen Verkehrsrechtstage 2016 geäußerte Empfehlung, von einer Produkthaftung der Hersteller automatisierter Fahrzeuge „wegen der vielen rechtlichen Probleme (vor allem der Notwendigkeit des Beweises des Fehlers des Produkts)" abzusehen,[1216] ist freilich verfehlt. Wegen Beweisproblemen eine Haftung entfallen zu lassen, widerspricht klar dem Ziel des Schadensausgleichs, das den primären Zweck des Haftungsrechts darstellt. Vielmehr ist über Beweiserleichterungen nachzudenken.

Eustacchio sieht in dem **Erfordernis des Nachweises des Fehlers** durch den Geschädigten eine „beweisrechtliche Hürde der Produkthaftung" im Ver-

---

1210 RIS-Justiz RS0110463; OGH 6 Ob 157/98a, *Küchenofen*, ecolex 1998, 914; krit *Grau*, Produktfehler (2002) FN 163.

1211 OGH 6 Ob 157/98a, *Küchenofen*, ecolex 1998, 914.

1212 OGH 6 Ob 157/98a, *Küchenofen*, ecolex 1998, 914. Gegen eine derartige nur durch einen Gegenbeweis zu widerlegende Vermutung *Grau*, Produktfehler (2002) 144.

1213 OGH 10 Ob 98/02p, *Kaffeemaschine*, ecolex 2003, 98 (*Rabl*); zust *Welser/Rabl*, PHG[2] § 7 Rz 12.

1214 OGH 10 Ob 98/02p, *Kaffeemaschine*, ecolex 2003, 98 (*Rabl*).

1215 *Preslmayr*, Handbuch der Produkthaftung[2] (2002) 87; *Welser/Rabl*, PHG[2] § 7 Rz 13 mwN; *Rabl*, PHG (2017) § 7 Rz 34; *Fitz/Grau* in *Fitz/Grau/Reindl*, PHG[2] (2004) § 7 Rz 20; vgl auch *Posch/Terlitza* in *Schwimann/Kodek*, ABGB Praxiskommentar[4] (2016) § 7 PHG Rz 7.

1216 So aber der Workshop zum Thema des autonomen Fahrens im Rahmen der 17. Europäischen Verkehrsrechtstage 2016 vgl *Reisinger*, 17. Europäische Verkehrsrechtstage 2016, ZVR 2017/6 (23).

gleich zur Haftung des Halters nach EKHG, da der Geschädigte die konkrete Fehlerhaftigkeit des Produktes nachweisen müsse.[1217] Dies sie bei technisch hoch komplexen Produkten wie automatisierten Fahrzeugen praktisch unmöglich, da der Geschädigte in der Regel nicht über das erforderliche Fachwissen verfüge.[1218] In diesem Zusammenhang ist jedoch mE die Rspr des OGH und Lehransicht zu befürworten, wonach der Kläger nicht den Beweis führen muss, welcher Bestandteil konkret defekt wurde.[1219] So hielt der OGH den Nachweis eines technischen Defekts eines Weintemperierschranks als Brandursache zutreffend für ausreichend; worin der genaue technische Defekt lag, sein Ort und seine Ursache, musste der Kläger hingegen nicht beweisen.[1220] Diese Ansicht ist mE auch mit den Vorgaben und Zielen der PH-RL vereinbar, nach denen der Geschädigte zwar beweisen muss, dass das Produkt einen Fehler aufwies, aber nicht, worin der Fehler genau bestand.[1221] Im Bereich automatisierter Kfz muss der Geschädigte daher nicht den konkreten Fehler im Code der Steuerungssoftware aufzeigen.[1222]

Nach den Mat, Lehre und Rspr steht den Beweispflichtigen außerdem der **Anscheinsbeweis** (prima facie-Beweis) zur Verfügung,[1223] der bei Beweis bestimmter Tatsachen auf der Grundlage von allgemein gültigen Erfahrungssätzen den Schluss auf einen Fehler des Produkts erlaubt.[1224] Zu betonen ist jedoch der richtige Hinweis von *Eustacchio*, dass nicht a priori bei jedem Unfall mit einem automatisierten Fahrzeug auf dessen Fehlerhaftigkeit geschlossen werden darf, da dies eine Kausalhaftung des Herstellers begründen würde.[1225]

Bei Überlegungen über Beweiserleichterungen im Rahmen der Produkthaftung ist zu beachten, dass sich diese im Rahmen des unionsrechtlich Zulässigen bewegen müssen. Denn die Verteilung der Beweislast zwischen potentiell Haftpflichtigem und Geschädigtem ist unionsrechtlich durch die PH-RL vorgegeben. Da es sich bei der PH-RL um eine vollharmonisierende Recht-

---

1217 *Eustacchio*, Automatisiert zum Recht, ZVR 2017/253 (511); vgl dazu auch *Kath*, Auf dem Weg zum autonomen Fahren: haftungs- und versicherungsrechtliche Aspekte (2018) 26.

1218 *Eustacchio*, Automatisiert zum Recht, ZVR 2017/253 (511).

1219 RIS-Justiz RS0117103; OGH 10 Ob 98/02p, *Kaffeemaschine*, ecolex 2003, 98 (*Rabl*); *Rabl*, PHG (2017) § 7 Rz 11; *Koziol/Apathy/Koch*, Haftpflichtrecht III³ (2014) B Rz 217.

1220 OGH 8 Ob 91/13k, *Weintemperierschrank*, PHi 2014, 92 = EvB -LS 2014/93 = VbR 2014, 137 = Zak 2014, 158 = JBl 2014, 460 = ZTR 2014, 96 = RdW 2014, 454 = ZVR 2015, 22 (*Kathrein*) = ecolex 2014, 695 = ZVR 2015, 75 (*Danzl*, tabellarische Übersicht) = Zak 2018, 388 (*Kolmasch*, Judikaturübersicht); ebenso im Allgemeinen *Rabl*, PHG (2017) § 7 Rz 11.

1221 AA wohl *Eustacchio*, Automatisiert zum Recht, ZVR 2017/253 (511).

1222 *Hinze*, Haftungsrisiken des automatisierten und autonomen Fahrens (2021) 150.

1223 ErläutRV 272 BlgNR 17. GP 11; *Welser/Rabl*, PHG² § 7 Rz 15 f; *Rabl*, PHG (2017) § 7 Rz 41; *Fitz/Grau* in *Fitz/Grau/Reindl*, PHG² (2004) § 7 Rz 5; *Koziol/Apathy/Koch*, Haftpflichtrecht III³ (2014) B Rz FN 501; ua OGH 3 Ob 139/16m ZfG 2016, 129 = VbR 2017, 60 = RdM-LS 2017/88.

1224 Vgl RIS-Justiz RS0039895; RIS-Justiz RS0040266.

1225 *Eustacchio*, Automatisiert zum Recht, ZVR 2017/253 (511).

linie handelt,[1226] ist jede nationalstaatliche Änderung (auch zugunsten des Verbrauchers) eine Verletzung von Unionsrecht.[1227] Von der Beweislastverteilung sind jedoch die Modalitäten der Beweiserhebung, die vor dem zuständigen nationalen Gericht zulässigen Beweismittel, die Grundsätze für die Würdigung der Beweiskraft der vorgelegten Beweismittel durch dieses Gericht sowie das erforderliche Beweismaß zu unterscheiden. Diese Aspekte sind nach der Rspr des EuGH grundsätzlich durch die Mitgliedstaaten festzulegen.[1228] Die nationalen Modalitäten der Beweiserhebung und Beweiswürdigung dürfen jedoch weder geeignet sein, die in Art 4 PH-RL vorgesehene Beweislastverteilung noch die Wirksamkeit der von der PH-RL vorgesehenen Haftungsregelung oder die vom Unionsgesetzgeber mit ihr verfolgten Ziele zu beeinträchtigen.[1229] Es sollte daher mE vorrangig über **Verbesserungen der Beweislage** („indirekte Beweiserleichterungen") nachgedacht werden, um **Beweissicherheit** für Hersteller- und Geschädigtenseite herzustellen.

Templ schlägt vor, den Einbau eines **Unfalldatenspeichers (Blackbox, Event Data Recorder)** in automatisierte Fahrzeuge gesetzlich vorzusehen, um Geschädigten die Beweisführung zu erleichtern.[1230] Der Einbau einer Blackbox entspricht auch dem auf EU-Ebene im Bereich der Robotik geforderten Grundsatz der **Transparenz**, nach dem jede mithilfe einer künstlichen Intelligenz getroffene Entscheidung einschließlich der sie begründenden logischen Abfolgen gespeichert und somit nachvollziehbar sein muss.[1231] **Datenschutzrechtlich** sind besonders die Details der Unfalldatenspeicherung relevant.[1232] Hier stellt sich zB aufgrund des Grundsatzes der **Datenminimierung** gem Art 5 Abs 1 lit c Datenschutz-Grundverordnung[1233] die Frage, **welche Arten von Daten** aufgezeichnet werden sollen. So ist es denkbar, nur das Datum zu speichern, ob die Steuerung unmittelbar vor dem Unfall durch Mensch oder Ma-

1226 Vgl dazu Kap VI.A.3.

1227 *Eustacchio*, Automatisiert zum Recht, ZVR 2017/253 (511).

1228 EuGH 21.6.2017, C-621/15, *N. W. ua/Sanofi Pasteur MSD SNC ua* Rz 25; vgl dazu *Spickhoff* in *Gsell ua* (Hrsg), Beck'scher Online-Großkommentar zum BGB § 15 ProdHaftG Rz 3 (Stand 1.5.2021, beck-online.beck.de).

1229 EuGH 21.6.2017, C-621/15, *N. W. ua/Sanofi Pasteur MSD SNC ua* Rz 27.

1230 *Templ*, Über die „Haftungsfrage" von selbsttätig am Straßenverkehr teilnehmenden Kfz, ZVR 2016/7 (13). Zum deutschen Recht allgemein für autonome Systeme *Horner/Kaulartz*, Haftung 4.0, CR 2016, 7 (10).

1231 *Europäisches Parlament*, Entschließung vom 16. Februar 2017 mit Empfehlungen an die Kommission zu zivilrechtlichen Regelungen im Bereich Robotik, 2015/2103(INL), Rz 12; vgl auch *Hochrangige Expertengruppe für künstliche Intelligenz*, Ethik-Leitlinien für eine vertrauenswürdige KI (2019).

1232 Vgl dazu *Kunnert*, „Autonomes Fahren" aus datenschutzrechtlicher Sicht, in *I. Eisenberger ua* (Hrsg), Autonomes Fahren und Recht (2017) 169 (194 f, 201 f).

1233 Verordnung (EU) 2016/679 des Europäischen Parlaments und des Rates vom 27. April 2016 zum Schutz natürlicher Personen bei der Verarbeitung personenbezogener Daten, zum freien Datenverkehr und zur Aufhebung der Richtlinie 95/46/EG (Datenschutz-Grundverordnung) Abl L 2016/119, 1.

schine ausgeführt wurde.[1234] Die Beweislage erheblich verbessern würde freilich die Speicherung der konkreten Steuerungsentscheidungen des automatisierten Systems im Vorfeld des Unfalls.[1235] Im Sinne des Grundsatzes der **Zweckbindung** (Art 5 Abs 1 lit b Datenschutz-Grundverordnung) dürfen die gespeicherten Unfalldaten nur für Beweiszwecke verwendet werden. Weiters dürfen die Daten nur so lange gespeichert werden, wie es für Beweiszwecke erforderlich ist (Grundsatz der **Speicherbegrenzung** gem Art 5 Abs 1 lit e Datenschutz-Grundverordnung).[1236] Von besonderer datenschutzrechtlicher Bedeutung ist außerdem die Regelung, **wer** auf die Daten der Blackbox **zugreifen darf**.[1237]

In **Österreich** sind gem § 5 AutomatFahrV **Testfahrzeuge** mit einem Unfalldatenspeicher auszurüsten.[1238] Mit dem Unfalldatenspeicher, der während der Testfahrt zu verwenden ist, dürfen lediglich Daten **aus den elektronischen Steuergeräten** des Testfahrzeuges aufgezeichnet werden. Die gespeicherten Daten dürfen ausschließlich für Testzwecke und der Rekonstruktion von kritischen Situationen oder Unfällen verwendet werden. Im Zusammenhang mit Unfällen sind die unfallbezogenen Daten für den Zeitraum von 30 Sekunden vor und nach dem Unfall auf Verlangen den Ermittlungsbehörden und dem Bundesminister für Verkehr, Innovation und Technologie zur Verfügung zu stellen. Zur Aufzeichnung von **Videodaten** ist eine **Bewilligung der Datenschutzbehörde** im Sinne des § 7 Abs 3 DSG erforderlich. Werden Assistenzsysteme oder automatisierte oder vernetzte Fahrsysteme gem § 1 Abs 1 Z 1 AutomatFahrV im **Regelbetrieb** verwendet, müssen sie keinen Unfalldatenspeicher aufweisen. Ein solcher kann aber **freiwillig** eingebaut werden[1239] (als

[1234] Vgl *Kunnert*, „Autonomes Fahren" aus datenschutzrechtlicher Sicht, in *I. Eisenberger ua* (Hrsg), Autonomes Fahren und Recht (2017) 169 (180 f, 195); der die „bloße […] Protokollierung des Betriebsmodus' für unbedenklich hält; vgl dazu zum deutschen Recht *Gasser*, Grundlagen und spezielle Rechtsfragen für autonome Fahrzeuge, in *Maurer ua* (Hrsg), Autonomes Fahren (2015) 543 (569).

[1235] *Kunnert*, „Autonomes Fahren" aus datenschutzrechtlicher Sicht, in *I. Eisenberger ua* (Hrsg), Autonomes Fahren und Recht (2017) 169 (181). Vgl dazu aus der deutschen Literatur *Cacilo ua*, in *Frauenhofer-Institut für Arbeitswirtschaft und Organisation IAO* (Hrsg), Hochautomatisiertes Fahren auf Autobahnen – Industriepolitische Schlussfolgerungen (2015) 147 f, 156 ff; *Hartmann*, Aktueller Überblick über Rechtsfragen des automatisierten und autonomen Fahrens, PHi 2016, 114 (122); *Lutz*, Autonome Fahrzeuge als rechtliche Herausforderung, NJW 2015, 119 (120) mwN.

[1236] Zur Relevanz der Speicherdauer für die Evaluierung des datenschutzrechtlichen Risikos vgl *Kunnert*, „Autonomes Fahren" aus datenschutzrechtlicher Sicht, in *I. Eisenberger ua* (Hrsg), Autonomes Fahren und Recht (2017) 169 (195).

[1237] *Kunnert*, „Autonomes Fahren" aus datenschutzrechtlicher Sicht, in *I. Eisenberger ua* (Hrsg), Autonomes Fahren und Recht (2017) 169 (194 f); vgl auch *Riccabona-Zecha*, Fahrerassistenzsysteme, Unfalldatenspeicher & eCall, ZVR 2015/56 (118).

[1238] Dazu mit verfassungsrechtlichen Bedenken *Lachmayer*, Verkehrsrecht: Rechtsstaatliche Defizite der Regelungen zu Testfahrten, in *I. Eisenberger ua* (Hrsg), Autonomes Fahren und Recht (2017) 147 (164).

[1239] *Riccabona-Zecha*, Fahrerassistenzsysteme, Unfalldatenspeicher & eCall, ZVR 2015/56 (119).

Teil der Erstausstattung oder nachträglich).[1240] Da die AutomatFahrV nur Regelungen für die verpflichtende Verwendung eines Unfalldatenspeichers in Testfahrzeugen vorsieht, bleiben wichtige Detailfragen der freiwilligen Nutzung von Unfalldatenspeichern außerhalb von Testzwecken in einem rechtlichen Graubereich. Von besonderer Bedeutung ist etwa die Regelung der Zugriffsbefugnis und der Verwertung der gespeicherten Daten in Zivil- und Strafverfahren.[1241] Hier sollte der Gesetzgeber nachziehen, um **Rechtssicherheit** zu schaffen. Schließlich sollte der Nutzer darüber im Klaren sein, ob ihm die gespeicherten Daten bei dokumentiertem eigenem Fehlverhalten in Haftungsprozessen zum Nachteil gereichen können.

In **Deutschland** wurden durch das Achte Gesetz zur Änderung des Straßenverkehrsgesetzes[1242] mit §§ 63a, und 63b dStVG neue Sonderregelungen zur Datenverarbeitung bei Kraftfahrzeugen mit hoch- oder vollautomatisierter Fahrfunktion eingeführt,[1243] die – anders als in Österreich – nicht auf den Testbetrieb beschränkt sind. Gem § 63a dStVG speichern Kraftfahrzeuge mit hoch- oder vollautomatisierter Fahrfunktion die Positions- und Zeitangaben, wenn ein **Wechsel der Fahrzeugsteuerung** zwischen Fahrzeugführer und dem hoch- oder vollautomatisierten System erfolgt, wenn der Fahrzeugführer durch das System **aufgefordert** wird, die Fahrzeugsteuerung zu übernehmen oder wenn eine **technische Störung** des Systems auftritt.[1244] Im Rahmen des 56. Deutschen Verkehrsgerichtstags empfahl der Arbeitskreis II zum Thema des Automatisierten Fahrens, in Österreich bei Zulassung automatisierter Fahrfunktionen eine entsprechende Regelung einzuführen.[1245] Derzeit ist nach österreichischer Rechtslage nur teilautomatisiertes Fahren erlaubt, da der Lenker das Fahrgeschehen und die Verkehrsumgebung **ständig beobachten muss**. Nebentätigkeiten (zB Zeitunglesen, Spiele am Handy etc) sind verboten.[1246] Sollte der österreichische Gesetzgeber die Abwendung von der Fahraufgabe und Zuwendung zu Nebentätigkeiten erlauben, wäre auch aus meiner Sicht die verpflichtende Verwendung eines Unfalldatenspeichers im Regelbetrieb zu erwägen.

1240 *Winkelbauer/Erenli*, Unfalldatenspeicher – Fragen rund um den verbreiteten Einsatz in Österreich, ZVR 2010/168 (347).

1241 Vgl zu diesen Fragen mit Überlegungen de lege lata und de lege ferenda *Riccabona-Zecha*, Fahrerassistenzsysteme, Unfalldatenspeicher & eCall, ZVR 2015/56; *Winkelbauer/Erenli*, Unfalldatenspeicher – Fragen rund um den verbreiteten Einsatz in Österreich, ZVR 2010/168.

1242 Achtes Gesetz zur Änderung des Straßenverkehrsgesetzes dBGBl I 2017/38, 1648.

1243 Vgl dazu Kap I.B.3.

1244 Darüber hinaus empfahl der Arbeitskreis II zum Thema des Automatisierten Fahrens im Rahmen des 57. Deutschen Verkehrsgerichtstags die Speicherung von Unfall- und Ereignisdaten im Fahrzeug, vgl *Hoffer/Ch. Huber/Watzlawik*, Der 57. Deutsche Verkehrsgerichtstag, ZVR 2019/72 (165).

1245 Vgl *Hoffer/Ch. Huber*, Der 56. Deutsche Verkehrsgerichtstag, ZVR 2018/101 (187).

1246 Vgl dazu Kap I.B.2.

Unfalldatenspeicher müssen zur Auswertung durch hierfür eigens ausgebildete **Sachverständige** ausgelesen werden.[1247] *Templ* geht daher davon aus, dass sich eine „neue Art von Sachverständige[n] herausbilden wird", sobald automatisierte Fahrzeuge auf dem Markt Fuß gefasst haben.[1248]

Im Vergleich zu Unfalldatenspeichern sind **Dashcams** (Kameras, die im Inneren eines Fahrzeuges angebracht sind und das Verkehrsgeschehen aufnehmen)[1249] wenig dazu geeignet, festzustellen, ob der menschliche Lenker oder das Automatisierungssystem die Steuerung ausgeführt hat, da sie nur Videodaten vom äußeren Verkehrsgeschehen aufzeichnen. Die Bilddaten lassen keine Rückschlüsse auf die Verarbeitungsprozesse des automatisierten Systems zu, die zur konkreten Steuerung geführt haben. Genau dies ist aber hilfreich, um Fehler des Systems im Produkthaftungsprozess leichter beweisen zu können. Hinzu kommt, dass die Aufzeichnung von Videodaten aus dem öffentlichen Raum datenschutzrechtlich problematischer ist als das Erfassen fahrzeuginterner Verarbeitungsprozesse des Automatisierungssystems und der daraus resultierenden Steuerung.[1250] Der VwGH sprach im Jahr 2016 zur alten österreichischen Rechtslage nach dem DSG 2000 aus, dass die Verwendung einer Dashcam **datenschutzrechtlich** im Einzelfall zulässig sein kann, wenn die konkrete Ausgestaltung der Videoüberwachung der gebotenen **Verhältnismäßigkeitsprüfung** standhält.[1251] Kann die dauerhafte Speicherung von Bilddaten ua durch das Auslösen eines sogenannten „SOS-Button" erfolgen, wobei dieser jederzeit (ohne Einschränkungen) betätigt werden kann, so ist das Überwachungssystem nach Ansicht des VwGH nicht als gelindestes Mittel anzusehen und daher als unverhältnismäßig zu beurteilen.[1252] Von der datenschutzrechtlichen Zulässigkeitsfrage der Verwendung von Dashcams ist die **Verwertbarkeit** der aufgezeichneten Bild-Daten **im Zivilprozess** zu unterscheiden. Im Mai 2018 hat der dBGH entschieden, dass die permanente und anlasslose

[1247] *Riccabona-Zecha*, Fahrerassistenzsysteme, Unfalldatenspeicher & eCall, ZVR 2015/56 (119).

[1248] *Templ*, Über die „Haftungsfrage" von selbsttätig am Straßenverkehr teilnehmenden Kfz, ZVR 2016/7 (11); vgl *Amlacher/Andréewitch*, Rechtliche Fragen des autonomen Fahrens – Haftung (Teil II), jusIT 2017, 209 (210); vgl auch *G. Eisenberger*, Die wirtschaftlichen Folgen autonomer Fahrzeuge aus anwaltlicher Sicht, in *I. Eisenberger ua* (Hrsg), Autonomes Fahren und Recht (2017) 15 (17), der eine „qualifizierte Ausbildung" von Sachverständigen zur Begutachtung von Unfällen mit automatisierten Fahrzeugen für erforderlich hält.

[1249] Vgl zB *Trieb*, Crash-Cam im Auto, Dako 2015, 90 (90).

[1250] Zur datenschutzrechtlichen Zulässigkeit gibt es in Österreich nationale Sonderbestimmungen, die sich in §§ 12 f DSG finden.

[1251] VwGH Ro 2015/04/0011 VwSlg 19440 A/2016 = jusIT 2016, 255 (*Thiele/Jahnel*) = ZIIR 2017, 22 (*Thiele*) = MR 2016, 261 (*Wittmann*). Hervorgehoben wird in der Literatur unter dem Schlagwort „pivacy by design" die Bedeutung einer der geforderten Interessenabwägung gerecht werdende technische Ausgestaltung der Dashcam, vgl *Thiele*, Videoüberwachung aus Fahrzeugen – Datenschutzrechtliches zu Dashcams, Jahrbuch Datenschutzrecht 2014, 235 (248 f) und *Knyrim/Trieb*, Dashboard-Cam – zulässig zur Beweissicherung bei Verkehrsunfällen? ZVR 2015/55 (116).

[1252] VwGH Ro 2015/04/0011 VwSlg 19440 A/2016 = jusIT 2016, 255 (*Thiele/Jahnel*) = ZIIR 2017, 22 (*Thiele*) = MR 2016, 261 (*Wittmann*).

Aufzeichnung des Verkehrsgeschehens zwar datenschutzrechtlich rechtswidrig ist, die Verwertung von Dashcam-Aufzeichnungen, die ein Unfallbeteiligter vom Unfallgeschehen gefertigt hat, als Beweismittel im Unfallhaftpflichtprozess jedoch (wie im vorliegenden Fall) nach einer Interessenabwägung im Einzelfall dennoch zulässig sein kann.[1253] Wie genau eine Dashcam ausgestaltet sein muss, um datenschutzrechtlich zulässig zu sein und somit nicht die Gefahr einer Verwaltungsstrafe mit sich zu bringen,[1254] bleibt jedoch unklar. Außerdem gehen die gesetzlichen Regelungen und Judikatur zu Dashcams innerhalb der EU auseinander, weshalb eine unionsrechtliche Vereinheitlichung zu Erzielung einer unionsweiten datenschutz- und beweisrechtlichen Rechtssicherheit wünschenswert erscheint.[1255]

In Hinblick auf die Beweislastumkehr in § 7 Abs 2 PHG, wonach der Hersteller das Nichtvorliegen des Fehlers im Zeitpunkt des Inverkehrbringens als unter Berücksichtigung der Umstände wahrscheinlich darzutun hat, empfiehlt sich für den Hersteller die sorgfältige Archivierung der „Masterdateien" der ursprünglichen sowie aller durch Updates veränderten Programmversionen.[1256] Ergibt sich, dass die ausgelieferte Version die schadensverursachende Sicherheitslücke noch nicht enthielt, kann nach den Umständen davon ausgegangen werden, dass der Hersteller das Computerprogramm ohne diesen Fehler in Verkehr gebracht hat. Ein produkthaftungsrechtlich relevanter Fehler kann sich jedoch aus dem Umstand ergeben, dass eine nachträgliche sicherheitsrelevante Veränderung der Software überhaupt möglich war.

I. Verjährung und Erlöschen

1. Schadenersatzansprüche nach PHG

Gem **Art 10 PH-RL** sehen die Mitgliedstaaten in ihren Rechtsvorschriften vor, dass der aufgrund dieser Richtlinie vorgesehene Ersatzanspruch nach Ablauf einer Frist von **drei Jahren** ab dem Tage **verjährt**, an dem der Kläger von dem Schaden, dem Fehler und der Identität des Herstellers (iSd PH-RL) **Kenntnis** erlangt hat oder hätte erlangen müssen. Die Mitgliedstaaten haben gem **Art 11 PH-RL** weiters vorzusehen, dass die dem Geschädigten aus dieser Richtlinie erwachsenden Ansprüche nach Ablauf einer Frist von **zehn Jahren** ab dem Zeitpunkt **erlöschen**, zu dem der Hersteller (iSd PH-RL) das Produkt, welches den Schaden verursacht hat, **in den Verkehr gebracht** hat, es

1253 BGH VI ZR 233/17 ZVR 2018/227 (zust *Huber*) = jusIT 2018, 186 (*S. Meyer*) = ZIIR 2019, 70; vgl dazu auch BG Hietzing 26.6.2013, 5 C 361/12d.

1254 Zu diesem Problem *Knyrim/Trieb*, Dashcams und Crashcams – Zivilprozess gewonnen, Verwaltungsstrafe bekommen? ZVR 2015/236 (449).

1255 So schon der Workshop zum Thema Dashboard-Cams im Rahmen der 18. Europäischen Verkehrsrechtstage, vgl *Hoffer*, 18. Europäische Verkehrsrechtstage, ZVR 2018/58 (123 f).

1256 *Taeger*, Außervertragliche Haftung für fehlerhafte Computerprogramme (1995) 303 f.

sei denn, der Geschädigte hat in der Zwischenzeit ein gerichtliches Verfahren gegen den Hersteller eingeleitet.[1257]

Die Umsetzungsbestimmung des **§ 13 PHG** lautet „Sofern nach diesem Bundesgesetz bestehende Ersatzansprüche nicht früher verjähren, erlöschen sie zehn Jahre nach dem Zeitpunkt, zu dem der Ersatzpflichtige das Produkt in den Verkehr gebracht hat, es sei denn, der Geschädigte hat seinen Anspruch inzwischen gerichtlich geltend gemacht.“ Bezüglich der **Verjährung** verweist § 13 iVm § 14 PHG auf die Regelungen des ABGB. Der für Schadenersatzansprüche einschlägige **§ 1489 ABGB**[1258] normiert, dass jede Entschädigungsklage innerhalb von drei Jahren ab Kenntnis von Schaden und Schädiger verjährt. Diese Bestimmung ist im Zusammenhang mit der Produkthaftung **richtlinienkonform**, insb im Lichte des Art 10 PH-RL, **zu interpretieren**.[1259] Daher kann die dazu ergangene österreichische Rspr nicht ohne weitere Prüfung in den Bereich der Produkthaftung übernommen werden:[1260] Vielmehr ist auch die Kenntnis des Fehlers für den Beginn der Verjährungsfrist erforderlich. Des Weiterein reicht leicht fahrlässige Unkenntnis für den Fristbeginn aus.[1261]

Ersatzansprüche nach dem PHG **erlöschen** spätestens innerhalb von zehn Jahren ab dem Zeitpunkt, zu dem der jeweilige Ersatzpflichtige[1262] das konkrete schadensverursachende Produkt in Verkehr gebracht hat.[1263] Das Erlöschen wird durch die gerichtliche Geltendmachung verhindert.[1264] Es handelt sich hierbei um eine **Präklusivfrist (Ausschlussfrist)**, deren Ablauf – anders als bei der dreijährigen Verjährungsfrist – nicht eingewendet werden muss, sondern von Amts wegen wahrzunehmen ist.[1265] Nach den ErläutRV kann die

---

1257 Für eine Verdoppelung dieser Frist *Hinze*, Haftungsrisiken des automatisierten und autonomen Fahrens (2021) 213.

1258 *Welser*, Lücken und Tücken des Produkthaftungsgesetzes, WBl 1988, 281 (286); *Preslmayr*, Handbuch der Produkthaftung² (2002) 95; *Reindl* in *Fitz/Grau/Reindl*, PHG² (2004) § 13 Rz 4; *Welser/Rabl*, PHG² (2004) § 13 Rz 4, 6; *Posch/Terlitza* in *Schwimann/Kodek*, ABGB Praxiskommentar⁴ (2016) § 13 PHG Rz 2; *Rabl*, PHG (2017) § 13 Rz 12.

1259 Ebenso *Rabl*, PHG (2017) § 13 Rz 13.

1260 Vgl auch *Rabl*, PHG (2017) § 13 Rz 13; aA offenbar *Preslmayr* Handbuch der Produkthaftung² (2002) 95 f; aA offenbar auch *Reindl* in *Fitz/Grau/Reindl*, PHG² (2004) § 13 Rz 4; an der Richtlinienkonformität zweifelnd *Welser/Rabl*, PHG² (2004) § 13 Rz 6; die Richtlinienkonformität bejahend *Koziol/Apathy/Koch*, Haftpflichtrecht III³ (2014) B Rz 251. Etwas anderes gilt freilich für den Bereich der Hemmung und Unterbrechung, deren Regelung nach Art 10 Abs 2 PH-RL ausdrücklich den Mitgliedstaaten überlassen wird.

1261 Ebenso *Rabl*, PHG (2017) § 13 Rz 13; aA *Preslmayr*, Handbuch der Produkthaftung² (2002) FN 360.

1262 *Welser/Rabl*, PHG² (2004) § 13 Rz 7; *Posch/Terlitza* in *Schwimann/Kodek*, ABGB Praxiskommentar⁴ (2016) § 13 PHG Rz 4; *Rabl*, PHG (2017) § 13 Rz 16; ErläutRV 272 BlgNR 17. GP 13; aA hinsichtlich des Händlers *Preslmayr*, Handbuch der Produkthaftung² (2002) 98.

1263 Zum Begriff des Inverkehrbringens iSd Art 11 PH-RL bzw § 6 iVm § 13 PHG vgl Kap VI.D.

1264 ErläutRV 648 BlgNR 23. GP 5.

1265 *Preslmayr*, Handbuch der Produkthaftung² (2002) 94 f; *Welser/Rabl*, PHG² (2004) § 13 Rz 8; *Rabl*, PHG (2017) § 13 Rz 11, 21.

Frist mangels Anwendbarkeit des § 1502 ABGB auf Präklusivfristen durch Parteienvereinbarung (zB konkludent durch ein Anerkenntnis) verlängert werden.[1266] Fraglich ist, ob die Verlängerbarkeit der Zehnjahresfrist im Rahmen der Privatautonomie dem telos der PH-RL entspricht.[1267]

Nach Ablauf der zehnjährigen Präklusivfrist des § 13 PHG scheiden Ersatzansprüche aus dem Titel der verschuldensunabhängigen Produkthaftung aus. Von besonderer Relevanz ist ab diesem Zeitpunkt – neben etwaigen verschuldensabhängigen Ansprüchen gegen den Hersteller aus Vertrag mit Schutzwirkungen zugunsten Dritter oder gegen den Lenker des Kfz ex delicto – die **verschuldensunabhängige Halterhaftung nach EKHG**. Denn die im EKHG festgesetzten Ersatzansprüche verjähren gem § 17 leg cit in drei Jahren von dem Zeitpunkt an, in dem der Ersatzberechtigte von dem Schaden und von der Person des Ersatzpflichtigen Kenntnis erlangt, ohne Rücksicht auf diese Kenntnis jedoch erst **in 30 Jahren vom Unfall** an.

2. Regressansprüche

Fraglich ist in diesem Zusammenhang, welchen Verjährungs- bzw Präklusivfristen **Regressansprüche** des Halters gegenüber dem Hersteller unterliegen. Die PH-RL gibt zwar die solidarische Haftung eines Ersatzpflichtigen nach PHG mit anderen Haftenden vor, lässt aber das einzelstaatliche Rückgriffsrecht unberührt.[1268] Die Ausgestaltung der Regressansprüche inklusive ihrer Verjährung ist daher den Mitgliedstaaten überlassen.[1269] Für das Innenverhältnis zwischen den Gesamtschuldnern ist daher allein das nationale Recht ausschlaggebend.

Regressansprüche zwischen Halter und Hersteller des Kfz werden von der Rspr und einem Teil der Lehre auf § 896 ABGB, von anderen Literaturmeinungen auf § 12 Abs 2 PHG (analog) gestützt.[1270] Sowohl zum Rückgriffsanspruch nach § 1302 iVm § 896 ABGB als auch zu jenem nach § 12 PHG hat die Rspr mehrfach ausgesprochen, dass ihre Grundlage nicht in einer Schadenersatzpflicht, sondern in dem **Gemeinschaftsverhältnis** liege:[1271] Derjeni-

[1266] ErläutRV 648 BlgNR 28. GP 5; ebenso *Preslmayr*, Handbuch der Produkthaftung^2 (2002) 98.

[1267] Verneinend *Rabl*, PHG (2017) § 13 Rz 19, FN 38, nach dem aber der Anspruch nach Ablauf der Zehnjahresfrist auf die besondere Vereinbarung des Anerkenntnisses gestützt werden kann.

[1268] Art 5, 8 Abs 1 PH-RL: „Unbeschadet des einzelstaatlichen Rückgriffsrechts […]."

[1269] *Welser/Rabl*, PHG^2 (2004) § 12 Rz 1 mwN, § 13 Rz 9; *Rabl*, PHG (2017) § 13 Rz 22.

[1270] Vgl dazu Kap IX.C.1.

[1271] Zu § 1302 iVm § 896 ABGB RIS-Justiz RS0122266; zust *Reindl* in *Fitz/Grau/Reindl*, PHG^2 (2004) § 12 Rz 1; ebenso zu § 12 PHG RIS-Justiz RS0106951; OGH 9 Ob 2138/96v, *Prallscheibe*, ecolex 1997, 427 = ÖJZ 1997/128; zust *Preslmayr*, Handbuch der Produkthaftung^2 (2002) 45.

ge, der den Schaden des durch ein fehlerhaftes Produkt geschädigten Dritten ersetzen muss, habe nicht deshalb einen Regressanspruch, weil seine eigenen Rechtsgüter geschädigt wurden, sondern weil er aufgrund gesetzlicher Anordnung neben anderen für die Verletzung eines fremden Rechtsguts hafte und ihm nicht die Tatsache zum Verhängnis werden solle, zufällig als erster in Anspruch genommen worden zu sein.[1272] Regressansprüche seien daher nicht als Schadenersatzansprüche, sondern als **selbständige**[1273] **Ansprüche** zu qualifizieren.[1274]

Zudem entspricht es ständiger Rspr, dass Regressansprüche nach § 1302 iVm § 896 ABGB der **allgemeinen Verjährungsfrist von 30 Jahren** nach § 1479 ABGB unterliegen.[1275] Diese beginne erst mit der Zahlung durch einen Solidarschuldner zu laufen,[1276] was damit begründet wird, dass der Anspruch erst mit der Zahlung entsteht.[1277] Eine kürzere Verjährungsfrist wird nur dann angenommen, wenn aufgrund des besonderen Verhältnisses der Mitschuldner der Rückersatzanspruch auch als Schadenersatzanspruch zu beurteilen ist, weil die Schädigung des Dritten gleichzeitig eine Vertragsverletzung gegenüber dem zahlenden Mitschuldner ist.[1278] Zum Regressanspruch nach § 12 PHG fehlt zwar ausdrückliche Rspr zur Verjährung, jedoch heißt es in den ErläutRV zu § 12 PHG: „Der Rückersatzanspruch ist kein Schadenersatzanspruch und unterliegt nicht der dreijährigen Verjährungsfrist nach § 1489 ABGB oder der zehnjährigen nach § 13, sondern verjährt erst nach 30 Jahren ab Zahlung [...].“[1279]

[1272] Zu § 12 PHG OGH 1 Ob 555/95, *Ventil*, ecolex 1996, 356 = SZ 69/17; ebenso zum Regress zwischen Halter und Hersteller eines fehlerhaften Kfz OGH 2 Ob 78/06v ecolex 2007, 171 = ÖJZ 2007, 244; vgl auch *Welser/Rabl*, PHG² (2004) § 12 Rz 3; *Rabl*, PHG (2017) § 12 Rz 4.

[1273] AA noch *Koziol*, Haftpflichtrecht I³ (1997) Rz 14/20 f, 15/22, der den internen Ausgleichsanspruch nicht als einen selbständigen Anspruch begreift, sondern als ident mit dem Anspruch des Gläubigers, der im Wege der Legalzession nach § 1358 ABGB im Umfang der Bezahlung einer materiell fremden Schuld auf den Solidarschuldner übergegangen ist. Zurückhaltender nunmehr, *Koziol*, Haftpflichtrecht I⁴ (2020) D/5/Rz 26 f, wonach die Legalzession nach § 1358 ABGB jedoch grundsätzlich anwendbar ist.

[1274] Zu § 1302 iVm § 896 ABGB RIS-Justiz RS0122266; jüngst OGH 10 Ob 68/17y bau aktuell 2018, 123 = NZ 2018, 388; ebenso zu § 12 PHG RIS-Justiz RS0097731; OGH 1 Ob 555/95, *Ventil*, ecolex 1996, 356 = SZ 69/17; *Welser*, Das neue Produkthaftungsgesetz, WBl 1988, 165 (175); *Welser/Rabl*, PHG² (2004) § 12 Rz 3, § 13 Rz 9; *Posch/Terlitza* in *Schwimann/Kodek*, ABGB Praxiskommentar⁴ (2016) § 12 Rz 5; *Rabl*, PHG (2017) § 12 Rz 4.

[1275] RIS-Justiz RS0017572; jüngst OGH 2 Ob 27/19p Zak 2019/774; OGH 10 Ob 68/17y bau aktuell 2018, 123 = NZ 2018, 388; RIS-Justiz RS0017381. AA noch *Koziol*, Haftpflichtrecht I³ (1997) Rz 14/20 f, 15/22, nach dem für die Verjährung die Regeln für die übergegangene Forderung maßgebend seien; zust *Perner* zu OGH 1 Ob 31/08b ÖBA 2010, 50; weiterhin krit *Koziol*, Haftpflichtrecht I⁴ (2020) D/6/Rz 39 f.

[1276] RIS-Justiz RS0017459 (T3); RS0017558 (T1); RS0017447 (T4).

[1277] RIS-Justiz RS0017581.

[1278] RIS-Justiz RS0017572 (T2); OGH 1 Ob 31/08b ÖBA 2010, 50 (*Perner*) = ecolex 2009, 130; vgl RS0017381 (T4).

[1279] ErläutRV 272 BlgNR 17. GP 13.

Dabei wird auf ein Judikat aus der oben angeführten Rspr zu § 1302 iVm § 896 ABGB verwiesen.[1280]

Ein Teil der Lehre geht hingegen davon aus, dass die Zehnjahresfrist nach § 13 PHG auch für das Erlöschen von **Regresspflichten** gilt.[1281] Ansonsten käme es zu einer „nahezu unbegrenzten Haftung", „weil die Dreijahresfrist erst mit der Kenntnis von Schaden und Schädiger und die Zehnjahresfrist bei *jedem* Inverkehrbringen durch einen Unternehmer neu zu laufen beginnt."[1282] Dies widerspreche jedoch dem telos des § 13 PHG, dessen zeitliche Haftungsbegrenzung einem Interessenausgleich zwischen der Wirtschaft und den Konsumenten diene.[1283] Dieser Kompromiss solle nicht durch unbegrenzte Regresspflichten vereitelt werden.[1284] Das PHG sei daher so zu interpretieren, dass sowohl Schadenersatz- als auch Regresspflicht nach zehn Jahren ab dem Zeitpunkt des Inverkehrbringens ausgeschlossen sein sollen.[1285]

J. Verhältnis zu anderen Haftungsgrundlagen

Gem Art 13 PH-RL werden Ansprüche, die ein Geschädigter aufgrund der Vorschriften über die vertragliche und außervertragliche Haftung (Fall 1) oder aufgrund einer zum Zeitpunkt der Bekanntgabe dieser Richtlinie bestehenden besonderen Haftungsregelung (Fall 2) geltend machen kann, durch diese Richtlinie nicht berührt. § 15 PHG, der Art 13 PH-RL umsetzt, normiert, dass Bestimmungen des ABGB und anderer Vorschriften, nach denen Schäden in weiterem Umfang oder von anderen Personen als nach diesem Bundesgesetz zu ersetzen sind, unberührt bleiben. Anders als der Wortlaut des § 13 PHG nahelegt, setzt dieser bei Ansprüchen gegen denselben Haftpflichtigen nicht voraus, dass nach der anderen Haftungsgrundlage Schäden in größerem Umfang als nach PHG ersatzpflichtig sind, sondern führt auch zur Anspruchskonkurrenz bei gleichem oder geringerem Haftungsumfang.[1286]

1280 Die ErläutRV verweisen auf OGH 8 Ob 63/85 ZVR 1987/74, in der nach einer ausführlichen Auseinandersetzung mit der Kritik aus der Literatur an der bisherigen Rspr festgehalten wurde.

1281 *Welser*, Das neue Produkthaftungsgesetz, WBl 1988, 165 (FN 65a); *Welser*, Lücken und Tücken des Produkthaftungsgesetzes, WBl 1988, 281 (286); *Eustacchio*, Produkthaftung (2002) 174 f; *Welser/Rabl*, PHG² (2004) § 13 Rz 9; ebenso *Preslmayr*, Handbuch der Produkthaftung² (2002) 97, auch 48; *Rabl*, PHG (2017) § 13 Rz 24. Abl *Reindl* in *Fitz/Grau/Reindl*, PHG² (2004) § 13 Rz 5; *Koziol/Apathy/Koch*, Haftpflichtrecht III³ (2014) B Rz 87.

1282 *Welser*, Lücken und Tücken des Produkthaftungsgesetzes, WBl 1988, 281 (286); ihm folgend *Preslmayr*, Handbuch der Produkthaftung² (2002) 97; *Welser/Rabl*, PHG² (2004) § 13 Rz 9; ebenso *Rabl*, PHG (2017) § 13 Rz 24.

1283 *Welser*, Lücken und Tücken des Produkthaftungsgesetzes, WBl 1988, 281 (286).

1284 *Welser*, Lücken und Tücken des Produkthaftungsgesetzes, WBl 1988, 281 (286).

1285 *Preslmayr*, Handbuch der Produkthaftung² (2002) 97, 102; vgl auch *Welser/Rabl*, PHG² (2004) § 13 Rz 9.

1286 *Preslmayr*, Handbuch der Produkthaftung² (2002) 99; *Welser/Rabl*, PHG² (2004) § 15 Rz 4; *Posch/Terlitza* in *Schwimann/Kodek*, ABGB Praxiskommentar⁴ (2016) § 15 PHG Rz 1; *Rabl*, PHG (2017) § 15 Rz 8.

Unter Fall 1 sind **andere Haftungsgründe** als jener der PH-RL zu subsumieren,[1287] wie etwa aus österreichischer Sicht[1288] die **allgemeine Verschuldenshaftung**[1289] oder die **Haftung des Halters nach EKHG** bei Schädigungen durch ein fehlerhaftes Kfz.[1290] In Betracht kommen im Bereich der vertraglichen Verschuldenshaftung Ansprüche gegen den Autohändler ex contractu sowie gegen den Hersteller aus Vertag mit Schutzwirkungen zugunsten Dritter.[1291] Im deliktischen Bereich ist im Besonderen an die Haftung des Herstellers wegen schuldhafter Verletzung von öffentlich-rechtlichen Produktsicherheitsvorschriften (Schutzgesetzverletzung)[1292] oder Produktbeobachtungspflichten (Verkehrssicherungspflichten) sowie an die Haftung des Lenkers auf der Grundlage der Verletzung eines Schutzgesetzes (insb StVO) oder eines absolut geschützten Rechtsgutes zu denken.[1293] Von praktischer Relevanz sind die konkurrierenden Ansprüche ua für den Selbstbehalt von EUR 500 bei Sachschäden nach § 2 Z 2 PHG,[1294] für nach dem PHG nicht ersatzpflichtige Schäden am Produkt selbst („Weiterfresserschäden"),[1295] für den entgangenen Gewinn[1296] und Schäden, die weder Personen- noch Sachschäden darstellen.

Fall 2 umfasst hingegen verschuldensunabhängige Haftungstatbestände, die wie die PH-RL an die Produktherstellung anknüpfen, allerdings auf einen bestimmten Produktsektor beschränkt sind.[1297] Sie sind nur zulässig, soweit sie bereits im Zeitpunkt der Bekanntgabe der Richtlinie bestanden haben.

[1287] *Welser/Rabl*, PHG² (2004) § 15 Rz 3; vgl EuGH 25.4.2002, C-52/00, *Kommission/Französische Republik* Rz 22; EuGH 25.4.2002, C-154/00, *Kommission/Griechenland* Rz 18; EuGH 25.4.2002, C-183/00, *Maria Victoria González Sánchez/Medicina Asturiana SA* Rz 31; EuGH 10.1.2006, C-402/03, *Skov/Bilka Lavprisvarehus* Rz 47.

[1288] Zum deutschen Recht vgl *Spickhoff* in *Gsell ua* (Hrsg), Beck'scher Online-Großkommentar zum BGB § 15 ProdHaftG Rz 9 ff (Stand 1.5.2021, beck-online beck.de).

[1289] ErläutRV 272 BlgNR 17. GP 14.

[1290] *Welser/Rabl*, PHG² (2004) § 15 Rz 3; *Rabl*, PHG (2017) § 15 Rz 5.

[1291] Zum Vertrag mit Schutzwirkungen zugunsten Dritter *Welser/Rabl*, PHG² (2004) § 15 Rz 8; *Koziol/Apathy/Koch*, Haftpflichtrecht III³ B Rz 34; *Posch/Terlitza* in *Schwimann/Kodek*, ABGB Praxiskommentar⁴ (2016) § 15 PHG Rz 3; *Rabl*, PHG (2017) § 15 Rz 13.

[1292] Zum Schutzgesetzcharakter von Verpflichtungen nach PSG 2004 vgl *Rabl*, PHG (2017) Vorbem Rz 21, 52; *Posch/Terlitza* in *Schwimann/Kodek*, ABGB Praxiskommentar⁴ (2016) Einl PHG Rz 6; zum PSG 1994 *Preslmayr*, Handbuch der Produkthaftung² (2002) 2; *Pilz* zu 2 Ob 309/99a ecolex 2001, 523.

[1293] Vgl im Allgemeinen *Welser/Rabl*, PHG² (2004) § 15 Rz 7; *Rabl*, PHG (2017) § 15 Rz 12.

[1294] *Welser*, Das neue Produkthaftungsgesetz, WBl 1988, 165 (176); *Preslmayr*, Handbuch der Produkthaftung² (2002) 99 f; *Welser/Rabl*, PHG² (2004) § 2 Rz 11, § 15 Rz 5; *Posch/Terlitza* in *Schwimann/Kodek*, ABGB Praxiskommentar⁴ (2016) § 2 PHG Rz 3, § 15 PHG Rz 3; *Rabl*, PHG (2017) Vorbem Rz 18, § 15 Rz 10.

[1295] Vgl auch *Preslmayr*, Handbuch der Produkthaftung² (2002) 99 f; *Welser/Rabl*, PHG² (2004) § 15 Rz 5; *Rabl*, PHG (2017) § 15 Rz 10.

[1296] *Reindl* in *Fitz/Grau/Reindl*, PHG² (2004) § 15 Rz 2.

[1297] *Sack*, Das Verhältnis der Produkthaftungsrichtlinie der EG zum nationalen Produkthaftungsrecht, VersR 1988, 439 (442), der von „produkthaftungsrechtliche[n] Sonderregelungen" spricht; zust *Welser/Rabl*, PHG² (2004) § 15 Rz 3; *Rabl*, PHG (2017) § 15 Rz 5; vgl EuGH

K. Exkurs: Produktbeobachtung

Die verschuldensunabhängige Produkthaftung iSd PHG gilt für Produktfehler, die zum Zeitpunkt des Inverkehrbringens vorlagen. Nach dem Inverkehrbringen treffen den Hersteller Produktbeobachtungspflichten, deren schuldhafte Nichteinhaltung zur **Verschuldenshaftung** führen kann. Produktbeobachtungspflicht bedeutet die Pflicht des Herstellers, seine bereits **in Verkehr gebrachten Produkte auf Gefahren**[1298] und ihre **Bewährung am Markt**[1299] hin zu beobachten und gegebenenfalls angemessene Maßnahmen zur Schadensverhütung zu setzen.[1300]

Als **dogmatische Grundlagen** für Produktbeobachtungspflichten des Herstellers werden in der österreichischen Literatur vertragliche Schutzpflichten zugunsten Dritter,[1301] das PSG 2004[1302] sowie allgemeine deliktsrechtliche Verkehrssicherungspflichten[1303] angeführt.[1304] Letztgenannte rechtliche Grundlage wurde durch den OGH in einer Entscheidung aus 2012 explizit anerkannt: So sprach er in 6 Ob 215/11b[1305] aus, dass die Verkehrssicherungspflichten des Produzenten nicht im Zeitpunkt des Inverkehrbringens des Produkts enden, sondern über diesen hinaus (als Produktbeobachtungspflichten) weiter bestehen.[1306]

25.4.2002, C-52/00, *Kommission/Französische Republik* Rz 23; EuGH 25.4.2002, C-154/00, *Kommission/Griechenland* Rz 19; EuGH 25.4.2002, C-183/00, *Maria Victoria González Sánchez/Medicina Asturiana SA* Rz 32; EuGH 20.11.2014, C-310/13, *Novo Nordisk Pharma GmbH/S.* Rz 21. Ein Beispiel hierfür ist das deutsche Arzneimittelgesetz AMG dBGBl I 2005/73, 3394, vgl zum Verhältnis zwischen dAMG und dProdHaftG *Spickhoff* in *Gsell ua* (Hrsg), Beck'scher Online-Großkommentar zum BGB § 15 ProdHaftG Rz 4 ff (Stand 1.5.2021, beck-online.beck.de).

1298 *Welser/Rabl*, PHG² (2004) § 5 Rz 57; *Rabl*, PHG (2017) Vorbem Rz 39; *Preslmayr*, Handbuch der Produkthaftung² (2002) FN 296.

1299 *Welser/Rabl*, PHG² (2004) § 5 Rz 58; *Rabl*, PHG (2017) Vorbem Rz 42.

1300 *Linder*, Produktbeobachtung, Rückruf und Versicherungsschutz, wbl 2004, 449 (449).

1301 *Pilz* zu 2 Ob 309/99a ecolex 2001, 523; *Fitz/Grau* in *Fitz/Grau/Reindl*, PHG² (2004) § 5 Rz 154.

1302 Zum PSG 2004 *Rabl*, PHG (2017) Vorbem Rz 50; vgl zum PSG 1994 *Welser/Rabl*, PHG² (2004) § 5 Rz 59.

1303 *Reischauer* in *Rummel*, ABGB³ § 1295 ABGB Rz 50 (Stand 1.1.2007, rdb.at); *Preslmayr*, Handbuch der Produkthaftung² (2002) FN 296.

1304 *Linder*, Produktbeobachtung, Rückruf und Versicherungsschutz, wbl 2004, 449 (449). Die Mat zum PHG stützen die Produktbeobachtungspflicht auf das deliktische Ingerenzprinzip als auch auf vertragliche Schutzpflichten, ErläutRV 272 BlgNR 17. GP 10, 12. Zust *Fitz/Grau* in *Fitz/Grau/Reindl*, PHG² (2004) § 5 Rz 154.

1305 OGH 6 Ob 215/11b Zak 2012, 376 = JBl 2012, 722 = ZTR 2012, 229 = EvBl 2013/16 (*Rohrer/Spitzer*) = AnwBl 2013, 189 = PHi 2013, 51 = ZTR 2013, 56 (*Karollus*) = RdW 2013, 23 = ZVR 2013, 76 (*Danzl*, tabellarische Übersicht).

1306 RIS-Justiz RS0128169; OGH 6 Ob 215/11b Zak 2012, 376 = JBl 2012, 722 = ZTR 2012, 229 = EvBl 2013/16 (*Rohrer/Spitzer*) = AnwBl 2013, 189 = PHi 2013, 51 = ZTR 2013, 56 (*Karollus*) = RdW 2013, 23 = ZVR 2013, 76 (*Danzl*, tabellarische Übersicht).

Im Anschluss an die deutsche Lehre und Rspr[1307] differenziert der OGH zwischen aktiver und passiver Produktbeobachtungspflicht:[1308] Zur **aktiven Produktbeobachtungspflicht** gehöre das selbständige Erheben von Informationen über Produktgefahren. Dazu habe der Hersteller die Produktentwicklung seiner wichtigsten Mitbewerber und einschlägige Fachliteratur zu verfolgen. Größere Unternehmen, die ihre Produkte auf der gesamten Welt absetzen, treffe auch die Pflicht, internationale Fachveranstaltungen zu besuchen und das gesamte internationale Fachschrifttum auszuwerten. Die **passive Produktbeobachtungs-pflicht** umfasse die Sammlung und Auswertung von Kundenbeschwerden, Schadensmeldungen und Mitteilungen über Sicherheitsdefizite der in Verkehr gebrachten Produkte. Zusammengefasst hat der Hersteller Weiterentwicklungen in Wissenschaft und Technik aktiv zu verfolgen[1309] sowie Reklamation und Sicherheitsbeanstandungen, die an ihn herangetragen werden, auszuwerten.

Werden dabei Gefahren erkennbar, hat der Hersteller „**geeignete Maßnahmen zur Schadensverhütung oder Schadensbegrenzung**" zu setzen,[1310] wie Änderungen der Konstruktion, Produktion oder Instruktion bei Serienprodukten,[1311] Warnungen der gefährdeten Personen oder als ultima ratio den Rückruf der betroffenen Produkte.[1312]

Nach der Rspr des OGH[1313], die sich an deutscher Literatur und Rspr[1314] orientiert, richtet sich der **Umfang** der Produktbeobachtungspflicht nach Art und Größe der Gefahren sowie nach Möglichkeit und wirtschaftlicher Zumut-

---

[1307] Ua *G. Wagner* in Münchener Kommentar zum BGB[8] (2020) § 823 Rz 990 f mwN; BGH VI ZR 286/78, *Apfelschorf I*, BGHZ 80, 199 = NJW 1981, 1606; BGH VI ZR 191/79, *Apfelschorf II*, BGHZ 80, 186 = NJW 1981, 1603; BGH VI ZR 258/88, *Pferdebox*, NJW 1990, 906; BGH VI ZR 74/93, *Gewindeschneidemittel*, NJW 1994, 517

[1308] OGH 6 Ob 215/11b Zak 2012, 376 = JBl 2012, 722 = ZTR 2012, 229 = EvBl 2013/16 (*Rohrer/Spitzer*) = AnwBl 2013, 189 = PHi 2013, 51 = ZTR 2013, 56 (*Karollus*) = RdW 2013, 23 = ZVR 2013, 75 (*Danzl*, tabellarische Übersicht); ebenso für den österreichischen Rechtsraum *Welser/Rabl*, PHG[2] (2004) § 5 Rz 60; *Rabl*, PHG (2017) Vorbem Rz 53.

[1309] *Preslmayr*, Handbuch der Produkthaftung[2] (2002) FN 296; vgl auch *Fitz/Grau* in *Fitz/Grau/Reindl*, PHG[2] (2004) § 5 Rz 154.

[1310] *Preslmayr*, Handbuch der Produkthaftung[2] (2002) FN 296.

[1311] Zum deutschen Recht *G. Wagner* in Münchener Kommentar zum BGB[8] (2020) § 823 Rz 997 mwN. Werden Produkte einer Serie trotz neuen sicherheitsrelevanten Erkenntnissen in Wissenschaft und Technik unverändert in Verkehr gebracht, kann neben die Verletzung der Produktbeobachtungspflichten ein Verstoß gegen das PHG treten, vgl dazu Kap VI.C.3

[1312] *Welser/Rabl*, PHG[2] (2004) § 5 Rz 58, 60 mwN; *Rabl*, PHG (2017) Vorbem Rz 42, 57 ff mwN; vgl auch *Preslmayr*, Handbuch der Produkthaftung[2] (2002) FN 296; aus der deutschen Literatur *Löwe*, Rückrufpflicht des Warenherstellers, ZVR 1979, 225 (225).

[1313] RIS-Justiz RS0128169 (T4); OGH 6 Ob 215/11b Zak 2012, 376 = JBl 2012, 722 = ZTR 2012, 229 = EvBl 2013/16 (*Rohrer/Spitzer*) = AnwBl 2013, 189 = PHi 2013, 51 = ZTR 2013, 56 (*Karollus*) = RdW 2013, 23 = ZVR 2013, 76 (*Danzl*, tabellarische Übersicht).

[1314] Ua *G. Wagner* in Münchener Kommentar zum BGB[8] (2020) § 823 Rz 990; *Löwe*, Rückrufpflicht des Warenherstellers, ZVR 1979, 225 (225 ff); BGH VI ZR 191/79, *Apfelschorf II*, BGHZ 80, 186 = NJW 1981, 1603.

barkeit von Beobachtungsmaßnahmen.[1315] Es sei auf den Grundsatz der Verhältnismäßigkeit zu achten.[1316] Aufgrund der großen Gefahren für Leben und die körperliche Unversehrtheit, die automatisierte Fahrzeuge mit sich bringen, ist vom Hersteller ein **hoher Aufwand** zu fordern.[1317] Da es sich zudem um eine technologische Neuentwicklung mit erheblichem Schädigungspotential[1318] handelt, ist die Produktbeobachtungspflicht hier besonders intensiv.[1319]

Dies gilt zum einen für die Maßnahmen zur Erhebung von Produktgefahren: Da sich automatisierte Fahrzeuge „in der täglichen Benutzerpraxis" noch bewähren müssen,[1320] treffen den Hersteller gesteigerte aktive Produktbeobachtungspflichten. Hersteller von automatisierten Fahrzeugen müssen daher aktiv die Bewährung ihrer Produkte sowie den wissenschaftlichen und technischen Fortschritt verfolgen und dürfen sich nicht darauf zurückziehen, Sicherheitsbeanstandungen auszuwerten.[1321] Ist das automatisierte Kraftfahrzeug mit dem Hersteller über **Netzwerke** verbunden, so ergeben sich für den Hersteller neue Möglichkeiten, sein Produkt in der Praxis zu beobachten.[1322] In der deutschen Literatur wird vertreten, dass diese neuen Möglichkeiten mit einer In-

---

1315 Ähnlich *Welser/Rabl*, PHG² (2004) § 5 Rz 60 mwN; *Fitz/Grau* in *Fitz/Grau/Reindl*, PHG² (2004) § 5 Rz 155; *Rabl*, PHG (2017) Vorbem Rz 54, 57 mwN.

1316 Zum deutschen Recht *Löwe*, Rückrufpflicht des Warenherstellers, ZVR 1979, 225 (228).

1317 Ebenso *Kath*, Auf dem Weg zum autonomen Fahren: haftungs- und versicherungsrechtliche Aspekte (2018) 30 und *Amlacher/Andréewitch*, Rechtliche Fragen des autonomen Fahrens – Haftung (Teil II), jusIT 2017, 209 (213). In Bezug auf Fahrerassistenzsysteme *Windsteiger*, Autonomes Fahren (2018) 49 f. Vgl im Allgemeinen zum Kriterium des bedrohten Rechtsgutes OGH 6 Ob 215/11b Zak 2012, 376 = JBl 2012, 722 = ZTR 2012, 229 = EvBl 2013/16 (*Rohrer/Spitzer*) = AnwBl 2013, 189 = PHi 2013, 51 = ZTR 2013, 56 (*Karollus*) = RdW 2013, 23 = ZVR 2013, 76 (*Danzl*, tabellarische Übersicht); *Linder*, Produktbeobachtung, Rückruf und Versicherungsschutz, wbl 2004, 449 (449 ff); *Rabl*, PHG (2017) Vorbem Rz 54, 57.

1318 Zu diesem Kriterium vgl OGH 6 Ob 215/11b Zak 2012, 376 = JBl 2012, 722 = ZTR 2012, 229 = EvBl 2013/16 (*Rohrer/Spitzer*) = AnwBl 2013, 189 = PHi 2013, 51 = ZTR 2013, 56 (*Karollus*) = RdW 2013, 23 = ZVR 2013, 76 (*Danzl*, tabellarische Übersicht); zum deutschen Recht *G. Wagner* in Münchener Kommentar zum BGB⁸ (2020) § 823 Rz 990 mwN; vgl auch *Löwe*, Rückrufpflicht des Warenherstellers, ZVR 1979, 225 (226), nach dem die Produktbeobachtungspflichten bei Neuentwicklungen verstärkt sind; ebenso zum österreichischen Recht *Linder*, Produktbeobachtung, Rückruf und Versicherungsschutz, wbl 2004, 449 (449).

1319 Ebenso *Kath*, Auf dem Weg zum autonomen Fahren: haftungs- und versicherungsrechtliche Aspekte (2018) 30; zum deutschen Recht *Gomille*, Herstellerhaftung für automatisierte Fahrzeuge, JZ 2016, 76 (80).

1320 Vgl zu dem Kriterium des neu entwickelten Produkts *Löwe*, Rückrufpflicht des Warenherstellers, ZVR 1979, 225 (226).

1321 Es sei festgehalten, dass diese Pflichten auch bei Erteilung einer behördlichen Typengenehmigung bestehen, vgl *Löwe*, Rückrufpflicht des Warenherstellers, ZVR 1979, 225 (227).

1322 *Gomille*, Herstellerhaftung für automatisierte Fahrzeuge, JZ 2016, 76 (80); *Hartmann*, Big Data und Produkthaftung – Produkthaftungsrechtliche Chancen und Risiken des Einsatzes von Big Data-Technologien im Automobil, DAR 2015, 122 (124, 126); *Droste*, Produktbeobachtungspflichten der Automobilhersteller bei Software in Zeiten vernetzten Fahrens, CCZ 2015, 105 (110).

tensivierung der Produktbeobachtungspflichten einhergehen.[1323] Gefahren seien schneller erkennbar, da etliche Informationen über die Funktion der elektrischen und elektronischen Komponenten sowie der verwendeten Software an den Hersteller gesendet werden können.[1324] So sei es etwa technisch möglich, dass die vernetzten Systeme selbständig Systemfehler an den Hersteller melden.[1325] Hierbei dürfen jedoch mE die sich daraus ergebenden erheblichen datenschutzrechtlichen Probleme nicht übersehen werden,[1326] denn es kann vom Hersteller nichts verlangt werden, was aus Sicht des Datenschutzes rechtswidrig wäre.

Werden Sicherheitsdefizite entdeckt, sind die Hersteller verpflichtet, angemessene Maßnahmen zur Gefahrenminimierung zu setzen. Aufgrund des erheblichen Risikos für die körperliche Unversehrtheit, das von automatisierten Fahrzeugen ausgeht, sind auch hinsichtlich der Maßnahmen zur Schadensverhütung höhere Anforderungen zu stellen: Daher wird es als Reaktion auf aufgedeckte Gefahren nicht ausreichend sein, den gefährdeten Personenkreis zu warnen. Vielmehr muss der Hersteller Maßnahmen setzen, um das Sicherheitsdefizit zu beseitigen. Ein besonders wichtiges Werkzeug stellt in diesem Zusammenhang das **Software-Update** dar, über das idR sowohl Sicherheitsmängel in der Steuerungsfunktion als auch in der Software-Security und der Ausfallssicherheit behoben werden können. Die Produktbeobachtungspflicht gebietet es, dass der Hersteller von der Möglichkeit eines Software-Updates Gebrauch macht, wenn es zur Beseitigung des Sicherheitsdefizits geeignet ist.[1327] Kann der Sicherheitsmangel durch ein Software-Update nicht ausge-

---

[1323] *Gomille*, Herstellerhaftung für automatisierte Fahrzeuge, JZ 2016, 76 (80) mwN; *Droste*, Produktbeobachtungspflichten der Automobilhersteller bei Software in Zeiten vernetzten Fahrens, CCZ 2015, 105 (110); *Hinze*, Haftungsrisiken des automatisierten und autonomen Fahrens (2021) 156.

[1324] *Gomille*, Herstellerhaftung für automatisierte Fahrzeuge, JZ 2016, 76 (80); *Hartmann*, Big Data und Produkthaftung – Produkthaftungsrechtliche Chancen und Risiken des Einsatzes von Big Data-Technologien im Automobil, DAR 2015, 122 (124, 126).

[1325] *Schmid*, Pflicht zur „integrierten Produktbeobachtung" für automatisierte und vernetzte Systeme, CR 2019, 141 (141 ff) spricht in diesem Zusammenhang von „integrierter Produktbeobachtung".

[1326] So auch *Hartmann*, Here come the robots – Produkthaftung und Robotik am Beispiel des automatisierten und autonomen Fahrens (Teil 2), PHi 2017, 42 (45); *Droste*, Produktbeobachtungspflichten der Automobilhersteller bei Software in Zeiten vernetzten Fahrens, CCZ 2015, 105 (110), der eine Anonymisierung oder Pseudonymisierung der Daten empfiehlt. Zu den datenschutzrechtlichen Implikationen eingehend *Kunnert*, „Autonomes Fahren" aus datenschutzrechtlicher Sicht, in *I. Eisenberger ua* (Hrsg), Autonomes Fahren und Recht (2017) 169. Vgl dazu auch *Schmid*, Pflicht zur „integrierten Produktbeobachtung" für automatisierte und vernetzte Systeme, CR 2019, 141 (146), nach dem der integrierten Produktbeobachtung „datenschutzrechtliche Bedenken nicht zwingend entgegen[stehen]."

[1327] Vgl auch *Eustacchio*, Automatisiert zum Recht, ZVR 2017, 509 (513). Zum deutschen Recht vgl *G. Wagner* in Münchener Kommentar zum BGB⁸ (2020) § 823 Rz 1008 f mwN; *Gomille*, Herstellerhaftung für automatisierte Fahrzeuge, JZ 2016, 76 (80 f) mwN; *Freise*, Rechtsfragen des automatisierten Fahrens, VersR 2019, 65 (70); vgl auch *Hartmann*, Here come

räumt werden, muss das Automatisierungssystem (zB der Autopilot) zurückgerufen werden.[1328]

Bei schuldhafter Verletzung der Produktbeobachtungspflichten haftet der Hersteller – anders als nach PHG – auch für Entwicklungsrisiken.[1329] Kommt also eine im Zeitpunkt des Inverkehrbringens nach dem Stand der Wissenschaft und Technik **nicht erkennbare Sicherheitslücke** in der Automatisierungssoftware **nachträglich** hervor, so haftet der Hersteller für seine bereits in Verkehr gebrachten Produkte zwar nicht nach PHG (Haftungsausschluss für Entwicklungsrisiken gem § 8 Z 2 PHG), er hat jedoch im Rahmen seiner Produktbeobachtungspflichten angemessene Maßnahmen zur Schadensverhütung zu ergreifen, widrigenfalls er verschuldensabhängig schadenersatzpflichtig wird. So ist der Hersteller angehalten, seine Konstruktion, Produktion oder Instruktion ohne Verzögerung derart anzupassen, dass weitere in Verkehr gebrachte Produkte das Sicherheitsdefizit nicht mehr aufweisen. Tut er dies nicht, kann neben die Verletzung der Produktbeobachtungs-pflicht ein Verstoß gegen das PHG treten.[1330]

Fraglich ist, wie lange nach Inverkehrbringen Produktbeobachtungspflichten bestehen. *G. Wagner* führt zum deutschen Recht aus, dass Produktbeobachtungspflichten keiner zeitlichen Begrenzung unterliegen.[1331] Dem ist zuzustimmen, allerdings nimmt die Intensität der Pflichten mE im Laufe der Zeit ab. Wie bereits ausgeführt, sind Hersteller automatisierter Fahrzeuge im Rahmen der Produktbeobachtung verpflichtet, bei Hervorkommen von Sicherheitsrisiken von der Möglichkeit eines Software-Updates Gebrauch zu machen, wenn dieses zur Beseitigung des Sicherheitsdefizits geeignet ist.[1332] Dies gilt mE jedoch grundsätzlich nur bis zum Ablauf der gewöhnlichen Lebensdauer

---

the robots – Produkthaftung und Robotik am Beispiel des automatisierten und autonomen Fahrens (Teil 2), PHi 2017, 42 (49); aA zum deutschen Recht *Böck/Theurer*, Herstellerpflichten und Haftungsrisiken bei IT-Sicherheitslücken vernetzter Produkte, BB 2021, 520 (524).

1328 Vgl zum „digitalen Rückruf" *G. Wagner* in Münchener Kommentar zum BGB^8 (2020) § 823 Rz 1010 f.

1329 Ebenso zum deutschen Recht *Löwe*, Rückrufpflicht des Warenherstellers, ZVR 1979, 225 (225).

1330 OGH 6 Ob 215/11b Zak 2012, 376 = JBl 2012, 722 = ZTR 2012, 229 = EvBl 2013/16 (*Rohrer/Spitzer*) = AnwBl 2013, 189 = PHi 2013, 51 = ZTR 2013, 56 (*Karollus*) = RdW 2013, 23 = ZVR 2013, 76 (*Danzl*, tabellarische Übersicht); *Kath*, Auf dem Weg zum autonomen Fahren: haftungs- und versicherungsrechtliche Aspekte (2018) 28; vgl auch *Amlacher/Andréewitch*, Rechtliche Fragen des autonomen Fahrens – Haftung (Teil II), jusIT 2017, 209 (214).

1331 *G. Wagner* in Münchener Kommentar zum BGB^8 (2020) § 823 Rz 989 mwN.

1332 Vgl auch *Eustacchio*, Automatisiert zum Recht, ZVR 2017, 509 (513). Zum deutschen Recht vgl *G. Wagner* in Münchener Kommentar zum BGB^8 (2020) § 823 Rz 1008 f mwN; *Gomille*, Herstellerhaftung für automatisierte Fahrzeuge, JZ 2016, 76 (80 f) mwN; *Freise*, Rechtsfragen des automatisierten Fahrens, VersR 2019, 65 (70); vgl auch *Hartmann*, Here come the robots – Produkthaftung und Robotik am Beispiel des automatisierten und autonomen Fahrens (Teil 2), PHi 2017, 42 (49).

eines Kfz;[1333] danach kann es in Hinblick auf den Verhältnismäßigkeitsgrundsatz ausreichend sein, eine Warnung auszusprechen.

Zusammenfassend ist von Herstellern automatisierter Fahrzeuge ein hohes Maß an Produktbeobachtung gefordert. Um diesen Pflichten gerecht zu werden, sollte daher ein besonderes Augenmerk auf die Einrichtung und Organisation von Produktbeobachtungs-stellen im Unternehmen gelegt werden.[1334]

1333 Ähnlich zum deutschen Recht *G. Wagner* in Münchener Kommentar zum BGB[8] (2020) § 823 Rz 1009; *Schrader*, Haftungsfragen für Schäden beim Einsatz automatisierter Fahrzeuge im Straßenverkehr, DAR 2016, 242 (244); vgl auch *Hinze*, Haftungsrisiken des automatisierten und autonomen Fahrens (2021) 164.

1334 Bereits ein „Organisationsmangel" kann bei Verschulden eine Haftung wegen Verletzung von Produktbeobachtungspflichten auslösen, vgl zum deutschen Recht *Löwe*, Rückrufpflicht des Warenherstellers, ZVR 1979, 225 (227); BGH VI ZR 258/88, *Pferdebox*, NJW 1990, 906

VII. Gefährdungshaftung für Automatisierungssoftware kraft Analogie?

Die österreichische Rechtsordnung kennt **keinen allgemeinen Gefährdungshaftungstatbestand**,[1335] sondern normiert in Sondergesetzen einzelne Tatbestände verschuldensunabhängiger Haftung für gewisse gefährliche Sachen oder Tätigkeiten.[1336] Die Rspr geht von einer „kasuistisch[en] und damit zwangsweise lückenhaft[en]“ Regelung aus.[1337] Die grundsätzliche Zugänglichkeit der einzelnen Regelungen der Gefährdungs- und Eingriffshaftungen für eine **Analogie** ist in ständiger Rspr und von der hA anerkannt.[1338] Voraussetzung der analogen Anwendung ist nach hL eine Gefahrenquelle, welche in ihrer Gefährlichkeit mit den von den bestehenden Normen erfassten Sachverhalten vergleichbar ist.[1339] Die Judikatur spricht von der „Gleichheit des Rechtsgrundes und des Schutzbedürfnisses“ als stets notwendige Voraussetzungen.[1340] Sie bejaht die Gefährdungshaftung kraft Analogie bei Vorliegen eines **„gefährlichen Betriebs“**,[1341] wobei dieser Begriff nicht zu weit ausgelegt werden dürfe.[1342] Ein solcher liege nur vor, wenn Handlungen gestattet werden, die an sich verboten wären, wenn die Rechtsordnung nur die gefährdeten Interessen dritter Personen berücksichtigen würde.[1343] Es komme sowohl auf einen **hohen Grad der Wahrscheinlichkeit eines Schadenseintrittes**, als auch auf die **außergewöhnliche Höhe des möglicherweise eintreten-**

1335 *Weilinger*, Privatrecht[8] (2020) 230; *Karner* in KBB[6] (2020) § 1306 ABGB Rz 2; *Schacherreiter* in *Kletečka/Schauer*, ABGB-ON[1.08] § 1306 Rz 2 (Stand 31.7.2021, rdb.at). Auch das deutsche Haftungsrecht kennt keine gesetzliche Generalklausel für die Gefährdungshaftung, vgl *Spickhoff* in *Soergel*, Kommentar zum BGB XII[13] (2005) Vor § 823 Rz 46.

1336 ZB im EKHG, LFG, AtomHG 1999, RHPflG, RohrlG, GTG, ForstG, MinroG.

1337 Ua OGH 3 Ob 508/93 ecolex 1996, 162 (*Wilhelm*) = RdU 1996/82 (*Kerscher/Raschauer*) = AnwBl 1997/6282 (*Bisanz*) = ZVR 1996/97 = EvBl 1996/83 und OGH 1 Ob 306/99b JBl 2000, 790 = ARD 5199/24/01 = SZ 73/118 = MietSlg 52.201 = MietSlg 52.206; ebenso OGH 2 Ob 2416/96z ZVR 1998/18.

1338 Ua OGH 3 Ob 508/93 ecolex 1996, 162 (*Wilhelm*) = RdU 1996/82 (*Kerscher/Raschauer*) = AnwBl 1997/6282 (*Bisanz*) = ZVR 1996/97 = EvBl 1996/83; OGH 1 Ob 306/99b JBl 2000, 790 = ARD 5199/24/01 = SZ 73/118 = MietSlg 52.201 = MietSlg 52.206; *Weilinger*, Privatrecht[8] (2020) 230; *Koziol*, Haftpflichtrecht I[4] (2020) C/3/Rz 9.

1339 *Koziol/Apathy/Koch*, Haftpflichtrecht III[3] A/10/1 Rz 1 ff; *Grau*, Produktfehler (2002) 16; krit *Harrer* in *Schwimann/Kodek* (Hrsg), ABGB Praxiskommentar[4] (2016) § 1315 Rz 16; vgl auch *Karner* in KBB[6] (2020) § 1306 ABGB Rz 2.

1340 RIS-Justiz RS0029170; OGH 3 Ob 508/93 ecolex 1996, 162 (*Wilhelm*) = RdU 1996/82 (*Kerscher/Raschauer*) = AnwBl 1997/6282 (*Bisanz*) = ZVR 1996/97 = EvBl 1996/83 und OGH 1 Ob 306/99b JBl 2000, 790 = ARD 5199/24/01 = SZ 73/118 = MietSlg 52.201 = MietSlg 52.206 mwN aus der Rspr.

1341 Ein Überblick der Entscheidungen zum „gefährlichen Betrieb“ findet sich in RIS-Justiz RS0029948.

1342 RIS-Justiz RS0072345; ua OGH 8 Ob 22/85 (8 Ob 23/85) ZVR 1986/132 = JBl 1986, 525; OGH 7 Ob 203/15a Zak 2016/110.

1343 RIS-Justiz RS0029942; ua OGH 8 Ob 22/85 (8 Ob 23/85) ZVR 1986/132 = JBl 1986, 525; OGH 2 Ob 2416/96z ZVR 1998/18.

den Schadens an.[1344] Des Weiteren ist ein Betrieb nach der Rspr nur dann gefährlich, wenn die mit dem Betrieb verbundene Gefahr **nach der Art des Betriebs regelmäßig und ganz allgemein** vorhanden ist, nicht aber schon dann, wenn der Betrieb erst aufgrund besonderer Umstände gefährlich wird.[1345] „Gefährliche Betriebe" seien daher nur solche, bei welchen infolge ihrer **allgemeinen Beschaffenheit** die Interessen Dritter schon dadurch in einer das normale Ausmaß der im modernen Leben stets bestehenden Gefährdung wesentlich übersteigenden Art gefährdet werden.[1346] Als Beispiele für „gefährliche Betriebe" nennt der OGH solche, bei denen gewaltige Elementarkräfte entfesselt werden, schwere Massen mit ungeheurer Geschwindigkeit dahingleiten, Zündstoffe erzeugt oder verwendet werden, der feste Boden untergraben oder Luftraum unsicher gemacht wird.[1347]

Eine Analogie zum Gefährdungshaftungsrecht ist ausgeschlossen, wenn die Haftung des Halters (Betriebsinhabers) gesetzlich in ganz bestimmter Weise geregelt wird.[1348] Im Bereich des Einsatzes von **automatisierten Systemen beim Betrieb einer Eisenbahn oder eines Kfz iSd § 2 EKHG**, aber auch beim Betrieb eines Luftfahrzeugs oder eines selbständig im Fluge verwendbaren Luftfahrtgeräts iSd § 148 LFG, ist eine **Analogie** zu Regelungen der Gefährdungshaftung **ausgeschlossen**, da ein unmittelbar anwendbarer Gefährdungshaftungstatbestand besteht. Dies hat grundsätzlich die Konsequenz, dass in den jeweilig einschlägigen Sondergesetzen vorgesehene Haftungshöchstbeträge, Haftungsbefreiungsgründe, Haftungsumfänge sowie Bestimmungen zur Haftung für fremdes Verhalten nicht im Wege der Gesamt- oder Einzelanalogie anderer Gesetze ersetzt oder ergänzt werden können.[1349]

Bei Anwendungsfeldern von Automatisierungssoftware, die nicht in besonderer Weise haftungsrechtlich geregelt sind, kommt eine Analogie zu Regeln der Gefährdungshaftung hingegen grundsätzlich in Betracht. Es stellt

---

[1344] RIS-Justiz RS0029928; RIS-Justiz RS0128270; ua OGH 8 Ob 103/97y ZVR 1999/51 = RdW 1999, 202; OGH 8 Ob 84/12d Zak 2012/742 = JBl 2013, 49 = RdW 2012, 722 = bbl 2013, 39 = EvBl-LS 2013/21 = Jus-Extra OGH-Z 5273 = ecolex 2013, 419 = ZVR 2013, 76 (*Danzl*, tabellarische Übersicht) = ZVR 2013, 99 = SZ 2012/91; OGH 8 Ob 103/97y ZVR 1999/51 = RdW 1999, 202; OGH 7 Ob 203/15a Zak 2016/110.

[1345] RIS-Justiz RS0072341; RIS-Justiz RS0128270; ua OGH 8 Ob 103/97y ZVR 1999/51 = RdW 1999, 202; OGH 8 Ob 84/12d Zak 2012/742 = JBl 2013, 49 = RdW 2012, 722 = bbl 2013, 39 = EvBl-LS 2013/21 = Jus-Extra OGH-Z 5273 = ecolex 2013, 419 = ZVR 2013, 76 (*Danzl*, tabellarische Übersicht) = ZVR 2013, 99 = SZ 2012/91; vgl auch 8 Ob 22/85 (8 Ob 23/85) ZVR 1986/132 = JBl 1986, 525 mwN aus der Rspr.

[1346] RIS-Justiz RS0029913; ua OGH 9 ObA 49/04b ecolex 2005, 62 = ARD 5574/12/2005 = ZVR 2005, 80 (*Danzl*) = ZVR 2005, 100 (*Apathy*) = JBl 2005, 469 = ZAS 2006, 142 (*Kerschner*).

[1347] RIS-Justiz RS0029942; ua OGH 2 Ob 66/66 SZ 39/69.

[1348] RIS-Justiz RS0029214; OGH 1 Ob 32/92 EvBl 1993/105 = SZ 65/112 = ZVR 1993, 235; OGH 2 Ob 33/10g ecolex 2010, 756 = Zak 2010/411 = JBl 2010, 653 = *Platte*, ecolex 2011, 993 (Rechtsprechungsübersicht) = ZVR 2011, 75 (*Danzl*, tabellarische Übersicht).

[1349] Vgl dazu OGH 1 Ob 31/91 EvBl 1992/35 = ZVR 1992/105 = JBl 1992, 529.

sich die Frage, ob Automatisierungssoftware eine gefährliche Sache darstellen kann. Nach *Ertl/Wolf* ist Software an sich keine gefährliche Sache; es komme vielmehr auf die Gefährlichkeit der Sache an, „zu deren Betrieb Software eingesetzt wird". Daher sei Software weder schlechthin eine gefährliche Sache noch mache sie eine „an sich nicht der Gefährdungshaftung unterliegende Sache zu einer solchen."[1350] Dieser Ansicht kann im Grundsatz gefolgt werden: Steuerungssoftware bzw automatisierte Systeme sind nicht im Allgemeinen, sprich in ihrer gesamten Art, gefährlich. Sehr wohl können sie aber in bestimmten **Einsatzbereichen** gefährliche Sachen darstellen.[1351] Dies widerspricht nicht der oben erwähnten Rspr, wonach die mit dem Betrieb verbundene Gefahr nach der Art des Betriebs regelmäßig und ganz allgemein vorhanden sein muss. Denn es kommt nicht darauf an, dass die Sache in ihrer „gesamten Art" gefährlich ist, sondern darauf, dass „jene betriebl[iche] Tätigkeit (Sach- oder Anlagenfunktion), aus der der Schaden resultierte, an sich gefährlich ist."[1352]

Die Gefährlichkeit von Automatisierungssoftware hängt daher – wie *Ertl/Wolf* mE richtig ausführen – **entscheidend** von der **Gefährlichkeit der betriebenen Sache oder Tätigkeit** ab. Allerdings darf nicht vernachlässigt werden, dass Automatisierung durchaus erhebliche Auswirkungen auf die Risiken einer Sache oder Tätigkeit haben kann. Durch Automatisierung können bestehende Risiken gemindert[1353] oder ausgeschaltet werden, während Automatisierungsrisiken[1354] neu geschaffen werden. Durch Vernetzung kommt eine zusätzliches Risiko hinzu: Zum einen kann das Programm von außen leichter angegriffen werden,[1355] zum anderen kann die vernetzte Sache als Einfallstor zur Manipulation anderer verbundener Sachen („Internet of Things") benutzt werden. Daher ist es denkbar, dass Vernetzung eine nach Einsatzgebiet ungefährliche Sache zu einer Gefährlichen macht. *Zankl* sieht in der „uU unvorhersehbaren Selbstweiterentwicklung" eine Eigenschaft, die als gefährlich betrachtet werden könnte, zieht in Anbetracht der strengen Rspr zum Kriterium der Gefährlichkeit jedoch eine Gesamtanalogie der Gefährdungshaftung für Systeme der Künstlichen Intelligenz in Zweifel.[1356] Automatisierung hat daher auf die Gefährlichkeit sehr wohl einen Einfluss. Dennoch ist *Ertl/Wolf* inso-

1350 Zu Vorstehendem *Ertl/Wolf*, Die Software im österreichischen Zivilrecht (1991) 338. Vgl dazu auch *Koziol*, Die Haftung der Banken bei Versagen technischer Hilfsmittel, ÖBA 1987, 3 (9), nach dem Computer nicht gefährlichen Sachen gleichgestellt werden können.

1351 Vgl auch zur Relevanz des Einsatzbereichs von Computern *Gantner*, Die Haftung der Krankenanstalten für Computerfehlleistungen, VR 2001, 222 (228).

1352 *Reischauer* in *Rummel*, ABGB^{3} § 1306 ABGB Rz 2 (Stand 1.1.2007, rdb.at).

1353 *G. Wagner* in Münchener Kommentar zum BGB^{8} (2020) § 823 Rz 791 schließt aus dem versprochenen Sicherheitsgewinn durch autonome Systeme, dass der Zurechnungsgrund der Gefährdungshaftung idR nicht erfüllt sein wird.

1354 Vgl hierzu Kap II.B.

1355 Vgl dazu zB *Kunnert*, „Autonomes Fahren" aus datenschutzrechtlicher Sicht, in *I. Eisenberger ua* (Hrsg), Autonomes Fahren und Recht (2017) 169 (196 f).

1356 *Zankl* in *Zankl*, Rechtshandbuch der Digitalisierung Rz 23.44. (Stand 1.7.2021, rdb.at).

fern zuzustimmen, als die „**Grundgefährlichkeit**“ durch die Sache bestimmt wird, zu deren Zweck das automatisierte System eingesetzt wird.

Zusammenfassend kann festgehalten werden, dass in Hinblick auf die Halterhaftung nach EKHG, deren Anwendungsbereich zweifelsfrei auch automatisierte Fahrzeuge umfasst, eine analoge Anwendung von Gefährdungshaftungsregelungen auf verwirklichte Automatisierungsrisiken im Bereich des Straßenverkehrs nicht in Betracht kommt. Dennoch sollte mit Blick in die Zukunft nicht aus den Augen gelassen werden, dass automatisiertes Fahren nur eine von vielen möglichen Anwendungen von Automatisierungssoftware und Systemen der künstlichen Intelligenz darstellt. Fragen der Automatisierung stellen sich zunehmend auch in Bereichen abseits des Verkehrs. Obzwar Automatisierungssoftware in ihrer gesamten Art keine gefährliche Sache darstellt, könnte es in manchen besonders gefährlichen, nicht sondergesetzlich geregelten Einsatzbereichen, gerechtfertigt sein, Gefährdungshaftungsbestimmungen analog anzuwenden.

VIII. Haftung für technische Hilfsmittel?

In der Literatur wird seit Längerem eine Haftung des Geschäftsherrn für technische Hilfsmittel in **Analogie zur Gehilfenhaftung gem §§ 1313a, 1315 ABGB** sowohl im vertraglichen als auch im deliktischen Bereich diskutiert.[1357] Die Befürworter argumentieren, dass sich die ratio der Gehilfenzurechnung auch auf den Einsatz technischer Hilfsmittel übertragen ließe: Denn der Einsatz technischer Hilfsmittel erfolge im eigenen Interesse des Geschäftsherren und sei seiner Sphäre zuzuordnen.[1358] Dagegen wird ins Treffen geführt, dass zwischen der Zurechnung eines menschlichen Verhaltens und eines maschinellen Ablaufs ein fundamentaler Unterschied bestehe:[1359] Die Zurechnung des Versagens eines technischen Hilfsmittels beseitige mangels eines menschlichen Verhaltens den Haftungsgrund des Verschuldens und schaffe eine systemwidrige verschuldensunabhängige Erfolgshaftung.[1360] Die Haftung für das Versagen technischer Hilfsmittel stehe in keinem Zusammenhang mit der Gehilfenhaftung, sondern falle in den Bereich der Gefährdungshaftung.[1361]

Im **Bereich der vertraglichen Haftung** wird von den Befürwortern einer Haftung des Geschäftsherrn für technische Hilfsmittel in Analogie zu § 1313a weiters das Prinzip angeführt, wonach derjenige, der seinen Aktionsradius durch den Einsatz technischer Hilfsmittel erweitert und dadurch seine wirt-

---

1357 Bejahend *Gantner*, Die Haftung der Krankenanstalten für Computerfehlleistungen, VR 2001, 222; *Koziol*, Haftpflichtrecht II³ (2018) D.5; *Koziol*, Grundfragen des Schadenersatzrechts (2010) 228 ff; *Karner*, Liability for Robotics, in *Lohsse/Schulze/Staudenmayer* (Hrsg), Liability for Artificial Intelligence and the Internet of Things (2019) 117 (120, 124). Ablehnend *Reischauer*, Reform des Schadenersatzrechts? ÖJZ 2006, 391 (401); *Freudenthaler*, Haftung für „technische Hilfsmittel" wie für Erfüllungsgehilfen? ÖJZ 2011, 801; *E. Wagner*, Gehilfenhaftung im Deliktsbereich de lege lata und de lege ferenda, ÖJZ 2007, 755; *Staudegger*, Rechtsfragen beim Erwerb von IT-Systemen, in *Jahnel/Mader/Staudegger* (Hrsg), IT-Recht⁴ (2020) 191 (Rz 4/213 ff). Krit *Kronthaler*, Analoge Anwendung von § 1313a ABGB auf „technische Hilfsmittel"? ÖJZ 2019, 945, der im vertraglichen Bereich stattdessen eine Einzelanalogie zur Produkthaftung nach PHG vorschlägt. Bejahend nur für den vertraglichen Bereich *Ondreasova*, Haftung für technische Hilfsmittel de lege lata, ÖJZ 2015, 443 (446 ff). Zu Überlegungen de lege ferenda vgl *Griss/Kathrein/Koziol* (Hrsg), Entwurf eines neuen österreichischen Schadenersatzrechts (2006); dazu *Apathy*, Die Reform des österreichischen Schadenersatzrechts, VR 2006, 187 (192 f).

1358 *Koziol*, Haftpflichtrecht II³ (2018) D.5 Rz 3; vgl auch *Gantner*, Die Haftung der Krankenanstalten für Computerfehlleistungen, VR 2001, 222 (225).

1359 *Freudenthaler*, Haftung für „technische Hilfsmittel" wie für Erfüllungsgehilfen? ÖJZ 2011, 801 (802) mwN. Zum Unterschied zwischen dem Gehilfen und dem Einsatz technischer Hilfsmittel auch *Reischauer*, Reform des Schadenersatzrechts? ÖJZ 2006, 391 (401).

1360 *Freudenthaler*, Haftung für „technische Hilfsmittel" wie für Erfüllungsgehilfen? ÖJZ 2011, 801 (802 f); vgl auch *E. Wagner*, Gehilfenhaftung im Deliktsbereich de lege lata und de lege ferenda, ÖJZ 2007, 755 (761), die einen Widersprich zur Verhaltensunrechtsdoktrin sieht. Ähnlich zum deutschen Recht *Horner/Kaulartz*, Haftung 4.0, CR 2016, 7 (7).

1361 *E. Wagner*, Gehilfenhaftung im Deliktsbereich de lege lata und de lege ferenda, ÖJZ 2007, 755 (761 f); vgl dazu auch *Freudenthaler*, Haftung für „technische Hilfsmittel" wie für Erfüllungsgehilfen? ÖJZ 2011, 801 (804).

schaftlichen Chancen erhöht, auch für die den Geschäftspartnern hierdurch entstehenden Schäden zu haften hat.[1362] Die Verwendung technischer Hilfsmittel anstelle menschlicher Erfüllungsgehilfen solle nicht zu einer Haftungsentlastung des Geschäftsherrn und damit Schlechterstellung des Gläubigers führen.[1363] Die Analogie solle daher dann greifen, wenn technische Hilfsmittel menschliche Gehilfen ersetzen[1364] wie zB Roboter oder andere automatisierte Systeme. Als dogmatische Grundlage für eine Zurechnung von technischen Hilfsmitteln im vertraglichen Bereich wird eine Analogie zu § 1313a ABGB iVm §§ 89e, 91b GOG herangezogen.[1365] § 89e GOG normiert eine Haftung des Bundes für die durch den Einsatz der Informations- und Kommunikationstechnik verursachten Schäden aus Fehlern bei der Führung gerichtlicher Geschäfte. Zusätzlich sieht § 91b GOG vor, dass der Bund für die durch den Einsatz der automationsunterstützten Datenverarbeitung verursachten Schäden aus Fehlern bei der Führung des Beglaubigungsarchivs der Justiz haftet. Aus diesen Bestimmungen wird abgeleitet, dass der österreichische Gesetzgeber eine Haftung für technische Hilfsmittel in dem Fall anerkennt, dass dadurch menschliche Gehilfen ersetzt werden.[1366] Diese Wertung müsse auch außerhalb der staatlichen Verwaltung für private Sonderbeziehungen gelten.[1367]

Für den im Rahmen dieses Werkes interessierenden Bereich der **deliktischen Haftung** wird in der Literatur eine **Analogie zu § 1315 ABGB** erwogen. Gem § 1315 ABGB werden dem Geschäftsherrn Besorgungsgehilfen zugerechnet, welche untüchtig oder wissentlich gefährlich sind und in dieser Eigenschaft einem Dritten einen Schaden zufügen.[1368] Dementsprechend solle auf der Grundlage der Analogie der Geschäftsherr nicht nur für ein Verschulden bei Auswahl oder Überwachung des eingesetzten technischen Hilfsmittel haften, sondern ohne eigenes Verschulden auch dann, wenn dieses ungeeignet

---

1362 *Koziol*, Haftpflichtrecht II³ (2018) D.5 Rz 3 („Maxime ausgleichender Gerechtigkeit"); *Gantner*, Die Haftung der Krankenanstalten für Computerfehlleistungen, VR 2001, 222 (223 f).

1363 *Ondreasova*, Haftung für technische Hilfsmittel de lege lata, ÖJZ 2015, 443 (447); *Koziol*, Haftpflichtrecht II³ (2018) D.5 Rz 4; *Koziol*, Die Haftung der Banken bei Versagen technischer Hilfsmittel, ÖBA 1987, 3 (7 f); *Gantner*, Die Haftung der Krankenanstalten für Computerfehlleistungen, VR 2001, 222 (223 f).

1364 *Koziol*, Haftpflichtrecht II³ (2018) D.5 Rz 6; vgl *Gantner*, Die Haftung der Krankenanstalten für Computerfehlleistungen, VR 2001, 222 (224), der nur bei Computern mit „Selbststeuerung und Selbstkontrolle" von einer planwidrigen Lücke ausgeht.

1365 *Ondreasova*, Haftung für technische Hilfsmittel de lege lata, ÖJZ 2015, 443 (446 f); *Koziol*, Haftpflichtrecht II³ (2018) D.5 Rz 1 ff. Gegen die analoge Anwendung von § §§ 89e, 91b GOG *Freudenthaler*, Haftung für „technische Hilfsmittel" wie für Erfüllungsgehilfen? ÖJZ 2011, 801 (803); *Kodek* in *Fasching/Konecny*³ III/1 § 251 ZPO Rz 26 f.

1366 *Koziol*, Haftpflichtrecht II³ (2018) D.5 Rz 6; *Koziol*, Grundfragen des Schadenersatzrechts (2010) 229.

1367 *Ondreasova*, Haftung für technische Hilfsmittel de lege lata, ÖJZ 2015, 443 (447). Dagegen *Freudenthaler*, Haftung für „technische Hilfsmittel" wie für Erfüllungsgehilfen? ÖJZ 2011, 801 (803), der keine planwidrige Lücke als gegeben sieht; ebenfalls dagegen *Kodek* in *Kletečka/Schauer*, ABGB-ON[1.03] Vor § 1293 Rz 12 (Stand 1.1.2018, rdb.at).

1368 *Weilinger*, Privatrecht⁸ (2020) 228.

war.[1369] ME sprechen jedoch die besseren Gründe dafür, eine auf eine Analogie zu § 1315 ABGB gestützte Haftung für technische Hilfsmittel im deliktischen Bereich abzulehnen.[1370] Man würde die Wertungen der Gefährdungshaftung übergehen, wenn man eine Haftung für technische Hilfsmittel über eine Analogie zur Gehilfenhaftung begründet: Dies mag im vertraglichen Bereich aufgrund der gesetzgeberischen Tendenzen in §§ 89e, 91b GOG gerechtfertigt sein. Gegen eine Zurechnung von technischen Hilfsmitteln im deliktischen Bereich wird aber zu Recht ins Treffen geführt, dass die gesetzgeberische Wertung der §§ 89e, 91b GOG nicht auf den außervertraglichen Bereich übertragen werden kann und daher keine planwidrige Regelungslücke vorliegt.[1371] Im deliktischen Bereich gibt es daher keine Anhaltspunkte in der Rechtsordnung, von der systematischen Unterscheidung zwischen Haftung für menschliches Verhalten (Verschuldenshaftung) und Haftung für Sachrisiken (Gefährdungshaftung) abzuweichen.[1372] Außerhalb vertraglicher Beziehungen haftet für durch technische Hilfsmittel versursachte Schäden daher nur der Geschäftsherr/Halter im Rahmen der Gefährdungshaftung sowie gegebenenfalls der Hersteller im Rahmen der Produkthaftung.[1373]

Auf dem Gebiet des **automatisierten Fahrens** greift freilich die verschuldensunabhängige Haftung des Halters des Kfz nach EKHG. Die dargestellte Diskussion über die Zurechnung von technischen Hilfsmitteln im deliktischen Bereich hat daher vor allem bei Schäden Bedeutung, die außerhalb des Anwendungsbereichs, Haftungsumfangs (Haftungseinschränkungen nach §§ 3, 4 EKHG, Haftungsbefreiung gem § 9 EKHG) oder Ersatzumfangs (Haftungshöchstbeträge gem §§ 15, 16 EKHG) des EKHG liegen. Darüber hinaus spielt die Beantwortung der Frage nach der Zurechnung technischer Hilfsmittel im deliktischen Bereich aber auch für die Haftung des Halters nach ABGB eine Rolle, denn das EKHG sieht eine besondere Zurechnungsvorschrift für den Bereich der allgemeinen Verschuldenshaftung des Halters vor („erweiterte Gehilfenhaftung")[1374]: Gem § 19 Abs 2 EKHG haftet der Halter des Kfz für das Verschulden der Personen, die mit seinem Willen beim Betrieb des Kraftfahrzeugs tätig waren, soweit diese Tätigkeit für den Unfall ursächlich war. In der Literatur wird in diesem Zusammenhang die Frage erhoben, ob die Gehilfen-

1369 *Gantner*, Die Haftung der Krankenanstalten für Computerfehlleistungen, VR 2001, 222 (225 ff). Dagegen *Reischauer*, Reform des Schadenersatzrechts? ÖJZ 2006, 391 (401).

1370 Ebenso *Ondreasova*, Haftung für technische Hilfsmittel de lege lata, ÖJZ 2015, 443 (448 f).

1371 Überzeugend dazu *Ondreasova*, Haftung für technische Hilfsmittel de lege lata, ÖJZ 2015, 443 (448 f) und *Ondreasova*, Haftung für technische Hilfsmittel de lege ferenda, ÖJZ 2015, 593 (597 f), die betont, dass der direkte Anwendungsbereich der §§ 89e, 91b GOG (Justiz und Register) Ähnlichkeiten mit privaten Sonderbeziehungen aufweist, nicht jedoch mit dem deliktischen Bereich.

1372 Vgl zu dieser Unterscheidung in der Systematik der österreichischen Rechtsordnung *Koziol*, Die Haftung der Banken bei Versagen technischer Hilfsmittel, ÖBA 1987, 3 (8 f).

1373 Vgl *Freudenthaler*, Haftung für „technische Hilfsmittel" wie für Erfüllungsgehilfen? ÖJZ 2011, 801 (804).

1374 *Koziol*, Haftpflichtrecht II^3 (2018) D.3 Rz 41.

haftung des Halters gem § 19 Abs 2 EKHG auch für den Einsatz neuer technologischer Hilfsmittel, wie automatisierte Systeme eines Kfz, gilt.[1375] Nach der hier vertretenen Ansicht ist dies aus den bereits angeführten Gründen abzulehnen.

[1375] *Harnoncourt*, Haftungsrechtliche Aspekte des autonomen Fahrens, ZVR 2016/228 (549); *Harnoncourt*, Haftungsrechtliche Aspekte des autonomen Fahrens, in *I. Eisenberger ua* (Hrsg), Autonomes Fahren und Recht (2017) 109 (114 f); *Eustacchio*, Automatisiert zum Recht, ZVR 2017, 509 (511).

IX. Regress zwischen den Haftpflichtigen nach EKHG und PHG

A. Allgemeines

Erleidet jemand durch den Unfall mit einem automatisierten Kfz einen Sach- oder Personenschaden, kommen zum Ersatz der verursachten Schäden regelmäßig mehrere Haftungsgrundlagen und Haftungsgegner in Betracht. Die drei bedeutendsten Haftungsgrundlagen wurden in den vorherigen Kapiteln bereits erörtert: Bei schuldhafter Sorgfaltspflichtverletzung des Lenkers kann der Geschädigte diesen aufgrund der allgemeinen Verschuldenshaftung gem § 1295 Abs 1 ABGB in Anspruch nehmen. Bei Verwirklichung der Betriebsgefahr des Kfz steht dem Geschädigten ein Gefährdungshaftungsanspruch nach EKHG gegen den Halter des Fahrzeuges zu. Ist die Schädigung auf einen Fehler des Kfz zurückzuführen, kann sich der Geschädigte außerdem auf einen verschuldensunabhängigen Schadenersatzanspruch nach PHG gegen den Hersteller stützen. Der Geschädigte hat daher die Wahl zwischen mehreren Haftungsgegnern. Da die **endgültige Tragung des Schadens** nicht davon abhängen kann, wen der Geschädigte in Anspruch nimmt, bedarf es Regressregeln, die bestimmen, wem die Last des Schadens letztlich zugewiesen wird.[1376] Von besonderem Interesse im Bereich des automatisierten Fahrens ist das Regressverhältnis zwischen Halter und Hersteller des schadensursächlichen Fahrzeuges. Bevor auf dieses Innenverhältnis zwischen den Haftpflichtigen nach EKHG und PHG näher eingegangen wird, soll noch die Vorfrage des Außerverhältnisses zum Geschädigten näher erläutert werden.

B. Haftung (Außenverhältnis)

Bei der Beurteilung des **Außenverhältnisses** zwischen dem Geschädigten einerseits und einer Mehrzahl von Ersatzpflichtigen nach unterschiedlichen Haftungsgrundlagen (zB ABGB, EKHG oder PHG) andererseits[1377] ist zur Bestimmung der jeweils einschlägigen Norm danach zu differenzieren, wessen Ersatzpflicht angesprochen wird.

1. Inanspruchnahme des Halters nach EKHG

Wendet sich der Geschädigte gegen den Halter aufgrund der Haftungsgrundlage des EKHG, ist zur Beurteilung des Außenverhältnisses mangels

---

1376 *Harnoncourt*, Haftungsrechtliche Aspekte des autonomen Fahrens, ZVR 2016/228 (552); *Harnoncourt*, Haftungsrechtliche Aspekte des autonomen Fahrens, in *I. Eisenberger ua* (Hrsg), Autonomes Fahren und Recht (2017) 109 (120).

1377 Hier geht es insb um die Frage, ob die Schädiger solidarisch oder anteilig haften.

Sondernorm **§ 1302 ABGB** heranzuziehen.[1378] Nach den Grundsätzen des § 1302 ABGB tritt bei nicht gemeinsam vorgehenden Schadensstiftern **solidarische Haftung** ein, wenn sich die verursachten Anteile der einzelnen Täter nicht bestimmen lassen oder jeder einzelne eine conditio sine qua non für den ganzen Schaden gesetzt hat.[1379] Diese Grundsätze sind nach der Rspr des OGH nicht nur bei verschuldensabhängigen deliktischen Ersatzansprüchen, sondern sinngemäß auch bei verschuldensunabhängigen Ersatzansprüchen in Fällen der Eingriffshaftung anzuwenden.[1380] Es kann daher kein Zweifel daran bestehen, dass der Grundgedanke des § 1302 ABGB in gleicher Weise auch auf **verschuldensunabhängige Gefährdungshaftungstatbestände** übertragen werde kann, sofern keine Sondernorm[1381] einschlägig ist.[1382] Wird also bei einer Mehrzahl von Haftpflichtigen nach unterschiedlichen Haftungsgrundlagen die Haftung des **Halters des unfallbeteiligten fehlerhaften Kfz** nach EKHG geltend gemacht, so ist für die Beurteilung des Außenverhältnisses des Halters zum Geschädigten mangels Sondernorm § 1302 ABGB anzuwenden.

2. Inanspruchnahme des Herstellers nach PHG

Wird hingegen die Produkthaftung geltend gemacht, so ergibt sich die solidarische Haftung des Ersatzpflichtigen nach PHG mit nach einer anderen Haftungsgrundlage, wie zB EKHG oder ABGB, Ersatzpflichtigen aus **§ 10 Satz 2 PHG (Art 8 PH-RL)**.[1383] Gem Art 8 PH-RL wird unbeschadet des einzelstaatlichen Rückgriffsrechts die Haftung eines Herstellers nicht gemindert, wenn der Schaden durch einen Fehler des Produkts und **zugleich durch die Handlung eines Dritten** verursacht worden ist. In der Umsetzungsbestimmung des § 10 PHG heißt es: „Trifft die Haftpflicht mehrere, so haften sie zur ungeteilten Hand. Ihre Haftung wird nicht dadurch gemindert, daß auch **andere nach anderen Bestimmungen für den Ersatz desselben Schadens** haften." Als Sondernorm verdrängt § 10 Satz 2 PHG in seinem Anwendungsbereich die allgemeinere Bestimmung des § 1302 ABGB.[1384] Auch der OGH stützt die

[1378] Vgl auch *Welser/Rabl*, PHG² (2004) § 10 Rz 10, § 15 Rz 6; *Rabl* PHG (2017) § 10 Rz 19, § 15 Rz 11.

[1379] OGH 5 Ob 58/94 SZ 67/155; *Koziol*, Haftpflichtrecht I⁴ (2020) D/5/Rz 18.

[1380] *Reischauer* in *Rummel*, ABGB³ § 1302 ABGB (Stand 1.1.2007, rdb.at) Rz 2a; zu § 8 Abs 3 MRG RIS-Justiz RS0017135; ua OGH 5 Ob 54/01d ecolex 2001, 671 = immolex 2001, 262; OGH 5 Ob 58/94 SZ 67/155; zu § 364a ABGB RIS-Justiz RS0010538; RIS-Justiz RS0010651.

[1381] Wie zB durch § 5 Abs 2 EKHG, § 8 Abs 2 EKHG oder § 10 PHG.

[1382] So auch *Reischauer* in *Rummel*, ABGB³ § 1302 ABGB Rz 2a (Stand 1.1.2007, rdb.at).

[1383] *Rabl*, Anm zu OGH 3 Ob 71/02s ecolex 2003, 100; *Preslmayr*, Handbuch der Produkthaftung² (2002) 43; *Welser/Rabl*, PHG² (2004) § 10 Rz 9; vgl auch *Rabl*, PHG (2017) § 15 Rz 11.

[1384] *Welser/Rabl*, PHG² (2004) § 10 Rz 9; *Fitz/Grau* in *Fitz/Grau/Reindl*, PHG 2 (2004) § 10 Rz 8; *Rabl*, PHG (2017) § 10 Rz 8, 17; vgl *Posch*, Produkthaftungsgesetz, RdW 1988, 65 (FN 79); vgl auch ErläutRV 272 BlgNR 17. GP 13.

ungeteilte Haftung des Ersatzpflichtigen nach PHG bei Konkurrenz mit der Haftpflicht nach EKHG in seiner neueren[1385] Entscheidung 2 Ob 78/06v auf § 10 Satz 2 PHG:[1386] Ein LKW hinterließ aufgrund einer defekten Dieselleitung eine „Ölspur", die zu mehreren Verkehrsunfällen führte. Der Haftpflichtversicherer des LKWs leistete an die Geschädigten Schadenersatz auf Grundlage des EKHG und erhob Regressansprüche gegen den Hersteller des Fahrzeuges. Der OGH führte aus, dass Ersatzpflichtige nach PHG gem § 10 Satz 2 PHG solidarisch mit nach anderen Grundlagen, wie dem EKHG, Ersatzpflichtigen haften. Für den Fall der Fehlerhaftigkeit des LKW iSd PHG bestehe daher ein Regressanspruch des Versicherers gem § 896 ABGB iVm § 67 VersVG.

C. Regress (Innenverhältnis)

1. Anwendbare Norm

Die PH-RL gibt zwar die solidarische Haftung eines Ersatzpflichtigen nach PHG mit anderen Haftenden vor, lässt aber das einzelstaatliche Rückgriffsrecht unberührt.[1387] Die Ausgestaltung des Regresses zwischen den Gesamtschuldnern ist daher den Mitgliedstaaten überlassen.[1388] Für das Innenverhältnis zwischen den Gesamtschuldnern und damit auch die **endgültige Schadenstragung** ist daher das nationale Recht ausschlaggebend.

Das österreichische PHG hat mit § 12 eine eigene Regressbestimmung, deren direkter Anwendungsbereich jedoch nur den Rückgriff zwischen mehreren nach PHG Ersatzpflichtigen umfasst.[1389] Nach welcher Bestimmung sich das Regressverhältnis **zwischen Haftenden nach PHG und nach anderen Haftungsgrundlagen Ersatzpflichtigen** richtet, ist umstritten. Manche Lehrmeinungen möchten **§ 12 Abs 2 PHG (analog)** anwenden.[1390] Bei Zusammen-

---

1385 In der älteren Entscheidung 3 Ob 71/02s trafen die Haftung des Herstellers einer fehlerhaften Gebindeabschiebeanlage nach PHG und die Verschuldenshaftung der Brauerei wegen unterlassener Einschulung des geschädigten Arbeitnehmers zusammen. Der OGH stützte die volle Haftung des Herstellers nach PHG auf § 1302 ABGB, da beide Schädiger fahrlässig gehandelt haben und die Anteile nicht bestimmbar seien; krit *Rabl*, ecolex 2003, 100, nach dem für die Haftung des Herstellers nicht § 1302 ABGB, sondern § 10 Satz 2 PHG einschlägig sei.

1386 OGH 2 Ob 78/06v ecolex 2007, 171 = ÖJZ 2007, 244.

1387 Art 5, 8 Abs 1 PH-RL: „Unbeschadet des einzelstaatlichen Rückgriffsrechts […]."

1388 *Welser/Rabl*, PHG² (2004) § 12 Rz 1 mwN; *Posch/Terlitza* in *Schwimann/Kodek*, ABGB Praxiskommentar⁴ (2016) § 12 PHG Rz 1; *Rabl*, PHG (2017) § 12 Rz 1.

1389 Vgl *Welser*, PHG (1988) § 12 Rz 12; *Welser*, Lücken und Tücken des Produkthaftungsgesetzes, WBl 1988, 281 (286 f); *Rabl*, PHG (2017) § 12 Rz 24. AA wohl *Reindl* in *Fitz/Grau/Reindl*, PHG² (2004) § 12 Rz 5 f; wie diese *Koziol/Apathy/Koch*, Haftpflichtrecht III³ (2014) B Rz 85.

1390 Für eine analoge Anwendung *Welser*, Lücken und Tücken des Produkthaftungsgesetzes, WBl 1988, 281 (287); *Preslmayr*, Handbuch der Produkthaftung² (2002) 43, 47; zurückhaltender gegenüber der Vorauflage *Welser/Rabl*, PHG² (2004) § 10 Rz 11, § 12 Rz 11. Für eine

treffen der Haftung des Halters nach EKHG und des Herstellers nach PHG komme es daher zunächst auf allfälliges **Verschulden**, bei dessen Fehlen auf die **Verursachungsanteile** an.[1391] Einige Autoren sehen neben diesen Kriterien auch die dem jeweiligen Ersatzpflichtigen zuzurechnende **Betriebsgefahr** als maßgeblich an.[1392] Der Regressanspruch nach § 12 Abs 2 PHG (analog) kann innerhalb der Grenzen der Sittenwidrigkeit gem § 879 ABGB abbedungen werden.[1393]

Die Rspr und ein Teil der Lehre wenden hingegen **§ 896 ABGB** an.[1394] Für den Ausgleichsanspruch zwischen mehreren Haftpflichtigen sei daher gemäß § 896 ABGB das zwischen ihnen bestehende „**besondere Verhältnis**" entscheidend.[1395] Dieser Ansicht ist der Vorzug zu geben und bildet daher die Grundlage der weiteren Erörterungen.

2. Ausgleichskriterien des § 896 ABGB

Nach der Rspr des OGH kann das „besondere Verhältnis" iSd § 896 ABGB auf rechtsgeschäftlichen Beziehungen zwischen den Mitschuldnern, aber auch auf schadenersatzrechtlichen Verflechtungen und sonstigen berücksichtigungswürdigen Umständen beruhen,[1396] die im konkreten Fall ein Abweichen vom Rückgriff nach Kopfteilen rechtfertigen.[1397] Mangels Vereinbarung[1398] sei als besonderes Verhältnis unter den Mitschuldnern insb das Ausmaß der Verschuldens-, Rechtswidrigkeits- und Verursachungsanteile anzusehen, nach dem sich dann die endgültige Haftung im Innenverhältnis bestimme.[1399] Im Allgemeinen sei auf die Schwere der Zurechnungsmomente abzustellen.[1400]

---

offenbar direkte Anwendung *Reindl* in *Fitz/Grau/Reindl*, PHG² (2004) § 12 Rz 5 f; wie diese *Koziol/Apathy/Koch*, Haftpflichtrecht III³ (2014) B Rz 85. Abl *Rabl*, PHG (2017) § 12 Rz 24.

1391 *Reindl* in *Fitz/Grau/Reindl*, PHG² (2004) § 12 Rz 5 f; vgl *Preslmayr*, Handbuch der Produkthaftung² (2002) 47.

1392 *Preslmayr*, Handbuch der Produkthaftung² (2002) 47, leitet dies aus den Grundsätzen des § 11 EKHG ab, deren Heranziehung in der RV zum PHG befürwortet wird (ErläutRV 272 BlgNR 17. GP 13); *Welser/Rabl*, PHG² (2004) § 12 Rz 10.

1393 *Preslmayr*, Handbuch der Produkthaftung² (2002) 47, 127, 129; *Reindl* in *Fitz/Grau/Reindl*, PHG² (2004) § 12 Rz 8; *Welser/Rabl*, PHG² (2004) § 9 Rz 8, § 12 Rz 14; *Rabl*, PHG (2017) § 9 Rz 15 ff; vgl auch OGH 9 Ob 2138/96v, *Prallscheibe*, ecolex 1997, 427 = ÖJZ 1997/128.

1394 *Rabl*, PHG (2017) § 12 Rz 24; *Harnoncourt*, Haftungsrechtliche Aspekte des autonomen Fahrens, ZVR 2016/228 (552); *Harnoncourt*, Haftungsrechtliche Aspekte des autonomen Fahrens, in *I. Eisenberger ua* (Hrsg), Autonomes Fahren und Recht (2017) 109 (121); OGH 3.9.2009, 2 Ob 66/09h; OGH 2 Ob 78/06v ecolex 2007, 171 = ÖJZ 2007, 244.

1395 RIS-Justiz RS0017522; OGH 3.9.2009, 2 Ob 66/09h; OGH 2 Ob 78/06v ecolex 2007, 171 = ÖJZ 2007, 244.

1396 RIS-Justiz RS0017522 (T3); OGH 2 Ob 78/06v ecolex 2007, 171 = ÖJZ 2007, 244.

1397 RIS-Justiz RS0017522 (T2); ua OGH 9 ObA 8/15i Zak 2016/265 = EvBl-LS 2016/89; OGH 30.6.1999, 9 Ob 137/99h.

1398 OGH 7 Ob 19/05b VR 2009, 43.

1399 RIS-Justiz RS0017514 (T12); RIS-Justiz RS0017501 (T1); vgl auch RIS-Justiz RS0026324.

1400 RIS-Justiz RS0017501 (T2); OGH 30.11.1988, 1 Ob 705/88; OGH 8 Ob 63/85 ZVR 1987/74; OGH 7 Ob 26/82, JBl 1983, 202; OGH 2.6.1979, 5 Ob 588/79; OGH 12.7.1977,

P. Bydlinski lehnt das Abstellen auf Verursachungs- und Rechtswidrigkeitsanteile zu Recht ab, da weder Kausalität noch Rechtswidrigkeit abstufbar seien.[1401] Des Weiteren sei idR jeder solidarisch Haftende für den gesamten Schaden kausal.[1402] Es könne lediglich auf die **Adäquanz (Wahrscheinlichkeit des Schadenseintritts)** und den **Rechtswidrigkeitszusammenhang (Schutzzweck der übertretenen Norm)** abgestellt werden. Diese Kriterien seien im Rahmen der Bestimmung des Ausmaßes des **Verschuldens**, dem die entscheidende Bedeutung zukomme, zu veranschlagen.[1403] Neben oder anstelle des Verschuldens könne auch die **Gefährlichkeit** Berücksichtigung finden.[1404] Auch der OGH weist in einigen Entscheidungen auf die Nichtabstufbarkeit der Verursachung hin.[1405] Er führt im Zusammenhang mit der Gefährdungshaftung nach dem **Reichshaftpflichtgesetz** (RHPflG)[1406] aus, dass es nur auf die **höhere Gefährlichkeit** ankomme, „wobei die **Eignung zur Schadenszufügung** im konkreten Fall zu berücksichtigen" sei.[1407] Es sei darauf abzustellen, „in welchem Ausmaß der Eintritt des Schadens der einen und der anderen Anlage zuzurechnen ist."

Es ergibt sich daher folgende Reihenfolge der maßgeblichen Ausgleichskriterien: Das besondere Verhältnis zwischen den Mitschuldnern iSd § 896 ABGB bestimmt sich vorrangig nach einem etwaigen **vertraglichen Rechtsverhältnis.**[1408] Der Möglichkeit der vertraglichen Regelung des Regressverhältnisses steht § 9 PHG, wonach die Ersatzpflicht nach dem PHG im Voraus weder ausgeschlossen noch beschränkt werden kann, nicht entgegen. Denn § 9 PHG bezieht sich nur auf Ersatzpflichten nach dem PHG, dh nur auf das Außenverhältnis zwischen Geschädigtem und Haftendem, nicht jedoch auf

---

5 Ob 506/77; vgl auch RIS-Justiz RS0017501 (T17); OGH 2 Ob 61/17k Zak 2017/371; *Koziol*, Haftpflichtrecht I[4] (2020) D/5/Rz 36.

1401 *P. Bydlinski*, Die Regresskriterien bei der Schadenersatz-Gesamtschuld, RZ 2013, 57 (58, 61); vgl auch in Hinblick auf die Kausalität iZm Mitverschulden *Koziol*, Haftpflichtrecht I[4] (2020) C/9/Rz 49.

1402 Mit der Ausnahme der solidarischen Haftung bei alternativer Kausalität, vgl *P. Bydlinski*, Die Regresskriterien bei der Schadenersatz-Gesamtschuld, RZ 2013, 57 (58, FN 16).

1403 *P. Bydlinski*, Die Regresskriterien bei der Schadenersatz-Gesamtschuld, RZ 2013, 57 (58 f); vgl auch in Hinblick auf das Mitverschulden *Koziol*, Haftpflichtrecht I[4] (2020) C/9/Rz 50.

1404 *P. Bydlinski*, Die Regresskriterien bei der Schadenersatz-Gesamtschuld, RZ 2013, 57 (58 f).

1405 Zu § 9b RHPflG RIS-Justiz RS0116223; OGH 6 Ob 155/01i ZVR 2003, 120 = ÖJZ 2002/145; OGH 6 Ob 617/85 ÖJZ 1988/21; zu § 27 LuftVG RIS-Justiz RS0106860; OGH 1 Ob 53/95 ZVR 1997, 265 = SZ 69/219.

1406 Gesetz, betreffend die Verbindlichkeit zum Schadenersatz für die bei dem Betriebe von Eisenbahnen, Bergwerken ec. herbeigeführten Tödtungen und Körperverletzungen. Vom 7. Juni 1871. dRGBl 1871/652, 207.

1407 OGH 6 Ob 617/85 ÖJZ 1988/21 mwN.

1408 OGH 9 Ob 2138/96v, *Prallscheibe*, ecolex 1997, 427 = ÖJZ 1997/128 (Kaufvertrag bei Rückgriff nach § 12 PHG); *Gamerith/Wendehorst* in *Rummel/Lukas*, ABGB[4] § 896 ABGB Rz 29 (Stand 1.11.2014, rdb.at).

das Innenverhältnis zwischen mehreren Ersatzpflichtigen.[1409] Rückgriffsrechte können daher innerhalb allgemeiner Grenzen, wie der Sittenwidrigkeitskontrolle nach § 879 ABGB, im Vorhinein vertraglich abbedungen werden.[1410] Bei der Verwendung von allgemeinen Geschäftsbedingungen ist außerdem die Geltungskontrolle nach § 864a ABGB und die Inhaltskontrolle nach § 879 Abs 3 ABGB zu berücksichtigen; im Verbrauchergeschäft zusätzlich § 6 KSchG.[1411] Mangels rechtsgeschäftlicher Vereinbarung kommt es auf die **Verschuldensanteile** der Haftenden an. Liegt beiderseits kein Verschulden vor, sind die **Zurechnungsmomente des PHG und EKHG** gegeneinander abzuwägen. Entscheidungsrelevante Kriterien sind insb die **Stärke des Adäquanz- und Gefahrenzusammenhangs** sowie die **Höhe der zu vertretenden Gefährlichkeit**[1412] (zB Gefährlichkeit des Produktfehlers, gewöhnliche oder außergewöhnliche Betriebsgefahr). Dabei ist auf die im PHG und EKHG zum Ausdruck kommenden **Wertungen des Gesetzgebers** Bedacht zu nehmen.

Im Zweifel ist der Ausgleich gem § 896 ABGB **nach Kopfteilen** vorzunehmen.[1413] Die **Beweislast** für einen nicht kopfteiligen Ausgleich trifft denjenigen, der sich auf eine besondere Regelung beruft.[1414] Wer einen anderen als einen gleichteiligen Aufteilungsschlüssel behauptet, hat also die dafür maßgeblichen Umstände vorzubringen und zu beweisen.[1415]

Das Ausmaß des Regressanspruchs wird erst durch die konkreten Umstände des Falles bestimmt[1416] und ist daher regelmäßig **einzelfallbezogen**, weshalb es im Allgemeinen keine erhebliche Rechtsfrage darstellt.[1417]

3. Meinungsstand zum Regress zwischen Halter und Hersteller

Einer eingehenderen Betrachtung soll der Fall unterzogen werden, dass zwischen Halter und Hersteller keine vertragliche Vereinbarung vorliegt und keiner Seite ein Verschulden zur Last gelegt werden kann. Für diesen Fall vertritt die hL, dass im Innenverhältnis zwischen Halter und Hersteller des feh-

[1409] Vgl *Preslmayr*, Handbuch der Produkthaftung² (2002) 127, 129; *Fitz/Grau* in *Fitz/Grau/Reindl*, Produkthaftung (2004) § 9 Rz 3; *Koziol/Apathy/Koch*, Haftpflichtrecht III³ (2014) B Rz 87, 254; *Welser/Rabl*, PHG² (2004) § 9 Rz 8; *Rabl*, PHG (2017) § 9 Rz 15; § 12 Rz 29.

[1410] *Preslmayr*, Handbuch der Produkthaftung² (2002) 47, 127, 129; *Reindl* in *Fitz/Grau/Reindl*, PHG² (2004) § 12 Rz 8; *Welser/Rabl*, PHG² (2004) § 9 Rz 8, § 12 Rz 14; *Rabl*, PHG (2017) § 9 Rz 15 ff; vgl auch OGH 9 Ob 2138/96v, *Prallscheibe*, ecolex 1997, 427 = ÖJZ 1997/128.

[1411] Dazu eingehend *Preslmayr*, Handbuch der Produkthaftung² (2002) 129 ff.

[1412] *P. Bydlinski*, Die Regresskriterien bei der Schadenersatz-Gesamtschuld, RZ 2013, 57 (58 f).

[1413] *Weilinger*, Privatrecht⁸ (2020) 229; RIS-Justiz RS0003080.

[1414] RIS-Justiz RS0017575; RIS-Justiz RS0017501 (T11).

[1415] RIS-Justiz RS0017514 (T8).

[1416] RIS-Justiz RS0026824.

[1417] RIS-Justiz RS0087606 (T26); OGH 6 Ob 205/14m Zak 2015/138.

lerhaften automatisierten Kfz letztlich **immer der Hersteller** den Schaden zu tragen hat.[1418] Anders formuliert, wird nach dieser Ansicht dem Betriebsrisiko des Kfz im Rahmen des Ausgleichs zwischen Halter und Hersteller gegenüber der Gefahr des Fehlers des Fahrzeuges kein bedeutendes Gewicht zugemessen.

Die zu dieser Rechtsfrage ergangene Rspr ist mager. Nachdem der OGH in 5 Ob 58/94[1419] und 2 Ob 78/06v[1420] die Frage, nach welchen Kriterien ein Schadensausgleich nach § 896 ABGB zwischen einem Schädiger, der nach dem EKHG haftet, und einem Produkthaftpflichtigen vorzunehmen ist, ausdrücklich offen gelassen hatte, äußerte er sich dazu erstmalig in **2 Ob 66/09h**[1421]: Ein Straßenbauarbeiter wurde durch einen fehlerhaften Asphaltfertiger eingeklemmt und schwer verletzt. Der Haftpflichtversicherer der Herstellerin leistete an den Geschädigten Schadenersatz auf Grundlage des PHG und erhob Regressansprüche gegen die Halterin des Fahrzeuges. Die Vorinstanzen führten dazu aus:

> „Für den Rückgriff iSd § 896 ABGB komme es vorrangig auf das gegenseitige besondere Verhältnis der Solidarhaftenden an. Die Haftung der Beklagten als Halterin sei nur eine weitere, vom EKHG angeordnete, rechtliche Konsequenz der Fehlerhaftigkeit des Produkts und wäre durch die Beklagte selbst auch bei Einhaltung der maximalen Sorgfaltsanforderungen in der Bedienung des Geräts nicht abzuwenden gewesen. Der Entlastungsbeweis nach § 9 EKHG hätte nämlich jedenfalls versagt, weil es zu einem Versagen der Verrichtungen des Geräts gekommen sei. Dieses Versagen sei allein durch den Konstruktionsfehler, den die VN [gemeint: Versicherungsnehmerin] der Klägerin zu vertreten habe, verursacht. Der Umstand, dass durch weitere Vorsichtsmaßnahmen des Lenkers die Verletzung des unbeteiligten Dritten allenfalls hätte vermieden werden können, trete demgegenüber in den Hintergrund. Dass der Unfall abgewendet hätte werden können, wenn das Gerät nicht in Betrieb genommen worden wäre, solang sich der unbeteiligte Dritte im Gefahrenbereich befunden habe, ändere nichts daran, dass die Ursache der schadenstiftenden unerwarteten raschen Vorwärtsbewegung des Asphaltfertigers im Konstruktionsfehler gelegen sei.“

Der OGH hielt diese Rechtsansicht wegen der **weit überwiegenden Zuordenbarkeit des Schadensereignisses in die Sphäre der Herstellerin** für jedenfalls vertretbar.

1418 *Harnoncourt*, Haftungsrechtliche Aspekte des autonomen Fahrens, ZVR 2016/228 (552); *Harnoncourt*, Haftungsrechtliche Aspekte des autonomen Fahrens, in *I. Eisenberger ua* (Hrsg), Autonomes Fahren und Recht (2017) 109 (121); *Windsteiger*, Autonomes Fahren (2018) 63 f; zum deutschen Recht *Ch. Huber*, Automatisiertes und autonomes Fahren – wer haftet? in *Frenz* (Hrsg), Handbuch Industrie 4.0: Recht, Technik, Gesellschaft (2020) 697 (704); *Ch. Huber*, Neuerungen bei der Haftung im Verkehrsunfallrecht in Deutschland, ZVR 2017/235 (415). AA zum deutschen Recht wohl *Gomille*, Herstellerhaftung für automatisierte Fahrzeuge, JZ 2016, 76 (82), nach dem „der Umstand, dass der Halter durchaus Vorteile aus dem autonomen Fahrzeug zieht und eine Betriebsgefahr setzt, ohne weiteres in den internen Schadensausgleich einbezogen werden“ kann. Ihm folgend *Hinze*, Haftungsrisiken des automatisierten und autonomen Fahrens (2021) 188.

1419 OGH 2 Ob 2170/96y ZVR 1997, 408.

1420 OGH 2 Ob 78/06v ecolex 2007, 171 = ÖJZ 2007, 244.

1421 OGH 3.9.2009, 2 Ob 66/09h.

4. Stellungnahme

Wie bereits ausgeführt, hat im Innenverhältnis zwischen Halter und Hersteller des fehlerhaften automatisierten Kfz nach hL letztlich immer der Hersteller den Schaden zu tragen, sofern keine Vereinbarung und beiderseits kein Verschulden vorliegt.[1422] In diese Richtung scheint auch das im vorherigen Abschnitt dargestellte Urteil der Vorinstanzen zu gehen, das durch den OGH in 2 Ob 66/09h[1423] bestätigt wurde. Wesentliches Argument dieser Ansicht ist, dass die Halterhaftung nach EKHG nur eine rechtliche Reflexwirkung der Fehlerhaftigkeit des Produktes darstelle. Dies wird mit § 9 EKHG begründet, der eine Haftungsbefreiung des Halters bei schadensursächlichen technischen Defekten des Kfz ausschließt.

Wie zu zeigen sein wird, missachtet diese Ansicht jedoch zentrale Wertungen des § 9 EKHG. Denn gem § 9 EKHG stehen einer Haftungsbefreiung des Halters nicht nur technische Defekte entgegen, sondern auch die Nichteinhaltung der äußersten nach den Umständen des Falles möglichen und zumutbaren Sorgfalt sowie die Verwirklichung einer außergewöhnlichen Betriebsgefahr. Die gesetzgeberischen Wertungen des § 9 EKHG gebieten es daher grundsätzlich, danach zu differenzieren, ob neben dem technischen Defekt auch Sorgfaltsverstöße des Halters oder einer mit Willen des Halters beim Betrieb tätigen Person schadensursächlich waren und/oder sich eine außergewöhnliche Betriebsgefahr verwirklicht hat. Derartige in die Sphäre des Halters fallende Umstände sind grundsätzlich beim Regress zwischen Halter und Hersteller zu berücksichtigen und der Gefahr des Produktfehlers gegenüberzustellen. Eine pauschale Zuweisung der Schadenstragung an den Hersteller des fehlerhaften automatisierten Kfz ist aus § 9 EKHG hingegen nicht ableitbar.

Dennoch muss der hA, wonach mangels Vereinbarung und Verschuldens das Betriebsrisiko des Kfz im Innenverhältnis zwischen Halter und Hersteller keine Berücksichtigung findet und somit der Hersteller immer den Schaden trägt, im Ergebnis zugestimmt werden. Dies ergibt sich zwar nicht aus § 9 EKHG, ist jedoch aus Gleichheitsgesichtspunkten zwingend (siehe unter b).

1422 *Harnoncourt*, Haftungsrechtliche Aspekte des autonomen Fahrens, ZVR 2016/228 (552); *Harnoncourt*, Haftungsrechtliche Aspekte des autonomen Fahrens, in *I. Eisenberger ua* (Hrsg), Autonomes Fahren und Recht (2017) 109 (121); *Windsteiger*, Autonomes Fahren (2018) 63 f; zum deutschen Recht *Ch. Huber*, Neuerungen bei der Haftung im Verkehrsunfallrecht in Deutschland, ZVR 2017/235 (415). AA zum deutschen Recht wohl *Gomille*, Herstellerhaftung für automatisierte Fahrzeuge, JZ 2016, 75 (82), nach dem „der Umstand, dass der Halter durchaus Vorteile aus dem autonomen Fahrzeug zieht und eine Betriebsgefahr setzt, ohne weiteres in den internen Schadensausgleich einbezogen werden" kann.

1423 OGH 3.9.2009, 2 Ob 66/09h.

a) Wertungen des § 9 EKHG

Wie bereits eingangs angerissen, verfolgt die Entscheidung der Vorinstanzen zu 2 Ob 66/09h[1424] mE einen nur teilweise richtigen Ansatz und weist logische Mängel auf: So wird ausgeführt, dass die Haftung der Halterin „auch bei Einhaltung der maximalen Sorgfaltsanforderungen in der Bedienung des Geräts nicht abzuwenden" gewesen wäre, da der Haftungsausschluss nach § 9 EKHG aufgrund des Versagens der Verrichtungen ohnehin nicht gegriffen hätte. Dabei übersieht das Gericht einen wesentlichen logischen Zwischenschritt: Hätten weitere Vorsichtsmaßnahmen den Schaden verhindert, dann wäre dadurch die Haftung der Halterin bereits nach § 1 EKHG nicht eingetreten, denn wo kein Schaden, da kein Ersatzanspruch. Die Begründung der Vorinstanzen, dass der Entlastungsbeweis nach § 9 EKHG aufgrund des Versagens der Verrichtungen jedenfalls nicht greift und daher in jedem Fall eine Haftung der Halterin eingetreten wäre, ist in diesem Zusammenhang irreführend. Das Gericht übersieht, dass möglicherweise (dies wurde mE unrichtigerweise nicht geprüft) der Schaden und damit auch die Haftung nach EKHG durch weitere Vorsichtsmaßnahmen hätte verhindert werden können.

Die weiteren Ausführungen des Berufungsgerichts, wonach der „Umstand, dass durch weitere Vorsichtsmaßnahmen des Lenkers die Verletzung des unbeteiligten Dritten allenfalls hätte vermieden werden können," gegenüber dem Konstruktionsfehler in den Hintergrund tritt, mögen im konkreten Fall aufgrund der Schwere des Fehlers zu einem richtigen Ergebnis führen. Vorsicht ist aber bei der Übertragung der problematischen Argumentationsweise des Berufungsgerichts auf andere Fälle geboten: Denn grundsätzlich gebieten es die in § 9 EKHG verkörperten gesetzgeberischen Wertungen, dass das **unfallkausale**[1425] **Unterlassen von Vorsichtsmaßnahmen** als Umstand, der in die **Sphäre des Halters** fällt, in die Abwägung zur Bestimmung des Regressverhältnisses miteinbezogen werden muss. Diese Abwägung kann selbstverständlich ergeben, dass der Fehler derart schwerer wiegt, dass das unfallkausale Unterlassen von Vorsichtsmaßnahmen demgegenüber in den Hintergrund tritt und der Schaden daher in seiner Gesamtheit vom Hersteller zu tragen ist. Dies ist jedoch nicht zwingend der Fall. Insofern ist der Einwand des Versicherers, das Berufungsgericht hätte „den Sorgfaltsverstoß des Lenkers des Kraftfahrzeugs (Asphaltfertigers) unberücksichtigt gelassen", berechtigt. Dieser Einwand kann auch nicht mit dem Argument des OGH entkräftet werden, dass es für das Verschulden des Lenkers in den Feststellungen keine Grundlage gibt. Auf ein Verschulden des Lenkers stellt § 9 EKHG ja gerade nicht ab.[1426] Vielmehr reicht zur Haftung nach EKHG die Verbindung der Verwirklichung der

[1424] OGH 3.9.2009, 2 Ob 66/09h.

[1425] Zu dem notwendigen Kausalzusammenhang vgl ua *Schauer* in *Schwimann/Kodek* (Hrsg), ABGB Praxiskommentar^4 (2016) § 9 EKHG Rz 23.

[1426] RIS-Justiz RS0107615; jüngst OGH 1 Ob 135/18m Zak 2018/788 = ZVR 2019, 370 (*Ch. Huber*); *Koziol/Apathy/Koch*, Haftpflichtrecht III^3 (2014) A.2 Rz 75.

Betriebsgefahr mit dem Außerachtlassen der äußersten nach den Umständen des Falles möglichen und zumutbaren Sorgfalt.[1427] Dieser im EKHG verkörperte Zurechnungsgrund muss jedoch mE grundsätzlich auch bei Bestimmung des Regresses nach § 896 ABGB in die Abwägung miteinbezogen werden.

Bei Bestimmung der Schadenstragung im Innenverhältnis muss daher grundsätzlich differenziert werden: Der Lösung der Vorinstanzen ist für den Fall zuzustimmen, dass der Haftungsausschluss nach § 9 EKHG allein deswegen nicht greift, weil aufgrund der Fehlerhaftigkeit iSd PHG ein „**Fehler in der Beschaffenheit**“ bzw ein „Versagen der Verrichtungen des Kfz“ vorlag. In diesem Fall stellt die Haftung nach EKHG in der Tat nur eine rechtliche Reflexwirkung der Fehlerhaftigkeit des Produktes dar. Ist jedoch der Unfall auch auf die **Nichtbeachtung der äußersten Sorgfalt** durch den Halter oder eine mit seinem Willen beim Betrieb des Kfz tätige Person zurückzuführen, so kann das Zurechnungsmoment der Halterhaftung im Regressverhältnis nicht ohne weitere Prüfung außer Acht gelassen werden: Vielmehr entspricht es den Wertungen des § 9 EKHG, in diesem Fall die **konkrete Fehlerhaftigkeit** des Fahrzeuges gegen das **konkrete Sorgfaltsdefizit** abzuwägen. Das Gleiche gilt bei Verwirklichung einer **außergewöhnlichen Betriebsgefahr**, da diese grundsätzlich der Sphäre des Halters zuzuordnen ist. Bei Rückführbarkeit der außergewöhnlichen Betriebsgefahr gerade auf die Fehlerhaftigkeit des Kfz entspricht es jedoch der Wertung des § 9 EKHG, diesen Umstand allein der Herstellersphäre zuzuordnen.

Wie dargestellt ist die argumentatorische Stützung der hA auf § 9 EKHG abzulehnen. Aus anderen dogmatischen Gründen muss ihr jedoch im Ergebnis zugestimmt werden. Dass das Betriebsrisiko des Kfz in Fällen, in denen weder Halter noch Hersteller ein Verschulden trifft und auch keine Vereinbarung getroffen wurde, im Innenverhältnis keine Berücksichtigung findet, ist aus Gleichheitsaspekten geboten. Diese Einschätzung gründet sich auf einen Vergleich mit der im PHG und der PH-RL getroffenen Mitverschuldensregelung, der andere gesetzgeberische Wertungen als §§ 896 und 1304 ABGB innewohnen.

b) Vergleich zur Mitverschuldensregelung

Gem **Art 8 Abs 2 PH-RL** kann die Haftung des Herstellers unter Berücksichtigung aller Umstände gemindert werden oder entfallen, wenn der Schaden durch einen Fehler des Produkts und zugleich durch **Verschulden des Geschädigten** oder einer Person, für die der Geschädigte haftet, verursacht worden ist. Die Umsetzungsbestimmung des **§ 11 PHG** verweist auf § 1304

[1427] Zum Sorgfaltsmaßstab vgl ua *Schauer* in *Schwimann/Kodek* (Hrsg), ABGB Praxiskommentar[4] (2016) § 9 EKHG Rz 19 ff; *Koziol/Apathy/Koch*, Haftpflichtrecht III[3] (2014) A2 Rz 75; vgl auch RIS-Justiz RS0058317; RIS-Justiz RS0058326; jüngst OGH 1 Ob 135/18m Zak 2018/788 = ZVR 2019, 370 (*Ch. Huber*).

ABGB, der sinngemäß anzuwenden ist, wenn den Geschädigten oder jemanden, dessen Verhalten er zu vertreten hat, ein **Verschulden** trifft.[1428]

Fraglich ist, ob nach § 11 PHG bzw Art 8 Abs 2 PH-RL abseits des Verschuldens auch **andere Zurechnungsgründe in der Sphäre des Geschädigten**, wie etwa die Betriebsgefahr eines Kfz, zur Kürzung des Ersatzanspruchs führen. Die Einbeziehung anderer Zurechnungsgründe wurde im Vorfeld der Erlassung der PH-RL und ihrer Umsetzung im PHG durch *Koziol* befürwortet: Er führt zum RL-Vorschlag 1979[1429] aus, dass neben der Kürzung oder des Entfalls des Ersatzes wegen Verschuldens des Geschädigten auch die „Mitverursachung [des Schadens] durch eine **Gefahrenquelle** in der Sphäre des Geschädigten“ als Grund zur Minderung oder zum Entfall des Ersatzanspruches vorgesehen werden sollte.[1430] Er schlägt vor, dass nicht nur die Sorglosigkeit des Geschädigten, sondern auch andere Zurechnungsgründe in seiner Sphäre bei der Schadenstragung zwischen ihm und dem Hersteller Berücksichtigung finden sollen.[1431]

Die Berücksichtigung anderer Zurechnungsgründe hat jedoch keinen Eingang in die PH-RL oder das PHG gefunden, wie die folgende Erörterung zeigt: Dagegen spricht zunächst der **klare Wortlaut**,[1432] denn sowohl die Richtlinien- als auch die österreichische Umsetzungsbestimmung führen nur das Verschulden als Minderungsgrund an. Zu demselben Ergebnis führt eindeutig auch die historische Interpretation des § 11 PHG,[1433] denn nach den **ErläutRV** soll die sinngemäße Anwendung des § 1304 ABGB mit der Maßgabe erfolgen, dass es eines *Verschuldens* des Geschädigten bzw der Person bedarf, deren Verhalten er zu vertreten hat.[1434] Ausdrücklich wird darauf hingewiesen, dass die „Mitverursachung durch eine Gefahrenquelle in der Sphäre des Geschädigten“ nicht ausreiche, es sei denn, die „Verwirklichung dieser Gefahr [steht] außerhalb des adäquaten Zusammenhangs mit dem Produktfehler […].“[1435] Aufgrund der Übereinstimmung des klaren Gesetzeswortlauts und der eindeutigen Absicht des Gesetzgebers ist die Lex-lata-Grenze erreicht und eine abweichende Interpretation verbietet sich.[1436]

1428 Rechtsdogmatisch handelt es sich freilich um kein echtes Verschulden, sondern um Sorglosigkeit in eigenen Angelegenheiten, vgl *Koziol*, Haftpflichtrecht I[4] (2020) C/9/Rz 25 mwN.

1429 ABl C 1979/271, 3.

1430 *Koziol*, Grundfragen der Produkthaftung (1980) 45.

1431 *Koziol*, Grundfragen der Produkthaftung (1980) 45, 71.

1432 Vgl *Preslmayr*, Handbuch der Produkthaftung[2] (2002) 89; *Welser/Rabl*, PHG[2] (2004) § 11 Rz 3; *Koziol/Apathy/Koch*, Haftpflichtrecht III[3] (2014) B Rz 247; *Rabl*, PHG (2017) § 11 Rz 7.

1433 Vgl *Preslmayr*, Handbuch der Produkthaftung[2] (2002) 90; *Welser/Rabl*, PHG[2] (2004) § 11 Rz 3; *Rabl*, PHG (2017) § 11 Rz 7.

1434 ErläutRV 272 BlgNR 17. GP 13.

1435 ErläutRV 272 BlgNR 17. GP 13 unter Verweis auf OGH 8 Ob 10/85 ZVR 1986/37.

1436 In diesem Sinne auch *Preslmayr*, Handbuch der Produkthaftung[2] (2002) 90; aA *P. Bydlinski*, Bemerkungen zu aktueller Produkthaftungsliteratur, ZVR 1989, 33 (36).

In diesem Zusammenhang stellt sich die Frage, wie der in den erläut Bemerkungen angeführte Hinweis zu verstehen ist, wonach dem Geschädigten zuzurechnende **Gefahrenquellen** ausnahmsweise zu berücksichtigen sind, wenn sie in **keinem adäquaten Zusammenhang mit dem Produktfehler** stehen. ME handelt es sich dabei nicht um einen besonderen Anwendungsfall des § 11 PHG (neben dem Verschulden),[1437] sondern eine Klarstellung in Hinblick auf die Grundsätze der Verursachung[1438] im Allgemeinen: Denn ist die Verwirklichung einer Gefahr und der daraus entstehende Schaden inadäquate Folge des Produktfehlers, dann liegt er schon von vornherein außerhalb der Zurechnung.[1439] Ein Rekurs auf § 11 PHG ist daher nicht notwendig.[1440]

Nach richtiger Ansicht spielen daher andere Zurechnungsgründe als das Verschulden, wie zB die Betriebsgefahr eines Kfz, im **Verhältnis zwischen Haftpflichtigem nach PHG und Geschädigtem** keine Rolle.[1441] Dies entspricht der Vorgabe der PH-RL,[1442] stellt jedoch eine Abweichung zum österreichischen allgemeinen Recht der Mitverantwortung dar: § 1304 ABGB ist nach **hL und Rspr** derart zu interpretieren, dass alle Zurechnungsgründe und somit neben Sorglosigkeit in eigenen Angelegenheiten auch eine mitwirkende Betriebsgefahr bei der Schadenstragung zwischen Schädiger und Geschädigtem zu veranschlagen sind.[1443] Dies entspreche dem sog „Gleichbehandlungsprinzip", nach dem Gründe, die zu einer Haftung bei Verletzung fremder Rechtsgüter führen, ebenso bei Beeinträchtigung eigener Rechtsgüter zuge-

---

1437 So wohl aber *Preslmayr*, Handbuch der Produkthaftung² (2002) 90; vgl dazu *Welser/Rabl*, PHG² (2004) § 11 Rz 3 und *Rabl*, PHG (2017) § 11 Rz 8, die den Mat zustimmen, dies jedoch – wie hier vertreten – nicht für eine Frage des Mitverschuldens halten.

1438 Die PH-RL verlangt als haftungsbegründendes Element gem deren Art 4 den ursächlichen Zusammenhang zwischen Fehler und Schaden. Wie das Kriterium der Verursachung zu verstehen ist, legt die Richtlinie jedoch nicht fest, weshalb hier die Grundsätze des jeweiligen nationalen Rechts anzuwenden sind, vgl in Hinblick auf die Kausalität *Rabl*, PHG (2017) § 1 Rz 216.

1439 Vgl dazu auch den von den ErläutRV in diesem Zusammenhang genannten Fall OGH 8 Ob 10/85 ZVR 1986/37 (Brand in einem Kraftwerk infolge Beschädigung eines Lichtmastes durch einen Kfz-Lenker): Der OGH löste diesen Fall durch Verneinung der Haftung des Kfz-Lenkers für den durch den Brand verursachten Schaden mangels Adäquanz und nicht etwa über die Kürzung des Ersatzanspruches nach § 1304 ABGB.

1440 Beide Lösungen führen freilich zu demselben Ergebnis.

1441 *Preslmayr*, Handbuch der Produkthaftung² (2002) 90; *Welser/Rabl*, PHG² (2004) § 11 Rz 1, 3; *Koziol/Apathy/Koch*, Haftpflichtrecht III³ (2014) B Rz 247; *Rabl*, PHG (2017) § 11 Rz 2, 8; aA *P. Bydlinski*, Bemerkungen zu aktueller Produkthaftungsliteratur, ZVR 1989, 33 (36). AA zum dProdHaftG *Oechsler* in Staudinger BGB (2021) § 6 ProdHaftG Rz 7; *Wagner* in Münchener Kommentar zum BGB⁸ (2020) § 6 ProdHaftG Rz 4.

1442 *Koziol/Apathy/Koch*, Haftpflichtrecht III³ (2014) B FN 592 mit Hinweis auf die anderen Sprachfassungen der PH-RL, die ebenfalls nur ein Verschulden einbeziehen; aA wohl *Schlechtriem*, Angleichung der Produktenhaftung in der EG, VersR 1986, 1033.

1443 Vgl *Koziol*, Haftpflichtrecht I⁴ (2020) C/9/Rz 148 mwN. Dies gilt auch im Verhältnis zwischen Unfallbeteiligten.

rechnet werden müssen.[1444] In diesem Sinne normiert auch § 11 Abs 1 EKHG, dass sich die gegenseitige Ersatzpflicht mehrerer an einem Unfall Beteiligter nach dem Grad des Verschuldens sowie der Betriebsgefahr richtet. Die PH-RL und das PHG bringen insoweit eine **Inkonsistenz** in das österreichische Schadenersatzrecht,[1445] der jedoch nicht abgeholfen werden kann.[1446]

Durch die Nichtbeachtung anderer Zurechnungsgründe auf Geschädigtenseite auf der Grundlage des § 11 PHG bzw Art 8 Abs 2 PH-RL werden im österreichischen System des Haftungsrechts Wertungswidersprüche erzeugt, die weitreichende **Anpassungsfragen** nach sich ziehen. So könnte es unsachlich sein, die Betriebsgefahr zwar nicht im Verhältnis zwischen Hersteller und Geschädigtem, sehr wohl jedoch im **Regressverhältnis zwischen Hersteller und Halter des Kfz** zu berücksichtigen. Denn die endgültige Schadenstragung fiele anders aus, je nachdem, ob der Halter selbst durch das fehlerhafte Kfz am Körper verletzt wird oder ein unfallbeteiligter Passant: Im Fall der Schädigung des Halters muss sich dieser das Betriebsrisiko des Kfz gegenüber dem Hersteller gem § 11 PHG keinesfalls anrechnen lassen. Anders im zweiten Fall der Drittschädigung: Hier hat der Halter gegenüber dem innocent bystander auf der Grundlage des EKHG für die Verwirklichung der Betriebsgefahr einzustehen und diese kann sich nach den Wertungen des § 9 EKHG (siehe unter a) unter gewissen Umständen im Regressverhältnis zum Hersteller auswirken. In Hinblick auf die Schadenstragung bedeutet dies, dass der Hersteller bei Schädigung des Halters neben dem Risiko der Fehlerhaftigkeit des Produkts in jedem Fall auch das gesamte Betriebsrisiko des Kfz zu tragen hat, während bei Drittschädigung unter gewissen Umständen eine teilweise Überwälzung des Schadens auf den Halter aufgrund der Verwirklichung der Betriebsgefahr des Kfz in Betracht kommt. Diese Ungleichbehandlung hat seinen Ursprung in Art 8 PH-RL, an den Österreich unionsrechtlich gebunden ist. Eine aus Gleichheitsgesichtspunkten wünschenswerte Ausdehnung des § 11 PHG auf Zurechnungsgründe der Gefährdungshaftung ist daher ausgeschlossen.[1447]

1444 Vgl zur Gleichbehandlungsthese *Koziol*, Haftpflichtrecht I[4] (2020) C/9/Rz 4 ff. Vertreter der Differenzierungsthese sowie eines vermittelnden Ansatzes rechnen dem Geschädigten darüber hinaus auch in seiner Sphäre bestehende Quellen erhöhter Gefahr zu, die keine Haftung gegenüber Dritten zu begründen vermögen, vgl dazu *Koziol*, Haftpflichtrecht I[4] (2020) C/9/Rz 7 ff und *Koziol*, Grundfragen des Schadenersatzrechts (2010) Rz 6/208 ff.

1445 Vgl dazu bereits *P. Bydlinski*, Bemerkungen zu aktueller Produkthaftungsliteratur, ZVR 1989, 33 (36), der zur Verhinderung der Hineintragung dieser Wertungswidersprüche in das österreichische Haftungsrecht mitwirkende Betriebsgefahren für beachtlich hält.

1446 AA *P. Bydlinski*, Bemerkungen zu aktueller Produkthaftungsliteratur, ZVR 1989, 33 (36).

1447 Vgl auch *Koziol/Apathy/Koch*, Haftpflichtrecht III[3] (2014) B Rz 247; aA *P. Bydlinski*, Bemerkungen zu aktueller Produkthaftungsliteratur, ZVR 1989, 33 (36). Ergänzend sei auf die Ausführungen von *Grau*, Produktfehler (2002) 67 f verwiesen: Die Vorgaben der PH-RL seien nicht am österreichischen Gleichheitssatz, sondern am in der Judikatur des EuGH anerkannten europäischen Gleichbehandlungsgebot zu messen. Ein Verstoß könne sich daraus ergeben, dass „eine Richtlinie, die in einem Bereich ergeht, der sonst in die Kompetenz der Mitgliedstaaten fällt […], in unsachlicher Weise von den in den mitgliedstaatlichen Rechts-

Eine Gleichbehandlung der geschilderten vergleichbaren Sachverhalte der Schädigung des Halters selbst sowie der Drittschädigung könnte aber durch die Nichtberücksichtigung der Betriebsgefahr im Regressverhältnis zwischen Halter und Hersteller erreicht werden. Dies wäre unionsrechtlich zulässig, da Art 8 PH-RL die Regelung des Rückgriffs ausdrücklich den Mitgliedstaaten überlässt. Entscheidend ist daher, ob dies aufgrund des verfassungsrechtlichen Gleichheitssatzes gem Art 7 B-VG geboten ist.[1448] Nach richtiger Ansicht erfasst der nationale Gleichheitssatz auch Fälle, in denen eine Ungleichbehandlung gleichgelagerter Sachverhalte auf unionsrechtliche Vorgaben zurückzuführen ist.[1449] Ist eine Ungleichbehandlung feststellbar und kann diese nicht sachlich gerechtfertigt werden, so liegt eine gegen den verfassungsrechtlichen Gleichheitssatz verstoßende Gleichheitswidrigkeit vor.[1450] Es ist **sachlich nicht begründbar**, die **Risikotragung zwischen Halter und Hersteller** davon abhängig zu machen, ob der Halter selbst oder ein Dritter geschädigt wird, da dies letztlich durch **Zufälligkeiten** determiniert ist. § 896 ABGB ist daher im Fall des Regresses zwischen Hersteller und Halter verfassungskonform im Lichte des Gleichheitsgrundsatzes derart zu interpretieren, dass der Umstand der Betriebsgefahr des Kfz außen vor bleibt. Dies widerspricht weder dem Wortlaut des § 896 ABGB noch einer eindeutigen Absicht des historischen Gesetzgebers.

Als Gegenargument im konkreten Fall könnte angeführt werden, dass die unionsrechtlich bedingte Inkonsistenz auf dem Gebiet des Mitverschuldens, die sich aus der abweichenden Regelung des § 11 PHG im Vergleich zur allgemeinen Mitverschuldensregelung des § 1304 ABGB ergibt, nicht in den Bereich des Regresses hineingetragen werden sollte. Denn dadurch wird eine andere Ungleichbehandlung in Kauf genommen, nämlich die Andersbehandlung des Regressverhältnisses zwischen dem nach EKHG haftenden Halter und dem nach PHG haftenden Hersteller im Vergleich zum allgemeinen Regressrecht zwischen Mitschuldnern. Dies kann jedoch sachlich damit begründet werden, dass nach der in § 11 PHG zum Ausdruck kommenden gesetzgeberischen Entscheidung gegenüber dem Produktrisiko auf der Herstellerseite nur ein Verschulden auf der Gegenseite ins Gewicht fallen soll.

ordnungen getroffenen Regelungen abweicht." Dies setze jedoch eine „ungerechtfertigte Differenz zu *allen* Mitgliedstaaten" voraus.

1448 Vgl zu dieser Problematik im Allgemeinen *Perner*, EU-Richtlinien und Privatrecht (2012) 19 ff; *Perner*, Erweiternde Umsetzung von Richtlinien des Europäischen Verbraucherrechts, ZfRV 2011, 225 (226 f); zum deutschen Recht *J. Koch*, Die Einheit der nationalen Rechtsordnung und die europäische Privatrechtsangleichung, JZ 2006, 277 (281 ff).

1449 *Perner*, Erweiternde Umsetzung von Richtlinien des Europäischen Verbraucherrechts, ZfRV 2011, 225 (226 f); zum deutschen Recht *J. Koch*, Die Einheit der nationalen Rechtsordnung und die europäische Privatrechtsangleichung, JZ 2006, 277 (281 ff).

1450 *Perner*, Erweiternde Umsetzung von Richtlinien des Europäischen Verbraucherrechts, ZfRV 2011, 225 (227).

X. Überlegungen de lege ferenda

A. Änderungen im Verhaltensrecht

1. Schrittweise Freistellung des Lenkers von der Fahraufgabe

Nach derzeit geltendem österreichischem Straßenverkehrsrecht ist der Lenker weiterhin verpflichtet, das Verkehrsgeschehen permanent zu beobachten, das automatisierte System zu überwachen und gegebenenfalls übersteuernd einzugreifen.[1451] Ob der Lenker bei einem durch ein Fahrerassistenzsystem oder ein automatisiertes System verursachten Unfall haftet, richtet sich danach, ob er bei sorgfältiger Überwachung des Fahrgeschehens und der Umgebung in die automatisierte Steuerung hätte eingreifen und den Unfall dadurch verhindern oder zumindest abmildern können. Die durch das automatisierte System angestrebte Entlastung des Menschen von der Fahraufgabe tritt daher nicht ein.[1452]

Der österreichische Gesetzgeber wird eine Senkung der Sorgfaltsanforderungen an den Lenker erwartungsgemäß erst dann vornehmen, wenn sich automatisierte Fahrfunktionen im Straßenverkehr bewährt haben.[1453] Erst dann ist damit zu rechnen, dass hoch- und vollautomatisierte Systeme bestimmungsgemäß unter Abwendung von der Fahraufgabe genutzt werden dürfen. Dies ist in Hinblick auf die grundrechtlichen Schutzpflichten des Gesetzgebers[1454] ein adäquater Weg im Umgang mit den neuen technologischen Entwicklungen auf dem Gebiet des automatisierten Fahrens, die ein großes Potential in Hinblick auf die Erhöhung der Straßenverkehrssicherheit durch Ausschaltung der Fehlerquelle Mensch, aber auch neue Risiken (Automatisierungsrisiken) mit sich bringen, die es zu evaluieren gilt.

Vor weiteren gesetzgeberischen Schritten zur Lockerung der Sorgfaltspflichten des Lenkers erscheint es wichtig, die damit einhergehenden **Konsequenzen im Haftungsrecht** mitzubedenken: Bei einer den technischen Möglichkeiten entsprechenden Pflichtenfreistellung des Fahrens ist mit einer korrespondierenden Reduzierung der Haftungsrisiken des Lenkers zu rechnen.[1455] In Hinblick auf die primäre Funktion des Haftungsrechts, die **Ausgleichsfunkti-**

[1451] Siehe hierzu Kap I.B.2 und Kap IV. Zum deutschen Recht vgl *Hilgendorf*, Automatisiertes Fahren und das Recht, ZVR 2015/240 (471).

[1452] *Hilgendorf*, Automatisiertes Fahren und das Recht, ZVR 2015/240 (471).

[1453] *Hilgendorf*, Automatisiertes Fahren und das Recht, ZVR 2015/240 (471).

[1454] Vgl dazu Kap II.C.

[1455] *Amlacher/Andréewitch*, Rechtliche Fragen des autonomen Fahrens – Haftung (Teil II), jusIT 2017, 209 (210 f); *Harnoncourt*, Haftungsrechtliche Aspekte des autonomen Fahrens, ZVR 2016/228 (547); *Harnoncourt*, Haftungsrechtliche Aspekte des autonomen Fahrens, in *I. Eisenberger ua* (Hrsg), Autonomes Fahren und Recht (2017) 109 (111); *Graul*, Haftung autonomer Fahrzeuge – eine zivilrechtliche Perspektive, EALR 2020, 24 (30).

on, ist zu prüfen, ob bei Ausfall der Verschuldenshaftung des Lenkers der Geschädigte dennoch grundsätzlich vollen Ersatz des erlittenen Schadens (vom Hersteller oder Halter) ansprechen kann oder ob sich Rechtsschutzdefizite ergeben.

Bei **Freistellung des Lenkers von der Fahraufgabe** fällt die Lenkerhaftung bis auf Fälle schuldhaft unterlassener Wartung und Kontrolle weg.[1456] Dieser Ausfall wird durch die **Halterhaftung nach EKHG** in den meisten Fällen aufgefangen. Die Haftungshöchstbeträge nach §§ 15 f EKHG sowie die Haftungsausschlüsse gem §§ 3 f EKHG begrenzen aber den Ausgleich und stellen für den Geschädigten einen Nachteil gegenüber der Verschuldenshaftung dar.[1457] Bejaht man – wie hier vertreten – die Haftung des Herstellers für fehlerhafte Steuerungssoftware auf der Grundlage des PHG, kann der Nachteil der Haftungshöchstbeträge nach EKHG ausgeglichen werden, jedoch nur zum Teil: Denn der österreichische Gesetzgeber hat zwar im Bereich der **Produkthaftung** keine betraglichen Haftungshöchstgrenzen[1458] eingeführt, aber der Ersatz von Sachschäden ist nach PHG in mehrfacher Hinsicht eingeschränkt (Selbstbehalt, unternehmerisch genutzte Sache, Sachfolgeschäden).[1459] Aus den genannten Gründen ist daher mE zu erwägen, die **Haftungshöchstbeträge des EKHG** und in der Folge auch die Mindestversicherungssummen der Kfz-Pflichthaftpflichtversicherung[1460] im Bereich des hoch- und vollautomatisierten Fahrens zu **erhöhen**[1461] **oder gänzlich aufzuheben**.[1462] Eine Er-

---

[1456] Vgl dazu *Harnoncourt*, Haftungsrechtliche Aspekte des autonomen Fahrens, ZVR 2016/228 (547); *Harnoncourt*, Haftungsrechtliche Aspekte des autonomen Fahrens, in *I. Eisenberger ua* (Hrsg), Autonomes Fahren und Recht (2017) 109 (111); *Eustacchio*, Automatisiert zum Recht, ZVR 2017/253 (510).

[1457] Vgl dazu auch *Templ*, Über „die Haftungsfrage" von selbsttätig im Straßenverkehr teilnehmenden Kfz, ZVR 2016/7 (13); vgl auch *Kath*, Auf dem Weg zum autonomen Fahren: haftungs- und versicherungsrechtliche Aspekte (2018) 23.

[1458] *Weilinger*, Privatrecht[8] (2020) 234. Gem Art 16 Abs 1 PH-RL haben die Mitgliedstaaten die Option, im Bereich der Personenschäden eine Haftungshöchstgrenze vorzusehen: „Jeder Mitgliedstaat kann vorsehen, daß die Gesamthaftung des Herstellers für die Schäden infolge von Tod oder Körperverletzungen, die durch gleiche Artikel mit demselben Fehler verursacht wurden, auf einen Betrag von nicht weniger als 70 Millionen ECU begrenzt wird." Von dieser Option hat beispielsweise Deutschland Gebrauch gemacht, vgl dazu krit *Spickhoff* in *Gsell ua* (Hrsg), Beck'scher Online-Großkommentar zum BGB § 10 ProdHaftG Rz 2, 8 (Stand 1.5.2021, beck-online.beck.de).

[1459] Zu undifferenziert daher *Templ*, Über „die Haftungsfrage" von selbsttätig im Straßenverkehr teilnehmenden Kfz, ZVR 2016/7 (12).

[1460] Am Rande sei angemerkt, dass eine nationale Erhöhung der Mindestversicherungssummen über die in Art 9 der RL 2009/103/EG des Europäischen Parlaments und des Rates vom 16. September 2009 über die Kraftfahrzeug-Haftpflichtversicherung und die Kontrolle der entsprechenden Versicherungspflicht, ABl L 2009/263, 11, normierten Mindestdeckungssummen hinaus unionsrechtlich zulässig ist, da die Mitgliedstaaten gem der genannten RL ausdrücklich höhere Deckungssummen vorschreiben dürfen.

[1461] So schon der Workshop zum Thema des autonomen Fahrens im Rahmen der 17. Europäischen Verkehrsrechtstage 2016, vgl *Reisinger*, 17. Europäische Verkehrsrechtstage 2016, ZVR 2017/6 (23); ebenso zum deutschen Recht der Arbeitskreis II zum Thema des Auto-

höhung der Haftungshöchstbeträge im Rahmen der Halterhaftung ist in Deutschland bereits vorgenommen worden: durch das Achte Gesetz zur Änderung des Straßenverkehrsgesetzes[1463] und das Gesetz zum autonomen Fahren[1464] wurden die Haftungshöchstbeträge verdoppelt für den Fall der Schadensverursachung durch die Verwendung einer hoch- oder vollautomatisierten Fahrfunktion oder den Betrieb einer autonomen Fahrfunktion.[1465] Alternativ erscheint auch die Schaffung eines **Haftungsfonds** sinnvoll für Schäden, die durch automatisierte Fahrzeuge verursacht wurden, aber mangels menschlichen Verschuldens und aufgrund von Haftungsbeschränkungen gem EKHG und PHG durch den Raster der Haftungssysteme fallen.

Des Weiteren darf nicht außer Acht gelassen werden, dass im Bereich der Produkthaftung keine Pflicht zum Abschluss einer Haftpflichtversicherung besteht,[1466] sondern es dem Hersteller anheimgestellt ist, in geeigneter Weise dafür Vorsorge zu treffen, dass Schadenersatzpflichten nach dem PHG befriedigt werden können. In der deutschen Literatur wird angedacht, unter gewissen Voraussetzungen die Haftung für das Betriebsrisiko automatisierter Kfz[1467] und damit einhergehend die obligatorische Kfz-Haftpflichtversicherung auf den Hersteller auszudehnen.[1468] ME sollte jedoch das Betriebsrisiko entsprechend dem geltenden österreichischen System der Gefährdungshaftung beim

---

matisierten Fahrens im Rahmen des 56. Deutschen Verkehrsgerichtstags, vgl *Hoffer/Ch. Huber*, Der 56. Deutsche Verkehrsgerichtstag, ZVR 2018/101 (187); zum deutschen Recht ebenfalls *Lutz*, Automatisiertes Fahren – Rechtliche Herausforderungen aus deutscher Perspektive, in I. *Eisenberger ua* (Hrsg), Autonomes Fahren und Recht (2017) 211 (219 f).

1462 Für den gänzlichen Entfall *Ch. Huber*, Neuerungen bei der Haftung im Verkehrsunfallrecht in Deutschland, ZVR 2017/235 (415 f); dagegen *Armbrüster*, Automatisiertes Fahren – Paradigmenwechsel im Straßenverkehrsrecht? ZPR 2017, 83 (84); vgl auch *Lutz*, Autonome Fahrzeuge als rechtliche Herausforderung, NJW 2015, 119 (120), nach dem eine „Anpassung" der Haftungshöchstbeträge geprüft werden sollte.

1463 Achtes Gesetz zur Änderung des Straßenverkehrsgesetzes dBGBl I 2017/38, 1648.

1464 Gesetz zur Änderung des Straßenverkehrsgesetzes und des Pflichtversicherungsgesetzes – Gesetz zum autonomen Fahren dBGBl I 2021/48, 3108. Vgl dazu *M. Wagner*, Fast and Furious: auf der Überholspur zum autonomen Fahren oder Sackgasse für Forschung und Entwicklung? InTeR 2021, 132.

1465 Vgl § 12 dSTVG.

1466 Vgl zu dieser Problematik *Kath*, Auf dem Weg zum autonomen Fahren: haftungs- und versicherungsrechtliche Aspekte (2018) 32 f.

1467 *Schrader*, Haftungsrechtlicher Begriff des Fahrzeugführers bei zunehmender Automatisierung von Kraftfahrzeugen, NJW 2015, 3537 (3541 f), der den Hersteller automatisierter Fahrzeuge unter den Begriff des Fahrzeugführers iSd § 18 dStVG subsumiert; *Schrader*, Haftungsfragen für Schäden beim Einsatz automatisierter Fahrzeuge im Straßenverkehr, DAR 2016, 242 (245 f); *Eustacchio*, Automatisiert zum Recht, ZVR 2017/253 (511).

1468 *Schrader*, Haftungsrechtlicher Begriff des Fahrzeugführers bei zunehmender Automatisierung von Kraftfahrzeugen, NJW 2015, 3537 (3541); zust *Eustacchio*, Automatisiert zum Recht, ZVR 2017/253 (511); vgl auch *Solmecke/Jokisch*, Das Auto bekommt ein Update! MMR 2016, 359 (364), die eine „Verschiebung des Haftungsregimes von Fahrzeughaltern und Fahrern hin zu Fahrzeug- und Softwareherstellern" für erwägenswert halten. Dagegen *Freise*, Rechtsfragen des automatisierten Fahrens, VersR 2019, 65 (72).

Halter des Fahrzeuges verbleiben, also bei jener Person, die die Verfügungsgewalt über das Fahrzeug hat und dieses auf eigene Rechnung betreibt. Denn dem Halter, nicht dem Hersteller, kommen die Vorteile aus dem Betrieb des automatisierten Kfz zu und dieser sollte daher auch die Betriebsrisiken tragen.[1469] Zu befürworten ist allerdings die Einbettung einer **Pflichthaftpflichtversicherung im Bereich des PHG**,[1470] insb für Hersteller von Hochrisiko-Produkten wie automatisierten Fahrzeugen. Die Einführung einer Versicherungspflicht stünde der zugrundeliegenden PH-RL trotz ihres vollharmonisierenden Charakters nicht entgegen, da die PH-RL die Frage einer Pflicht zur Deckungsvorsorge bzw Haftpflichtversicherung nicht behandelt[1471].

2. Einführung neuer Sorgfaltspflichten für Lenker und Zulassungsbesitzer

Es ist zu erwarten, dass selbst bei Freistellung des Lenkers von der Fahraufgabe bestimmte Sorgfaltspflichten dennoch beim Lenker bzw Zulassungsbesitzer des automatisierten Systems verbleiben: Dazu gehören Maßnahmen zur **Kontrolle** des Kfz einschließlich seiner technischen Einrichtungen **vor Fahrtantritt**[1472] sowie **regelmäßige Prüfung** der Verkehrstauglichkeit und **Wartung** des Systems.[1473] Welche konkreten Maßnahmen zur Erfüllung dieser Verpflichtungen in Hinblick auf Sensoren, Soft- und Hardware eines automatisierten Fahrzeuges erforderlich sind, ist jedoch unklar.

Zur Herstellung von **Rechtssicherheit** sowie zur **Verhaltenssteuerung und somit Prävention** von Schädigungen durch automatisierte Fahrzeuge erscheint die rasche gesetzliche Determinierung der Sorgfaltsanforderungen des Lenkers bzw Zulassungsbesitzers betreffend Überprüfung und Wartung automatisierter Fahrfunktionen geboten. Die **AutomatFahrV** normiert bereits bestimmte Verhaltensverpflichtungen bei Verwendung automatisierter Fahrfunktionen, wie insb eine **weitreichende Überwachungsverpflichtung** des Lenkers beim Einsatz automatisierter Fahrsysteme. Auf der anderen Seite sieht sie **punktuelle Lockerungen der Sorgfaltsanforderungen** vor, zB die Suspendierung der Verpflichtung, den Lenkplatz einzunehmen, oder die Befreiung von der Pflicht zur „Hand am Steuer“. Dieser bereits vorgeformte Sorgfaltsmaßstab

1469 Vgl dazu aus der deutschen Literatur *Borges*, Haftung für selbstfahrende Autos, CR 2016, 272 (280).

1470 Für eine Pflichtversicherung des Herstellers nach dProdHaftG *Hinze*, Haftungsrisiken des automatisierten und autonomen Fahrens (2021) 213.

1471 Vgl *Rabl*, PHG (2017) § 16 Rz 1.

1472 *Harnoncourt*, Haftungsrechtliche Aspekte des autonomen Fahrens, ZVR 2016/228 (547); *Harnoncourt*, Haftungsrechtliche Aspekte des autonomen Fahrens, in *I. Eisenberger ua* (Hrsg), Autonomes Fahren und Recht (2017) 109 (111).

1473 Vgl *Eustacchio*, Automatisiert zum Recht, ZVR 2017/253 (510); vgl auch *Kath*, Auf dem Weg zum autonomen Fahren: haftungs- und versicherungsrechtliche Aspekte (2018) 23 („Restpflichten“).

sollte vor allem in den Aspekten der Kontrolle des automatisierten Systems vor Fahrtantritt sowie dessen regelmäßiger Überprüfung und Wartung gesetzlich ergänzt werden. Besonders wichtig in Hinblick auf die Verkehrs- und Betriebssicherheit automatisierter Fahrzeuge erscheint die Einführung einer Verpflichtung des Zulassungsbesitzers des automatisierten Fahrzeuges zur Durchführung von angebotenen **Sicherheits-Updates**[1474] sowie von **regelmäßigen Überprüfungen des automatisierten Systems**.

Die gesetzliche Festlegung der Sorgfaltsanforderungen an Nutzer und Zulassungsbesitzer automatisierter Fahrzeuge sollte durch entsprechende **Anpassungen im Ausbildungsrecht** flankiert werden. Dadurch wird gewährleistet, dass für die Verkehrssicherheit wichtige Fähigkeiten im Umgang mit automatisierten Fahrzeugen erlernt und in der Praxis eingesetzt werden können.

3. Verpflichtung des Herstellers zur Zurverfügungstellung von Sicherheits-Updates

Gem der Lehre von den **Produktbeobachtungspflichten**[1475] trifft den Hersteller die Pflicht, seine bereits in Verkehr gebrachten Produkte auf Gefahren[1476] und ihre Bewährung auf dem Markt[1477] hin zu beobachten und gegebenenfalls angemessene Maßnahmen zur Schadensverhütung zu setzen.[1478] Verletzt der Hersteller seine Produktbeobachtungspflichten und kann ihm ein Schuldvorwurf gemacht werden, wird er schadenersatzpflichtig. Im Rahmen der Produktbeobachtung ist der Hersteller grundsätzlich verpflichtet, die Möglichkeit eines **Software-Updates** zu nutzen, wenn es zur Beseitigung des Sicherheitsdefizits geeignet ist.[1479] Aufgrund des Verhältnismäßigkeitsgrundsatzes nimmt jedoch der Umfang der gebotenen Produktbeobachtung im Laufe der Zeit ab. Die sich aus den Produktbeobachtungspflichten ergebende Anfor-

1474 *Kath*, Auf dem Weg zum autonomen Fahren: haftungs- und versicherungsrechtliche Aspekte (2018) 31 f, hält eine derartige Verpflichtung des Halters zur Vornahme von Sicherheits-Updates zumindest für erwägenswert und gesetzliche Regelungen dazu im Sinne der Rechtssicherheit für geboten. Eine eindeutige gesetzliche Regelung der Pflicht des Nutzers zur Durchführung von Software-Updates befürwortet für die deutsche Rechtsordnung auch *Hartmann*, Here come the robots – Produkthaftung und Robotik am Beispiel des automatisierten und autonomen Fahrens (Teil 2), PHi 2017, 42 (46).

1475 Vgl dazu Kap VI.K.

1476 *Welser/Rabl*, PHG² (2004) § 5 Rz 57; *Rabl*, PHG (2017) Vorbem Rz 39; *Preslmayr*, Handbuch der Produkthaftung² (2002) FN 296.

1477 *Welser/Rabl*, PHG² (2004) § 5 Rz 58; *Rabl*, PHG (2017) Vorbem Rz 42.

1478 *Linder*, Produktbeobachtung, Rückruf und Versicherungsschutz, wbl 2004, 449 (449).

1479 Vgl auch *Eustacchio*, Automatisiert zum Recht, ZVR 2017, 509 (513). Zum deutschen Recht vgl *G. Wagner* in Münchener Kommentar zum BGB⁸ (2020) § 823 Rz 1008 f mwN; *Gomille*, Herstellerhaftung für automatisierte Fahrzeuge, JZ 2016, 76 (80 f) mwN; *Freise*, Rechtsfragen des automatisierten Fahrens, VersR 2019, 65 (70); vgl auch *Hartmann*, Here come the robots – Produkthaftung und Robotik am Beispiel des automatisierten und autonomen Fahrens (Teil 2), PHi 2017, 42 (49).

derung an den Hersteller, Sicherheits-Updates zur Beseitigung von Sicherheitslücken zur Verfügung zu stellen, gilt daher mE nur bis zum Ablauf der gewöhnlichen Lebensdauer eines Kfz.[1480] Danach kann es ausreichend sein, eine Warnung auszusprechen.

Es besteht daher bereits nach geltendem Recht eine aus den Produktbeobachtungspflichten ableitbare Anforderung an den Hersteller, Software-Updates zur Schließung von Sicherheitslücken anzubieten. Diese ist jedoch, wie bereits ausgeführt, zeitlichen Begrenzungen unterworfen, die nicht ausdrücklich definiert sind, wodurch sowohl auf Hersteller- als auch auf Nutzerseite erhebliche Rechtsunsicherheiten verbleiben. Rechtspolitisch zu befürworten ist daher die Schaffung von klaren und transparenten Regeln in diesem Bereich. Denkbar wäre zB die gesetzliche Verankerung einer **Informationspflicht des Herstellers**[1481] über den Zeitraum, in dem Sicherheits-Updates angeboten werden, sowie über die Sicherheitsrisiken danach. Diese Informationspflicht sollte zum Schutz außenstehender Dritter ergänzt werden durch die ausdrückliche Normierung einer **Pflicht des Herstellers zur Zurverfügungstellung** von Sicherheits-Updates über eine der gewöhnlichen Nutzung des Produktes entsprechende Dauer, die vom Gesetzgeber festgelegt werden sollte.

B. Anpassungen im Ausbildungsrecht

Da der sichere Umgang mit und die Wartung von automatisierten Systemen gelernt werden muss, sollten diese Inhalte in die Ausbildung und Prüfung zur Erlangung der Lenkberechtigung aufgenommen werden.[1482] Dementsprechend wird in der deutschen rechtspolitischen Strategie zum automatisierten und vernetzten Fahren angestrebt, neue Anforderungen, wie zB die Übergabe und Übernahme der Fahraufgabe beim hochautomatisierten Fahren, in den Rahmenplan für die Fahrlehrerausbildung an Fahrlehrerausbildungsstätten, die Fahrschüler-Ausbildungsordnung und die Fahrerlaubnis-Verordnung aufzunehmen.[1483]

Dies hätte auch Auswirkungen auf die Verschuldenshaftung des Lenkers: Gem dem erhöhten und objektivierten Sorgfaltsmaßstab des § 1299 ABGB

[1480] Ähnlich zum deutschen Recht *G. Wagner* in Münchener Kommentar zum BGB⁸ (2020) § 823 Rz 1009; *Schrader*, Haftungsfragen für Schäden beim Einsatz automatisierter Fahrzeuge im Straßenverkehr, DAR 2016, 242 (244).

[1481] Nach *Koziol*, Obsoleszenzen im österreichischen Recht (2016) Rz 69 ff, 217, bestehen bereits nach geltender Rechtslage Informationspflichten des Herstellers über Lebensdauer und Reparaturfähigkeit seiner Waren. Für den Fall, dass der Hersteller nicht Vertragspartner des Endabnehmers ist, ergebe sich dies aus eigenständigen objektiv-rechtlichen Schutzpflichten.

[1482] Vgl auch *Kaltenegger*, Zehn Grundsätze zur Entwicklung des autonomen Fahrens, ZVR 2018/232 (420); *I. Eisenberger/Gruber/Huber/Lachmayer*, Automatisiertes Fahren, ZVR 2016/158 (388, 391); *Lachmayer*, Von Testfahrten zum regulären Einsatz automatisierter Fahrzeuge, ZVR 2017/254 (519).

[1483] Deutsches BMVI (Hrsg), Strategie automatisiertes und vernetztes Fahren (2015) 17.

hat sich nämlich jeder Fahrzeuglenker am Maßstab jenes Könnens und jener Kenntnisse messen zu lassen, die „zu erreichen die Führerscheinprüfungsvorschriften gebieten.“[1484] Durch die Aufnahme der Kenntnisse und Fähigkeiten über den sicheren Umgang mit und der Wartung von automatisierten Steuerungssystemen in das Fahrerlaubnisrecht würde folglich der Sorgfaltsmaßstab entsprechend erweitert.

C. Zurechnungsfragen – Notwendigkeit der Schaffung einer „ePerson“?

Durch Methoden des maschinellen Lernens, zB Deep Machine Learning, kann nicht nur richtiges, sondern auch falsches Verhalten durch das automatisierte System erlernt und reproduziert werden.[1485] Da die Algorithmen nicht manuell durch Software-Entwickler des Herstellers festgelegt werden, sondern aufgrund von Inputdaten in einem maschinellen Lernprozess generiert werden, stellen sich besondere Zurechnungsfragen.[1486] Wichtig erscheint es aus meiner Sicht, dass sämtliche Steuerungsentscheidungen des automatisierten Systems dem Hersteller zurechenbar bleiben. Hierzu ist es mE erforderlich, den Lernprozess vor dem Inverkehrbringen des automatisierten Fahrzeugs bzw Systems zu beenden, um Veränderungen des neuronalen Netzes durch das Fahrverhalten des individuellen Nutzers auszuschließen.[1487] Ließe man das Training des automatisierten Systems durch den individuellen Nutzer zu, könnte nämlich nicht mehr geklärt werden, wem (in welchem Ausmaß) die konkrete Entscheidung des automatisierten Systems zurechenbar ist. *Hartmann* schlägt zur Lösung dieses Problems vor, die nach Inverkehrbringen erlernten Erkenntnisse bei „sicherheitskritischen Produkten“ wie automatisierten Fahrzeugen vor Einspielung in das künstlich intelligente System auf ihre Qualität

---

[1484] *Reischauer* in *Rummel*, ABGB³ § 1299 ABGB Rz 33 (Stand 1.1.2007, rdb.at); vgl hierzu Kap IV.A.

[1485] *C. J. Gruber/I. Eisenberger*, Wenn Fahrzeuge selbst lernen: Verkehrstechnische und rechtliche Herausforderungen durch Deep Learning, in *I. Eisenberger* ua (Hrsg), Autonomes Fahren und Recht (2017) 52 (62); vgl zu diesem Problem auch *Oechsler* in Staudinger BGB (2021) § 3 ProdHaftG Rz 128.

[1486] *F. Reinisch*, Künstliche Intelligenz – Haftungsfragen 4.0, ÖJZ 2019, 298 (300, 303), spricht von einer „gewissen Unvorhersehbarkeit“ des „zukünftigen Handelns“ des künstlich intelligenten Systems, das immer weiter lernen kann. Nach *Graul*, Haftung autonomer Fahrzeuge – eine zivilrechtliche Perspektive, EALR 2020, 24 (26) müsse bei unzureichender Vorhersehbarkeit des Schadens die Rechtswidrigkeit in Zweifel gezogen werden. Vgl zu den Zurechnungsfragen und dem sog „Black Box Problem“ *Herda*, Artificial Intelligence und Immaterialgüterrecht, wbl 2019, 305 (306, 312). Vgl auch *Spindler*, Roboter, Automation, künstliche Intelligenz, selbst-steuernde Kfz – Braucht das Recht neue Haftungskategorien? CR 2015, 766 (766).

[1487] AA wohl *Plöckinger*, (Voll-)Autonomes Fahren und Strafrecht, ÖJZ 2019, 452 (453), der davon ausgeht, dass der Lernprozess des künstlich intelligenten automatisierten Fahrzeuges „ein ganzes Auto-Leben lang anhalten wird müssen.“

hin zu überprüfen.[1488] Durch die vorgelagerte Qualitätsprüfung durch den Hersteller bliebe der Hersteller als „qualitätssichernde Instanz" erhalten.[1489] Dies ist ein spannender Ansatz, der jedoch aufgrund der Individualität der Lernergebnisse, die von Fahrzeug zu Fahrzeug variieren, wohl kaum umsetzbar sein dürfte. *Hartmann* ist hingegen darin zuzustimmen, dass in der Möglichkeit der unkontrollierten risikoträchtigen Veränderung einer künstlichen Intelligenz ein Konstruktionsfehler erblickt werden könnte.[1490]

Aufgrund derartiger Zurechnungsprobleme beim Einsatz autonomer Systeme wird in Lehre und Rechtspolitik die Einführung des Rechtsstatus als **elektronische Person** („ePerson") erwogen.[1491] So forderte zB das Europäische Parlament im Februar 2017 die Europäische Kommission in seiner Entschließung zu zivilrechtlichen Regelungen im Bereich der Robotik auf, die Möglichkeit der Zuerkennung von Rechtspersönlichkeit an Roboter zu evaluieren.[1492] In seiner Entschließung zur Regelung der zivilrechtlichen Haftung beim Einsatz künstlicher Intelligenz aus dem Jahr 2020 geht das Europäische Parlament hingegen davon aus, dass es nicht erforderlich sei, KI-Systemen Rechtspersönlichkeit zu verleihen.[1493]

Zweifelsfrei könnte die Umwandlung einer autonom agierenden Maschine in ein eigenes mit Rechtspersönlichkeit ausgestattetes Rechtssubjekt haftungsrechtliche Zurechnungsprobleme lösen, da kein verantwortlicher Mensch, wie

---

1488 *Hartmann*, Here come the robots – Produkthaftung und Robotik am Beispiel des automatisierten und autonomen Fahrens (Teil 1), PHi 2017, 2 (7 f).

1489 *Hartmann*, Here come the robots – Produkthaftung und Robotik am Beispiel des automatisierten und autonomen Fahrens (Teil 1), PHi 2017, 2 (7 f).

1490 *Hartmann*, Here come the robots – Produkthaftung und Robotik am Beispiel des automatisierten und autonomen Fahrens (Teil 1), PHi 2017, 2 (8 f); dagegen *Hinze*, Haftungsrisiken des automatisierten und autonomen Fahrens (2021) 148.

1491 Ua *F. Reinisch*, Künstliche Intelligenz – Haftungsfragen 4.0, ÖJZ 2019, 298 (301 f) mwN. Zu Recht krit *Karner*, Liability for Robotics, in *Lohsse/Schulze/Staudenmayer* (Hrsg), Liability for Artificial Intelligence and the Internet of Things (2019) 117 (123); *Staudegger*, Rechtsfragen beim Erwerb von IT-Systemen, in *Jahnel/Mader/Staudegger* (Hrsg), IT-Recht[4] (2020) 191 (Rz 4/218 ff, 4/223); *Zöchling-Jud*, Digitalisierung und Vertragsabschluss, in *Forgó/Zöchling-Jud* (Hrsg), Das Vertragsrecht des ABGB auf dem Prüfstand (2018) 133 (141 f) mwN. Aus der deutschen Literatur krit *G. Wagner* in Münchener Kommentar zum BGB[8] (2020) Vor § 823 Rz 111; *Lohmann*, Ein europäisches Roboterrecht – überfällig oder überflüssig? ZRP 2017, 168 (171); *Denga*, Deliktische Haftung für künstliche Intelligenz, CR 2018, 69 (77); *Hinze*, Haftungsrisiken des automatisierten und autonomen Fahrens (2021) 217 f; *Ringlage*, Haftungskonzepte für autonomes Fahren – „ePerson" und „RmbH"? (2021) 221.

1492 *Europäisches Parlament*, Entschließung vom 16. Februar 2017 mit Empfehlungen an die Kommission zu zivilrechtlichen Regelungen im Bereich Robotik, 2015/2103(INL); vgl dazu *Haselbacher*, Rechts überholt? – Zum aktuellen Stand des Rechtsrahmens „Automatisiertes Fahren", jusIT 2020, 127 (133 f).

1493 *Europäisches Parlament*, Entschließung vom 20. Oktober 2020 mit Empfehlungen an die Kommission für eine Regelung der zivilrechtlichen Haftung beim Einsatz künstlicher Intelligenz, 2020/2014(INL).

etwa der Betreiber oder der Hersteller, gefunden werden müsste, sondern der Roboter selbst als Haftungsträger bereitstehen würde.[1494] Dennoch ist davon mE – zumindest nach derzeitigem technologischem Entwicklungsstand – in Hinblick auf die erwünschten **präventiven Effekte** des Haftpflichtrechts abzuraten. Eine Entlassung des Herstellers aus der Haftpflicht durch die Schaffung eines neuen vorgelagerten Haftungsträgers[1495] würde den Anreiz für den Hersteller schwächen, größtmögliche Sorgfalt bei der Entwicklung von automatisierten Fahrzeugen an den Tag zu legen.[1496] Des Weiteren überzeugt mE das Haftungskonzept der Gefährdungshaftung auch im Bereich der Nutzung automatisierter Systeme, wonach derjenige, der den Vorteil aus dem Betrieb einer gefährlichen Sache zieht, auch die daraus resultierenden Schäden zu tragen hat.[1497] *Staudegger* weist zudem zu Recht darauf hin, dass nach gegenwärtigem Stand der Technik das Steuerungsverhalten von Software „stets auf den Menschen zurückzuführen ist", da sie „von Menschen entwickelt, eingesetzt und/oder genutzt" wird.[1498]

D. Neuer Gefährdungshaftungstatbestand für automatisierte Systeme?

Es wurde bereits in Kap V gezeigt, dass die Halterhaftung nach EKHG grundsätzlich auch bei Unfällen beim Betrieb von automatisierten Kfz greift.[1499] Die Automatisierungsrisiken bei Fahrzeugen sind daher idR von der Gefährdungshaftung nach EKHG umfasst. Es besteht folglich im Bereich des automatisierten Fahrens im Straßenverkehr keine Veranlassung für die Einführung eines neuen Gefährdungshaftungssystems, das an die Verwirklichung von Automatisierungsrisiken anknüpft.[1500]

1494 Vgl *F. Reinisch*, Künstliche Intelligenz – Haftungsfragen 4.0, ÖJZ 2019, 298 (303), der der Einführung des Rechtsstatus einer ePerson das Potential attestiert, „durchaus hilfreich" zu sein.

1495 *Denga*, Deliktische Haftung für künstliche Intelligenz, CR 2018, 69 (77), weist zu Recht auf die Gefahr hin, dass „Roboter zur Haftungsabschirmung vorgeschoben werden könnten."

1496 Vgl auch *Staudegger*, Rechtsfragen beim Erwerb von IT-Systemen, in *Jahnel/Mader/Staudegger* (Hrsg), IT-Recht[4] (2020) 191 (Rz 4/218, 4/223); aus der deutschen Literatur *G. Wagner* in Münchener Kommentar zum BGB[8] (2020) Vor § 823 Rz 111

1497 Vgl *Staudegger*, Rechtsfragen beim Erwerb von IT-Systemen, in *Jahnel/Mader/Staudegger* (Hrsg), IT-Recht[4] (2020) 191 (Rz 4/218 f, 4/223).

1498 *Staudegger*, Rechtsfragen beim Erwerb von IT-Systemen, in *Jahnel/Mader/Staudegger* (Hrsg), IT-Recht[4] (2020) 191 (Rz 4/218).

1499 Ebenso *Amlacher/Andréewitch*, Rechtliche Fragen des autonomen Fahrens – Haftung (Teil II), jusIT 2017, 209 (211); *P. Reinisch*, Autonomes Fahren aus regulatorischer Sicht, Jahrbuch Regulierungsrecht 2019, 197 (209) mwN; vgl auch *Pehm*, Systeme der Unfallhaftung beim automatisierten Fahren, IWRZ 2018, 259 (264).

1500 Ebenso zur deutschen Rechtsordnung der Arbeitskreis II zum Thema des Automatisierten Fahrens im Rahmen des 56. Deutschen Verkehrsgerichtstags, vgl *Hoffer/Ch. Huber*, Der 56. Deutsche Verkehrsgerichtstag, ZVR 2018/101 (187).

Selbstfahrende Kfz sind jedoch nur eine von vielen möglichen Anwendungen von Automatisierung und Systemen der künstlichen Intelligenz. Die mit Automatisierung einhergehenden Haftungsfragen und Rechtsprobleme stellen sich auch in Anwendungsfeldern abseits des Straßenverkehrs, wie etwa im medizinischen Bereich[1501] oder im Haushalt (zB Staubsaugerroboter). In der Literatur und Rechtspolitik wird die Frage diskutiert, ob ein neuer Gefährdungshaftungstatbestand für automatisierte Systeme, Roboter bzw Anwendungen künstlicher Intelligenz eingeführt werden sollte. So wird ua von *Spindler* die Schaffung eines neuen Gefährdungshaftungstatbestands erwogen, der seine Grundlage in der Gefahrenquelle „Roboter" hat.[1502]

Die Gefährdungshaftung beruht auf dem Grundsatz, dass Personen, die Vorteile aus einer **gefährlichen Tätigkeit** ziehen, auch die daraus resultierenden Nachteile anderer zu tragen haben.[1503] Es stellt sich daher die Frage, ob automatisierte Systeme einen Grad an Gefährlichkeit aufweisen, der die Einführung einer Gefährdungshaftung rechtfertigt.[1504] Nach der Rspr liegt eine gefährliche Tätigkeit dann vor, wenn Handlungen gestattet werden, die an sich verboten wären, wenn die Rechtsordnung nur die gefährdeten Interessen dritter Personen berücksichtigen würde.[1505] Es komme sowohl auf einen hohen Grad der Wahrscheinlichkeit eines Schadenseintrittes als auch auf die außergewöhnliche Höhe des möglicherweise eintretenden Schadens an.[1506] „Gefährliche Betriebe" seien nur solche, bei welchen infolge ihrer allgemeinen Beschaffenheit die Interessen Dritter schon dadurch in einer das normale Ausmaß der im modernen Leben stets bestehenden Gefährdung wesentlich übersteigenden Art gefährdet werden.[1507]

1501 Vgl dazu eingehend *Karner*, Liability for Medical Robots and Autonomous Medical Devices, in *Karner/Magnus/Spier/P. Widmer* (Hrsg), Essays in Honour of Helmut Koziol (2020) 57.

1502 *Spindler*, Zivilrechtliche Fragen beim Einsatz von Robotern, in *Hilgendorf* (Hrsg), Robotik im Kontext von Recht und Moral (2014) 63 (80); *Spindler*, Roboter, Automation, künstliche Intelligenz, selbst-steuernde Kfz – Braucht das Recht neue Haftungskategorien? CR 2015, 766 (775 f).

1503 *Weilinger*, Privatrecht[8] (2020) 230; *Welser/Zöchling-Jud*, Bürgerliches Recht II[14] (2015) Rz 1329.

1504 *Lohmann*, Ein europäisches Roboterrecht – überfällig oder überflüssig? ZRP 2017, 168 (170).

1505 RIS-Justiz RS0029942; ua OGH 8 Ob 22/85 (8 Ob 23/85) ZVR 1986/132 = JBl 1985, 525; OGH 2 Ob 2416/96z ZVR 1998/18.

1506 RIS-Justiz RS0029928; RIS-Justiz RS0128270; ua OGH 8 Ob 103/97y ZVR 1999/51 = RdW 1999, 202; OGH 8 Ob 84/12d Zak 2012/742 = JBl 2013, 49 = RdW 2012, 722 = bbl 2013, 39 = EvBl-LS 2013/21 = Jus-Extra OGH-Z 5273 = ecolex 2013, 419 = ZVR 2013, 76 (*Danzl*, tabellarische Übersicht) = ZVR 2013, 99 = SZ 2012/91; OGH 8 Ob 103/97y ZVR 1999/51 = RdW 1999, 202; OGH 7 Ob 203/15a Zak 2016/110.

1507 RIS-Justiz RS0029913; ua OGH 9 ObA 49/04b ecolex 2005, 62 = ARD 5574/12/2005 = ZVR 2005, 80 (*Danzl*) = ZVR 2005, 100 (*Apathy*) = JBl 2005, 469 = ZAS 2006, 142 (*Kerschner*).

Wie bereits in Kap VII erörtert wurde, stellt Automatisierungssoftware im Allgemeinen keine gefährliche Sache dar.[1508] Der Grad ihrer Gefährlichkeit hängt vielmehr von ihrem **Einsatzbereich** ab.[1509] Während etwa die Verwendung von Software zur Steuerung eines Haushaltsstaubsaugers idR geringe Gefahren mit sich bringt, birgt der Einsatz von Robotern im medizinischen Bereich erhebliche Risiken für Leib und Leben der Patienten.[1510] Die „Grundgefährlichkeit" von Automatisierungssoftware wird daher durch die Sache bestimmt, zu deren Zweck sie eingesetzt wird.

Es darf aber nicht übersehen werden, dass Automatisierung durchaus erhebliche Auswirkungen auf die Risiken einer Sache oder Tätigkeit haben kann. Zum einen können durch die Automatisierung bestehende Risiken **gemindert** werden, weil dadurch menschliches Fehlverhalten ausgeschlossen wird. Dies wirft die Frage auf, ob der versprochene Sicherheitsgewinn durch autonome Systeme dem Zurechnungsgrund der Gefährdungshaftung entgegensteht.[1511] Zum anderen werden aber **Automatisierungsrisiken**[1512] neu geschaffen. Die Automatisierungsrisiken können je nach Anwendungsgebiet so hoch sein, dass sie mE trotz Beseitigung der Fehlerquelle Mensch die Einführung eines Gefährdungshaftungstatbestandes in bestimmten Anwendungsfeldern rechtfertigen.

Als Ergebnis kann festgehalten werden, dass es in manchen besonders gefährlichen Einsatzbereichen automatisierter Systeme gerechtfertigt sein kann, neue Gefährdungshaftungstatbestände zu schaffen.[1513]

1508 *Ertl/Wolf*, Die Software im österreichischen Zivilrecht (1991) 338. Vgl dazu auch *Koziol*, Die Haftung der Banken bei Versagen technischer Hilfsmittel, ÖBA 1987, 3 (9), nach dem Computer nicht gefährlichen Sachen gleichgestellt werden können.

1509 Vgl auch zur Relevanz des Einsatzbereichs von Computern *Gantner*, Die Haftung der Krankenanstalten für Computerfehlleistungen, VR 2001, 222 (228).

1510 Vgl *Horner/Kaulartz*, Haftung 4.0, CR 2016, 7 (14). Zur Haftung für medizinische Roboter eingehend *Karner*, Liability for Medical Robots and Autonomous Medical Devices, in *Karner/Magnus/Spier/P. Widmer* (Hrsg), Essays in Honour of Helmut Koziol (2020) 57.

1511 *G. Wagner* in Münchener Kommentar zum BGB[8] (2020) § 823 Rz 791; *Horner/Kaulartz*, Haftung 4.0, CR 2016, 7 (13).

1512 Vgl hierzu Kap II.B.

1513 Befürwortend *Karner*, Liability for Robotics, in *Lohsse/Schulze/Staudenmayer* (Hrsg), Liability for Artificial Intelligence and the Internet of Things (2019) 117 (122 ff). Vgl dazu *Zöchling-Jud*, Digitalisierung und Vertragsabschluss, in *Forgó/Zöchling-Jud* (Hrsg), Das Vertragsrecht des ABGB auf dem Prüfstand (2018) 133 (145), die die Schaffung eines eigenständigen Gefährdungshaftungstatbestandes für erwägenswert hält. Vgl auch *F. Reinisch*, Künstliche Intelligenz – Haftungsfragen 4.0, ÖJZ 2019, 298 (303), der die „Schaffung eines generell neuen außervertraglichen Haftungsregimes für autonome Systeme [...] anhand des Entwicklungsstandes und fehlender Kategorisierungsmöglichkeit als (noch) nicht notwendig" betrachtet. Zum deutschen Recht vgl *Horner/Kaulartz*, Haftung 4.0, CR 2016, 7 (14).

E. Fazit

Mit fortschreitender Entwicklung automatisierter Fahrfunktionen sowie bei Änderungen in der Risikobewertung automatisierten Fahrens sind die Sorgfaltsanforderungen an Nutzer und Zulassungsbesitzer regelmäßig **neuerlich zu evaluieren** und gegebenenfalls anzupassen. Dabei sind jedoch die Konsequenzen im Haftungsrecht mitzubedenken, um dessen **Ausgleichsfunktion** nicht ungebührlich zu schwächen. Etwaige sich aus der Suspendierung von Lenkerpflichten ergebende Rechtsschutzlücken sind durch Änderungen in den Haftungssystemen nach PHG (zB Einführung einer Haftpflichtversicherungspflicht)[1514] oder EKHG (zB Erhöhung der Haftungshöchstbeträge im Bereich des automatisierten Fahrens) oder durch die Schaffung von speziellen Haftungsfonds auszugleichen.

Selbst bei Freistellung des Lenkers von der Fahraufgabe werden bestimmte Sorgfaltspflichten beim Nutzer bzw Halter des automatisierten Systems verbleiben, wie etwa Maßnahmen zur **Kontrolle** des Kfz einschließlich seiner technischen Einrichtungen **vor Fahrtantritt**[1515] sowie **regelmäßige Prüfung** der Verkehrstauglichkeit und **Wartung** des Systems.[1516] Zur Schaffung von Rechtssicherheit und zum Zwecke der Verhaltenssteuerung sollte der Gesetzgeber festlegen, welche konkreten Maßnahmen zur Erfüllung dieser Verpflichtungen in Hinblick auf Sensoren, Soft- und Hardware eines automatisierten Fahrzeuges gesetzt werden müssen, und diese Maßnahmen zum Inhalt der Ausbildung und Prüfung zur Erlangung der Lenkberechtigung machen.

Ein besonderes gesetzgeberisches Augenmerk sollte auf die Regelungen rund um **Sicherheits-Updates** gelegt werden. Obzwar aus den Produktbeobachtungspflichten eine Verpflichtung des Herstellers zur Zurverfügungstellung von Sicherheits-Updates über eine der gewöhnlichen Lebensdauer eines Kfz entsprechende Zeitspanne abgeleitet werden kann, ist eine ausdrückliche Verankerung dieser Verpflichtung des Herstellers sowie deren Dauer angezeigt, um einen klaren Rechtsrahmen für Hersteller und Nutzer zu schaffen. Weiters sollte eine korrespondierende Verpflichtung des Zulassungsbesitzers des automatisierten Fahrzeuges zur Durchführung von angebotenen Sicherheits-Updates[1517] eingeführt werden.

[1514] Die Einführung einer Versicherungspflicht wäre trotz vollharmonisierenden Charakters der PH-RL unionsrechtlich zulässig, da die PH-RL die Frage einer Pflicht zur Deckungsvorsorge bzw Haftpflichtversicherung nicht behandelt, vgl *Rabl*, PHG (2017) § 16 Rz 1.

[1515] *Harnoncourt*, Haftungsrechtliche Aspekte des autonomen Fahrens, ZVR 2016/228 (547); *Harnoncourt*, Haftungsrechtliche Aspekte des autonomen Fahrens, in *I. Eisenberger ua* (Hrsg), Autonomes Fahren und Recht (2017) 109 (111).

[1516] Vgl *Eustacchio*, Automatisiert zum Recht, ZVR 2017/253 (510); vgl auch *Kath*, Auf dem Weg zum autonomen Fahren: haftungs- und versicherungsrechtliche Aspekte (2018) 23 („Restpflichten").

[1517] *Kath*, Auf dem Weg zum autonomen Fahren: haftungs- und versicherungsrechtliche Aspekte (2018) 31 f, hält eine derartige Verpflichtung des Halters zur Vornahme von Sicherheits-

Die Einführung des Rechtsstatus als ePerson ist nach derzeitigem Entwicklungsstand automatisierter Systeme im Straßenverkehr nicht angezeigt und sogar als kontraproduktiv zu beurteilen, da durch die Vorlagerung der Maschine als Haftungsträger eine Abschirmung des Herstellers von Haftungsrisiken und somit eine Schwächung präventiver Effekte erzielt würde. Da der Betrieb von Kfz durch das Gefährdungshaftungsregime des EKHG abgedeckt ist, unter das auch automatisierte Fahrzeuge fallen, besteht im Bereich des automatisierten Fahrens auch keine Veranlassung für die Einführung eines neuen Gefährdungshaftungssystems, das an die Verwirklichung von Automatisierungsrisiken anknüpft.[1518] In Anbetracht der rasanten technologischen Fortschritte auf dem Gebiet der Automatisierung und der künstlichen Intelligenz könnte jedoch zukünftig ein auf die Verwirklichung von Automatisierungsrisiken abstellendes Gefährdungshaftungsregime in anderen hochriskanten Anwendungsfeldern sinnvoll sein.[1519]

Updates zumindest für erwägenswert und gesetzliche Regelungen dazu im Sinne der Rechtssicherheit für geboten. Eine eindeutige gesetzliche Regelung der Pflicht des Nutzers zur Durchführung von Software-Updates befürwortet für die deutsche Rechtsordnung auch *Hartmann*, Here come the robots – Produkthaftung und Robotik am Beispiel des automatisierten und autonomen Fahrens (Teil 2), PHi 2017, 42 (46).

1518 Ebenso zur deutschen Rechtsordnung der Arbeitskreis II zum Thema des Automatisierten Fahrens im Rahmen des 56. Deutschen Verkehrsgerichtstags, vgl *Hoffer/Ch. Huber*, Der 56. Deutsche Verkehrsgerichtstag, ZVR 2018/101 (187).

1519 Vgl dazu *Zöchling-Jud*, Digitalisierung und Vertragsabschluss, in *Forgó/Zöchling-Jud* (Hrsg), Das Vertragsrecht des ABGB auf dem Prüfstand (2018) 133 (145), die die Schaffung eines eigenständigen Gefährdungshaftungstatbestandes für erwägenswert hält. Vgl auch *F. Reinisch*, Künstliche Intelligenz – Haftungsfragen 4.0, ÖJZ 2019, 298 (303), der die „Schaffung eines generell neuen außervertraglichen Haftungsregimes für autonome Systeme […] anhand des Entwicklungsstandes und fehlender Kategorisierungsmöglichkeit als (noch) nicht notwendig“ betrachtet.

XI. Schlussworte und Ausblick

In der Untersuchung wurde deutlich, dass der derzeitige österreichische Haftungsrahmen im Grunde adäquate Lösungen für die Verteilung der Risiken des automatisierten Fahrens bereitstellt. Die sich im Zusammenhang mit automatisiertem Fahren neu ergebenden Schadenskonstellationen können durch die geltenden österreichischen Haftungsregeln weitgehend einer sachgerechten Lösung zugeführt werden.[1520] Dies gilt jedoch nur unter der Prämisse, dass Automatisierungssoftware unter den Produktbegriff iSd PHG subsumiert wird, widrigenfalls keine ausreichenden wirtschaftlichen Anreize für den Hersteller bestehen, die Sicherheit seiner Produkte zu gewährleisten. Qualifiziert man – wie hier vertreten – Automatisierungssoftware unabhängig von ihrer Übertragungsart (mittels Datenträger oder mittels Datenfernübertragung) als Produkt, schaffen die Regeln der verschuldensabhängigen Haftung des Lenkers nach ABGB sowie der beiden verschuldensunabhängigen Systeme der Halterhaftung nach EKHG und der Herstellerhaftung nach PHG ein **geeignetes Rechtsschutzsystem**, das essentielle **Präventiveffekte** beim Hersteller gewährleistet und einen **angemessenen Ausgleich** des Schadens beim Geschädigten bewirkt.

Es sollten jedoch einzelne **Rechtsanpassungen**, wie etwa zur Verbesserung der Beweislage, vorgenommen werden, um das Entstehen von Rechtsschutzdefiziten aufgrund von Beweisschwierigkeiten zu verhindern. Außerdem sind in Hinblick auf bestimmte Rechtsfragen gesetzgeberische **Klarstellungen** wünschenswert, um Rechtssicherheit für Geschädigte und Haftpflichtige herzustellen. So sollte der Unionsgesetzgeber beispielsweise den Anwendungsbereich des Produktbegriffs in dem Sinne feststellen, dass auch Steuerungssoftware darunterfällt.[1521]

In Hinblick auf die Halterhaftung nach EKHG, deren Anwendungsbereich zweifelsfrei auch automatisierte Fahrzeuge umfasst, kommt eine analoge An-

---

[1520] *Harnoncourt*, Haftungsrechtliche Aspekte des autonomen Fahrens, ZVR 2016/228 (546); *Karner*, Liability for Robotics, in *Lohsse/Schulze/Staudenmayer* (Hrsg), Liability for Artificial Intelligence and the Internet of Things (2019) 117 (122); *Pehm*, Systeme der Unfallhaftung beim automatisierten Fahren, IWRZ 2018, 259 (265). AA wohl *Templ*, Über „die Haftungsfrage“ von selbsttätig im Straßenverkehr teilnehmenden Kfz, ZVR 2016/7 (13), nach dem ein Gleichgewicht zwischen Herstellerhaftung und den Interessen von potentiell Geschädigten erst gefunden und gesetzlich normiert werden müsse.

[1521] Vgl auch *Templ*, Über die „Haftungsfrage“ von selbsttätig am Straßenverkehr teilnehmenden Kfz, ZVR 2016/7 (13); *Hinze*, Haftungsrisiken des automatisierten und autonomen Fahrens (2021) 205; für eine Klarstellung des § 4 PHG *P. Reinisch*, Autonomes Fahren aus regulatorischer Sicht, Jahrbuch Regulierungsrecht 2019, 197 (209); für eine Klarstellung des Produktbegriffs derart, dass Software unabhängig von ihrem Vertrieb auf einem Datenträger erfasst ist, *Karner*, Liability for Robotics, in *Lohsse/Schulze/Staudenmayer* (Hrsg), Liability for Artificial Intelligence and the Internet of Things (2019) 117 (119, 124); vgl auch *Staudegger*, Gesetzgebungsmonitor – Rechtsrahmen für Robotik, jusIT 2016, 190 (191), nach der „dringend zu überlegen [wäre], wie die Produkthaftung unmissverständlich auf softwaregesteuerte Produkte ausgeweitet werden kann.“

wendung von Gefährdungshaftungsregelungen auf verwirklichte Automatisierungsrisiken im Straßenverkehr nicht in Betracht. Dennoch sollte mit Blick in die Zukunft nicht aus den Augen gelassen werden, dass automatisiertes Fahren nur eine von vielen möglichen Anwendungen von Automatisierungssoftware und Systemen der künstlichen Intelligenz darstellt. Fragen der Automatisierung stellen sich zunehmend auch in Bereichen abseits des Verkehrs. Wenngleich Automatisierungssoftware an sich keine gefährliche Sache darstellt, könnte es in manchen besonders gefährlichen, nicht sondergesetzlich geregelten Einsatzbereichen gerechtfertigt sein, Gefährdungshaftungsbestimmungen analog anzuwenden. Die Anwendung der Regeln der Gehilfenhaftung per analogiam auf automatisierte Hilfsmittel ist mE im deliktischen Bereich hingegen abzulehnen, da dadurch Grundwertungen der Gefährdungshaftung umgangen würden.

In Anbetracht der rasanten technischen Entwicklungen und zunehmender Nutzung von Robotern und Systemen der künstlichen Intelligenz sollten frühzeitig **gesetzgeberische Optionen** evaluiert werden, zB in bestimmten Einsatzbereichen eine Halterhaftung für Automatisierungsrisiken einzuführen[1522]. Auch der europäische Gesetzgeber sieht die Herausforderungen, die mit der Entwicklung von Anwendungen künstlicher Intelligenz wie dem automatisierten Fahren verbunden sind. So verabschiedete das Europäische Parlament im Februar 2017 Empfehlungen an die Kommission mit der Aufforderung, ihm einen Vorschlag für eine Richtlinie über **zivilrechtliche Regelungen im Bereich der Robotik** zu unterbreiten.[1523] Um den Herausforderungen der neuen digitalen Technologien bestmöglich zu begegnen, hat die Kommission im April 2018 eine europäische **Strategie zur künstlichen Intelligenz (KI)** veröffentlicht.[1524] Diese Strategie stellt die Menschen in den Mittelpunkt der KI-Entwicklung und verfolgt damit einen menschenzentrierten Ansatz (menschenzentrierte KI). Zur Umsetzung der KI-Strategie hat die Kommission sodann gemeinsam mit den Mitgliedstaaten einen koordinierten Plan für die KI[1525] ausgearbeitet, der Maßnahmen für die nächsten Jahre, wie etwa die Aufstellung nationaler KI-Strategien, beinhaltet. Einen wesentlichen Teil der KI-Strategie bildet die Gewährleistung eines adäquaten ethischen und rechtlichen Rahmens. Dieser Rechtsrahmen soll Innovation fördern und gleichzeitig ein hohes Maß an Schutz und Sicherheit gewährleisten.

Die von der Kommission eingerichtete **Hochrangige Expertengruppe für künstliche Intelligenz (HEG-KI)** erarbeitete ethische Leitlinien für eine

---

1522 Befürwortend *Karner*, Liability for Robotics, in *Lohsse/Schulze/Staudenmayer* (Hrsg), Liability for Artificial Intelligence and the Internet of Things (2019) 117 (122 ff).

1523 *Europäisches Parlament*, Entschließung vom 16. Februar 2017 mit Empfehlungen an die Kommission zu zivilrechtlichen Regelungen im Bereich Robotik, 2015/2103(INL).

1524 *Europäische Kommission*, Mitteilung – Künstliche Intelligenz für Europa, COM(2018) 237 final.

1525 *Europäische Kommission*, Mitteilung – Koordinierter Plan für künstliche Intelligenz, COM(2018) 795 final.

vertrauenswürdige KI[1526] sowie eine Definition der KI[1527], die im April 2019 erschienen sind. Im Februar 2020 wurde ein Bericht der Kommission über die Auswirkungen künstlicher Intelligenz, des Internets der Dinge und der Robotik in Hinblick auf Sicherheit und Haftung veröffentlicht.[1528] In diesem Bericht wird der bestehende Sicherheits- und Haftungsrahmen evaluiert und auf potentielle Lücken hin untersucht. Die rechtspolitischen Überlegungen auf EU-Ebene mündeten in die Entschließung des Europäischen Parlaments vom 20. Oktober 2020 mit Empfehlungen an die Kommission für eine Regelung der zivilrechtlichen Haftung beim Einsatz künstlicher Intelligenz.[1529] Die Entschließung beinhaltet die Aufforderung an die Europäische Kommission zur Vorlage einer Verordnung über die verschuldensunabhängige Haftung für den Betrieb von KI-Systemen mit hohem Risiko. Nach den Empfehlungen des Europäischen Parlaments soll diese Verordnung flankiert sein von der Einführung einer Pflichthaftpflichtversicherung für KI-Systeme mit hohem Risiko sowie von einer Anpassung der PH-RL an die digitale Welt einschließlich der Klärung von Begriffen, insb der Definition des Produkts. Anfang des Jahres 2021 hat die Kommission einen Verordnungsentwurf zur Regulierung von Technologien der KI veröffentlicht,[1530] der zwar keine Haftungsregeln enthält, jedoch aufgrund der Normierung von Verhaltensvorschriften von haftungs-

[1526] *Hochrangige Expertengruppe für künstliche Intelligenz*, Ethik-Leitlinien für eine vertrauenswürdige KI (2019). Gem diesen Leitlinien haben vertrauenswürdige KI-Anwendungen sieben Kernanforderungen zu erfüllen: Vorrang menschlichen Handelns und menschlicher Aufsicht, Technische Robustheit und Sicherheit, Privatsphäre und Datenqualitätsmanagement, Transparenz, Vielfalt, Nichtdiskriminierung und Fairness, Gesellschaftliches und ökologisches Wohlergehen, Rechenschaftspflicht.

[1527] *Hochrangige Expertengruppe für künstliche Intelligenz*, Eine Definition der KI: Wichtigste Fähigkeiten und Wissenschaftsgebiete (2019). Die Definition lautet: „Systeme der künstlichen Intelligenz (KI-Systeme) sind vom Menschen entwickelte Softwaresysteme (und gegebenenfalls auch Hardwaresysteme), die in Bezug auf ein komplexes Ziel auf physischer oder digitaler Ebene handeln, indem sie ihre Umgebung durch Datenerfassung wahrnehmen, die gesammelten strukturierten oder unstrukturierten Daten interpretieren, Schlussfolgerungen daraus ziehen oder die aus diesen Daten abgeleiteten Informationen verarbeiten, und über das bestmögliche Handeln zur Erreichung des vorgegebenen Ziels entscheiden. KI-Systeme können entweder symbolische Regeln verwenden oder ein numerisches Modell erlernen, und sind auch in der Lage, die Auswirkungen ihrer früheren Handlungen auf die Umgebung zu analysieren und ihr Verhalten entsprechend anzupassen."

[1528] *Europäische Kommission*, Bericht über die Auswirkungen künstlicher Intelligenz, des Internets der Dinge und der Robotik in Hinblick auf Sicherheit und Haftung, COM(2020) 64 final.

[1529] *Europäisches Parlament*, Entschließung vom 20. Oktober 2020 mit Empfehlungen an die Kommission für eine Regelung der zivilrechtlichen Haftung beim Einsatz künstlicher Intelligenz, 2020/2014(INL). Zu den Empfehlungen im Detail *Zankl* in *Zankl*, Rechtshandbuch der Digitalisierung Rz 23.8. (Stand 1.7.2021, rdb.at).

[1530] Vorschlag für eine Verordnung des Europäischen Parlaments und des Rates zur Festlegung harmonisierter Vorschriften für künstliche Intelligenz (Gesetz über künstliche Intelligenz) und zur Änderung bestimmter Rechtsakte der Union, COM(2021) 206 final. Dazu eingehend ua *Gorzala*, Regulating Robots – Entwurf des Artificial Intelligence Act, RdW 2021, 1; *Linardatos*, Auf dem Weg zu einer europäischen KI-Verordnung, GPR 2022, 58.

rechtlicher Relevanz ist.[1531] Die weiteren Entwicklungen auf europäischer Ebene sind mit Spannung zu erwarten.

Mit Blick in die Zukunft kann festgestellt werden, dass die rechtlichen Herausforderungen und Rechtsprobleme des automatisierten Fahrens eingebettet sind in ein weites thematisches Feld der Technologie der Automatisierung und der KI sowie ihrer Anwendungen. Die im Rahmen dieser Untersuchung gestellten Rechtsfragen werden sich auch in anderen Einsatzbereichen von Automatisierungssoftware oder Systemen der KI erheben.[1532] Lösungsansätze aus diesem Werk können für andere Anwendungsfelder nutzbar gemacht werden. Zuweilen werden Besonderheiten des betreffenden Einsatzgebietes eigene Lösungen erfordern. In Anbetracht sonst drohender Wettbewerbsverzerrungen ist eine gesamteuropäische Schließung von etwaigen Rechtsschutzlücken anzustreben. Zu diesem Zweck wurden auf EU-Ebene bereits umfassende Evaluierungen zum bestehenden Rechtsrahmen auf dem Gebiet der KI und Robotik durchgeführt und erste Lösungsvorschläge entwickelt.

1531 *Linardatos*, Auf dem Weg zu einer europäischen KI-Verordnung, GPR 2022, 58 (60).

1532 Vgl zu Haftungsfragen bei Anwendungen künstlicher Intelligenz *F. Reinisch*, Künstliche Intelligenz – Haftungsfragen 4.0, ÖJZ 2019, 298.

XII. Quellenverzeichnis

A. Literaturverzeichnis

1. Selbständige Werke

Borchardt, Die rechtlichen Grundlagen der Europäischen Union[7] (2020).

F. Bydlinski, Grundzüge der juristischen Methodenlehre[2] (2012).

F. Bydlinski/P. Bydlinski, Grundzüge der juristischen Methodenlehre[3] (2018).

Ertl/Wolf, Die Software im österreichischen Zivilrecht (1991).

Eustacchio, Produkthaftung (2002).

Feger, Darbietung und Produktfehler: die Haftung des Herstellers für die Präsentation seines Produkts im Vergleich mit dem US-amerikanischen Recht (1990).

Frauenhofer-Institut für Arbeitswirtschaft und Organisation, Hochautomatisiertes Fahren auf Autobahnen – Industriepolitische Schlussfolgerungen, http://www.bmwi.de/BMWi/Redaktion/PDF/H/hochautomatisiertes-fahren-auf-autobahnen,property=pdf,bereich=bmwi2012,sprache=de,rwb=true.pdf (Stand 18.11.2015).

Gasser ua, Rechtsfolgen zunehmender Fahrzeugautomatisierung – Gemeinsamer Schlussbericht der Projektgruppe, Berichte der BASt 2012/F 83.

Grau, Produktfehler (2002).

Heiderhoff, Europäisches Privatrecht[5] (2020).

Hinze, Haftungsrisiken des automatisierten und autonomen Fahrens (2021).

Karollus, Funktion und Dogmatik der Haftung aus Schutzgesetzverletzung (1992).

Kath, Auf dem Weg zum autonomen Fahren: haftungs- und versicherungsrechtliche Aspekte (2018).

Koziol, Haftpflichtrecht II[3] (2018).

Koziol, Obsoleszenzen im österreichischen Recht (2016).

Koziol, Grundfragen des Schadenersatzrechts (2010).

Koziol, Haftpflichtrecht I[4] (2020).

Koziol, Grundfragen der Produkthaftung (1980).

Koziol/Apathy/Koch, Haftpflichtrecht III[3] (2014).

Manhardt, Der „Software as a Service"-Vertrag (2012).

Marly, Praxishandbuch Softwarerecht[7] (2018).

Marly, Softwareüberlassungsverträge[3] (2000).

A.-K. Müller, Software als „Gegenstand" der Produkthaftung (2020).

Perner, EU-Richtlinien und Privatrecht (2012).

Preslmayr, Handbuch der Produkthaftung[2] (2002).

Rabl, PHG (2017).

Riesenhuber, System und Prinzipien des Europäischen Vertragsrechts (2003).

Ringlage, Haftungskonzepte für autonomes Fahren – „ePerson" und „RmbH"? (2021).

Schlechtriem/Schroeter, Internationales UN-Kaufrecht[6] (2016).

Staudegger, Rechtsfragen bei Individualsoftware (1995).

Taeger, Außervertragliche Haftung für fehlerhafte Computerprogramme (1995).

Uskenbayeva, Produkthaftung für Software im Internet (2008).

Weilinger, Privatrecht[8] (2020).

Welser, PHG (1988).

Welser/Rabl, PHG[2] (2004).

Welser/Zöchling-Jud, Bürgerliches Recht II[14] (2015).

Windsteiger, Autonomes Fahren (2018).

Zedler, Mehrsprachigkeit und Methode: der Umgang mit dem sprachlichen Egalitätsprinzip im Unionsrecht (2015).

2. Kommentare

Danzl, EKHG[10] §§ 1, 2, 5, 9.

Eccher/Riss in KBB[6] (2020) §§ 285, 292 ABGB.

Fitz/Grau in *Fitz/Grau/Reindl*, PHG[2] (2004) §§ 1, 3, 5–8.

Fritzsche in *Hau/Poseck*, BeckOK § 90 (Stand 1.2.2022, beck-online.beck.de).

Harrer in *Schwimann/Kodek* (Hrsg), ABGB Praxiskommentar[4] (2016) § 1315.

Helmich in *Kletečka/Schauer*, ABGB-ON[1.04] §§ 285, 292 (Stand 1.7.2018, rdb.at).

Hofmann in *Schwimann/Kodek* (Hrsg), ABGB Praxiskommentar[4] (2012) §§ 285, 292.

Holzner in *Rummel/Lukas*, ABGB[4] §§ 285, 292 (Stand 1.7.2016, rdb.at).

Huber in *Streinz*, EUV/AEUV[3] (2018) Art 19 EUV.

Karner in KBB[6] (2020) §§ 1294, 1295, 1306 ABGB.

Kisslinger in *Fenyves/Kerschner/Vonkilch*, Klang[3] (2011) § 292.

Klang in *Klang* II[2] (1950) § 292.

Kodek in *Fasching/Konecny*[3] III/1 § 251 ZPO.

Kodek in *Kletečka/Schauer*, ABGB-ON[1.03] Vor §§ 1293, 1294, 1296 (Stand 1.1.2018, rdb.at).

Kodek in *Schwimann/Neumayr* (Hrsg), ABGB Taschenkommentar[5] (2020) §§ 285, 292.

Krebber in *Calliess/Ruffert*, EUV/AEUV[6] (2022) Art 12 AEUV.

Leidenmühler in *Jaeger/Stöger* (Hrsg), EUV/AEUV Art 114 AEUV (Stand 1.10.2018, rdb.at).

Lurger in *Streinz* (Hrsg), EUV/AEUV[3] (2018) Art 12, 169 AEUV.

Magnus in Staudinger BGB (2018) Einl zum CISG, Art 1–2 CISG.

Nehl in *Jaeger/Stöger* (Hrsg), EUV/AEUV Art 19 EUV (Stand 1.3.2020, rdb.at).

Oechsler in Staudinger BGB (2021) Einl zum ProdHaftG, §§ 1–3, 6 ProdHaftG.

Posch/Terlitza in *Schwimann/Kodek*, ABGB Praxiskommentar[4] (2016) PHG.

Reindl in *Fitz/Grau/Reindl*, PHG[2] (2004) §§ 12–13, 15.

Reischauer in *Rummel*, ABGB[3] §§ 1295, 1299, 1302, 1306, 1311 ABGB (Stand 1.1.2007, rdb.at).

Schacherreiter in *Kletečka/Schauer*, ABGB-ON[1.08] §§ 1306, 1311 (Stand 31.7.2021, rdb.at).

Schauer in *Schwimann/Kodek*, ABGB Praxiskommentar[4] (2016) Vorbem, §§ 1, 2, 5, 9 EKHG.

Siehr in *Honsell*, Kommentar zum UN-Kaufrecht[2] (2010) Präambel, Art 1–2.

Spickhoff in *Gsell ua* (Hrsg), Beck'scher Online-Großkommentar zum BGB §§ 4, 10, 11, 15 ProdHaftG (Stand 1.5.2021, beck-online.beck.de).

Spickhoff in *Soergel*, Kommentar zum BGB XII[13] (2005) Vor § 823, § 823.

Stabentheiner in *Fenyves/Kerschner/Vonkilch* (Hrsg), Klang[3] (2011) § 285.

Stieper in Staudinger BGB (2017) § 90.

Streinz in *Streinz* (Hrsg), EUV/AEUV[3] (2018) Art 38 GRCh.

Stresemann in Münchener Kommentar zum BGB[9] (2021) § 90.

G. Wagner in Münchener Kommentar zum BGB[8] (2020) Vor § 823, § 823.

G. Wagner in Münchener Kommentar zum BGB[8] (2020) Einl zum ProdHaftG, §§ 1–3, 6 ProdHaftG.

Wegener in *Calliess/Ruffert*, EUV/AEUV[6] (2022) Art 19 EUV.

Zöchling-Jud in *Jaeger/Stöger* (Hrsg), EUV/AEUV Art 12 AEUV(Stand 1.7.2019, rdb.at).

Zöchling-Jud in *Jaeger/Stöger* (Hrsg), EUV/AEUV Art 169 AEUV (Stand 1.1.2019, rdb.at)

Zoppel in *Schwimann/Kodek* (Hrsg), ABGB Praxiskommentar[5] (2019) §§ 285, 292.

3. Aufsätze und Beiträge in Sammelwerken

Albrecht, „Fährt der Fahrer oder das System?" – Anmerkungen aus rechtlicher Sicht, SVR 2005, 373.

Amlacher/Andréewitch, Rechtliche Fragen des autonomen Fahrens – Verkehrsrecht (Teil I), jusIT 2017, 167.

Amlacher/Andréewitch, Rechtliche Fragen des autonomen Fahrens – Haftung (Teil II), jusIT 2017, 209.

Amlacher/Andréewitch, Rechtliche Fragen des autonomen Fahrens – Datenschutz (Teil III), jusIT 2018, 19.

Andreewitch, Zur Anwendbarkeit des Produkthaftungsgesetzes für Softwarefehler, EDVuR 1990, 50.

Apathy, Schadenersatzreform – Gefährdungshaftung und Unternehmerhaftung, JBl 2007, 205.

Apathy, Die Reform des österreichischen Schadenersatzrechts, VR 2006, 187.

Armbrüster, Automatisiertes Fahren – Paradigmenwechsel im Straßenverkehrsrecht? ZPR 2017, 83.

Baldus in *Riesenhuber* (Hrsg), Europäische Methodenlehre[3] (2015) § 3.

Blocher, Sonderprobleme der Softwareverträge (Teil I), EDVuR 1994, 5.

Böck/Theurer, Herstellerpflichten und Haftungsrisiken bei IT-Sicherheitslücken vernetzter Produkte, BB 2021, 520.

Bönninger, Potenziale und Risiken des fahrerlosen Fahrens – ein Blick in die Zukunft, in *FSV* (Hrsg), Automatisiertes Fahren (2017) 56.

Borges, Haftung für selbstfahrende Autos, CR 2016, 272.

Bruckmüller/Schumann, Automatisiertes und Autonomes Fahren: Strafrechtliche Rahmenbedingungen in Österreich, in *I. Eisenberger/Lachmayer/G. Eisenberger* (Hrsg), Autonomes Fahren und Recht (2017) 123.

Bubb, Fahrerassistenz, in *Bubb ua* (Hrsg), Automobilergonomie (2015) 525.

F. Bydlinski, Zur Haftung der Dienstleistungsberufe in Österreich und nach dem EG-Richtlinienvorschlag, JBl 1992, 341.

F. Bydlinski, Energielieferung und Kaufrecht, in *Wünsch* (Hrsg), FS Hämmerle (1972) 31.

P. Bydlinski, Richtlinienkonforme „gesetzesübersteigende" Rechtsfindung und ihre Grenzen, JBl 2015, 2.

P. Bydlinski, Die Regresskriterien bei der Schadenersatz-Gesamtschuld, RZ 2013, 57.

P. Bydlinski, Gewährleistungsrechtlicher Austauschanspruch nach mangelbedingtem Totalschaden, Zak 2013, 267.

P. Bydlinski, Der Sachbegriff im elektronischen Zeitalter: zeitlos oder anpassungsbedürftig? AcP 1998, 287.

P. Bydlinski, Bemerkungen zu aktueller Produkthaftungsliteratur, ZVR 1989, 33.

Cacilo ua in *Frauenhofe-Institut für Arbeitswirtschaft und Organisation IAO* (Hrsg), Hochautomatisiertes Fahren auf Autobahnen – Industriepolitische Schlussfolgerungen (2015).

Cahn, Produkthaftung für verkörperte geistige Leistungen, NJW 1996, 2899.

Canaris, Gemeinsamkeiten zwischen verfassungs- und richtlinienkonformer Rechtsfindung, in *Bauer ua* (Hrsg), FS R. Schmidt (2006) 41.

Denga, Deliktische Haftung für künstliche Intelligenz, CR 2018, 69.

Denkmaier, 30 Jahre PHG – Software als Produkt? in *Felten ua* (Hrsg), Digitale Transformation im Wirtschafts- & Steuerrecht (2019) 51.

Droste, Produktbeobachtungspflichten der Automobilhersteller bei Software in Zeiten vernetzten Fahrens, CCZ 2015, 105.

G. Eisenberger, Die wirtschaftlichen Folgen autonomer Fahrzeuge aus anwaltlicher Sicht, in *I. Eisenberger/Lachmayer/G. Eisenberger* (Hrsg), Autonomes Fahren und Recht (2017) 15.

I. Eisenberger, Das Trolley-Problem im Spannungsfeld autonomer Fahrzeuge: Lösungsstrategien grundrechtlich betrachtet, in *I. Eisenberger/Lachmayer/G. Eisenberger* (Hrsg), Autonomes Fahren und Recht (2017) 91.

I. Eisenberger/Gruber/Huber/Lachmayer, Automatisiertes Fahren, ZVR 2016/158.

Ertl, Allgemeine Geschäftsbedingungen der Softwareverträge, EDVuR 1994, 19.

Eustacchio, Automatisiert zum Recht, ZVR 2017/253.

Fischer-Czermak/Weilinger, Gewährleistung für geleaste EDV-Anlagen (Hard- und Software) EDVuR 1989, 84.

Fleck/Thomas, Automatisierung im Straßenverkehr – Wohin fahren wir? NJOZ 2015, 1393.

Forgó, DSGVO, Dateneigentum und autonomes Fahren: eine Beziehungsgeschichte, ZVR 2018/240.

Freise, Rechtsfragen des automatisierten Fahrens, VersR 2019, 65.

Freudenthaler, Haftung für „technische Hilfsmittel“ wie für Erfüllungsgehilfen? ÖJZ 2011, 801.

Frickenstein, „Das automatisierte Fahren wird die Automobilindustrie revolutionieren“, ATZ elektronik 3/2016, 22.

Gantner, Die Haftung der Krankenanstalten für Computerfehlleistungen, VR 2001, 222.

Gasser, Die Veränderung der Fahraufgabe durch Fahrerassistenzsysteme und kontinuierlich wirkende Fahrzeugautomatisierung, DAR 2015, 6.

Gasser, Grundlegende und spezielle Rechtsfragen für autonome Fahrzeuge, in *Maurer ua* (Hrsg), Autonomes Fahren – Technische, rechtliche und gesellschaftliche Aspekte (2015) 543.

Gomille, Herstellerhaftung für automatisierte Fahrzeuge, JZ 2016, 76.

Gorzala, Connected Cars: Smarte Fahrzeuge als potenzielle Vertragspartner? RdW 2019, 73 (73).

Gorzala, Regulating Robots – Entwurf des Artificial Intelligence Act, RdW 2021, 1.

Graul, Haftung autonomer Fahrzeuge – eine zivilrechtliche Perspektive, EALR 2020, 24.

Greger, Haftungsfragen beim automatisierten Fahren, NZV 2018, 1.

Gruber, Computerviren und Schadenersatz, EDVuR 1990, 122.

Gruber, Softwarekauf als Abzahlungsgeschäft? EDVuR 1990, 94.

C. J. Gruber/I. Eisenberger, Wenn Fahrzeuge selbst lernen: Verkehrstechnische und rechtliche Herausforderungen durch Deep Learning, in *I. Eisenberger/Lachmayer/G. Eisenberger* (Hrsg), Autonomes Fahren und Recht (2017) 52.

Gstöttner/Lachmayer, Digitalisierung des Straßenverkehrsrechts im Zusammenhang mit automatisiertem Fahren, ZVR 2021, 478.

Handig, "Downloads" im World Wide Web – Eine gewerberechtliche Beurteilung, ecolex 2002, 298.

Harnoncourt, Haftungsrechtliche Aspekte des autonomen Fahrens, in *I. Eisenberger/Lachmayer/G. Eisenberger* (Hrsg), Autonomes Fahren und Recht (2017) 109.

Harnoncourt, Haftungsrechtliche Aspekte des autonomen Fahrens, ZVR 2016/228.

Hars, Wie revolutionär sind selbstfahrende Fahrzeuge? – Eine Wirkungskettenanalyse, in *Proff* (Hrsg), Radikale Innovationen in der Mobilität (2014) 267.

Hartmann, Here come the robots – Produkthaftung und Robotik am Beispiel des automatisierten und autonomen Fahrens (Teil 2), PHi 2017, 42.

Hartmann, Here come the robots – Produkthaftung und Robotik am Beispiel des automatisierten und autonomen Fahrens (Teil 1), PHi 2017, 2.

Hartmann, Aktueller Überblick über Rechtsfragen des automatisierten und autonomen Fahrens, PHi 2016, 114.

Hartmann, Big Data und Produkthaftung – Produkthaftungsrechtliche Chancen und Risiken des Einsatzes von Big Data-Technologien im Automobil, DAR 2015, 122.

Haselbacher, Rechts überholt? – Zum aktuellen Stand des Rechtsrahmens „Automatisiertes Fahren", jusIT 2020, 127.

Herda, Artificial Intelligence und Immaterialgüterrecht, wbl 2019, 305.

Hilgendorf, Automatisiertes Fahren und das Recht, ZVR 2015/240.

Hoffer, 18. Europäische Verkehrsrechtstage, ZVR 2018/58.

Hoffer/Ch. Huber, Der 56. Deutsche Verkehrsgerichtstag, ZVR 2018/101.

Hoffer/Ch. Huber/Watzlawik, Der 57. Deutsche Verkehrsgerichtstag, ZVR 2019/72.

Holzinger, Bedienerhandbuch – Schlüssel für EDV-Entscheidungen, EDVuR 1994, 54.

Holzinger, Beurteilung von Softwarequalität im Hinblick auf Vertragserfüllung und Gewährleistung, EDVuR 1994, 38.

Holzinger, Produkthaftpflicht und Software, EDVuR 4/1988, 10.

Holzinger, Rechtsgeschäftliche Übertragung von Software Versuch einer systematischen Einordnung, EDVuR 4/1987, 10.

Horner/Kaulartz, Haftung 4.0 – Verschiebung des Sorgfaltsmaßstabs bei Herstellung und Nutzung autonomer Systeme, CR 2016, 7.

Horwath, Software – ein Produkt? ecolex 2000, 784.

Hötitzsch/May, Rechtliche Problemfelder beim Einsatz automatisierter Systeme im Straßenverkehr, in *Hilgendorf* (Hrsg), Robotik im Kontext von Recht und Moral (2014) 189.

A. S. Huber, Automatisiertes Fahren in den USA, in *I. Eisenberger/Lachmayer/G. Eisenberger* (Hrsg), Autonomes Fahren und Recht (2017) 221.

Ch. Huber, Automatisiertes und autonomes Fahren – wer haftet? in *Frenz* (Hrsg), Handbuch Industrie 4.0: Recht, Technik, Gesellschaft (2020) 697.

Ch. Huber, Neuerungen bei der Haftung im Verkehrsunfallrecht in Deutschland, ZVR 2017/235.

Ch. Huber, Der 53. Deutsche Verkehrsgerichtstag, ZVR 2015/72.

Jänich/Schrader/Reck, Rechtsprobleme des autonomen Fahrens, NZV 2015, 313.

Janker, 53. Verkehrsgerichtstag 2015 – Empfehlungen der Arbeitskreise, SVR 2015, 78.

Jourdan/Matschi, Automatisiertes Fahren, NZV 2015, 26.

Jud, Die Grenzen der richtlinienkonformen Interpretation, ÖJZ 2003, 521.

Junker, Die Entwicklung des Computerrechts in den Jahren 1991 und 1992, NJW 1993, 824.

Juri, Software im Konkurs, EDVuR 1991, 120.

Juschten/Hössinger, Verkehrsplanerische Aspekte des autonomen Fahrens, in *I. Eisenberger/Lachmayer/G. Eisenberger* (Hrsg), Autonomes Fahren und Recht (2017) 21.

Kaltenegger, Zehn Grundsätze zur Entwicklung des autonomen Fahrens, ZVR 2018/232

Karner, Liability for Medical Robots and Autonomous Medical Devices, in *Karner/Magnus/Spier/P. Widmer* (Hrsg), Essays in Honour of Helmut Koziol (2020) 57.

Karner, Liability for Robotics, in *Lohsse/Schulze/Staudenmayer* (Hrsg), Liability for Artificial Intelligence and the Internet of Things (2019) 117.

Kary, Wenn das Auto unmotiviert bremst, Die Presse 2018/41/07 (8.3.2019, rdb.at).

Kern, Anwendungsbereich der Warenkauf- und der Digitale Inhalte-RL, in *Stabentheiner/Wendehorst/Zöchling-Jud* (Hrsg), Das neue europäische Gewährleistungsrecht (2019).

Kian/Tettenborn, Ist die Providerhaftung im Lichte vernetzter autonomer Systeme noch zeitgemäß? in *Hilgendorf/Hötitzsch/Lutz* (Hrsg), Rechtliche Aspekte automatisierter Fahrzeuge – Beiträge der 2. Würzburger Tagung zum Technikrecht (2015) 101.

Klamert, Richtlinienkonforme Auslegung und unmittelbare Wirkung von EG-Richtlinien in der Rechtsprechung der österreichischen Höchstgerichte, JBl 2008, 158.

Klar, Das vernetzte Fahrzeug als erster Schritt der Automatisierung, ZVR 2017/240.

Knyrim/Trieb, Dashcams und Crashcams – Zivilprozess gewonnen, Verwaltungsstrafe bekommen? ZVR 2015/236.

Knyrim/Trieb, Dashboard-Cam – zulässig zur Beweissicherung bei Verkehrsunfällen? ZVR 2015/55.

B. Koch, Produkthaftung für Daten, in *Schurr/Umlauft* (Hrsg), FS Eccher (2017) 551.

J. Koch, Einheit der nationalen Rechtsordnung und die europäische Privatrechtsangleichung, JZ 2006, 277.

Köndgen in *Riesenhuber* (Hrsg), Europäische Methodenlehre[3] (2015) § 6.

König, Software (Computerprogramme) als Sache und deren Erwerb als Sachkauf, NJW 1993, 3121.

Kort, Software – eine Sache? DB 1994, 1505.

Koziol, Die Haftung der Banken bei Versagen technischer Hilfsmittel, ÖBA 1987, 3.

Kresbach, Produkthaftung für „Weiterfresserschäden"? ecolex 1990, 469.

Kronthaler, Analoge Anwendung von § 1313a ABGB auf „technische Hilfsmittel"? ÖJZ 2019, 945.

Kühschelm, Zeit (nehmen) für neue Entwicklungen, in *I. Eisenberger/Lachmayer/G. Eisenberger* (Hrsg), Autonomes Fahren und Recht (2017) 11.

Kunnert, „Autonomes Fahren" aus datenschutzrechtlicher Sicht, in *I. Eisenberger/Lachmayer/G. Eisenberger* (Hrsg), Autonomes Fahren und Recht (2017) 169.

Lachmayer, Von Testfahrten zum regulären Einsatz automatisierter Fahrzeuge, ZVR 2017/254.

Lachmayer, Verkehrsrecht: Rechtsstaatliche Defizite der Regelungen zu Testfahrten, in *I. Eisenberger/Lachmayer/G. Eisenberger* (Hrsg), Autonomes Fahren und Recht (2017) 147.

Lachmayer, Verfassungsrechtliche Rahmenbedingungen, in *I. Eisenberger/Lachmayer/G. Eisenberger* (Hrsg), Autonomes Fahren und Recht (2017) 71.

Lehmann, Produkt- und Produzentenhaftung für Software, NJW 1992, 1721.

Linardatos, Auf dem Weg zu einer europäischen KI-Verordnung, GPR 2022, 58.

Lohmann, Ein europäisches Roboterrecht – überfällig oder überflüssig? ZRP 2017, 168.

Lejeune, Anwendungsbereich des UN-Kaufrechts bei internationalen IT-Verträgen, ITRB 2011, 20.

Linder, Produktbeobachtung, Rückruf und Versicherungsschutz, wbl 2004, 449.

Löwe, Rückrufpflicht des Warenherstellers, ZVR 1979, 225.

Lukas, Schutz unterlegener Unternehmer nach Verbrauchermaßstäben? JBl 2011, 772.

Lutter, Die Auslegung angeglichenen Rechts, JZ 1992, 593.

Lutz, Automatisiertes Fahren – Rechtliche Herausforderungen aus deutscher Perspektive, in *I. Eisenberger/Lachmayer/G. Eisenberger* (Hrsg), Autonomes Fahren und Recht (2017) 211.

Lutz, Automatisiertes Fahren: Änderung des Wiener Übereinkommens tritt im März 2016 in Kraft, DAR 2016, 55.

Lutz, Autonome Fahrzeuge als rechtliche Herausforderung, NJW 2015, 119.

Lutz, Zulassung – Eine Frage des Verhaltensrechts? in *Hilgendorf/Hötitzsch/Lutz* (Hrsg), Rechtliche Aspekte automatisierter Fahrzeuge – Beiträge der 2. Würzburger Tagung zum Technikrecht (2015) 33.

Lutz, Rechtliche Hürden auf dem Weg zu autonomen Fahrzeugen, http://www.heise.de/tp/druck/mb/artikel/41/41393/1.html (Stand 14.4.2014).

Mainzer, Künstliche Intelligenz – Vom Turingtest zum Machine Learning, WiPol 2018, 585.

S. Mair, Vollharmonisierung des Schadensbegriffs in der Produkthaftungs-RL? ecolex 2009, 1006.

Musger, Zur Anwendung des PHG auf wirkungslose Produkte, WBl 1990, 289.

Ondreasova, Haftung für technische Hilfsmittel de lege ferenda, ÖJZ 2015, 593.

Ondreasova, Haftung für technische Hilfsmittel de lege lata, ÖJZ 2015, 443.

Pehm, Systeme der Unfallhaftung beim automatisierten Fahren, IWRZ 2018, 259.

Perner, Erweiternde Umsetzung von Richtlinien des Europäischen Verbraucherrechts, ZfRV 2011, 225.

Plöckinger, (Voll-)Autonomes Fahren und Strafrecht, ÖJZ 2019, 452.

Posch, Produkthaftungsgesetz, RdW 1988, 65.

Redeker, Wer ist Eigentümer von Goethes Werther? NJW 1992, 1739.

Rehrl, Erste Erfahrungen mit einem selbstfahrenden Minibus, in *FSV* (Hrsg), Automatisiertes Fahren (2017) 45.

F. Reinisch, Künstliche Intelligenz – Haftungsfragen 4.0, ÖJZ 2019, 298.

P. Reinisch, Autonomes Fahren aus regulatorischer Sicht, Jahrbuch Regulierungsrecht 2019, 197.

Reischauer, Reform des Schadenersatzrechts? ÖJZ 2006, 391.

Reisinger, 17. Europäische Verkehrsrechtstage 2016, ZVR 2017/6.

Riccabona-Zecha, Fahrerassistenzsysteme, Unfalldatenspeicher & eCall, ZVR 2015/56.

Rief, Soziale und gesellschaftliche Dimensionen des automatisierten Fahrens, in *FSV* (Hrsg), Automatisiertes Fahren (2017) 61 (62 f).

Riesenhuber in *Riesenhuber* (Hrsg), Europäische Methodenlehre[3] (2015) §§ 1, 10.

Rohregger, Strafrechtsfragen um autonome Fahrzeuge, Jahrbuch Wirtschaftsstrafrecht und Organverantwortlichkeit 2017, 119

Romaniewicz-Wenk/Jirak, Autonomes Fahren in Österreich – eine Utopie? ecolex 2018, 466.

Roth/Jopen in *Riesenhuber* (Hrsg), Europäische Methodenlehre[3] (2015) §§ 13, 37.

Roubik, Novellierung der Verordnung über die Rahmenbedingungen für automatisiertes Fahren, ZVR 2019/70.

Roubik, Automatisiertes Fahren, der Weg zur Testerlaubnis, ZVR 2019/18.

Rüffler, Ist der Handel mit gebrauchter Software urheberrechtlich zulässig? ÖBl 2008, 52.

Rüffler, Richtlinienkonforme Auslegung nationalen Rechts, ÖJZ 1997, 121.

Sack, Die Anwendbarkeit des Produkthaftungsgesetzes auf sog „Weiterfresserschäden", WBl 1989, 8.

Sack, Probleme des Produkthaftungsgesetzes unter Berücksichtigung der Produkthaftungs-Richtlinie der EG, JBl 1989, 695.

Sack, Das Verhältnis der Produkthaftungsrichtlinie der EG zum nationalen Produkthaftungsrecht, VersR 1988, 439.

Schlechtriem, Angleichung der Produktenhaftung in der EG, VersR 1986, 1033.

Schmid, Pflicht zur „integrierten Produktbeobachtung" für automatisierte und vernetzte Systeme, CR 2019, 141.

Schnorbus, Die richtlinienkonforme Rechtsfortbildung im nationalen Privatrecht, AcP 2001, 860.

Schöpfer, Telefonieren am Steuer: lediglich ein Kavaliersdelikt? ZVR 2008/147.

Schrader, Haftungsfragen für Schäden beim Einsatz automatisierter Fahrzeuge im Straßenverkehr, DAR 2016, 242.

Schrader, Haftungsrechtlicher Begriff des Fahrzeugführers bei zunehmender Automatisierung von Kraftfahrzeugen, NJW 2015, 3537.

Schürnbrand, Die Grenzen richtlinienkonformer Rechtsfortbildung im Privatrecht, JZ 2007, 910 (916).

Schwartze in *Riesenhuber* (Hrsg), Europäische Methodenlehre[3] (2015) § 4.

Sedlmeier/Kolk, ASP – Eine vertragstypologische Einordnung, MMR 2002, 75.

Solmecke/Jokisch, Das Auto bekommt ein Update! MMR 2016, 359.

Sonntag, Informationstechnologie: Grundlagen, in *Jahnel/Mader/Staudegger* (Hrsg), IT-Recht[4] (2020) 1.

Spindler, Roboter, Automation, künstliche Intelligenz, selbst-steuernde Kfz – Braucht das Recht neue Haftungskategorien? CR 2015, 766.

Spindler, Zivilrechtliche Fragen beim Einsatz von Robotern, in *Hilgendorf* (Hrsg), Robotik im Kontext von Recht und Moral (2014) 63.

Spindler, Verschuldensunabhängige Produkthaftung im Internet, MMR 1998, 119.

Spitzer, Vollharmonisierung des Produkthaftungsrechts, ecolex 2003, 141.

Stabentheiner, Was ist neu am neuen Gewährleistungsrecht? ÖJZ 2021, 965.

Staudegger, Rechtsfragen beim Erwerb von IT-Systemen, in *Jahnel/Mader/Staudegger* (Hrsg), IT-Recht[4] (2020) 191.

Staudegger, Gesetzgebungsmonitor – Rechtsrahmen für Robotik, jusIT 2016, 190.

Staudegger, Datenhandel – ein Auftakt zur Diskussion, ÖJZ 2014, 107.

Staudegger, Zur Qualifikation von Verträgen, die der Überlassung von Computersoftware dienen, JBl 1998, 604.

Sternberg-Lieben, Strafrechtliche Verbote einer „Maschinisierung des Menschen" – Erste Überlegungen, in *Hilgendorf* (Hrsg), Robotik im Kontext von Recht und Moral (2014) 119.

Templ, Über „die Haftungsfrage" von selbsttätig im Straßenverkehr teilnehmenden Kfz, ZVR 2016/7.

Terlitza, Die Haftung für Weiterfresserschäden, in FS Posch (1996) 441.

Thiele, Videoüberwachung aus Fahrzeugen – Datenschutzrechtliches zu Dashcams, Jahrbuch Datenschutzrecht 2014, 235.

Treitler, Verkehrstelematik im österreichischen Autobahnnetz, ZVR 2013/257.

Trieb, Crash-Cam im Auto, Dako 2015, 90.

Unger, Straßenverkehrsrechtlicher Jahresrückblick 2015, ZVR 2016/6.

E. Wagner, Gehilfenhaftung im Deliktsbereich de lege lata und de lege ferenda, ÖJZ 2007, 755.

G. Wagner, Produkthaftung für autonome Systeme, AcP 2017, 707.

M. Wagner, Fast and Furious: auf der Überholspur zum autonomen Fahren oder Sackgasse für Forschung und Entwicklung? InTeR 2021, 132.

Weber, Dilemmasituationen beim autonomen Fahren, NZV 2016, 249.

Weimerskirch, Cybersecurity für vernetzte und automatisierte Fahrzeuge, ATZ elektronik 3/2016, 26.

Welser, Lücken und Tücken des Produkthaftungsgesetzes, WBl 1988, 281.

Welser, Das neue Produkthaftungsgesetz, WBl 1988, 165.

Wendehorst, Aktualisierungen und andere digitale Dauerleistungen, in *Stabentheiner/Wendehorst/Zöchling-Jud* (Hrsg), Das neue europäische Gewährleistungsrecht (2019) 111.

Winkelbauer/Erenli, Unfalldatenspeicher – Fragen rund um den verbreiteten Einsatz in Österreich, ZVR 2010/168.

Winner, Quo vadis, FAS? in *Winner ua* (Hrsg), Handbuch Fahrerassistenzsysteme[3] (2015) 1167.

A. Wolff, Die Problematik der Software-Leasingverträge, EDVuR 1989, 55.

A. Wolff, Softwarelizenzverträge und Rechtsgeschäftsgebühr – Kommentar zu VwGH 19.12.1986, 85/15/0249, EDVuR 1/1987, 4.

Zankl in *Zankl*, Rechtshandbuch der Digitalisierung Kap 23 (Stand 1.7.2021, rdb.at).

Zöchling-Jud, Digitalisierung und Vertragsabschluss, in *Forgó/Zöchling-Jud* (Hrsg), Das Vertragsrecht des ABGB auf dem Prüfstand (2018) 133.

Zöchling-Jud, Richtlinienkonforme Interpretation am Beispiel der Leerkassettenvergütung, MR 2016, 23.

4. Entscheidungsanmerkungen

Leitner, Anm zu OGH 8 Ob 136/06t, EvBl 2007/53.

Leitner, Anm zu OGH 5 Ob 217/04d, ecolex 2005, 447.

Pilz, Anm zu OGH 2 Ob 309/99a, ecolex 2001, 523.

Piltz, Anm zu OGH 5 Ob 45/05m, IHR 2005, 195.

Rabl, Anm zu OGH 3 Ob 71/02s ecolex 2003, 100.

Spickhoff, Anm zu BGH VI ZR 1/12, *Wasserkocher*, LMK 2013, 345600.
Wilhelm, Anm zu OGH 5 Ob 504/96, ecolex 1998, 127.

B. Judikaturverzeichnis

1. Deutschland

BGH 13.11.1973, VI ZR 152/72.
BGH VIII ZR 137/75, *Schwimmerschalter*, NJW 1977, 379.
BGH VI ZR 286/78, *Apfelschorf I*, BGHZ 80, 199 = NJW 1981, 1606.
BGH VI ZR 191/79, *Apfelschorf II*, BGHZ 80, 186 = NJW 1981, 1603.
BGH VIII ZR 314/86 NJW 1988, 406.
BGH VI ZR 258/88, *Pferdebox*, NJW 1990, 906.
BGH VIII ZR 325/88 NJW 1990, 320.
BGH VIII ZR 147/92 NJW 1993, 2436.
BGH VI ZR 74/93, *Gewindeschneidemittel*, NJW 1994, 517.
BGH XII ZR 120/04 Rz 16 NJW 2007, 2394.
BGH 26.11.2006 VIII ZR 200/05, *Quelle II*.
BGH VI ZR 107/08 = ZVR 2009/234.
BGH VI ZR 176/08, *Kirschtaler*, LMK 2009, 284096.
BGH VI ZR 233/17 ZVR 2018/227 (zust *Huber*) = jusIT 2018, 186 (*S. Meyer*) = ZIIR 2019, 70.
OLG Düsseldorf 22 U 208/99 NJW-RR 2001, 458.
OLG Koblenz 17.9.1993 2 U 1230/91
LG München I 8.2.1995 8 HKO 24667/93 Rz 1.

2. Europäische Union

EuGH 6.10.1982, 283/81, *C.I.L.F.I.T./Ministero della Sanità*.
EuGH 13.11.1990, C-106/89, *Marleasing SA/La Comercial Internacional de Alimentación SA*.
EuGH 16.12.1993, C-334/92, *Teodoro Wagner Miret/Fondo de garantía salarial*
EuGH 10.9.1996, C-61/94, *Europäische Kommission/Bundesrepublik Deutschland*.
EuGH 29.5.1997, C-300/95, *Kommission/Vereinigtes Königreich*.
EuGH 12.11.1998, C-149/97, *The Institute of the Motor Industry/Commissioners of Customs & Excise*.
EuGH 25.2.1999, C-131/97, *Carbonari ua/Università degli Studi di Bologna ua*.
EuGH 24.2.2000, C-434/97, *Kommission/Frankreich*.
EuGH 14.9.2000, C-348/98, *Ferreira/Seguros Mundial*.

EuGH 19.9.2000, C-156/98, *Deutschland/Kommission*.

EuGH 10.5.2001, C-203/99, *Veedfald/Århus Amtskommune*

EuGH 25.4.2002, C-52/00, *Kommission/Französische Republik*.

EuGH 25.4.2002, C-154/00, *Kommission/Griechenland*.

EuGH 25.4.2002, C-183/00, *Maria Victoria González Sánchez/Medicina Asturiana SA*.

EuGH 29.4.2004, C-298/00 P, *Italienische Republik/Kommission*.

EuGH 5.10.2004, C-397/01 bis C-403/01, *Pfeiffer ua/Deutsches Rotes Kreuz, Kreisverband Waldshut e. V.*

EuGH 16.6.2005, C-105/03, *Pupino*.

EuGH 10.1.2006, C-402/03, *Skov/Bilka Lavprisvarehus*.

EuGH 9.2.2006, C-127/04, *O'Byrne/Sanofi Pasteur MSD Ltd ua*.

EuGH 9.3.2006, C-174/05, *Zuid-Hollandse Milieufederatie und Natuur en Milieu/College voor de toelating van bestrijdingsmiddelen*.

EuGH 14.3.2006, C-177/04, *Kommission/Französische Republik*.

EuGH 4.7.2006, C-212/04, *Adeneler ua/ELOG*.

EuGH 5.7.2007, C-327/05, *Kommission/Dänemark*.

EuGH 15.4.2008, C-268/06, *Impact/Minister for Agriculture and Food ua*.

EuGH 4.6.2009, C-285/08, *Somer/Dalkia France*.

EuGH 16.7.2009, C-12/08, *Mono Car Styling SA/Dervis Odemis ua*.

EuGH 15.10.2009, C-263/08, *Djurgården-Lilla Värtans Miljöskyddsförening/Stockholms kommun genom dess marknämnd*.

EuGH 19.11.2009, C-402/07 und C-432/07, *Sturgeon/Condor* und *Böck und Lepuschutz/Air France*.

EuGH 21.12.2011, C-495/10, *CHU Besançon/Dutrueux*.

EuGH 3.7.2012, C-128/11, *UsedSoft GmbH/Oracle International Corp*.

EuGH 20.11.2014, C-310/13, *Novo Nordisk Pharma GmbH/S*.

EuGH 12.10.2016, C-166/15, *Ranks*.

EuGH 21.6.2017, C-621/15, *N. W. ua/Sanofi Pasteur MSD SNC ua*.

EuGH 21.9.2017, C-326/15, *„DNB Banka" AS/Valsts ieņēmumu dienests*.

Schlussanträge des GA *Tesauro* 23.1.1997, C-300/95, *Kommission/Vereinigtes Königreich*.

EuGH 10.6.2021, C-65/20, *VI/KRONE-Verlag GmbH & Co KG*.

3. Österreich

OGH 30.8.1961, 1 Ob 353/61.

OGH 2 Ob 66/66 SZ 39/69.

OGH 2 Ob 351/69 EvBl 1970/329 = JBl 1971, 36 = ZVR 1971, 310 = RZ 1970, 205.

OGH 2 Ob 144/77 ZVR 1978/231.

OGH 12.7.1977, 5 Ob 506/77.

OGH 2.6.1979, 5 Ob 588/79.

OGH 8 Ob 138/81 ZVR 1982/142 = SZ 54/119.

OGH 7 Ob 26/82, JBl 1983, 202.

OGH 1 Ob 40/83 ÖBl 1984, 164 = PBl 1985, 37.

OGH 8 Ob 10/85 ZVR 1986/37.

OGH 8 Ob 22/85 (8 Ob 23/85) ZVR 1986/132 = JBl 1986, 525.

OGH 8 Ob 63/85 ZVR 1987/74.

OGH 6 Ob 617/85 ÖJZ 1988/21.

OGH 30.11.1988, 1 Ob 705/88.

OGH 2 Ob 51/90 ZVR 1991, 19.

OGH 1 Ob 31/91 EvBl 1992/35 = ZVR 1992/105 = JBl 1992, 529.

OGH 2 Ob 31/91, *Straßenbahnzugtüre*, ZVR 1992/12.

OGH 8 Ob 533/91 ecolex 1993, 452 = ImmZ 1993, 178.

OGH 1 Ob 32/92 EvBl 1993/105 = SZ 65/112 = ZVR 1993, 235; OGH 2 Ob 33/10g ecolex 2010, 756 = Zak 2010/411 = JBl 2010, 653 = *Platte*, ecolex 2011, 993 (Rechtsprechungsübersicht) = ZVR 2011, 75 (*Danzl*, tabellarische Übersicht).

OGH 1 Ob 644/92, *Kalksack*, NRsp 1993, 70, 71 = ecolex 1993, 237 (*Mohr*) = RdW 1993, 179 = EvBl 1993/125 = SZ 65/149 = HS 22.323 = HS 22.679.

OGH 3 Ob 508/93 ecolex 1996, 162 (*Wilhelm*) = RdU 1996/82 (*Kerscher/Raschauer*) = AnwBl 1997/6282 (*Bisanz*) = ZVR 1996/97 = EvBl 1996/83 und OGH 1 Ob 306/99b JBl 2000, 790 = ARD 5199/24/01 = SZ 73/118 = MietSlg 52.201 = MietSlg 52.206.

OGH 8 Ob 536/93, *Wasserschlauch*, ecolex 1994, 384.

OGH 6 Ob 560/93 ecolex 1993, 810 = RdW 1993, 332 = JBl 1994, 183 = EvBl 1994/27; OGH 10 Ob 19/01v ecolex 2002, 352 = RdW 2002, 340 (*Eustacchio*) = PHi 2003, 246 = Zak 2011, 327 (*Kolmasch*, Judikaturübersicht).

OGH 5 Ob 58/94 SZ 67/155.

OGH 6 Ob 535/94, *Wandhydrant*, SZ 67/105 = RdW 1994, 347 = ecolex 1994, 674.

OGH 1 Ob 53/95 ZVR 1997, 265 = SZ 69/219.

OGH 3 Ob 547/95, *Hubarbeitsbühne*, ecolex 1995, 798.

OGH 1 Ob 555/95, *Ventil*, ecolex 1996, 356 = SZ 69/17.

OGH 6 Ob 626/95, *Gewindeschneidöl*, ecolex 1996, 166.

OGH 5 Ob 504/96 (5 Ob 505/96) SZ 70/202 = RdW 1998, 127 = JBl 1998, 577 (krit *Staudegger*) = ecolex 1998, 127 (zust *Wilhelm*).

OGH 9 Ob 2138/96v, *Prallscheibe*, ecolex 1997, 427 = ÖJZ 1997/128.

OGH 2 Ob 2170/96y ZVR 1997, 408.

OGH 7 Ob 2224/96a SZ 70/15.

OGH 7 Ob 2414/96t, *Nulleiter*, SZ 70/65= JBl 1997, 739 = ecolex 1997, 748 = RdW 1997, 531.

OGH 2 Ob 2416/96z ZVR 1998/18.

OGH 2 Ob 2432/96b, *automatische Türschließung Straßenbahn*, ZVR 1998/79.

OGH 4 Ob 87/97s, *Mineralwasserflasche*, ecolex 1997, 749 = ZVR 1998, 49 = SZ 70/61 = HS 28.639 = HS 28.642 = Zak 2011, 327 (*Kolmasch*, Judikaturübersicht).

OGH 8 Ob 103/97y ZVR 1999/51 = RdW 1999, 202.

OGH 2 Ob 188/97d ÖJZ 1999/126 (EvBl).

OGH 2 Ob 197/97b, *Tuberkuloseimpfstoff*, RdM 1998/18.

OGH 1 Ob 53/98w, Kamillentee, RdW 1999, 203 = ecolex 1999, 315 (Wilhelm) = EFSlg 86.974 = EFSlg 86.983 = HS 29.704 = Zak 2011, 327 (Kolmasch, Judikaturübersicht).

OGH 6 Ob 157/98a, *Küchenofen*, ecolex 1998, 914.

OGH 30.6.1999, 9 Ob 137/99h.

OGH 2 Ob 172/99d ZVR 1999/98.

OGH 2 Ob 178/99m ZVR 2001/37 = JBl 2001, 242 (*Stefula/Thunhart*).

OGH 8 Ob 192/99i, *Häcksler*, RdW 2000, 661 = PHI 2002, 190 = SZ 73/78 = Zak 2011, 327 (*Kolmasch*, Judikaturübersicht); OGH 6 Ob 317/02i RdW 2004, 152;

OGH 1 Ob 240/99x bbl 2000, 78.

OGH 9 Ob 20/00g, *Bordscheibe*, ZVR 2001, 127 = bbl 2001, 26.

OGH 1 Ob 62/00z, *Sandbeton*, SZ 73/151.

OGH 9 Ob A 150/00z = wbl 2001, 225 = RdW 2001, 553 = ZVR 2001/86.

OGH 7 Ob 49/01h RdW 2001, 533 = EvBl 2001/145 = ZVR 2001, 279 = ecolex 2001, 671 (*Rabl*) = ZfRV 2002, 149 (*Posch*) = SZ 74/62.

OGH 5 Ob 54/01d ecolex 2001, 671 = immolex 2001, 262

OGH 6 Ob 155/01i ZVR 2003, 120 = ÖJZ 2002/145.

OGH 9 Ob 238/01t, *Mineralwasserflasche II*, Zak 2011, 327 (*Kolmasch*, Judikaturübersicht).

OGH 2 Ob 253/01x, *Farbidentifizierungsspray*, ecolex 2003, 97 = JBl 2003, 249 = PHi 2003, 246.

OGH 3 Ob 71/02s ecolex 2003, 100 (*Rabl*).

OGH 10 Ob 98/02p, *Kaffeemaschine*, ecolex 2003, 98 (*Rabl*).

OGH 1 Ob 169/02p, *Raumteiler*, JBl 2003, 247.

OGH 2 Ob 249/02k, *Aluminiumleiter*, ecolex 2003/138 (*Rabl*) = RdW 2003/306 (*Eustacchio*) = PHi 2003, 154 = Zak 2011, 327 (*Kolmasch*, Judikaturübersicht) = Zak 2018, 388 (*Kolmasch*, Judikaturübersicht).

OGH 2 Ob 262/03y, *Rückspiegel Linienbus*, ZVR 2005/34.

OGH 9 ObA 49/04b ecolex 2005, 62 = ARD 5574/12/2005 = ZVR 2005, 80 (*Danzl*) = ZVR 2005, 100 (*Apathy*) = JBl 2005, 469 = ZAS 2006, 142 (*Kerschner*).

OGH 4 Ob 94/04h, *Feuerwerkskörper*, ecolex 2005, 120 = ZVR 2005, 82 (*Danzl*) = SZ 2004/81 = PHI 2005, 230.

OGH 5 Ob 108/04z ZfRV-LS 2005/2 = RdW 2005, 290 (*Eustacchio*) = ecolex 2005, 370 = Zak 2011/608 (*Kolmasch*, Judikaturübersicht).

OGH 7 Ob 19/05b VR 2009, 43.

OGH 5 Ob 45/05m IHR 2005, 195 (*Piltz*) = RdW 2005, 745.

OGH 1 Ob 116/05y Zak 2011/608 (*Kolmasch*, Judikaturübersicht).

OGH 2 Ob 78/06v ecolex 2007, 171 = ÖJZ 2007, 244.

OGH 8 Ob 136/06t ecolex 2007, 250 (zust *B. Huber*) = EvBl 2007/53 (krit *Leitner*).

OGH 1 Ob 221/06s bbl 2007, 65.

OGH 1 Ob 31/08b ÖBA 2010, 50 (*Perner*) = ecolex 2009, 130.

OGH 9 Ob 3/09w Zak 2009, 133 (*Bydlinski*) = EvBl 2009/105 = RZ 2009, 199 = RdW 2009, 520 (Motorschaden aufgrund eines lockeren Befestigungsbolzens).

OGH 9 Ob 60/09b Zak 2010, 318 = Jus-Extra OGH-Z 4872 = EvBl 2010/146 = JBl 2010, 795 = ecolex 2010, 1051 = RdW 2010, 718 = Zak 2011, 327 (*Kolmasch*, Judikaturübersicht) = RZ 2011, 17 = RZ 2011, 19 = ZVR 2011, 75 (*Danzl*, tabellarische Übersicht) = SZ 2010/77 = HS 41.305 = HS 41.306 = Zak 2018, 388 (*Kolmasch*, Judikaturübersicht).

OGH 3.9.2009, 2 Ob 66/09h.

OGH 8 Ob 126/09a EvBl 2010/118 (*Spitzer*) = ZfRV-LS 2010/54 (*Ofner*) = ecolex 2010, 860 = ZVR 2011, 75 (*Danzl*, tabellarische Übersicht).

OGH 3 Ob 171/09g Zak 2010, 19 = PHi 2010, 55 = ecolex 2010, 246 = AnwBl 2010, 158 = RdW 2010, 82.

OGH 4 Ob 208/10g, *Fußballer des Jahres IV*, wbl 2011, 221 (*Schuhmacher*) = MR 2011, 41 (*Plasser*) = ÖBl-LS 2011/35 = RdW 2011, 149 = EvBl 2011/88 = *Perner*, ÖJZ 2011, 621 = ecolex 2011, 727 (*Horak*) = ÖBl 2011, 115 (*Gamerith*) = *Klamert*, JBl 2011, 738 = RZ 2011, 121 EÜ112 = *Krutzler*, ÖBl 2012, 196 = SZ 2011/17 = *Burgstaller*, ecolex 2014, 538.

OGH 8 Ob 21/11p Zak 2012, 117 = PHi 2012, 146 = ZTR 2012, 130 = EvBl-LS 2012/118 = ecolex 2012, 479 = RdW 2012, 334 = ZVR 2013, 76 (*Danzl*, tabellarische Übersicht) = ZVR 2013, 371 (*Huber*).

OGH 6 Ob 215/11b Zak 2012, 376 = JBl 2012, 722 = ZTR 2012, 229 = EvBl 2013/16 (*Rohrer/Spitzer*) = AnwBl 2013, 189 = PHi 2013, 51 = ZTR 2013, 56 (*Karollus*) = RdW 2013, 23 = ZVR 2013, 76 (*Danzl*, tabellarische Übersicht).

OGH 6 Ob 151/12t Zak 2013/504 = EvBl-LS 2013/153 = JBl 2013, 654 = RdW 2013, 599 = *Bydlinski*, Zak 2013, 267.

OGH 8 Ob 84/12d Zak 2012/742 = JBl 2013, 49 = RdW 2012, 722 = bbl 2013, 39 = EvBl-LS 2013/21 = Jus-Extra OGH-Z 5273 = ecolex 2013, 419 = ZVR 2013, 76 (*Danzl*, tabellarische Übersicht) = ZVR 2013, 99 = SZ 2012/91.

OGH 2 Ob 192/12t Zak 2013/407 = ecolex 2013, 632 = ZVR 2013/158 (*Kathrein*) = EvBl-LS 2013/136 = JBl 2013, 576 = ecolex 2013, 874 = RdW 2013, 599 = JAP 2013/2014, 115 (*Nitsch*) = RZ 2013, 286 = SZ 2013/43.

OGH 8 Ob 91/13k, *Weintemperierschrank*, PHi 2014, 92 = EvBl LS 2014/93 = VbR 2014, 137 = Zak 2014, 158 = JBl 2014, 460 = ZTR 2014, 96 = RdW 2014, 454 = ZVR 2015, 22 (*Kathrein*) = ecolex 2014, 695 = ZVR 2015, 75 (Danzl, tabellarische Übersicht) = Zak 2018, 388 (*Kolmasch*, Judikaturübersicht).

OGH 2 Ob 180/13d JusGuide 2015/21/13555.

OGH 9 Ob A 5/14x ARD 6399/9/2014 = RdW 2014, 478 = wbl 2014, 526 = DRdA 2014, 596 = ecolex 2014, 634 = DRdA 2015, 53 = Arb 13.149 = infas 2014, 185 = *Wolf*, DRdA-infas 2015, 39 = *Schrank*, ZAS 2015, 113 = ZVR 2015, 75 (*Danzl*, tabellarische Übersicht).

OGH 3 Ob 8/14v, *Streckblasmaschine*, PHi 2014, 143 = ZTR 2014, 95 = Zak 2014, 238 = RZ-EÜ 2014/160 = RdW 2014, 517 = ecolex 2014, 776 (*Schoditsch*) = ZVR 2015, 75 (*Danzl*, tabellarische Übersicht).

OGH 2 Ob 48/14v ÖZPR 2014, 160 = JBl 2014, 725 = Zak 2014, 376 (*Kletečka*) = ZVR 2015, 100 (*Huber*) = EvBl 2015/82 (*Pehm*).

OGH 7 Ob 103/14v Zak 2015, 235 = bau aktuell 2015, 149 = ecolex 2015, 760 = bbl 2015, 222 = ZRB 2016, 24 (*Wenusch*).

OGH 3 Ob 168/14y, *Bodenpoliermaschine*, ZTR 2014, 190 = Zak 2015, 19 = EvBl-LS 2015/33 = ZVR 2015, 75 (*Danzl*, tabellarische Übersicht); mwN *Rabl*, PHG (2017) § 5 Rz 12.

OGH 6 Ob 205/14m Zak 2015/138.

OGH 9 ObA 8/15i Zak 2016/265 = EvBl-LS 2016/89.

OGH 9 Ob 31/15x VbR 2016, 114 = RdW 2016, 469 = jusIT 2016, 147 (*Janisch*) = ÖBA 2017, 115 (*Koch*) mwN.

OGH 9 Ob 59/15i Zak 2015, 439 = ecolex 2016, 211 = ZVR 2016, 75 (*Danzl*, tabellarische Übersicht).

OGH 7 Ob 82/15g, *Keramikhüftkopf*, Zak 2015, 278 = VbR 2015, 159 = JBl 2015, 664 = RdM 2015, 306 (*Kresbach/Pomorski*) = ZTR 2015, 277 = RdW 2015, 778 = ecolex 2016, 126 = PHi 2016, 13 = *Leitner*, ZfG 2016, 16 (Rechtsprechungsübersicht) = ZVR 2016, 75 (*Danzl*, tabellarische Übersicht) = SZ 2015/56.

OGH 7 Ob 203/15a Zak 2016/110.

OGH 2 Ob 18/16k ZfRV-LS 2017/20 (*Ofner*) = Zak 2017, 158 = *Netzer*, ZVR 2017, 392 = *Schellerer*, ZVR 2018, 494 = SZ 2017/21.

OGH 3 Ob 139/16m ZfG 2016, 129 = VbR 2017, 60 = RdM-LS 2017/88.

OGH 3 Ob 142/16b bbl 2017, 66 = ecolex 2017, 505.

OGH 7 Ob 175/16k ecolex 2017, 507 = VbR 2017, 61.

OGH 2 Ob 188/16k NZ 2017, 118 = Zak 2017/202 = ZVR 2017, 204 (*Reisinger*) = JBl 2017, 535 = EvBl 2017/133 (*Spitzer*) = SZ 2017/24.

OGH 2 Ob 61/17k Zak 2017/371.

OGH 10 Ob 68/17y bau aktuell 2018, 123 = NZ 2018, 388.

OGH 6 Ob 98/17f EvBl-LS 2018/26 = RdU 2018, 41 (*Kerschner*).

OGH 2 Ob 116/17y, *automatische Türschließung Bus*, ZVR 2018/38 (*Aigner*) = EvBl-LS 2017/144 (*Rohrer*) = Zak 2017, 278 = AnwBl 2017, 576.

OGH 1 Ob 135/18m Zak 2018/788 = ZVR 2019, 370 (*Ch. Huber*).

OGH 2 Ob 27/19p Zak 2019/774.

OGH 1 Ob 163/19f ZIIR 2020, 188 (*Thiele*) = MR 2020, 128 = Zak 2020, 77 (*Welser*).

RIS-Justiz RS0003080.

RIS-Justiz RS0008767.

RIS-Justiz RS0008866.

RIS-Justiz RS0010538.

RIS-Justiz RS0010651.

RIS-Justiz RS0016495.

RIS-Justiz RS0017135.

RIS-Justiz RS0017315.

RIS-Justiz RS0017381.

RIS-Justiz RS0017381 (T4).

RIS-Justiz RS0017447 (T4).

RIS-Justiz RS0017459 (T3).

RIS-Justiz RS0017501 (T1, T2, T 11, T 17).

RIS-Justiz RS0017514 (T8, T 12).

RIS-Justiz RS0017522.

RIS-Justiz RS0017522 (T2, T 3).

RIS-Justiz RS0017558 (T1).

RIS-Justiz RS0017572.

RIS-Justiz RS0017572 (T2).

RIS-Justiz RS0017575.

RIS-Justiz RS0017581.

RIS-Justiz RS0022939.

RIS-Justiz RS0022939 (T5, T6).

RIS-Justiz RS0026022 (T2).

RIS-Justiz RS0026508.

RIS-Justiz RS0026803.

RIS-Justiz RS0026824.

RIS-Justiz RS0027103.

RIS-Justiz RS0027249.

RIS-Justiz RS0029170.
RIS-Justiz RS0029214.
RIS-Justiz RS0029913.
RIS-Justiz RS0029928.
RIS-Justiz RS0029942.
RIS-Justiz RS0039895.
RIS-Justiz RS0040266.
RIS-Justiz RS0040668.
RIS-Justiz RS0058137.
RIS-Justiz RS0058176.
RIS-Justiz RS0058216.
RIS-Justiz RS0058255.
RIS-Justiz RS0058262.
RIS-Justiz RS0058272 (T2).
RIS-Justiz RS0058278.
RIS-Justiz RS0058317.
RIS-Justiz RS0058326.
RIS-Justiz RS0058385.
RIS-Justiz RS0058394.
RIS-Justiz RS0058425.
RIS-Justiz RS0071502
RIS-Justiz RS0071543.
RIS-Justiz RS0071547.
RIS-Justiz RS0071552.
RIS-Justiz RS0071554.
RIS-Justiz RS0071562.
RIS-Justiz RS0072341.
RIS-Justiz RS0072345.
RIS-Justiz RS0075866.
RIS-Justiz RS0087606 (T26).
RIS-Justiz RS0097731.
RIS-Justiz RS0098756
RIS-Justiz RS0106860.
RIS-Justiz RS0106951.
RIS-Justiz RS0107605.
RIS-Justiz RS0107606.
RIS-Justiz RS0107606 (T10, T15).

RIS-Justiz RS0107610.

RIS-Justiz RS0107611.

RIS-Justiz RS0107615.

RIS-Justiz RS0108706.

RIS-Justiz RS0110463.

RIS-Justiz RS0110464.

RIS-Justiz RS0112669.

RIS-Justiz RS0113702.

RIS-Justiz RS0114120.

RIS-Justiz RS0114158.

RIS-Justiz RS0115196.

RIS-Justiz RS0116223.

RIS-Justiz RS0117103.

RIS-Justiz RS0121397.

RIS-Justiz RS0121636.

RIS-Justiz RS0122266.

RIS-Justiz RS0123611.

RIS-Justiz RS0124207.

RIS-Justiz RS0128169.

RIS-Justiz RS0128169 (T3, T4)

RIS-Justiz RS0128270.

RIS-Justiz RS111166.

OLG Innsbruck 4 R 331/91 ZVR 1994/91.

BG Hietzing 26.6.2013, 5 C 361/12d.

VwGH Ro 2015/04/0011 VwSlg 19440 A/2016 = jusIT 2016, 255 (*Thiele/Jahnel*) = ZIIR 2017, 22 (*Thiele*) = MR 2016, 261 (*Wittmann*).

4. Sonstiges

England and Wales High Court in A e.a.v. The National Blood Authority (2001) EWHC QB 446 – Hepatitis C.

Kalifornisches Berufungsgericht, *Winter v. G.P.Putnam's Sons*, 938 F.2d 1033 (9th Cir. 1991).

Rechtbank Midden-Nederland 25.3.2015, C/16/364668 / HA ZA 14-217.

C. Sonstige Quellen

BMVIT (Hrsg), Aktionspaket Automatisierte Mobilität 2019–2022 (2018).

BMVIT (Hrsg), Aktionsplan Automatisiertes Fahren 2016–2018 (2016).

Deutsches BMVI (Hrsg), Ethik-Kommission – Automatisiertes und vernetztes Fahren (2017).

Deutsches BMVI (Hrsg), Strategie automatisiertes und vernetztes Fahren (2015).

Europäische Kommission, Bericht über die Auswirkungen künstlicher Intelligenz, des Internets der Dinge und der Robotik in Hinblick auf Sicherheit und Haftung, COM(2020) 64 final.

Europäische Kommission, Mitteilung – Schaffung von Vertrauen in eine auf den Menschen ausgerichtete künstliche Intelligenz, COM(2019) 168 final.

Europäische Kommission, Mitteilung – Auf dem Weg zur automatisierten Mobilität: Eine Strategie für die Mobilität der Zukunft, COM(2018) 283 final.

Europäische Kommission, Mitteilung – Koordinierter Plan für künstliche Intelligenz, COM(2018) 795 final.

Europäische Kommission, Mitteilung – Künstliche Intelligenz für Europa, COM(2018) 237 final.

Europäische Kommission, (Fünfter) Bericht über die Anwendung der Richtlinie 85/374/EWG des Rates zur Angleichung der Rechts- und Verwaltungsvorschriften der Mitgliedstaaten über die Haftung für fehlerhafte Produkte, geändert durch die Richtlinie 1999/34/EG des Europäischen Parlaments und des Rates vom 10. Mai 1999, COM(2018) 246 final.

Europäische Kommission, Vierter Bericht über die Anwendung der Richtlinie 85/374/EWG des Rates zur Angleichung der Rechts- und Verwaltungsvorschriften der Mitgliedstaaten über die Haftung für fehlerhafte Produkte, geändert durch die Richtlinie 1999/34/EG des Europäischen Parlaments und des Rates vom 10. Mai 1999, KOM(2011) 547 endgültig.

Europäische Kommission, Mitteilung an den Rat, das Europäische Parlament, den Europäischen Wirtschafts- und Sozialausschuss und den Ausschuss der Regionen – Ein europäischer Raum der Straßenverkehrssicherheit: Leitlinien für die Politik im Bereich der Straßenverkehrssicherheit 2011–2020, SEK(2010) 903.

Europäische Kommission, Dritter Bericht über die Anwendung der Richtlinie des Rates zur Angleichung der Rechts- und Verwaltungsvorschriften der Mitgliedstaaten über die Haftung für fehlerhafte Produkte (85/374/EWG vom 25. Juli 1985, geändert durch die Richtlinie 1999/34/EG des Europäischen Parlaments und des Rates vom 10. Mai 1999), KOM(2006) 496 endgültig.

Europäische Kommission, Zweiter Bericht über die Anwendung der Richtlinie 85/374 über die Haftung für fehlerhafte Produkte, 31.1.2001, KOM(2000) 893 endgültig.

Europäische Kommission, Grünbuch – Die zivilrechtliche Haftung für fehlerhafte Produkte, 28.7.1999, KOM(1999) 396 final, 2.

Europäische Kommission, Erster Bericht über die Anwendung der Ratsrichtlinie zur Angleichung der Rechts- und Verwaltungsvorschriften der Mitgliedstaaten über die Haftung für fehlerhafte Produkte (85/374/EWG), 13.12.1995, KOM(95)617 endgültig.

Europäisches Parlament, Entschließung vom 20. Oktober 2020 mit Empfehlungen an die Kommission für eine Regelung der zivilrechtlichen Haftung beim Einsatz künstlicher Intelligenz, 2020/2014(INL).

Europäisches Parlament, Entschließung vom 16. Februar 2017 mit Empfehlungen an die Kommission zu zivilrechtlichen Regelungen im Bereich Robotik, 2015/2103(INL).

European Road Safety Observatory, Annual statistical report on road safety in the EU 2020 (2021).

Fondazione Rosselli, Analysis of the Economic Impact of the Development Risk Clause as provided by Directive 85/374/EEC on Liability for Defective Products – Final Report (2004).

Hochrangige Expertengruppe für künstliche Intelligenz, Eine Definition der KI: Wichtigste Fähigkeiten und Wissenschaftsgebiete (2019).

Hochrangige Expertengruppe für künstliche Intelligenz, Ethik-Leitlinien für eine vertrauenswürdige KI (2019).

Lovells, Die Produkthaftung in der Europäischen Union – Ein Bericht für die Europäische Kommission (2003).

Rat der Europäischen Union, Council conclusions on road safety – endorsing the Valletta Declaration of March 2017, 9994/17 TRANS 252.

Statistik Austria, Straßenverkehrsunfälle – Jahresergebnisse 2020 (2021).

Statistisches Bundesamt (Destatis), Verkehrsunfälle 2020 (2021).

Technopolis, Evaluation Study of Council Directive 85/374/EEC on the approximation of laws, regulations and administrative provisions of the Member States concerning liability for defective products (2018).

Stichwortverzeichnis

Aktionspaket Automatisierte Mobilität 2019–2022 23, 38
Aktionsplan Automatisiertes Fahren 2016–2018 22 f
Aktualisierung – siehe Software-Update
Aktualisierungspflicht 179 ff
Application Service Providing 98, 106, 116, 122
Ausbildungsrecht 242 ff, 249
Automatisiertes Fahren Verordnung 23, 26 ff, 37, 58 ff, 141, 154, 201 f, 241
Automatisierungsgrade 20 f
Automatisierungsrisiken 40, 68, 172, 219

Beweislast 195 ff

CISG – siehe UN-Kaufrecht
Computerprogramm – siehe Software
Computerprogramm-Richtlinie 102 f

Darbietung 132 ff
Dashcam 203 f
Datenfernübertragung – siehe Übertragungsart
Datenschutz 200 ff, 213
Datenträger – siehe Übertragungsart
Digitale Inhalte-Richtlinie 104 f, 179 ff
Download – siehe Übertragungsart

EKHG, Haftung 62 ff
Elektronische Person 244 ff, 250
Entwicklungslücke 80, 148 ff, 164
Entwicklungsrisiko 71, 162 ff, 174 f
Erlöschen 204 ff

Fehlerbegriff 126 ff
Fehlererkennungsfähigkeit – siehe Sicherheit
Fehlerhafte Information 110 ff
Fehlerkategorien 152 f, 167 f
Fehlerkompensationsfähigkeit – siehe Sicherheit
Fehlgebrauch 137 ff
Funktionen des Haftungsrechts – siehe Zwecke des Haftungsrechts

Gefährdungshaftung kraft Analogie 216 ff, 251 f
Gefährdungszusammenhang 62 f

Haftungsausschluss gem § 9 EKHG 64 ff, 231 f
Halterbegriff 63 f
Halterhaftung – siehe EKHG

Inverkehrbringen 156 ff
– Zeitpunkt 93 f, 143 f, 175 f

Methodik 45 ff
Mindestsicherheit 137 f, 144 ff
Missbrauch – siehe Fehlgebrauch
Mitverschulden 111, 113, 140 ff, 181, 233 ff

Obsoleszenz 172, 176 ff

Produktbegriff 82 ff
Produktbeobachtung 43, 144, 174 f, 178 f, 182, 210 ff, 242 f, 249
Produkthaftung 70 ff

Redundanz – siehe Sicherheit
Regress 206 ff, 224 ff

Schutzgesetz 56 f, 60 f, 209
Schutzpflichten, grundrechtliche 41, 238
Sicherheit
– Ausfallssicherheit 153 ff, 172, 176, 182 f, 213
– Funktionale Sicherheit 153 ff
– Sicherheitserwartungen 126 ff

– Sicherheitslücke 83, 136, 172 ff, 193, 204, 214, 243
– Systemsicherheit 153 ff, 172 ff
Software
– Individualsoftware 83, 94 f, 99, 106 f, 115 f
– integriert 84, 95 f, 115, 122 f, 172 f, 184, 189 f
– isoliert 84, 95 f, 115, 123 f
– Software as a Service – siehe Application Service Providing
– Software-Update 43, 67 f, 83, 118, 122, 136, 144, 176 ff, 193 f, 204, 213 ff, 242 f, 249
– Standardsoftware 83, 90 f, 93 ff, 98 f, 105 f

Technische Aufsicht 34 f
Technische Hilfsmittel 220 ff

Übertragungsart 83, 90 ff, 97 ff, 105 f, 116 ff, 193, 251
Überwachungspflicht 56, 58 ff, 68, 135, 137, 141 f, 238, 241
Unfall beim Betrieb eines Kfz 62
Unfalldatenspeicher 200 ff
UN-Kaufrecht 105 f
Update – siehe Software-Update

Verbraucherrechte-Richtlinie 103 ff
Verbraucherschutz 75, 77 f, 81, 100, 164 ff
Verhaltensrecht 25 f, 57 ff, 238 ff, 249
Verjährung 204 ff
Verschuldenshaftung 56 ff
Vertrag mit Schutzwirkungen zugunsten Dritter 125, 206, 209
Vollharmonisierung 74 ff, 199 f, 241, 249

Warenkauf-Richtlinie 104 f, 180 ff
Weiterfresserschaden 183 ff
Wiener Übereinkommen über den Straßenverkehr 1968 25 f

Zulassungsrecht 23 f
Zurechnung 244 ff
Zwecke des Haftungsrechts 41 ff
– Ausgleichsfunktion 35, 41 f, 78 ff, 165, 238 f, 249, 251
– Präventionsfunktion 41 f, 78 ff, 241, 246, 250 f

Bisher erschienene Bände der Reihe:

Band 1: *Mrázek*, Forschung und Entwicklung im Bilanz- und Steuerrecht
Band 2: *Kazemzadeh*, Der Kapitalmarktswap
Band 3: *Hirschböck*, Software in der Bilanz
Band 4: *Konwitschka*, Kapitalerhöhung durch Verrechnung von Gesellschafterforderungen
Band 5: *van Husen*, Genußrechte – Genußscheine – Partizipationskapital
Band 6: *Wiedenbauer*, Urheberrechtsschutz von Multimediaprodukten
Band 7: *van Husen*, Wem gehört das Genossenschaftsvermögen?
Band 8: *Kandera*, Arbeitszeitflexibilisierung
Band 9: *Steindl*, US-Board und Aufsichtsrat
Band 10: *Lang*, Patente, Patentanmeldungen und Erfindungen als Kreditsicherungsmittel
Band 11: *Flammer*, Biotechnologische Erfindungen im Patentrecht
Band 12: *Ceipek*, KFZ-Vertrieb in der EU
Band 13: *Winkler*, Kaufmann quo vadis?
Band 14: *Hanslik*, Grundrechtliche Anforderungen an eine Familienbesteuerung
Band 15: *Twardosz*, Die Umsatzsteuer beim Eigenverbrauch
Band 16: *Loibl-van Husen*, Die Beschäftigungsbewilligung
Band 17: *Pülzl*, Belastungen im Einkommenssteuerrecht
Band 18: *Premm*, Aufwendungen für das Ingangsetzen und Erweitern eines Betriebes
Band 19: *Keppelmüller*, Exportforderungen in der Insolvenz des Abnehmers
Band 20: *Fussenegger*, Nachfrageinteressen und Wettbewerbsrecht
Band 21: *Berkovec*, Die Bilanzierung von Dauerschuldverhältnissen
Band 22: *Kautz*, Die Vorgesellschaft im Körperschaftssteuerrecht
Band 23: *Bauer*, Die Stille Gesellschaft als Finanzierungsinstrument
Band 24: *Gelter*, Neue Rechnungslegungsnormen im Handelsrecht
Band 25: *Wieser*, Die Kapitalflussrechnung in Theorie und Praxis der neueren Rechts- und Betriebswirtschaftslehre
Band 26: *Kittel*, Die Haftung des Aufsichtsrats der Aktiengesellschaft
Band 27: *Prax*, Österreichisches und Italienisches Kollisionsrecht im Lichte der Europäischen Versicherungsrichtlinien
Band 28: *Buzanich*, Einbringung eines freiberuflichen Teilbetriebes
Band 29: *Baumgartner*, Unternehmensschließung oder -fortführung
Band 30: *Seitz*, www und Internet im Bereich der AG-Hauptversammlung
Band 31: *Hofmann*, Due Diligence – Möglichkeiten und Grenzen des Managements
Band 32: *Gratzl*, Grundrechte als Grenzen der Marktfreiheiten
Band 33: *Bachmayer*, Zur Zulässigkeit des Filmzitats im österreichischen Urheberrecht
Band 34: *Genschorek*, Appropriation Art: Die Aneignungskunst im US-amerikanischen und österreichischen Recht
Band 35: *Miernicki*, Collective Management of Copyrights between Competition, Regulation, and Monopolism

Band 36: *Bernsteiner*, Das Musikzitat im Urheberrecht – zugleich ein Beitrag zum musikalischen Werkbegriff
Band 37: *Wimmer*, Die Konzernbildungskontrolle bei Kapitalgesellschaften
Band 38: *Kohlhaupt*, Zum sachlichen Anwendungsbereich des Fern- und Auswärtsgeschäfte-Gesetzes (FAGG)
Band 39: *Fuhrmann*, Fehlerhafte Vereinsbeschlüsse
Band 40: *Rirsch*, Crypto-Assets: DLT-Token als Objekt der Finanzmarktaufsicht
Band 41: *Sessa-Jahn*, Automatisiertes Fahren – Haftung und Regress